q̃s dñe benign⁹ illustra: Ut bti iohãnis
apli tui ⁊ euãgeliste illuminata doctri-
nis ad dona p̃ueniat sempiterna. Per.

De sanctis Petro ⁊ Paulo An.

Petr⁹ aplsũs
⁊ paul⁹ do-
ctor gẽtiũ ip̃i nos
docuerũt legẽ tuã.
dñe. ℣ In oẽz ter
rã exiuit son⁹ eorũ
Et i fi. or. ter. v. e.

Deus cui⁹ dex-
tera btm̃ pe-
trũ aplm̃ ãbulan
tẽ in fluctib⁹ ne mergeretur erexit: ⁊ co
aplm̃ ei⁹ paulũ tercio naufragãtẽ de p-
fundo pelagi liberauit. exaudi nos ppi-
ci⁹ ⁊ ↄcede: Ut ambo⁊ meritis eternita-
tis gloriã ↄsequamur. Qui viuis ⁊ reg
nas de⁹. Per. De sctõ Jacobo an.
Lux ⁊ decus hyspanie o iacobe sciſſime

ROLF LEGLER

STERNENSTRASSE UND PILGERWEG

Wallfahrer am Ziel. Holzschnitt
von Hans Burgkmair d. Ä. Augsburg 1508.

ROLF LEGLER

STERNENSTRASSE UND PILGERWEG

Der Jakobs-Kult
von Santiago de Compostela.
Wahrheit und Fälschung

GUSTAV LÜBBE VERLAG

Fotonachweis:
Domkapitel Aachen/Ann Münchow, Aachen (Nr. 15); Xurxo Lobato, A Coruña (Nr. 16, 17)

Lektorat: Barbara Lauer, Bonn
Umschlaggestaltung: Guido Klütsch, Köln,
unter Verwendung eines Bildes des Meisters von Raigern,
»Die Bestattung des Leichnams des hl. Jacobus d. Ä.
(Meerfahrt des Leichnams nach Compostela in Spanien)«,
um 1425, Altarflügel, Öl auf Fichtenholz
(Wien: Kunsthistorisches Museum; Foto: AKG Berlin / Erich Lessing)
Satz: Druck & Grafik Siebel, Lindlar
Gesetzt aus der ITC Slimbach Buch von Linotype
Druck und Einband: Spiegel Buch GmbH, Ulm

Printed in Germany
ISBN 3-7857-0976-5

1 3 5 4 2

Meinen Freunden,
den Benediktinern

INHALT

EINLEITUNG

In der Nacht von Samstag, dem 30. August, auf Sonntag, den 31. August 1997, um 4.30 Uhr, tickerte eine Meldung durch die Nachrichtenredaktionen der Welt, die zunächst auf Ungläubigkeit stieß, dann aber Lähmung und Betroffenheit verbreitete. Was war geschehen? Hatte Pakistan eine Atombombe über Indien abgeworfen? Hatte ein Erdbeben ungeheuren Ausmaßes in Südamerika Hunderttausende von Menschenleben gekostet? Raste ein gigantischer Meteorit geradewegs auf die Erde zu? Nichts dergleichen.

Die als künftige Landesmutter der Briten gescheiterte und von Prinz Charles geschiedene Lady Diana Spencer hatte bei »einem dummen Autounfall« *(Der Spiegel)* zusammen mit ihrem Geliebten den Tod gefunden. Die Redaktionen der Nachrichtensender und Sonntagsblätter überschlugen sich wie der zerschmetterte Mercedes des verunglückten Paares.

Noch am selben Nachmittag bemerkte ich zu einem mir vertrauten Kollegen: »Selbst auf den Verdacht hin, für meine nachfolgende Bemerkung als pietätlos angesehen zu werden, aber das, was sich nach diesem gräßlichen Unfall um die zu betrauernde Lady Di abspielen wird, paßt exakt zu meiner kurz vor dem Abschluß stehenden Studie zum Jakobs-Kult in Compostela.« – »Wieso? Was hat das Ereignis von Paris mit dem hl. Jakobus zu tun?« hörte ich ihn erwartungsgemäß zurückfragen. »Nun«, antwortete ich, »das gibt eine neue Wallfahrt. Alle Voraussetzungen dafür sind gegeben. Der tragische und noch geheimnisvolle Tod der ›Königin der Herzen‹ wird mindestens eine Generation lang ihre Anhänger veranlassen, zum Grab dieser ›Königin‹ zu pilgern. Ob die Wallfahrt zur Märchenprinzessin länger anhalten wird, hängt von einer Reihe genau zu beschreibender Umstände ab.«

Die Richtigkeit meiner Prognose erwies sich noch innerhalb der ersten Woche nach dem traurigen Ereignis. Nur fünf Tage nach Diana starb in Kalkutta hochbetagt die eigentliche Heilige dieses Jahrhunderts, Mutter Teresa. Doch von ihrem Ableben erfuhr man nur nebenbei: Mutter Teresa starb im Medienschatten der englischen Prinzessin. Am Todestag von Mutter Teresa (Freitag, der 5. September) titelte *Die Woche* zu Diana: »Geburt einer Göttin. Ikone oder Märtyrerin des Informationszeitalters?«. Und der *Rheinische Merkur* sprach an diesem Tag mit falschem Pathos in seiner Überschrift von »Tod und Verklärung«. Das Vokabular war rein religiös geprägt.

Nur einen Tag später bezeichnete ein Münchner Boulevardblatt Schloß Althorp bereits als Pilgerstätte für Diana. Letztere wurde sogar zur »Mutter Teresa des Jet-sets« hochstilisiert, deren Einsätze für Kranke, Behinderte und Arme in dieser Welt als »Kreuzzüge gegen Elend und Armut« beschrieben wurden. Zur gleichen Zeit hatte sich der Alma-Tunnel in Paris, kurz nur noch der Todestunnel genannt, zur größten Touristenattraktion der Seine-Metropole gemausert: Eiffelturm, Notre-Dame und Sacre Cœur waren vorübergehend vergessen.

Wie ebenfalls zu erwarten, erreichten Pomp und Grabeskitsch bei den offiziellen Trauerfeierlichkeiten in Westminster Abbey ihren überwältigenden Höhepunkt. Rund zwei Millionen Briten säumten den Weg, den der Katafalk mit der Toten nahm. Die Queen persönlich hatte in letzter Minute eine Geste der Trauer und Anerkennung gezeigt. Ausgerechnet Englands Premier der Labour Party Tony Blair zitierte in seiner Gedenkrede den ersten Korintherbrief, und Elton John hatte seinen spektakulärsten Auftritt überhaupt. Seine Single *Goodbye, Rose of England* spielte binnen weniger Wochen zig Millionen in die Kassen der Diana-Stiftung. Die Trauerfeierlichkeiten für Lady Diana Spencer waren mit 2,5 Milliarden Zuschauern in 187 Ländern das größte Fernsehspektakel aller Zeiten. Das bis dahin größte TV-Ereignis hatte sich sechzehn Jahre zuvor ebenfalls in Westminster Abbey abgespielt: die Traumhochzeit des Jahrhunderts zwischen Prinz Charles und Lady Di. Damals saßen gerade mal 700 Millionen Menschen vor dem Bildschirm.

Unmittelbar nach dem Festakt von London schrieb die *Sunday Times*: »Sie war das Opferlamm, von dessen Tod sich die Menschheit Besserung versprach.« Und ein renommierter britischer Journalist faßte zusammen: »Die beste Königin, die wir nie hatten.« Der Kommentator der Wochenendausgabe der *Neuen Zürcher Zeitung* vom 13./14. September 1997 witterte hinter Lady Dianas Tod sogar einen Katalysator der Erneuerung, eine »antiroyalistische Aufwallung«. Noch im Tod siegte die »Königin der Herzen« mit ihrer »Revolution der Gefühle« über die vorher bei ihrem Volk so beliebte Queen, die nun zur bösen Schwiegermutter wurde. Die von der gefühlskalten Königsfamilie »mißhandelte« Schwiegertochter aber wurde zum Aschenputtel und zur Märtyrerin in einem.

Zur Entstehung und zum Fortbestand einer Wallfahrt gehören neben dem zu verehrenden Gegenstand:

erstens die Verklärung des Anbetungsgrundes – das geschieht im Regelfall durch Mythenbildung;

zweitens materielle Interessen – diese können geschäftlicher oder politischer Natur sein;

drittens Wunderwirksamkeit der Andachtsstätte oder des Verehrungsgegenstandes.

Zur Mythenbildung ihres Lieblingsobjekts und -produkts haben die Massenmedien in der Zeit direkt nach dem tragischen Ableben hinreichend beigetragen. Bereits am 22. September spricht *Der Spiegel* vom Diana-Effekt, von der Magie der Gefühle und »vom Sieg der Emotion über die Vernunft«. Daß der Friedensnobelpreis jenes Jahres ausgerechnet an die von Diana unterstützte »Organisation gegen Landminen« ging, war eine postume Ehrenbezeigung für die Tote, die damit weiter an »Heiligkeit« zulegte.

Schon zu Dianas Lebzeiten hatte die Feministin Paglia als publikumswirksamste Waffe der Prinzessin deren Image als Mutter und Madonna (als »moderne Maria«) definiert; oder: wie es *Der Spiegel* vom 8. September 1997 ausdrückte: »eine moderne und katholische Maria mit Lust auf Rock 'n' Roll«. Die *Frankfurter Allgemeine* vereint in dem Artikel »Diana und Maria, die Geschichte einer Verehrung« beide »Göttinnen« in ihrer schützenden und helfenden Funktion. Schon kurz nach dem Tod der Prinzessin bringt *Die Zeit* vom 12. September Diana mit einem anderen Mythos in Verbindung: mit der ebenfalls bei Hofe unglücklichen und gleichfalls tragisch ums Leben gekommenen Habsburger-Kaiserin Sisi.

Der Spiegel widmet dieser Verbindung kurz vor Ablauf des Trauerjahres eine eigene Titelgeschichte. Und die sonst in religiösen Fragen eher zurückhaltende *Le Monde Diplomatique* vom 28. August 1998 führt Diana bedenkenlos unter »ihren« mythischen Helden der Sozialrevolte auf: Che Guevara, Diana und Mutter Teresa. Lady Di wird dort als Ehebrecherin (Maria Magdalena?), als Jungfrau (von Orléans?) und als Märtyrerin (Opfer der Medienverfolgung?) vorgestellt. Und noch besser: Bereits eine Woche nach ihrem Tod wird in der *Münchner Abendzeitung* vom 8. September die Wahl ihrer letzten Ruhestätte – die kleine Insel im künstlichen Teich bei Schloß Althorp – als Anspielung auf den Mythos von Avalon und damit auf die Fee Morgana, die Schwester von König Artus, gewertet.

Die politische Dimension wurde bereits angedeutet, indem man Diana als »Katalysator einer antiroyalistischen Aufwallung« beschrieb. Für die geschäftlichen Interessen an der »Verwertung ihres Andenkens« steht Lady Dianas Bruder, der Earl of Spencer. Vier Millionen Pfund hat er bereits im ersten Jahr in die »würdige« Erinnerung an seine Schwester investiert. Die sollen erst einmal durch die zu erwartenden Pilgermassen zurückfließen, bevor von den Einnahmen Anteile an die Diana-Stiftung gehen. Schloß Althorp als Disneyland für Diana, Diana-Land genannt, stehen gute Geschäfte ins Haus. Auch die ersten Grabräuber waren bereits am Werk. Allerdings erfolglos, wie von Seiten des Earls versichert wurde. Immerhin hat es Dianas Bruder schon so weit gebracht, daß die *International Herald Tribune* in ihrer Ausgabe vom ersten Juli-Wochenende 1998 titeln konnte: »A quiet town turns Mecca for pilgrims.«

Was die für einen Wallfahrtsort unverzichtbaren Wunder anbelangt, bleibt abzuwarten, ob sie sich rechtzeitig einstellen oder organisiert werden können.

Die Titelstory der ersten *Spiegel*-Nummer nach Dianas schrecklichem Tod war wie bei allen Wochenmagazinen der Welt der Verunglückten gewidmet: »Nachrede auf eine Märchenprinzessin im Zeitalter der Massenmedien«. Darin formulierte der Soziologe Paul Virilio messerscharf: »Lady Di, wie wir sie kennen, hat nie existiert. Sie ist eine künstliche Figur, zusammengefügt von den Medien … Sie ist verschwunden, ohne je wirklich existiert zu haben.«

Damit sind wir beim hl. Jakobus von Compostela. Auch dieser ist eine Kunstfigur, die gezielt und aufwendig mit den Mitteln der damaligen Zeit, dem 8. bis 10. Jahrhundert, zur Kultfigur aufgebaut wurde. Zwar gilt die Tatsache, daß Jakobus d. Ä. nie persönlich in Spanien war und dort auch kein Grab von ihm existiert, in Fachkreisen längst als ausgemachtes Faktum, doch gerade den Nachweis eines Vorgangs zu erbringen, der nie stattgefunden hat, ist naturbedingt schwer, fast unmöglich. Doch gerade dies mit gesicherten Fakten zu belegen, ist eines der Anliegen des Buches.

Der vorab geschilderte Fall ist ein Lehrbeispiel für das Thema Wallfahrt, besser für die Voraussetzungen und Mechanismen der Entstehung einer Wallfahrt. Gerade weil Lady Di ein Geschöpf der Medien war und deshalb einen weltweiten Bekanntheitsgrad für sich in Anspruch nehmen konnte, ist jedermann in der Lage, über die Medien live nachzuvollziehen, wie ein Heiliger bzw. eine Heilige aufgebaut und seine / ihre Verehrung organisiert wird.

Ganz unabhängig vom Stand der Jakobs-Forschung besitzt die Wallfahrt im allgemeinen und die nach Compostela im besonderen nach wie vor höchste Aktualität. Die römisch-katholische Kirche hat aufgrund von Exzessen in der Vergangenheit ein sehr belastetes Verhältnis zur Wallfahrtspraxis – allein schon wegen der stets latent vorhandenen Gefahr des Rückfalls vieler Pilger in Praktiken des heidnischen Fetischismus, bei dem das erhoffte Wunder von der Reliquie und nicht von Gott erwartet wird. Deshalb sind im Sachregister der sogenannten Würzburger Synode (1970 – 1975) die Stichworte »Heiligenverehrung« und »Reliquienkult« nicht mehr aufgeführt.

Aber auch die Wallfahrtspraxis hat sich ziemlich verändert. Neben herkömmliche Motive treten »moderne« Lebenshaltungen wie Selbsterfahrung, Alternativtourismus, Radurlaub und vieles mehr. Letzterer erfreut sich immer größerer Beliebtheit. Die Organisatoren von Santiago de Compostela haben längst die Wallfahrt per Fahrrad als zulässige Pilgerfortbewegung akzeptiert.

Eine völlig andere und ebenfalls neue Belebung hat der Jakobs-Weg dadurch erfahren, daß der Europarat ihn 1987 mit dem Titel »Erste Europäische Kulturstraße« auszeichnete. Insgesamt nehmen die Beliebtheit des Jakobs-Weges und die Entwicklung seiner massenhaften Nutzung eher zu. Im letzten heiligen Jahr in Santiago de Compostela, 1993, fanden sich acht Millionen Pilger und Touristen im galicischen Heiligtum ein. Davon waren neunzigtausend echte Pilger, denen in der zuständigen Kanzlei der Kathedrale eine entsprechende Bestätigung ausgestellt wurde.

Auch 1999 steht Compostela wieder im Zentrum des Interesses, ereignet sich doch letztmals ein heiliges Jahr in unserem Jahrtausend. Es ist davon auszugehen, daß die Besucherzahlen von 1993 noch übertroffen werden. Man sieht also, der im 9. Jahrhundert in

Gang gesetzte Prozeß der Jakobs-Wallfahrt hat von seiner Attraktivität wenig eingebüßt. Grund genug, sich mit diesem Phänomen historischkritisch auseinanderzusetzen.

Die Entstehungsgeschichte des vorliegenden Buches ist eine fast fünfundzwanzigjährige unfreiwillige Beschäftigung mit den Themenbereichen hl. Jakobus, christliche Wallfahrt und Pilgerwesen. Seit Mitte der siebziger Jahre verfolgt mich diese Thementrias. Für meinen Kunstreiseführer über Südwestfrankreich ergab sich fast zwangsläufig die Aufteilung bzw. Ordnung dieses geographischen Raums nach den vier französischen Hauptrouten nach Santiago de Compostela. Auch in Apulien war das Thema mit den Verehrungsstätten des hl. Michael (Ende 5. Jahrhundert), des hl. Nikolaus (Ende 11. Jahrhundert) und des seligen Padre Pio präsent. Darüber hinaus spielten die Pilgerideologie und die Betreuung der Wallfahrtsstätten für meine Beschäftigung mit der mittelalterlichen Klosterbaukunst und die Geschichte des Mönchtums eine immer zentralere Rolle. Kurz, vom Sinai bis nach Mexiko erwies sich die Thematik als eine, an der nicht vorbeizukommen war.

Aus den verschiedenen räumlichen und zeitlichen Näherungen an die christliche Wallfahrt, ganz speziell an jene »große Wallfahrt« des Mittelalters nach Compostela, erwuchs eine vielschichtige Fragestellung, die von der klassischen Santiago-Forschung, soweit sie sich auf mittelalterliche und neuzeitliche Phänomene beschränkt, nicht beantwortet werden konnte. Das Thema hatte für mich keineswegs allein eine religionsgeschichtliche, sondern eine kulturgeschichtliche und universelle Dimension.

Zwei Fragenkomplexe schälten sich als vorherrschend heraus: Zum einen ist da die bekannte unlösbare Verquickung von realpolitischen, kirchenpolitischen und wirtschaftlichen Interessen. In diesem Zusammenhang galt es, die Entstehungsgeschichte des Jakobs-Kultes in Compostela mit aktuellem Faktenmaterial neu nachzuzeichnen. Dabei spielte auch die Frage nach den offensichtlich zu allen Zeiten wirksamen Mechanismen und ideologischen Transfermedien für die Durchsetzung solch klar erkennbarer Interessen eine nicht zu vernachlässigende Rolle.

Ausgehend vom Fall Compostela bemerkt der spanische Frühmittelalter-Spezialist Claudio Sanchez Albornoz: »Ich habe oft über die Entstehung historischer Legenden nachgedacht… Ich glaube, daß sie immer zuerst das Produkt der Phantasie herausragender Einzelpersonen waren ... oder solcher, die vorsätzlich die Wahrheit verfälschten und Ereignisse erfanden, die nie stattgefunden haben, alles im Dienste von Interessen, die sowohl edler als auch schändlicher Natur sein konnten.« Um die Anfänge solcher Durchsetzungsmechanismen für konstruierte Botschaften aufzuzeigen, war der Ausflug nach Ägypten von größter Bedeutung.

Zum anderen ging es mir vordringlich auch um die Hintergründe für den Erfolg solcher Programme – und die Schaffung eines Pilgerzentrums ist ein Programm. Die Aufnahmebereitschaft dieser Schöpfungen bei der Masse des Volkes setzt bestimmte Glaubenshaltungen und tradierte Formen der Volksfrömmigkeit voraus. Tatsächlich treten ab dem 3. Jahrhundert beim Aufkommen der Reliquienverehrung und im folgenden 4. Jahrhundert bei der Entstehung der christlichen Wallfahrt vorchristliche, sprich heidnische Formen der Anbetung neben originär christliche Vorstellungen. Im Falle von Jerusalem, Abu Mina und Monte Santangelo ist dies gut nachvollziehbar.

Auch Galicien und Asturien waren im 8. und 9. Jahrhundert weder menschenleere noch religionsfreie Räume. Für die Annahme der im 9. Jahrhundert erfundenen Wallfahrt zum hl. Jakob in Compostela war eine Fülle solcher uralter heidnischer Anbetungsformen und Religionspraktiken vital wirksam. Davon handelt Buch IV.

Insgesamt bemüht sich diese Studie um einen klaren und klassischen Informationsaufbau. Buch I prüft kritisch die Entstehung der christlichen Wallfahrt und zeichnet ihren Weg bis ins 9. Jahrhundert nach. In Buch II wird eine Personengruppe besonders beleuchtet, die für die Pilgerideologie und in der Wallfahrtspraxis eine herausragende Rolle spielte: die Mönche. Ihr Beitrag sowohl zur Definition des Pilgers als Nachfolger Christi als auch zur Entwicklung der entsprechenden Verbreitungsmedien – und nicht zuletzt in der Organisation des Wallfahrtswesens selbst – war herausragend und prägend. Ein Großteil des religiösen Geschehens von der Spätantike bis zum ausgehenden Mittelalter ist ohne den Beitrag der Mönche nicht zu begreifen.

Auf der Grundlage der beiden ersten Bücher wird in Buch III die eigentliche Entstehungsgeschichte des Jakobs-Kultes in Galicien aufgerollt. Einzelne Kapitel wie »Geheimniskrämerei und Vertuschungsversuche«, »Ein Grab verschwindet« und »Archäologen als Kriminologen« sind so spannend wie ein echter Geschichtskrimi. Das hier vorliegende Ergebnis korrigiert und präzisiert Bekanntes zur Geschichte des Jakobs-Kultes in Compostela. Mit dieser Korrektur ist der klassisch aufgebaute Beitrag mit den bekannten Methoden der Religions- und Geschichtsforschung vorläufig abgeschlossen. Doch das Ergebnis ist nur ein vorläufiges.

Unter Hinzuziehung unzureichend genutzter Daten und Fakten zur Vorgeschichte von Santiago de Compostela, die uns unter anderem bis nach Irland führen, wird in Buch IV ein völlig neues Kapitel der Jakobs-Forschung aufgeschlagen. Hier geht es um den vorchristlichen Beitrag Galiciens und Asturiens zu Entstehung und Erfolg der »großen Wallfahrt« des Mittelalters. Die Existenz heidnischer, zum Teil wahrscheinlich noch neolithischer Ritualstraßen, der sogenannten Sternenstraßen der Vorzeit, gewährt Zugang zu einer Reihe von Funden und Phänomenen entlang des Jakobs-Weges, die christlich nicht zu erklären waren oder sind. Der megalithische Beitrag, nachgewiesen durch Forschungen im Bereich von Archäologie, Frühgeschichte, Geomantie, Astroarchäologie etc., setzt neue Maßstäbe für die künftige Jakobs-Forschung. Das Thema wird nicht länger exklusives Terrain von Mediävisten und Kirchenhistorikern sein. Der Jakobs-Kult von Compostela und seine Wallfahrt sind von nun an auch ein kulturhistorisches Arbeitsfeld von weit ausholenden Dimensionen.

Mit der Klärung der vorchristlichen Anteile des Jakobs-Kultes können nun nur halbherzig ernstgenommene Teile der Jakobs-Legende wörtlich gelesen und neu verstanden werden. Darin liegt das sensationelle Ergebnis des abschließenden Buches V. Wir erfahren aus den ältesten erhaltenen Schriftquellen des 11. und 12. Jahrhunderts eine Fülle von Einzelheiten über die späte Zwangschristianisierung des nordwestlichen Spaniens im frühen 9. Jahrhundert. Außerdem lernen wir daraus, daß die Christianisierung dieses Teils der Iberischen Halbinsel ein indirektes Ergebnis der Maureninvasion und ein direktes Kind der Reconquista war. Die Christianisierung Galiciens und die Einführung des Jakobs-Kultes verliefen Hand in Hand.

Die Aufteilung der vorliegenden Studie erfolgte in fünf Bücher, von denen jedes getrennt für sich gelesen werden kann. Das Motiv für diese Gliederung war doppelter Natur: Zum einen ist die gesamte Thematik so komplex, daß die übliche lineare Entwicklung einzelner Gedanken nicht zu leisten war. Der Fortgang der Gedanken und die Betrachtung von Einzelaspekten erfolgt auf verschiedenen Ebenen und an verschiedenen Stellen. Wie bei einem Puzzle, das man nacheinander an verschiedenen Positionen beginnt, ergibt sich erst am Schluß das fertige Bild. Vermeintliche Wiederholungen sind deshalb notwendige Stützen, da sie im jeweiligen Zusammenhang einen anderen Gedanken beleuchten helfen. Die Zuordnung der einzelnen fünf Bücher zueinander erfolgt epizyklisch. Die Dramaturgie des Textes verrät das überraschende Ergebnis erst in Buch V.

Zum anderen ist die Aufteilung in fünf separat zu lesende Teile ein Entgegenkommen für den nicht in der Materie stehenden, aber dennoch interessierten Leser. Er kann zum Beispiel mit Buch III oder V beginnen und wird dann, ausgestattet mit der Lösung des Rätsels, zum besseren Verständnis gerne zurücklesen.

München, im Februar 1999 Rolf Legler

BUCH I

WALLFAHRT UND KEIN ENDE

1. EIN GRENZENLOSES THEMA

WALLFAHRT ODER PILGERFAHRT?

Jeder christlich erzogene Europäer denkt bei dem Stichwort »Wallfahrt« unwillkürlich zuerst an die seit dem hohen Mittelalter alle anderen an Ausmaß, Beteiligung und Beliebtheit überragende »große Wallfahrt« zum Apostelgrab in Galicien (Galizien, Gallaecia, Galicia). Diese eine und einzigartige Wallfahrt stand ganz im Mittelpunkt eines entstehenden christlichen Abendlandes. Gerade deshalb muß an dieser Stelle, gleich zu Beginn der nachfolgenden Gedanken, ganz klar und deutlich ausgesprochen werden: Wallfahrt ist weder eine abendländische Besonderheit noch eine christliche Erfindung. Im Gegenteil, die Wallfahrt als religiöse und organisierte Anbetungsform gelangt erst spät, genauer gesagt: nicht vor dem 4. Jahrhundert unserer Zeitrechnung, ins Blickfeld christlicher Glaubensäußerungen.

Alle großen Universalreligionen kennen die Wallfahrt zu bestimmten Zeiten des Jahres und an festgelegte, als heilig empfundene Orte: Mekka, Olympia, Benares oder Ephesus. Es scheint offenbar ein Teil der menschlichen Psyche zu sein, daß alle, die an einen Gott, an Gottheiten oder göttlich übernatürliche Mächte glauben, diesen überirdischen Kräften die Eigenschaft zugestehen, sich an bestimmten Örtlichkeiten besonders spürbar mitzuteilen bzw. an diesen wundermächtigen Orten besonders zu wirken.

Viele der heute noch als wirkmächtig erachteten Gnadenstätten gehen in ihrer Beanspruchung durch die Gläubigen auf vorgeschichtliche Zeiten zurück. So verweist die Verbindung von Steinkult und Quelle, wie sie zum Beispiel dem islamischen Heiligtum in Mekka zugrunde liegt, auf chthonisch-animistische Vorstellungen vor-islamischer Naturreligionen. Gleiches gilt für zahllose europäische »christliche« Heiligtümer, wie zum Beispiel für Chartres, Le Puy oder Monte Santangelo.

Auch Jerusalem war dreimal im Jahr für alle Juden, eingeschlossen die der Diaspora, ein hochfrequentiertes Pilgerzentrum, besonders zum Passahfest. Schon der Prophet Jeremias befand im 7. vorchristlichen Jahrhundert, daß Jerusalem ohne Pilger öde sei. Kurz vor der Zerstörung der Stadt unter Kaiser Titus spricht der jüdische Geschichtsschreiber Josephus Flavius von 2,7 Millionen Pilgern beim Passahfest. Die Zahl ist sicher übertrieben. Bei geschätzten fünfzigtausend Einwohnern zu Neros Zeiten dürften hundertfünfundzwanzigtausend Pilger in Jerusalem zum Passahfest realistisch sein. Das entspräche immerhin noch dem Zweieinhalbfachen der Einwohnerzahl.

Die im Griechentum anthropomorph geprägten Götter waren spätestens seit dem Hellenismus (4. Jahrhundert v. Chr.) spezialisiert. So entsprach den beliebtesten Wallfahrtsmotiven bzw. -anlässen wie Heilung von Krankheit oder Gebrechen, Kenntnis der Zukunft und Sorge um das Weiterleben nach dem Tod die Zuordnung der Wallfahrtsorte zu bestimmten Gottheiten: die des Asklepios (Heilbäder), des Apoll (Weissagung, Orakel) und der Muttergottheit (Mysterienkulte).

Machen wir einen Sprung von tausend Jahren ins mittelalterliche Abendland. Vom 11. bis zum 16. Jahrhundert berührten Wallfahrten als Massenereignisse allgemein und die »große Wallfahrt« nach Santiago ganz besonders alle Bereiche des damaligen Lebens. Sie beeinflußten Politik und Religion, Brauchtum und Sozialstruktur, Verkehrs- und Transportwesen zu Wasser und zu Lande, Technik und Kunst, Wirtschaft und Handel, Moral und Rechtsprechung, Geldverkehr und Zollwesen, Literatur und Musik. Angesichts einer solchen Allgegenwart des Wallfahrtswesens einerseits und der verschiedenen Erscheinungsformen dieses Phänomens andererseits war sehr früh das Bedürfnis erkennbar, dem Ganzen eine begriffliche Ordnung abzugewinnen.

Schon im 11. Jahrhundert teilte Abt Petrus von Joncel in seinem *Liber de laude coenobii Aniani* die Pilger in drei Kategorien ein: in jene, die um des Heiligen oder seines Heiligtums selbst willen (*oratoria causa* bzw. *causa pietatis*, *causa devotionalis*) unterwegs sind, in jene, die Heiligtümer aufsuchen, um für begangene Vergehen zu büßen (Wallfahrt als Buße, in säkularisierter Form die Fortführung des alten Askesegedankens), und in jene, die in Erwartung ihres bevorstehenden Todes sich eine Grabstätte an einem heiligen Ort oder in der Nähe eines dort bestatteten Heiligen suchen *(qui in loco sancto sepulturam eligunt)*.

Ebenfalls drei Anlässe für eine Wallfahrt nennt König Alfons der Weise in seinen *Siete partidas*: persönliche Gründe wie Frömmigkeit, Heiligenverehrung, Dank oder Heilungsuche, ein Gelübde *(pro votum)* oder Sühne. Wenig später gibt es für Dante Alighieri *(Vita nova)* nur noch »zwei Arten von Pilgern; die einen sind Pilger in einem weiten, die anderen in einem engen Sinn. In einem weiten Sinn ist jeder Pilger, der sich außerhalb seiner Heimat befindet. Im engen Sinn ist nur jener Pilger, der zum Haus des hl. Jakob zieht und wieder zurückkehrt«. Nochmals eine Dreiteilung nimmt im 14. Jahrhundert der Zisterzienser Guillaume de Deguileville mit seinem *Roman de trois pélérinages* vor.

Kehren wir in unser Jahrhundert zurück. Kurz nach dem Zweiten Weltkrieg veröffentlichte Bernhard Kötting sein bis heute Standardwerk gebliebenes Buch *Peregrinatio religiosa*. Kötting war aufgefallen, daß man im deutschen Sprachgebrauch bestimmte Sachverhalte nur mit Pilgerfahrt, andere nur mit Wallfahrt bezeichnen kann. Sein Ausgangsbeispiel, der lateinische Satz »Vita est peregrinatio«, läßt sich wohl übersetzen mit »Das Leben ist eine ständige Pilgerreise«, nicht aber mit »Das Leben ist eine ständige Wallfahrt«. So kommt Kötting zu der Schlußfolgerung: »Wallfahrt liegt dann vor, wenn jemand aus einem in ihm selbst liegenden religiösen Motiv seine Gemeinde zum Besuch einer bestimmten heiligen Stätte verläßt mit der Absicht, in die Heimat zurückzukehren«; »eine Pilgerfahrt braucht diesen Rückkehrwillen nicht zu haben, sie kann sogar aus asketischen Gründen ausdrücklich darauf verzichten und bis zum Lebensende dauern«. Man müsse also die dauernde Pilgerfahrt und den Brauch, am Wallfahrtsort Wohnung zu nehmen bis zum Tode, von der eigentlichen Wallfahrt trennen. Letztere bestehe also im Kern aus Bitt-, Anbetungs- und Bußwallfahrten.

Im Text zur Ausstellung »Wallfahrt kennt keine Grenzen« 1984 in München beschreiben Kriss-Rettenbeck und Illich *peregrinari* (pilgern) »als asketisches Ideal, ein auf Dauer oder für beschränkte Zeit freiwillig und entschlossenes Aufgeben der Heimat als Lebens-, Rechts- und Verständigungssphäre, ein Verzicht alltäglicher Fürsorge ...«, und dies als Armer und Ausgestoßener. Pilgerschaft sei »das asketische Unterwegssein, das absichtliche In-der-Fremde-Weilen als Vorbereitung für den Eintritt in das Reich des Heiles, das nicht von dieser Welt ist«. Pilgern ist demnach also ein Ethos, eine

Geisteshaltung, eine Gesinnung. Wallfahrt dagegen sei nur die Reise durch die Fremde zu einem bestimmten heiligen Ort dieser Welt.

Zwei Jahre später hat Klaus Guth in seinem Vortrag »Die Wallfahrt – Ausdruck religiöser Volkskultur« vor dem Institut für Europäische Ethnologie an der Universität Graz die Frage »Wallfahrt oder Pilgerfahrt« erneut aufgegriffen und in dem nach wie vor ungelösten Diskurs grundsätzlich die Betrachtung der Fernwallfahrten herausgenommen und nur die Nahwallfahrten spätmittelalterlich-barocker Prägung gesondert untersucht.

Schließlich hat Plötz in dem Sammelband *Santiago de Compostela* die Wallfahrt aus dem Kontext der verschiedenen Pilgerfahrten als Sonderfall herausgefiltert und wie folgt bestimmt: »Wallfahrten sind außerliturgische, gemeinschaftlich und daher in der Regel prozessionsweise, in regelrechten Abständen unternommene Bitt- und Bußgänge zu bestimmten Gnadenstätten. Die Wallfahrt ist nicht identisch mit der Pilgerfahrt. Die Wallfahrt ist ein volksfrommes Brauchtum, an dessen Entstehung und Fortbestand Privatfrömmigkeit, Volksglaube und kirchliche Autorität gleichermaßen beteiligt sind.«

Demnach wäre Wallfahrt »im Normalfall nur eine mit besonderer Mühe unternommene intensive Form des Bittgebets« (Kötting). Doch so einfach ist das offensichtlich nicht.

VIELE FÄDEN SIND EIN KNÄUEL

Damit es zur Wallfahrt kommt, bedarf es einer Reihe von Voraussetzungen. Zunächst setzt die Wallfahrt einen kulturellen Entwicklungsstand, eine Lebensanschauung voraus, die in dem Glauben kulminiert, daß es außerhalb der sinnlich erfaßbaren Welt Kräfte, Götter oder einen Gott gibt mit Macht über die Menschen und der gleichzeitigen Bereitschaft, sich dem Menschen mitzuteilen. Dann bedarf es der Erfahrung, daß es Stätten, Orte gibt, an denen sich diese Jenseitsmächte dadurch mitteilen, daß sie dort besonders spürbar und wirksam sind. Schließlich ist die Bereitschaft dieser religiös solchermaßen konditionierten Gläubigen gefordert, sich selbst an diese Orte der Gnade mit großem Aufwand bzw. mit erheblichen Mühen, eventuell sogar unter Einsatz ihres Lebens, zu begeben.

Und zu guter Letzt muß bei dem frommen Besucher die Wirksamkeit des heiligen Ortes als Faktum gelten.

Sind diese vier Voraussetzungen erfüllt, ergibt ein Blick auf die bekanntesten heiligen Orte, daß diese durchaus ihren ganz eigenen Charakter haben können; das heißt, die Gnadenorte selbst unterscheiden sich in drei Grundtypen. Es sind da erstens Stätten der Erscheinung, und zwar des Göttlichen *(numen)*, des Gottes (selbst, eventuell personifiziert) bzw. dessen Vertreter. Ein klassischer Ort der Erscheinung ist der den Juden, Christen und Moslems gleichermaßen heilige Berg Sinai. Dann sind als weitere klassische Stätten der Erscheinung alle Orte des Erdenwandels des Herrn im Heiligen Land zu nennen. Andere Erscheinungsorte sind solche der Erzengel, zum Beispiel alle Michaels-Heiligtümer oder der Mutter Gottes (Fatima, Lourdes etc.).

Als zweites sind die Verehrungsstätten von Gott besonders nahestehenden Personen wie Aposteln, Märtyrern oder Heiligen zu nennen. Meistens handelt es sich dabei um Gräber, Reliquien oder Kultbilder, die Pilger in großen Massen anziehen. Oder es ist eine bestimmte für Pilger wichtige Eigenschaft, zum Beispiel eine wunderwirksame Quelle, die den Wallfahrer anzieht. Und schließlich, anstelle der Heiligkeit des Ortes selbst oder der Präsenz verehrungswürdiger Reliquien, können heilige, weil wunderwirksame Bilder Anziehungspunkt sein. Letzteres ist besonders in der Ostkirche verbreitet. Im Abendland vertreten vor allem Madonnenbilder diesen Typus der Wallfahrt.

Neben den verschiedenen Typen der Wallfahrtsorte sind noch die ganz unterschiedlichen Arten der Wallfahrt zu berücksichtigen. Der ursprüngliche Typ aller Wallfahrten ist die Verehrungs- bzw. Anbetungswallfahrt *(devotionis causa)*. Sie hat als Anlaß und Ziel eine Erscheinungsstätte, eine wundertätige Kultfigur, ein Grab, eine Reliquie oder ein Bild. Neben die Anbetung Gottes tritt die Anrufung einer Mittlerperson (zum Beispiel Apostelgrab in Santiago de Compostela) oder eines Mittlermediums (zum Beispiel Leichentuch in Trier).

Der häufigste Anlaß für eine Wallfahrt war und ist noch heute ein Bittverlangen, zum Beispiel um Heilung von einer Krankheit. Schon die heidnischen Wallfahrtszentren wie die keltischen Quellheiligtümer, die griechischen Asklepiostempel oder ägyptischen Isisbezirke verdankten ihre Anziehungskraft der dort vermuteten Heilwirkung.

Als Erfüllungsbedingung für ein Bittgesuch (»hl. Antonius, wenn du mir dabei hilfst, meinen Ehering wiederzufinden, mache ich eine Wallfahrt nach Padua und stifte zehn Kerzen« o. ä.) oder als Dank für eine von Gott oder eine(r/m) Heiligen erfüllte Bitte (zum Beispiel eine erfolgte Fernheilung) entstanden sogenannte Votiv-Wallfahrten *(per votum)*.

Am Anfang aller Wallfahrten standen in Verbindung mit Pilgerreisen *devotionis causa* eigentliche Studienreisen zu den heiligen Stätten in Palästina, »um an der Quelle die Wahrheit der Überlieferung zu prüfen und (sich) im Glauben zu stärken«. Die ersten namentlich bekannten Pilger ins Heilige Land (Melito von Sardeis, Origenes, Bischof Alexander von Kappadokien u. a.), aber auch die ersten Pilger aus dem Abendland wie Honorat, Rufinus, Palladius, Cassian, Hieronymus oder die Nonne Egeria vollzogen diese Art der Wallfahrt.

Sehr frühe Formen sind noch die Reliquien- und Bußwallfahrt. Erstere diente nicht nur der Verehrung von materiellen Überresten bedeutender Märtyrer oder Heiliger, sondern oftmals auch dem Erwerb von Reliquien – sei es für den privaten Bedarf, sei es für die heimatliche Kirche. Letztere ist die theologisch fundierteste und älteste christliche Form des Pilgerns und steht im engsten Zusammenhang mit der neutestamentlich begründeten Askesebewegung und Nachfolge Christi als Lebensform. Dazu später mehr im Teil »Der Weg und die Mönche«.

Seit dem hohen Mittelalter – zwar nicht ausgelöst, aber doch entscheidend gefördert durch die Ablaßpraxis – wird die Buß- oder Strafwallfahrt *(pro poenitentia)* zum regelmäßigen Rechtsmittel. Unter Karl dem Großen war die Bußwallfahrt als weltliches Rechtsmittel nicht zulässig, wie aus der *Admonitio generalis* des Jahres 789 hervorgeht. Noch das Konzil von Seligenstadt (1022/23) und die Synode von Limoges (1031–1034) wiederholen unmißverständlich die Position der karolingischen *Admonitio*. Doch seit dem Pontifikat Innozenz' III. war der Damm gebrochen. Prominente Beispiele politisch führender Persönlichkeiten, die als Buße eine Wallfahrt auferlegt bekamen, sind Wilhelm X. von Aquitanien, der Vater Eleonoras von Aquitanien, der am Karfreitag des Jahres 1129 im Anblick Santiagos starb, und Wilhelm von Nogaret, Kanzler Philipps des Schönen und Sohn eines als Ketzer verbrannten Südfranzosen. Gerade die im

Rahmen der Ketzerverfolgung im 13. Jahrhundert eingeführten neuen Normen der Wallfahrtsorte als *peregrinatio major* oder *peregrinatio minor* verdanken ihre Bestimmung als Zielorte einer Bußwallfahrt der Katharerbekämpfung.

Eine andere Degenerationsform der mittelalterlichen Wallfahrt seit dem 11. Jahrhundert ist die bewaffnete Wallfahrt, bekannter unter dem Namen Kreuzzug. Auch sie wurde wesentlich gefördert durch den Ablaßgedanken, aber die Idee vom »miles Christi« ist bereits frühchristlich verankert und sehr verbreitet im apologetischen, hagiographischen und monastischen Schrifttum. Hinzu kommt der naheliegende Gedanke des neuen Märtyrertums, das von allen Sündenstrafen befreit und direkten Einzug ins Himmelreich gewährt.

Gar zum Zerrbild des ursprünglichen Pilgergedankens wird die Wallfahrt mit dem Aufkommen der Delegationswallfahrten. Wiederum seit Innozenz III. war es möglich, sich von einem Wallfahrts- oder Kreuzzugsversprechen freizukaufen. Größter Beliebtheit, weil billiger, erfreute sich die Unsitte, »Profipilger« für die Einlösung eines Wallfahrtsversprechens einzusetzen. Im 14. Jahrhundert kostete ein Ersatz- oder Profipilger in Italien (Pistoia) sechzehn Goldstücke, und Anfang des 15. Jahrhunderts liegt der Tarif nördlich der Alpen bei fünf Goldstücken, das entspricht dem Gegenwert von einem Pferd, zwei Ochsen oder zwanzig Schafen. Der frühen Form der Studienwallfahrt entspricht im späten Mittelalter die Ritter- oder Kavaliersfahrt.

Und schließlich – nicht zu verwechseln mit diesen Formen der Wallfahrt – kommt noch die Fülle der Motive für eine fromme Reise hinzu. Sie können mit den Wallfahrtsformen zusammenfallen, sind aber nicht immer automatisch identisch mit diesen, weil die verschiedensten Motive sich an eine bestimmte Wallfahrtsform anhängen können. Auch hier muß wieder unterschieden werden in echte (religiöse) und falsche Motive.

Zu ersteren gehört eine Frömmigkeit, die sich darin ausdrückt, ganz unmittelbar den im wörtlichen Sinne physischen Kontakt durch Sehen, Berühren, Umschreiten etc. mit den Heiligtümern am Gnadenort zu suchen, dann das Bedürfnis nach Heilung, Beistand und Rat. Anbetung, Dank, Sündenvergebung und Reliquienerwerb sind weitere echt religiöse Motive.

Sicher nicht konform mit den ursprünglichen religiösen Motiven gehen solche wie: Strafen für weltliche Vergehen, private Anliegen, kaufmännisch-geschäftliche Vorhaben, Eroberungsabsichten, Bereicherung, Abenteuerlust, professioneller Gelderwerb, Flucht (vor Blutrache, Strafverfolgung, Kriegsdienst etc.), Kriminalität (Diebstahl, Hehlerei, Nepp, Prostitution, Zollumgehung) oder politische Ziele.

Spätestens seit der Mitte des 11. Jahrhunderts, als die Wallfahrt, besonders die »große Wallfahrt« des Mittelalters zum Jakobs-Grab in Galicien, anfing, eine Massenbewegung, das heißt ein wesentlicher Teil der christlich-abendländischen Frömmigkeit zu werden, ist nicht nur die Wallfahrt als solche religiöser Allgemeinbesitz geworden, sondern auch die Umgangssprache kann dies für sich beanspruchen. Die einfache, unreflektierte Volksfrömmigkeit, deren unbestrittenes Gut das Wallen oder Pilgern geworden ist, macht keine inhaltliche Trennung zwischen Wallfahrt nach Santiago de Compostela oder Pilgerfahrt dorthin. Pikanterweise machen gerade die heftigsten Befürworter einer feinsinnigen Unterscheidung der Begriffe selbst keinen konsequenten Unterschied in der Anwendung beider Termini.

Dennoch kann man beim Auswerten von Texten einen signifikanten Unterschied feststellen. Ist die Rede von der Aktion, dann wird mit Vorzug der Begriff Wallfahrt statt Pilgerfahrt gebraucht. Meint man den Ausübenden, sagt niemand Wallfahrer; vielmehr spricht fast jeder vom Pilger. Gleiches gilt für das Tätigkeitswort pilgern anstelle von wallfahren.

Mit anderen Worten, die einzige Unterscheidung, die im allgemeinen Sprachgebrauch getroffen wird, beruht auf einer sattsam bekannten menschlichen Tugend, der Ökonomie, besser als Sprachfaulheit bekannt. Die jeweils bevorzugte Wortform ist gleichzeitig die jeweils silbenärmere.

2. RÜCKFALL INS HEIDENTUM

DAS IRDISCHE JERUSALEM

»Ich sah die Heilige Stadt, das neue Jerusalem, von Gott her aus dem Himmel kommen; sie war bereit wie eine Braut, die sich für ihren Mann geschmückt hat. Da hörte ich eine laute Stimme vom Thron her rufen: Seht die Wohnung Gottes unter den Menschen.« (Offb 21,2–3)

»Gott wird von den Menschen nicht anders begriffen, denn nach menschlicher Art.« (Kötting)

Diese an den Anfang gestellten Zitate markieren zwei Welten, zwei Extremwerte gelebter Religion. Zwischen diesen beiden Wendemarken bewegt sich die Geschichte der christlichen Wallfahrt von Anbeginn an. Und aller Anfang christlicher Wallfahrt liegt in Jerusalem. Denn vor dem konstantinischen Religionsfrieden ist keine christliche Wallfahrt bekannt. Zwar soll nach Kötting Seleukia in Kleinasien, die Sterbestadt der Erzmärtyrerin Thekla, bereits seit dem 2. Jahrhundert eine Wallfahrt besessen haben, doch gegen eine überregionale Bedeutung vor dem 4. Jahrhundert spricht zu viel.

Die Erinnerung an die sogar in der Apostelgeschichte erwähnte Paulus-Schülerin mag durchaus in der dortigen Christengemeinde wachgehalten worden sein. Thekla war aber gar keine Märtyrerin. Der Umstand, daß die spätere Hagiographie den friedlichen Tod der Erzmärtyrerin nicht verheimlichen konnte und deshalb die Legende eines zweifach vorgesehenen Märtyrertodes und die doppelte wunderbare Errettung erfinden mußte, ist ein Hinweis auf die Authentizität der Nachricht vom natürlichen Tod Theklas.

Für die Schöpfer von Märtyrerlegenden während des Aufkommens der Märtyrerverehrung schien es indes unvorstellbar, daß eine namentlich bekannte Anhängerin des Christentums in der Zeit der Apostel und der Verfolgung nicht gequält oder gemartert worden sein sollte. Thekla wurde zum Opfer der eigenen christlichen Propaganda, und es erging ihr wie zahlreichen anderen Jüngern, deren

Lebenslauf nach der Aussendung des Geistes unbekannt blieb, die aber nachträglich zu Märtyrern gemacht wurden. Seleukia und der dortige Thekla-Kult scheinen keinen Hinweis auf eine bedeutende christliche Wallfahrt in vorkonstantinischer Zeit zu liefern.

Ähnlich liegt der Fall beim Apostelschüler und Bischof Polykarp von Smyrna (gest. um 155). Wallfahrten zu den Apostelgräbern in Ephesus (Johannes Evangelist) und Edessa (Thomas) sind meines Wissens vor dem 4. Jahrhundert ebenfalls nicht zu belegen.

Völlig anders liegt die Situation bei Jerusalem, das schon seit alttestamentarischen Zeiten ein bedeutendes Wallfahrtszentrum der jüdischen Welt war. Den Grund dafür hat der Judenchrist Philo um 150 exakt beschrieben: »Der Gesetzgeber hat angeordnet, daß es nur ein Heiligtum geben dürfe, da es auch nur einen Gott gebe. Er hat auch denen, die zu Hause opfern wollen, dieses nicht gestattet, gebietet ihnen vielmehr, sich aufzumachen …«

Diese Verpflichtung zur gemeinsamen Feier der drei wichtigsten jüdischen Feste trug wesentlich zum nationalen Selbstbewußtsein der Diasporajuden bei und bot den Erlebnissockel für das Zusammengehörigkeitsgefühl des »auserwählten« Volkes. Für die Minderheit der Judenchristen bestand bis zum Jahr 66 eine Art nostalgischer Pflichtübung darin, Ostern, wenn möglich, in Jerusalem zu feiern. Doch schon die hellenistisch-paulinische Interpretation kam ohne das irdische Jerusalem als Glaubenszentrum aus.

Dennoch blieb für Juden wie Christen die Stadt Davids wesentlicher Teil ihrer Religion, für die Christen besonders als Ausgangspunkt ihrer Erlösungslehre und als materieller Zeuge der Passion des Herrn. Als erster christlicher Heilig-Land-Pilger ist der bereits erwähnte Melito von Sardeis bezeugt, der um die Mitte des 2. Jahrhunderts die heiligen Stätten bereiste und bestätigt, daß diese durch lokale Tradition in Erinnerung gehalten wurden. Ähnliches berichtet auch Clemens von Alexandrien.

Wenn auch die vorrangigen Motive bei Origenes für seinen Besuch des Heiligen Landes Flucht und Studien waren, wird dieser wohl kaum versäumt haben, an den besuchten heiligen Stätten Gebete zu verrichten, womit dieser großartigste aller frühchristlichen Kirchenlehrer auch als Heilig-Land-Pilger angesehen werden kann. Von Origenes wissen wir, daß selbst im Heiligen Land an der ihm als Geburtsstätte Jesu gezeigten Stelle noch keine Kirche oder irgendein anderer Memorialbau existierte. Ein Beweis mehr dafür, daß es für die Christen der ersten zwei Jahrhunderte keineswegs üblich war, biblische Erinnerungsstätten oder Märtyrergräber besonders auszuzeichnen oder zu pflegen. Kult und Wallfahrt waren noch nicht entwickelt.

Ein Zeitgenosse des Origenes, der kappadokische Bischof Alexander, hatte, wie Eusebius in seiner Kirchengeschichte zu berichten weiß, im Traum den Befehl erhalten, sein Bischofsamt aufzugeben und zu den heiligen Stätten zu pilgern, um dort zu beten. Als zuständiger Metropolit für Jerusalem verfolgte Eusebius eigene kirchenpolitische Ziele. Das Verhalten Alexanders von Kappadokien erfüllt nun aber alle Kriterien der klassischen Jerusalem-Wallfahrt. Gemein ist allen Besuchern des Heiligen Landes aus religiösen Gründen, daß sie aus der unmittelbaren oder relativen Nachbarschaft Palästinas stammen und durchwegs Personen von Stand, Bildung und Vermögen sind.

Insgesamt hat die Wissenschaft große Anstrengungen unternommen, um aufzuzeigen, daß Jerusalem und das übrige Heilige Land schon vor der konstantinischen Wende das Ziel zahlloser Pilger oder Wallfahrer gewesen waren. Das Ergebnis ist um so dürftiger. Von einer nennenswerten Pilgertradition nach Jerusalem kann zu dieser Zeit nicht die Rede sein. Indizien dafür sind die zahlenmäßig spärliche Christianisierung Palästinas, der kaum gebrauchte und bekannte Terminus »heilige Stätten« und das Fehlen von repräsentativer Verehrungsarchitektur. Selbst der Name des zweimal nacheinander zerstörten Jerusalem ist kaum noch geläufig, zumindest kennt noch 310 der für Palästina zuständige römische Statthalter Firmilianus eine Stadt dieses Namens nicht.

WARUM KEINE CHRISTLICHE WALLFAHRT VOR 313?

Für die ersten Christen war Jerusalem die Muttergemeinde ihres Glaubens; als solche galt bis zum Jahr 66 die Stadt des Leidens, des Sterbens und der Auferstehung des Herrn als natürlicher Fokus ihrer Welt. Die anfängliche moralische Verpflichtung, sich zum Osterfest in Jerusalem einzufinden, dürfte trotz der neuen Beweggründe noch in der alten jüdischen Tradition, der sich die Judenchristen nach wie vor verpflichtet fühlten, zu suchen sein. Nachdem aufgrund einer Offenbarung vom nahen Untergang der Stadt die Judenchristen Jerusalem freiwillig verlassen hatten und nur vier Jahre später durch die römischen Legionen das schon von Christus prophezeite Strafgericht über die Hauptstadt des alten mosaischen Glaubens hereingebrochen war, organisierte sich der neue Glaube von der Diaspora aus, war sozusagen heimatlos (lat. *pereger*) geworden.

Unmittelbar bevorzustehen schien auch: »Erfüllt ist die Zeit und nahe gekommen die Königsherrschaft Gottes! Kehret um und glaubet an die Heilsbotschaft!« (Mk 1,15). Die zweimalige Zerstörung Jerusalems untermauerte auch Jesu Worte: »Mein Königtum ist nicht von dieser Welt. Wenn es von dieser Welt wäre, würden meine Leute kämpfen, damit ich den Juden nicht ausgeliefert würde. Aber mein Königtum ist nicht von hier.« (Joh 18,36) Bereits in den Predigten des Paulus stellten die Apostel und die Orte der Passion nicht mehr den Mittelpunkt der Glaubensgemeinschaft dar (Eph 2,18–19; 2. Kor 5,16), was sich mit der Vorstellung vom »neuen« Jerusalem in der Offenbarung deckte. Entsprechend der Evangelienstelle: »Jesus sprach zu ihr: Glaube mir, Frau, die Stunde kommt, zu der ihr weder auf diesem Berg noch in Jerusalem den Vater anbeten werdet… Gott ist Geist, und alle, die ihn anbeten, müssen im Geist und in der Wahrheit anbeten« (Joh 4,21–24) ist nun bei Paulus die Rede vom »freien himmlischen Jerusalem« (Gal 4,26) und von der Gemeinde als »Leib Christi« (1. Kor 12,14 ff.).

Neben dem unüberhörbaren antijüdischen Ton bestimmen eine geistige Sicht vom neuen Jerusalem und die nahestehende Heilserwartung (Eschatologie) das Bild der ersten Christengenerationen. Der eschatologische Grundton und das Bild vom himmlischen Jerusalem formen eine Gegenwelt zur bestehenden römischen und altjüdischen. Der Barnabas-Brief (um 130), der Widerstand gegen die heidnische Bilder- und Tempelverehrung, des Clemens von Alexandrien Spott auf die im Tempel eingesperrten heidnischen Götter, des Origenes entschiedene Gegnerschaft zu einer wörtlichen Auslegung der Heiligen Schrift, das alles zeigt, daß die Christen der ersten zwei Jahrhunderte für die Zeit zwischen Christi Welterlösungstat am Kreuz und seiner bald erwarteten Wiederkunft beim Endgericht keine zusätzlichen Vermittler brauchten oder anstrebten, ja, in der jüdischen Verehrung und Anrufung der Gerechten (und Märtyrer) eine ausgesprochen typische Form von Götzendienst und Aberglaube sahen, also zu Heiligenverehrung und Wallfahrt (als deren Derivat) eine ausgesprochen oppositionelle Haltung an den Tag legten. Eine volkstümliche Wallfahrtsfrömmigkeit lag bei den Christen bis zur Mitte des 3. Jahrhunderts auf keinen Fall vor.

Die Nachricht des Origenes, daß an den heiligen Stätten keine Gedächtniskirche oder andere Memoria anzutreffen waren, entspricht also der Geisteshaltung des frühen Christentums. Ebenso leuchtet ein, daß man die Gräber der Apostel oder frühen Märtyrer nicht kannte. Sie waren nie Gegenstand der Verehrung, schon gar nicht Ziel heidnischer Verehrungsformen wie Wallfahrten.

Erst nach dem Aufkommen der Märtyrerverehrung im Laufe des 3. Jahrhunderts mußten im Rahmen der allgemeinen »Reliquiensucht« deren Gräber wieder aufgefunden werden. Außerdem kam im Falle von Jerusalem erschwerend hinzu, daß den Juden, und damit zunächst auch den Judenchristen – die Römer machten da keinen Unterschied –, nach der endgültigen Zerstörung Jerusalems als Reaktion auf den Bar-Kochba-Aufstand die Rückkehr in die, ja, sogar der Besuch der alten Tempelstadt strikt verboten war.

Erst Anfang des 4. Jahrhunderts waren in mehrfacher Hinsicht die sozialen, politischen und religiösen Voraussetzungen für das Entstehen einer schnell aufblühenden christlichen Wallfahrtskultur gegeben. Als entscheidend dafür gelten die Jahre zwischen 249 und 313.

EINE CHRISTENVERFOLGUNG, DIE KEINE WAR

Als Datum für das vermehrte Aufkommen der Märtyrerverehrung und -konservierung gilt allgemein die Mitte des 3. Jahrhunderts, genauer die Zeit vom Herbst 249 bis Ende 250. Dieser präzis angebbare Zeitraum ist erklärt durch die sogenannte Decische Christenverfolgung. Sie soll nach traditioneller Auslegung eine der blutigsten und opferreichsten ihrer Art gewesen sein, »so daß vor allem Märtyrer seit der Decischen Verfolgung Mittelpunkt einer späteren Wallfahrt werden, weil durch die sofort nach dem Tod einsetzende Verehrung die Stätte ihres Grabes in Erinnerung blieb« (Kötting).

In einem Begleitbuch zum Religionsunterricht aus dem Jahr 1972 heißt es zur Christenverfolgung des Kaisers Decius: »Neben großartigen Zeugen des Bekennermutes begegnen uns gerade während der Decischen Verfolgung nicht wenige Fälle des Versagens.« Etwa gleichzeitig belehrt der Große Brockhaus Otto Normalverbraucher über die Kirchengeschichte: »Die erste planmäßige Christenverfolgung auf der Grundlage eigener Christengesetze und mit dem Ziel vollständiger Ausrottung veranlaßt 249 Kaiser Decius.«

Eine falschere Information zur Decischen Christenverfolgung kann man wohl schwerlich erfinden. Tatsächlich gibt es keine einzige schriftliche Quelle von heidnisch-römischer Hand zu diesem Befund. Es ist hier nicht der Ort, über den Hergang der sogenannten Christenverfolgungen aufzuklären. Allerdings liegt auf der Hand, daß aus der Sicht der »siegreichen« Religion diese Heldenphase der Verfolgung und der standhaften Bekenner und Märtyrer, das Ausmaß und die Art der römischen Grausamkeiten doch arg überzeichnet und zur Ausmalung eines Feindbildes überstrapaziert wurden.

Allein schon die Darstellung der Christenverfolgungen als zehn Aktionen des römischen Staates gegen die Christen und der Gleichklang mit den zehn ägyptischen Plagen verrät die hagiographische Absicht hinter den meist nachträglich erfundenen »Märtyrerakten« des 4. Jahrhunderts. Einige der bereits angesprochenen Bischöfe – wie zum Beispiel Cyprian von Karthago oder Dionysios von Alexandrien – konnten sich dem Ansinnen der Loyalitätserklärung gegenüber dem römischen Staat durch freiwilliges Exil entziehen. Dies war aufgrund der geltenden Durchführungsbestimmungen solcher Edikte relativ leicht möglich. Einzelne Hardliner – wie zum Beispiel die Bischöfe Fabian von Rom, Alexander von Jerusalem oder Babylas von Antiochien – traf die volle Härte der Strafmaßnahmen, die auf die Verweigerung der Loyalitätsbekundung möglich war. Andere »Märtyrer« der Decischen Verfolgung, wie die hl. Agatha, sind sehr umstritten. Gleiches gilt für das prominenteste »Opfer« der Decischen Edikte, den Kirchenlehrer Origenes. Als dieser durch harte asketische Lebensweise gezeichnete, großartige frühchristliche Denker vor die zuständige Kommission geladen wurde, war er bereits mindestens fünfundsechzig Jahre alt. Erst vier Jahre später starb er in seiner Wohnung – angeblich an den Spätfolgen der Folterung während der Decischen Verfolgung.

Alles, was wir seit jüngerer Zeit über diese Decische »Verfolgung« dank sachkundiger Einzelstudien (Schwarte, von Stritzky) wissen, hört sich ganz anders an: Das Decische Edikt vom Spätherbst 249 richtete sich als Reichserlaß an alle Römer des Imperiums. Es diente ausschließlich staatlichen Zwecken, nämlich der Restaurationspolitik und dem Bemühen des neuen Kaisers um eine Wiederbelebung des Reichsbewußtseins in einer Zeit der äußeren und inneren Krise. Es war weder speziell gegen bestimmte Bevölkerungsgruppen noch gegen irgendwelche religiösen Überzeugungen einzelner römischer Bürger gerichtet.

Zwei durchaus miteinander in Einklang zu bringende Prinzipien standen sich gegenüber. Die frühen Christen vertraten gegenüber dem römischen Staat eine »distanzierte Anerkennung«. Für Paulus war die kaiserliche Herrschaft gottgewollt (Röm 13,1–7). Bischof Clemens von Rom dichtete gar ein Lobgebet auf den Kaiser. Auch im 1. Petrusbrief und bei Tertullian finden wir eine bejahende Einstellung zum existierenden römischen Staat und zu seinen Vertretern. Selbst bei Mißbrauch der weltlichen Gewalt besitze der Untertan keinerlei Recht auf ein Eingreifen, ein solches liege ausschließlich im Bereich der strafenden Gerechtigkeit Gottes (Origenes).

Die Christen ihrerseits profitierten von der üblichen Toleranz des römischen Staates in Religionsfragen, den bestehenden Kommunikationsmitteln und dem innerhalb der Reichsgrenzen geltenden Landfrieden *(pax Romana)*. Alles war förderlich für die friedliche Ausbreitung (Missionsgebot) des christlichen Glaubens.

Vor allem gab es keine »lex Christiana«, das heißt keine eigene Gesetzgebung gegen die Christen. Mit Ausnahme des kurzen Intervalls von 258 bis 260 galt bis 303 das Reskript des Trajan (111/12) an Plinius, den Stadthalter von Bithynien. Darin wird grundsätzlich davon Abstand genommen, daß der Staat als solcher in Religionssachen zum Ankläger wird. Für einen offiziellen Prozeß bedurfte es einer konkret formulierten privaten Anzeige. Durchführende Organe in diesem Fall waren die zuständigen Lokalinstanzen.

Zurück zu Decius. Ende 249 hatte der vom Senat gewählte und ernannte neue Kaiser Gaius Messius Quintus Trajanus Decius mit Wirkung für das folgende Jahr beschlossen, daß alle Untertanen des Imperiums zum Beweis ihrer Loyalität dem Staat gegenüber vor einer örtlichen Kommission ein Opfer zu bringen hätten. Das Ritual stand seit Jahrhunderten fest: ein Weihrauchopfer nebst einer Trankspende und dem Verzehr von Opferfleisch. Dafür gab es eine schriftliche Bestätigung. Das Ganze war im Grunde ein ritueller Staatsakt. In dem Erlaß waren weder Anweisungen für die zwangsweise Durchsetzung des geforderten Opfers noch genaue Strafbestimmungen enthalten. Die geforderte »supplicatio pro salute imperatorii« beinhaltete nicht einmal für Heiden die Anbetung oder gar Vergöttlichung des lebenden Kaisers. Mit Tertullians »Wir beten für das Heil des Kaisers«, weil die weltliche Herrschaft »gottgewollt sei, und die Christen das erhalten wissen wollen, was Gott gewollt hat«, schien wenig Konfliktstoff geboten. In der Sache gab es also keine »Blutopfer rechtfertigenden« Differenzen.

Lediglich über die historisch gewordene, also vorchristliche Form des Opferaktes bestand ein Harmoniedefizit, allerdings nur bei wenigen Christen, einer kleinen Zahl von Scharfmachern in eigenen Diensten. Wer sich nämlich Christi Vorbild in der Zinsgroschenfrage erinnert hatte, dem blieb automatisch die im Einzelfall vorgesehene schwere Strafe erspart. Außerdem hatten die Durchführungsmodi noch sehr viele Türen offen gelassen. Decius ging es wie seinen Amtsvorgängern Trajan oder Hadrian primär um eine Einbindung der Christen in die Staatseinheit, eine Rückführung, ohne daß diese ihre sonderbare Religion hätten aufgeben müssen.

Die meisten Christen hatten dies damals begriffen. Die zahllosen bekannten »Abgefallenen« (lat. *lapsi*) bzw. »Bestätigten« (lat. *libellati*, von *libellus*, amtlicher Bestätigungsschein für die erwiesene Staatstreue) werden ausgerechnet von den beiden Bischöfen beklagt, die sich selbst der Nagelprobe durch selbstgewähltes Exil entzogen hatten.

Die in der Fachliteratur immer wieder zitierte Decische Verfolgung war es also nicht, die jene so plötzliche Anzahl an aktuellen Märtyrern lieferte, die zu einem orkanartigen Ausbruch der Märtyrerverehrung in der jungen sich etablierenden christlichen Kirche geführt hat. Dies trifft schon eher auf die nachfolgende Valerianische Christenverfolgung zu, die als erste und zugleich vorletzte den Namen verdient.

In dem korrigierten und verschärften Edikt Valerians von 258 war erstmals das Christentum als solches *(nomen Christianum)* strafbar und Gegenstand der Verfolgung. In den beiden wirklichen Christenverfolgungen der Jahre 258 bis 260 und 303 bis 306 wird man also sinnvollerweise das Gros der künftig verehrten Märtyrer suchen müssen. Ihre »Bluttaufe« lag 313, zum Zeitpunkt des Mailänder Toleranzedikts, noch in frischer Erinnerung, und ihre Gräber waren noch bekannt.

IMITATIO CHRISTI ODER: AUF DEM WEG IN EIN REICH VON DIESER WELT

Auch wenn die sogenannte Decische Verfolgung faktisch nicht die ihr von den Hagiographen angedichtete Auswirkung hatte, so markiert sie doch einen Wendepunkt, genauer den vorläufigen Endpunkt in dem damaligen Verhältnis von Christen und Staat. Nie war letzterer so umfassend und konstruktiv auf die religiöse Minderheit der Christen im Reich zugegangen wie im Falle des Decischen Reichsedikts. Die völlig diesseitig orientierte römische Religion war seit Anbeginn wesentlicher Bestandteil des römischen Staatswesens, das heißt, sie kannte keinen Gegensatz zum Staat. Priesterschaft und Staatsbeamte rekrutierten sich aus derselben Patrizierschicht.

Der Religionsstifter Jesus Christus kannte sehr wohl die Eigenarten des römischen Staatswesens. Dennoch riet er auf die Fangfrage mit dem Zinsgroschen zur Diplomatie. Staatsaktionen blieben selbst dann solche, wenn sie traditionellerweise im Kleid religiöser Rituale auftraten. Als im Rahmen der doppelten Staatskrise im 3. Jahrhundert der römische Senat vermittels seines favorisierten Repräsentanten Kaiser Decius alle Staatsbürger zur Good-Will-Erklärung für den Staat und seine Einrichtungen, von denen letztlich alle profitierten, aufrief, steckte dahinter keine Religionsfrage. Da die reichsweit und von allen eingeforderte Loyalitätsbekundung keineswegs auf eine religiöse Überzeugung abzielte, standen die römischen Vollzugsbeamten den vereinzelten Verweigerungen ziemlich ratlos gegenüber; verstehen konnten sie sie jedenfalls nicht.

Abgesehen von einigen offensichtlich unumgänglichen Zwangsmaßnahmen blieb für den römischen Staat als Erkenntnis aus der Decischen Erhebung das enttäuschende Ergebnis: Mit den Christen »war kein Staat zu machen«. Die Nachfolger des Decius in der östlichen Reichshälfte zogen für sich daraus Konsequenzen. Die bislang tolerante Religionspolitik wich einer aggressiven, auf die Vernichtung dieser Sekte ausgerichteten Haltung. Das verschärfte Dekret Valerians von 258 war aber ebenfalls nur reichlich zwei Jahre wirksam. Darauf folgte eine weitere lange Phase des gewohnten Religionsfriedens bis 303. Doch gerade für den römischen Staat erwies sich die (allzu) lange Toleranzpolitik als schädlich. Als man anfing, den »Staatsfeind« Christentum systematisch zu bekämpfen, war dieser bereits zu stark und das Römische Reich zu schwach geworden. Außerdem hatten sich beide tragischerweise, auch für die werdende »römische« Kirche, schon viel zu lange aufeinander zu bewegt.

Auch aus christlicher Sicht markiert die Mitte des 3. Jahrhunderts einen Wendepunkt. Nach der Zerstörung Jerusalems und der Verteilung der noch jungen und zahlenmäßig kleinen Christengemeinde auf die Diaspora zunächst des östlichen Mittelmeerraums entstand sehr früh in Antiochia eine rührige Glaubensgemeinde. Unter dem zweiten Nachfolger Petri, dem Bischof Ignatius, etablierte sich, hier erstmals historisch greifbar, der sogenannte monarchische Episkopat. Dieser bedeutet, der »von Gott über Christus mit Macht ausgestattete eine Bischof ist authentischer Verkünder der Lehre, Verwalter der Sakramente und Leiter der Gemeinde in sozialen und materiellen Belangen«.

Ebenfalls in diesem Antiochia taucht zum erstenmal der Name »Christen« für die Anhänger der Lehre Jesu Christi auf, und Bischof Ignatius nennt erstmals die Gesamtheit der christlichen Gemeinden »katholische Kirche«. Mit der Institution des Bischofsamtes hatte die neue Religion »die geistige Autorität gefunden, die die Formulierungen der christlichen Lehre überwachen und koordinieren konnte« (Dahlheim).

Das Bischofsamt mit seinen unbestrittenen Befugnissen und die Organisation seines Amtsbereiches waren nach reichsrömischen Vorbildern gestaltet, so daß sich spätestens seit dem 3. Jahrhundert die Rolle eines römischen Staatsbeamten (zum Beispiel die des Präfekten einer Provinz) von der eines christlichen Bischofs nur wenig unterschied. Der Sieg des monarchischen Episkopats über andere denkbare Organisationsformen bedeutete auch einen Sieg des städtischen Christentums über das ländliche – eine sehr frühe Entwicklung, deren Auswirkungen auf agrarisch strukturierte Gesellschaften wir noch kennenlernen werden (Ägypten, Irland, Galicien).

So konnte der hl. Cyprian, Bischof von Karthago, Zeitgenosse der Decischen und Opfer der Valerianschen Christenverfolgung (gest. 258), seine »Untertanen« lehren, daß die Einheit der Kirche identisch sei mit der Eintracht der Bischöfe: »Unser Herr ordnete die Würde des Bischofs und die Verhältnisse seiner Kirche, indem er... zu Petrus sprach: ›Ich sage dir, du bist Petrus der Fels...‹ (Mt 16,1). Danach... verläuft die Ordnung der Kirche in der Weise, daß die Kirche auf die Bischöfe gründet und jede kirchliche Handlung durch eben diese Vorgesetzten geleitet wird.« Und weiter: »Der Bischof ist in der Kirche«, und außerhalb der Kirche gebe es kein Heil *(extra ecclesiam salus non est)*. Dieses städtisch-römisch organisierte und bischöflich geleitete Strukturprinzip schuf also schon im 3. Jahrhundert all jene Voraussetzungen für Divergenzen mit anderen christlichen Kräften und Ideen, wie sie im Laufe des Mittelalters aufbrechen.

Parallel zur bischöflichen Organisationsform zeichnete sich bereits im 2. Jahrhundert nach dem für alle erlebbaren Ausbleiben der »nahen« Wiederkunft des Herrn (Parusie) ein Gesinnungswandel in den Zielvorstellungen ab. Die Parusieverzögerung nötigte zu einem »Einrichten in der Zeit«, das heißt auch mit den Zeitgenossen und dem römischen Staat, ganz zu schweigen von der Lösung anstehender theologischer Probleme, die völlig ungewollt eine Veränderung des Christus-Bildes nach sich zogen. So war das Ergebnis der theologischen Auseinandersetzung mit der für das frühe Christentum so gefährlichen diesseitsfeindlichen Gnosis eine stärkere Betonung der menschlichen Natur des Erlösers, das heißt eine stärkere Annäherung des unnahbaren Messias an bekannte Schemata von Gottesmenschen (Heroen) der Antike.

Die erste Hälfte des 3. Jahrhunderts war für das sich ausbreitende Christentum geradezu eine paradiesische Zeit, von der auch die christlichen Quellen Kunde geben. Es war zunächst die Epoche der Severischen Kaiser, die, bedingt durch ihre Herkunft, Glaubensströmungen aus dem Osten des Reiches besonders offen gegenüberstanden.

Die *Constitutio Antoniana* des Jahres 212 verlieh allen Freien des Imperiums das volle römische Bürgerrecht, das heißt, automatisch wuchs damit die Anzahl der »römischen Bürger« innerhalb der Christengemeinden. Viele dieser neuen römischen Bürger fanden Zugang zu höchsten Staatsstellungen; zu erinnern ist auch an die

Beziehungen christlicher Gelehrter zum kaiserlichen Hof. Auf der anderen Seite traten dem neuen Glauben auch Mitglieder der römischen Nobilität (Senatoren, *egregi viri*, *equites* etc.) bei. Origenes betont an verschiedenen Stellen seiner Schriften das bemerkenswerte Ansteigen der Christenzahl für die nachseverische Zeit. Außerdem sei nochmals darauf verwiesen, daß sich als Folge der Parusieverzögerung spätestens seit dem 3. Jahrhundert die Überzeugung durchsetzt, daß das Imperium notwendigerweise ein Teil des göttlichen Heilsplanes sein müsse.

Angesichts eines solchen ersten sich abzeichnenden Siegeszugs des Christentums müßte eigentlich Stolz die führenden Vertreter dieses Glaubens erfüllen. Doch bei den besonders engagierten Vorkämpfern dieser Lehre stellen wir genau das Gegenteil fest.

Cyprian meint, durch die lange Friedenszeit sei die vom Heiligen Geist eingepflanzte *disciplina* merklich geschrumpft, die Christen seien lau geworden. Auch Origenes schließt sich diesem Urteil an, denn mit dem Ausbleiben von Märtyrern sei die Liebe zur Kirche erkaltet. Angesichts der vielen *lapsi* (Abgefallenen) während der Decischen Loyalitätserhebung klagt wiederum Cyprian über die Gewinnsucht und materielle Lebenseinstellung seiner Schäflein. Weiter lamentiert er über viele seiner afrikanischen Bischofskollegen, die »im Dienste reicher Latifundienbesitzer gewinnträchtigen Geschäften nachgingen, weite Reisen durch ihre Provinzen unternähmen, über große Finanzmittel verfügten und ihr Geld zu hohen Zinssätzen arbeiten ließen« (Dahlheim). Eusebius zitiert in seiner Kirchengeschichte als besonders abschreckendes Beispiel Bischof Paulos von Samosata in Antiochien.

Man sieht also, der Feind stand woanders. Er hieß nicht römischer Kaiser oder römischer Staat. Der eigentliche Glaubensfeind kam von innen. Dieser Feind kam mit dem Erfolg und der Ausbreitung des Christentums selbst. Die Welt holte die Weltflüchtigen ein. Es mußte etwas geschehen.

»Beabsichtigte Decius mit seinem Edikt eine Prüfung der staatsbürgerlichen Loyalität, so kann Cyprian in Parallele dazu in dem kaiserlichen Erlaß eine Prüfung Gottes sehen, um die Treue der Christen ihm gegenüber zu erproben.« Ob der Aufruf zum Märtyrertum, das heißt zum Blutzeugnis, aber im Sinne des Glaubensgründers war, mögen andere beurteilen.

Die Ereignisse während der Decischen Loyalitätserhebung hatten also nicht nur aufgedeckt, daß die neue Religion durch starke Zuwächse auf dem besten Weg zu einer Volksreligion und damit zu einer Massenbewegung war, sondern auch klargemacht, wo die Gefahren eines solchen Erfolges lagen: die Anpassung an das soziokulturelle Umfeld, die Bereitschaft zu Kompromissen auch in Glaubensfragen und die von Cyprian beklagte Verweltlichung des höheren Klerus. Solange die Christen als kleine esoterische Gemeinschaft in ehrlicher oder schicker Opposition zum kulturellen Umfeld auf sich selbst gestellt waren, galten urchristliche Modelle, wie sie für Paulus noch ganz selbstverständlich waren: »Die Gerechtigkeit Gottes aus dem Glauben an Jesus Christus, offenbart für alle, die glauben. Denn es gibt keinen Unterschied.« (Röm 3,22)

Schon die Decischen Ereignisse haben den Hardlinern die aus ihrer Sicht wohl zu Recht bestehende traurige Wirklichkeit vor Augen geführt, daß das Ideal der Gleichheit vor Gott im Himmel und innerhalb der Gläubigen auf Erden nicht zutrifft. Die innerkirchliche Entwicklung sowie der Siegeszug des monarchischen Episkopats, die Sonderstellung der Religionsphilosophen und Theologen an den Katechetenschulen und die zunehmende Zahl der Asketen hatten erkennen lassen, daß es innerhalb der christlichen Gemeinde eine Hierarchie der Gläubigen gab, daß einige doch gleicher als gleich waren. Die alte Gleichheit von Erdenbewohnern und Himmlischen, die in gleicher Weise durch die Erlösungstat Christi als Heilige galten, war aufgebrochen.

Die Drei-Stufen-Theorie des Origenes oder die Differenzierung in eine *religio carnalis* und eine *religio spiritualis*, kurz die in zwei Jahrhunderten aufgebrauchte Gleichheit aller Christen einerseits und die endlosen Debatten über Person, Rolle und Natur Christi andererseits, hatten Vorschub geleistet für das Eindringen religiöser Vorstellungen aus dem gesellschaftlichen Umfeld. Unter der Hand hatten innerhalb der Christenheit Tendenzen einer Rückentwicklung zum Heidentum (Repaganisierung) eingesetzt.

Kämpferische Vertreter der alten Schule hatten das geahnt oder gesehen. Doch der Beitrag zur Behebung der offenkundigen Krise, die Forderung nach Standhaftigkeit im Glauben sogar bis zum Blutopfer, ganz nach dem Vorbild der älteren Märtyrer, sollte der kräftigste und zukunftsträchtigste Schritt in Richtung eines neuen Heidentums unter dem Deckmantel der christlichen Lehre werden, auch in Richtung der christlichen Wallfahrt des Mittelalters.

So interessant und bewegt, ja geradezu obszön attraktiv das Thema der Märtyrer und ihrer Verehrung im frühen Christentum wäre, wir müssen uns hier, gleichsam als plastisch eindringliche Hinführung zum Thema der Wallfahrt, mit einigen historischen und atmosphärischen Anmerkungen begnügen. Doch ohne Märtyrer bzw. deren Kult keine Wallfahrt.

»BLUT IST EIN GANZ BESONDRER SAFT«

»... ein Same ist das Blut der Christen.« (Tertullian)

DAS BLUTOPFER CHRISTI: Märtyrer sind Menschenopfer. Eine Religion, die Menschenopfer fördert, fordert und heiligt, gilt als barbarisch oder religionsgeschichtlich auf niedrigem Niveau stehend. Erobervölker nahmen die vermutete oder erwiesene Existenz von Menschenopfern stets als Vorwand, gemäß ihrem selbsterteilten Sendungsauftrag, als Kulturbringer sogenannte primitive Völker unterdrücken zu dürfen. So argumentierten die Römer gegenüber den Kelten, deren nicht verstandener Schädelkult dem Verdacht auf Menschenopfer Vorschub leistete. So argumentierten die goldhungrigen Konquistadoren in Mittelamerika, was es ihnen groteskerweise erlaubte, das Hinschlachten Abertausender unschuldiger Azteken oder Mayas als christliche Mission zu interpretieren.

Auch die mosaische Religion kannte Menschenopfer. Im Buch Levitikus heißt es: »Die Lebenskraft des Fleisches sitzt nämlich im Blut. Dieses Blut habe ich euch gegeben, damit ihr auf dem Altar für euer Leben die Sühne vollzieht; denn das Blut ist es, das für ein Leben sühnt.«

Was blutrünstig klingt und die mosaische Religion in Gefahr bringt, als primitive Glaubensform in Mißkredit zu geraten, löst sich in Gen 22,1–18 in die gesitteten Formen einer Hochreligion auf. Das von Abraham geforderte Isaak-Opfer wird in dem Augenblick, als jener sich gottgefällig, weil opferungswillig, erweist, zurückgenommen. »Schon streckte Abraham seine Hand aus und nahm das Messer, um seinen Sohn zu schlachten. Da rief ihm der Engel des Herrn vom Himmel her zu…: ›Streck deine Hand nicht gegen den Knaben aus, und tu ihm nichts zuleide! Denn jetzt weiß ich, daß du Gott fürchtest; du hast mir deinen einzigen Sohn nicht vorenthalten.‹ Als Abraham aufschaute, sah er: Ein Widder hatte sich hinter ihm mit seinen Hörnern im Gestrüpp verfangen. Abraham ging hin, nahm den Widder und brachte ihn statt seines Sohnes als Brandopfer dar.« Blutopfer schon, aber kein Menschenopfer, schon gar kein Kindesopfer.

Das Neue Testament hatte vom mosaischen Glauben die Vorstellung von der Ursünde übernommen. Was auch immer das erste Menschenpaar im Paradies angestellt haben mochte, das Ergebnis dieser »Untat« war die Vertreibung aus dem Paradies und damit verbunden der Verlust des für die Menschen vorgesehenen ewigen Lebens. Nach der alttestamentlichen Vorstellung, »das Blut ist es, das für das (verlorene) Leben sühnt«, wäre nur ein Blutopfer in der Lage gewesen, diese Sühne herbeizuführen. Doch nach Ansicht Gottes wäre kein Menschenopfer noch so großen Ausmaßes ausreichend, um diese Sühneleistung zu erbringen. Als Beweis seiner unendlich großen Liebe zum Menschengeschlecht habe Gott beschlossen, dieses Opfer für die Menschen selbst zu vollbringen. Da er sich nicht selber opfern konnte, mußte eine Emanation seines Gottseins, sein Sohn, die Erlösungstat vollbringen.

Typologisch gesehen war die heilsgeschichtliche Erlösungstat Christi ein Blutopfer in seinen drei höchsten Ausprägungen:

a) ein Menschenopfer: Gott war Mensch geworden zum Zwecke dieses Blutopfers;

b) ein Kindesopfer: Gott war Mensch geworden als Sohn; nicht umsonst hat die spätere Bibelexegese die Abraham-Isaak-Episode als Präfiguration von Christi Opfer gesehen;

c) ein Gottesopfer: Spätestens nach der amtlichen Bestimmung der zwei Naturen Gottes auf dem Konzil von Chalkedon 451 war nach offizieller Version Christus in gleichem Maße Gott wie Mensch. Als Gottesopfer vertrat Christi Erlösungstat die höchste bekannte Form des Blutopfers. Diese heilsgeschichtliche Sühnetat war einzigartig und einmalig und galt für alle Menschen, für jene vor der Kreuzeserlösung und für jene der nachösterlichen Zeit.

Die Abraham-Isaak-Geschichte des Alten Bundes und die Erlösungstat Christi für den Neuen Bund machen eines völlig klar: Die Opferung menschlichen Lebens, sowohl seine Einforderung als auch seine Einlösung, ist ausschließlich Gott vorbehalten, also erklärte Chefsache. Gott wünscht ausdrücklich keine von den Menschen selbst ausgeführten Menschenopfer, weder im Namen des Glaubens noch in eigener Erlösungssache.

Bis zur Anerkennung des Christentums als Religion nach dem geltenden Sakralrecht, als *religio licita,* im Jahre 313 waren in anderen Konkurrenzreligionen, wie zum Beispiel beim mithräischen Sonnenkult, Blutopfer – allerdings von Tieren – durchaus noch gang und gäbe. Beim Stieropfer *(taurobolium)* des Mithraskultes wurde anläßlich des Initiationsaktes der einzuweihende Neophyt in eine Erdgrube gestellt (Symbol für den Mutterschoß der Erde), so daß das Blut des über ihm geopferten Stieres über ihn floß. Der Stier war der Repräsentant für den Sonnengott, sein Blut enthielt die Lebenskraft der Sonne. Durch diese »Bluttaufe« (Wiedergeburt) wurde der neue Mithrasjünger Teilhaber der göttlichen Gnade. Übrigens, alle vor- oder nichtchristlichen Initiationsriten kreisen um die Antipoden Tod und Wiedergeburt.

Für das »erste« Christentum heben sich vier fundamentale Aspekte ab:

Jesus Christus ist der alleinige Retter *(salvator)*. Seine heilsgeschichtliche Rettungstat ist einmalig und unwiederholbar.

Jesus Christus ist der alleinige Fürsprecher *(intercessor)* aller Menschen bei Gott und beim Jüngsten Gericht.

Andere Fürsprecher *(intercessores)* sind nicht vorgesehen.

Wegen der leiblichen Auferstehung gibt es von Jesus Christus keine materiellen persönlichen Überbleibsel (Reliquien). Eine Verehrung solcher Reliquien kann nicht stattfinden und wäre auch nicht sinnvoll, da das Ende der Welt und damit Christi Wiederkehr (Parusie) schon für bald angekündigt ist. Märtyrerideal, Reliquienkult und damit verbundene Wallfahrten gelten dagegen als Musterbeispiele für Aberglauben und Götzendienst.

DIE NEUEN OPFER: Aber Blut ist doch ein ganz besonderer Saft. Die Vertreter des neuen Glaubens sollten dies recht bald zu spüren bekommen. Das Aufkommen des Märtyrerkultes als Vorstufe der christlichen Heiligenverehrung und Wallfahrt hatte eine Reihe recht unterschiedlicher Gründe:

In den ersten drei Generationen hatten die Anhänger der neuen Erlösungslehre gemäß den Worten des Herrn nur das vermeintlich nahe Endziel vor Augen. Beim Ausbleiben der Parusie mußte sich automatisch der Blick mehr auf den Weg dorthin richten. Das vorläufige Sich-Einrichten in der Welt stellte andere Anforderungen an den neuen Glauben, andere inhaltliche, das heißt theologisch neu zu bestimmende Fragen und Antworten, wie Fragen nach dem Weg in dieser Welt, nach der Art der Imitatio Christi, Auseinandersetzungen mit divergierenden Interpretationen dieser Welt, nach der Art der Erlösung für die nach der Taufe begangenen (postbaptismalen) Sünden, Rolle und Ort der schon verstorbenen »Heiligen« wie Apostel, Bekenner und Blutzeugen im Jenseits, nach ihrer Rolle bei der Auferstehung des Fleisches etc.

Der zweite, synchron dazu verlaufende Prozeß ergab sich aus dem Anwachsen der Zahl der Gläubigen. Dies war nicht nur ein quantitatives, besser gesagt organisatorisches Problem. Angenendt hatte in diesem Zusammenhang sehr geistreich bemerkt, die neue Erlösungslehre habe in ihrem Angebot »zu wenig Religion«. Was damit gemeint ist, wird leicht verständlich, wenn wir auf hellenistische Mysterienkulte schauen. Den tausend kleinen Nöten der Volksfrömmigkeit hatte die neue Religion keine kultischen Szenarien, keine liturgische Dramaturgie und keine Spektakel und Rituale zu bieten, die den Alltag, ja das Kalenderjahr markieren oder begleiten. Neidisch blickte das an die Erlösung und die Auferstehung glaubende Christenvolk auf die kultreichen Nachbarn. Die momentan einzige Annäherung bot die Figur Christi, die im Neuen Testament ganz analog zu den antiken Heroen oder Gottesmenschen aufgebaut und dargestellt ist. Doch spätestens nach 260 ist auch der christliche Märtyrerkult im Aufwind begriffen.

Das Wort Märtyrer leitet sich vom griechischen *mártys* ab und bedeutet zunächst nichts anderes als Zeuge. Der erste Zeuge des neuen Glaubens von der Auferstehung ist Christus selbst. Die Apostel und Jünger sind die nächsten Augen- und Wortzeugen. Im Zusammenhang mit dem Bekennertod des hl. Polykarp von Smyrna wird um 160 erstmals das Wort *mártys* auf einen Blutzeugen angewandt. Mit Häufung der Blutzeugen im Laufe der nächsten hundert Jahre gewinnt *mártys* fast ausschließlich die Bedeutung von Blutzeuge. Der Gebrauch des Wortes für Augen- und Wortzeuge gerät in Vergessenheit. Diese werden mutatis mutandis selbst zu Märtyrern im Sinne von Blutzeugen, allein schon durch semantische Verschiebung.

Hinzu kommt die neue Auslegung der Nachfolge Christi. Das älteste der vier Evangelien, das des Markus, zeigt die Richtung an. Dort fragt Jesus die Zebedäus-Söhne Jakobus und Johannes: »Könnt ihr den Kelch trinken, den ich trinke, oder die Taufe auf euch nehmen, mit der ich getauft werde?« Auf deren bejahende Antwort fährt Jesus fort: »Ihr werdet den Kelch trinken, den ich trinke, und die Taufe empfangen, mit der ich getauft werde... Denn auch der Menschensohn ist... gekommen, um sein Leben hinzugeben als Lösegeld für viele.« Diese Taufe kann als Bluttaufe interpretiert werden. Im Römerbrief (3,21–25) hat Paulus dies schon präzisiert: »Alle haben gesündigt und die Herrlichkeit Gottes verloren. Ohne es verdient zu haben, werden sie gerecht, dank seiner Gnade, durch die Erlösung in Christus Jesus. Ihn hat Gott dazu bestimmt, Sühne zu leisten mit seinem Blut.«

DIE NEUEN HEIDEN: Durch die ideologische Auseinandersetzung mit der weltverneinenden Gnosis hat sich die christliche Orthodoxie gegen Ende des 2. Jahrhunderts auf die Rolle und den Ort der Märtyrer im Himmel festgelegt. Dieser Ort war leicht zu bestimmen, er war in der Offenbarung sozusagen festgeschrieben: »Als das Lamm das fünfte Siegel öffnete, sah ich unter dem Altar die Seelen aller, die hingeschlachtet worden waren wegen des Wortes Gottes und wegen des Zeugnisses, das sie abgelegt hatten.«

Die Rolle der Märtyrer nach ihrem Bekennertod im Himmel und auf Erden war ungemein delikater zu bestimmen. Dazu mußte am Glorienschein Christi selbst gekratzt werden, aber so, daß es niemand merken sollte. Denn Gott hatte seinen Sohn, nur diesen und niemand sonst, »dazu bestimmt, Sühne zu leisten mit seinem Blut«, so daß »wir jetzt durch sein Blut gerecht gemacht sind«. Und ein hervorragender Fachmann für das frühe Christentum wie Lohse konstatiert, daß sühnende Kraft »nach Zeugnis des ganzen Neuen Testaments ausschließlich dem Tode Jesu Christi, nicht aber dem Leiden und Sterben« der Anhänger seiner Botschaft eigne. Das Neue

Testament kennt auch nur einen erklärten Mittler zwischen Gott und den Menschen: Jesus Christus.

Nachdem aber laut Offenbarung, die ja ebenfalls als Gottes Wort gilt und über die Worte Jesu hinausgeht, die Seelen der Märtyrer unter dem Altar des Himmels versammelt sind, ihre Leiber aber noch hier auf Erden verharren bis zur Auferstehung des Fleisches, wird für das neu zu schaffende Funktionsbild der Märtyrer von Bedeutung, daß ja Jesus selbst seine wunderwirksame Macht zunächst auf seine Jünger übertragen und denen wiederum die Vollmacht zur Weitergabe ihrer Charismen geboten hat (Mt 10,7 f.).

Vor allem aber hatte die nachösterliche Kirche den Schwarzen Peter der Sündentilgung für nach der Taufe begangene neue schwere Sünden. Dafür bedurfte es offensichtlich neuer Opfer, natürlich neuer Blutopfer!

Gegen Ende des 2. Jahrhunderts preist Tertullian in seinem Aufruf bzw. Trostwort für inhaftierte Christen als potentielle Märtyrer ganz im markigen Vokabular der Militärmacht Rom die Tugend des *miles Christi*: »Ihr seid auf dem Weg in einen herrlichen Wettkampf, in dem der lebendige Gott Preisrichter, der Heilige Geist Kampfherold, der Siegeskranz die Belohnung mit der engelhaften Substanz der Ewigkeit, das Bürgerrecht die himmlische Herrlichkeit und der Ruhm für alle Ewigkeit ist« (An die Märtyrer, 3,1 ff.). Und an die Adresse der Unterdrücker des neuen Glaubens gerichtet, prophezeit derselbe Tertullian: »Und doch hilft all eure ausgeklügelte Grausamkeit nicht: ... ein Same ist das Blut der Christen.«

Schon Bischof Cyprian von Karthago (gest. 258) stellt die Bluttaufe der Märtyrer über die Wassertaufe der normalen Gläubigen. Nach allgemeiner Auffassung des 3. Jahrhunderts galt der Blutzeuge seines Glaubens als befreit von allen Sünden, die er vorher begangen hatte. Da aber das Problem der postbaptismalen Sünde einer theologischen Lösung bedurfte, boten die direkt in den Himmel aufgenommenen Märtyrer durch ihr persönliches Opfer, das mit dem des Heilandes verglichen wurde, die Möglichkeit zu weiteren Sündentilgungen. Außerdem boten sich diese Neubewohner des Himmels mit ihrem auf Erden verbliebenen Leib als vertraute und zuverlässige Vermittler beim Jüngsten Gericht an. Damit war eine neue christliche Instanz willfähriger und effektiver Vermittler zwischen Gott und Sünder geschaffen.

Origenes war einer der theologischen Advokaten der Märtyrer in ihrer neuen heilsgeschichtlichen Rolle. Dieses war aber auch gleichzeitig ein Dammbruch in den Äußerungen der christlichen Volksfrömmigkeit. »Sobald die Umdeutung der neutestamentlichen *martyría* zur Lebenshingabe, das Martyrium zur höchsten und letztgültigen Tat von Christlichkeit steigerte, zeigte sich sofort die Tendenz, die uralte Religionsvorstellung von der Sühne durch Blut zu aktivieren, wie sie beispielsweise auch die Griechen und Juden gekannt haben.«

Angestachelt durch die Theologen, boten sich durch die zwei folgenden schweren Christenverfolgungen unter Valerian und Diokletian hinreichend Möglichkeiten für eine Bluttaufe. Was daran urchristlich sein soll, wer vermag es plausibel zu erklären? Erklären läßt sich damit jedoch die nachfolgend entstehende christliche Wallfahrt. Denn die Gleichstellung der neuen christlichen Helden, der Märtyrer, mit den bekannten und durchaus virulenten heidnischen Heroen und Gottesmenschen ließ nun für die Christen auch verwandte Kultformen adaptierbar werden.

Hören wir, was Angenendt erst 1994 in komprimierter Formulierung dazu schrieb: »Die Heroen übertreffen ihre Mitmenschen, erreichen aber nicht die Götter. Götter und Heroen bilden gemeinsam die Sphäre des Sakralen …, den wahren Heroen erweisen erst sein außerordentliches Handeln, seine Krafttaten, die er für Volk, Stadt und Vaterland vollbringt. Als Wohltäter handelt er an den Seinen, als Schlachtenhelfer gegen Feinde. Sein Tod ist außergewöhnlich und seine Macht unsterblich. Nach seinem Tod wirkt er weiter, und seine Dynamis bleibt vornehmlich an sein Grab gebunden. Dasselbe wird für die Seinen zum Unterpfand des Segens. Sofern der Heros zugleich Gründer einer Stadt ist, befindet sich sein Grab im Zentrum, nicht selten auf dem Marktplatz. Wo ein Heroengrab fehlte, wurde es entdeckt oder der unrechtens anderswo Beerdigte an seinen richtigen Ort transferiert.«

Gleiches gilt auch für den anderen religiösen Nachbarschaftsbereich der frühen Christen, die mosaische Tradition, gewiß der wichtigste originäre religiöse Gegenpol zur hellenistischen Welt. Auch in der jüdischen Theologie gab es Mittelwesen zwischen Gott und den Menschen, zwischen Himmel und Erde, beiden zugehörig, in beiden Welten gleichzeitig zu Hause: die Engel, die Gerechten (Patriarchen, Propheten etc.) und, seit der Makkabäerzeit, auch Märtyrer. Die

Thora-Gläubigen teilten die Ansicht, daß die Geistseelen der Gerechten nach deren Ableben bei Gott verweilen, während die verweslichen Reste im Grab weiter wirksam bleiben. Deshalb könne man die bereits verschiedenen Gerechten um Fürbitte bei Jahve angehen.

Allen Religionswissenschaftlern ist von jeher die »strukturelle Verwandtschaft« von griechischen und alttestamentlichen Traditionen einerseits und neutestamentlichem Christus-Bild bzw. frühchristlichem Märtyrerkonzept andererseits aufgefallen. Der Rückfall ins Heidentum ist zwar von der Sache her ein solcher, doch versteckt sich dahinter ein urreligiöses Phänomen, dessen Nichtberücksichtigung im ersten Christentum, dem seines Schöpfers, eine strukturelle Schwäche des religiösen Systems war.

In der vereinfachterweise so getauften »Volksfrömmigkeit« drückt sich eine menschliche Urerfahrung aus, nämlich die beklemmende Angst vor dem *numen*, dem unfaßbar Göttlichen, vor Gott. Das *numen* ist spürbar, aber nicht sinnlich erfaßbar; es ist zu groß, zu abstrakt, zu weit weg, im wahrsten Sinn des Wortes nicht greifbar, nicht begreifbar, und es ist damit auch nicht beeinflußbar. Jede religiöse Äußerung oder Handlung zielt jedoch auf Beeinflussung der überirdischen Mächte ab.

Die originär christliche Auferstehungs- und Welterlösungslehre ist zu sehr göttliche Lehre (begriffliche Leere), etwas für Eingeweihte bestenfalls, aber ganz und gar nicht geeignet für den Durchschnittsgläubigen, sie ist zu wenig »menschliche« *religio*. Der Normalmensch braucht auch in göttlichen Angelegenheiten Ansprechpartner, vor denen er keine unendliche Angst hat, Mittlerfiguren und Fürsprecher beim *numen*, die er sehen, anfassen, riechen, umschreiten, also mit seinen Sinnen erfassen kann – kurz zugängliche, das heißt ganz »menschliche« Vermittler. Und die bot die heidnische Umwelt mit ihren Mysterien, Heroenkulten und Wallfahrten en gros.

In dem Maße, wie der Zustrom zur christlichen Erlösungslehre anschwoll, war das notwendige Aufkommen von christlichen Heroen als Bedarfsgöttern unausweichlich. Diese Rolle erfüllten in ihrer chronologischen Reihenfolge zunächst die Apostel (Augen- und Wortzeugen), dann die Märtyrer (Blutzeugen) und schließlich, beim Ausbleiben letzterer, die weißen, das heißt unblutigen Märtyrer des Glaubens, die Heiligen (Asketen, Wundertäter, Bekenner etc.).

Eine Eigenschaft hatten alle diese Heroen, Gottesmenschen, Märtyrer und Heiligen gemeinsam. Sie waren an zwei Stellen gleichzeitig präsent: mit der Seele im Himmel, mit dem Körper hier auf Erden *(Bilokation)*. Heute würde man sagen, es waren Wesen mit zwei Wohnsitzen. Diese Eigenschaft erleichterte bzw. ermöglichte ihre Hauptaufgabe, nämlich Fürsprecher der Lebenden im Himmel zu sein. In der christlichen Symbolwelt war ihr Handlungsort das »Himmlische Jerusalem«, wo sie in der Gemeinschaft der Heiligen das irdische Rufen (er)hörten und weitergaben.

In der Realwelt, also hier auf Erden bei dem durch tausend Drangsale gepeinigten Glaubensvolk, war ihr Aufenthaltsort der Friedhof. Es blieb auch in frühchristlicher Zeit religiöses Urmaterial, daß das Grab die Wohnung der Toten war, auch derer, die dank ihrer Verdienste im Glauben und für andere (den Nächsten) nach ihrem Tod bereits die Nähe Gottes schauen durften. Sie blieben mit ihren Gebeinen, ihrer Asche etc. im Grabe wohnen. So scheint es naheliegend, daß schon lange vor der offiziellen kirchlichen Anerkennung eines Märtyrerkultes die Gräber der christlichen Heroen zum Ort früher Verehrung wurden.

Diese fand anfangs in erster Linie durch Gedächtnisfeiern am jeweiligen Jahrestag des Todes statt, und zwar in der Form einer gemeinsamen Eucharistiefeier am Grab. Da aber in den ersten Jahrhunderten auch die christliche Eucharistiefeier als Sättigungsmahl ablief, erinnerte der Vorgang doch sehr an etruskisch-römische Leichenschmause, an Mahlgemeinschaften mit dem Verstorbenen. Um die Mitte des 3. Jahrhunderts muß die christliche Märtyrerverehrung bereits so verbreitet gewesen sein, daß sich Kaiser Valerian bei seiner Verfolgung der Christen als solcher neben der gezielten Verhaftung der Führungspersönlichkeiten von dem Verbot der Versammlungen auf den Friedhöfen am meisten Druck auf die Verfolgten versprach. Daß in der Zeit vor der offiziellen Anerkennung als Religion bereits architektonische Mahnmale, Siegesmale *(tropaía)* errichtet worden wären, scheint unwahrscheinlich. Das hätte die Ordnungsmacht als Verursacher der Märtyrertode provoziert und die Verehrungsstelle markiert.

Immerhin weist die Nachricht, daß Bischof Gregor Thaumaturgos in seiner Diözese am Schwarzen Meer Märtyrerfeste einrichtete, um damit gegen heidnische Feiern ein Gegengewicht zu schaffen, auf ein rapides Anwachsen der christlichen Märtyrerverehrung hin. Das kann in diesem konkreten Falle aber erst nach 260 geschehen sein.

SCHACHER MIT DEM BLUT

»Alle Reliquien sind in der einen oder anderen Form echt, und die angeblich falschen tun ebenso viele Wunder wie die echten.« (Roger Peyrefitte)

»Die Reliquien waren das Heilige.« (Patrick Geary)

VOM MÄRTYRER ZUM HEROS: Wenn es heißt, die christliche Wallfahrt habe sich schrittweise im Zusammenhang mit der Entstehung des Märtyrerkultes vollzogen, so hat das viel mit der natürlichen Pietät gegenüber den Resten der Verstorbenen bzw. der im römischen Imperium gesetzmäßig geschützten Wohnung der Toten, dem Grab, zu tun. Das Grabtabu und die Unverletzlichkeit der Leichname waren nicht nur ein Kernstück des ägyptischen Jenseits- und Auferstehungsglaubens, sondern ein ebenso zentraler Gedanke der jüdischen und römischen Welt. Noch die christlichen Kaiser garantierten in Verlängerung des römischen Sakralrechts die Unantastbarkeit der Toten in ihren Gräbern, so zum Beispiel Kaiser Theodosius im Jahre 386 (Cod. Theod. IX, 17, 7).

Da aber nun die Toten, also die angesprochenen Fürbitter, unberührt zu bleiben hatten, waren es zunächst das Grab, dann die dem Toten errichteten Memorien, zu denen sich die Bittsteller hinzubewegen hatten. Zu den Bittstellern und Verehrern aus dem Ort und der näheren Umgebung gesellten sich in dem Ausmaß, wie Ruhm und Bekanntheitsgrad des in dem besuchten Grab liegenden Märtyrers anwuchsen und seine Wunder sich mehrten, auswärtige Besucher hinzu. Die Wallfahrt zu christlichen Märtyrern war geboren.

Schon in der zweiten Hälfte des 4. Jahrhunderts berichtet Gregor von Nyssa über das Grab des hl. Theodor in Euchaita: »Die Menge derer, die herbeieilten, nahm kein Ende, und die Heerstraße gewährte das Bild von Ameisen, in dem die einen herzukamen, und die anderen den Ankommenden Platz machten.« (Or. in laud. S. Theod., c. 6)

Besonders im Weströmischen Reich wurde noch lange an dem Tabu des Grabes festgehalten, wie aus dem Brief Papst Gregors des Großen an Kaiserin Konstantia hervorgeht, die um das Haupt des Apostels Paulus in Rom angefragt hatte: »Bei den Römern und im ganzen Westen gilt es als untragbar und schwere Sünde *(intolerabile est atque sacrilegum)*, die Leiber der Heiligen auch nur zu berühren. Sollte das einer wagen, so würde diese Vermessenheit keinesfalls ungestraft bleiben.«

Neben dem Bedürfnis nach Fürbittern beim Jüngsten Gericht stand das Ansinnen der christlichen Pilger, ganz im Einklang mit den heidnischen Gepflogenheiten, auch nach Heilung von ganz weltlichen Gebresten. Doch selbst das Neue Testament ist hiermit in Harmonie zu bringen, schließlich hatte man ja auch zu Christus Kranke gebracht und später zu dessen Nachfolgern, wie die Apostelgeschichte im Falle Petri zu berichten weiß. Ähnliches vollzog sich dann an den Gräbern der Märtyrer und Heiligen.

Nach der Verkündigung des Toleranzedikts von Mailand, mit Gültigkeit für den gesamten Rechtsbereich des Imperiums, ergab sich wiederum eine völlig veränderte Situation. Wo es keine Verfolgung mehr gab, konnte es auch keine Märtyrer mehr geben. Andererseits war bei dem regen Zustrom an Neu-Christen in die nun anerkannte und vom Kaiser favorisierte Religion der Bedarf an zuverlässigen Fürbittern in den aus dem Boden schießenden Gotteshäusern und im Himmel größer denn je zuvor. Es bedurfte neuer Märtyrer, das heißt vom Glaubenseifer solchermaßen erfaßter Christen, die sich wegen Selbstfolter (Askese) und Wundertätigkeit als unblutige, weiße Märtyrer verehren ließen.

Der erste unblutige Heilige war nach Ansicht der damaligen Gläubigen der schon erwähnte Georg der Wundertäter (gest. um 270/275), ein direkter Schüler von Origenes. Ein anderer unblutiger Heiliger der Ostkirche noch im 4. Jahrhundert war der hl. Nikolaus von Myra, ebenfalls mit dem Epitheton *thaumatúrgos* ausgestattet. Der erste »weiße« Heilige im Abendland war der hl. Martin von Tours (gest. 397).

Auch für diese neuen Heiligen galt das Prinzip ihres doppelten Wohnsitzes und das Fortwirken ihres von Gott gegebenen Charismas. Bei den neuen Anziehungspunkten für Pilger bewirkten der Auferstehungsglaube und das Vertrauen auf den positiven Einfluß eines Fürsprechers im Himmel, daß sich in der unmittelbaren Grabesnähe Gläubige in Todeserwartung niederließen bzw. Tote im Auftrag ihrer Hinterbliebenen dort beigesetzt wurden. So entstanden ab dem 4. Jahrhundert die großen christlichen Friedhöfe bei Pilgerzentren wie in Arles (Les Alyscamps), Menas-Stadt, Rom (Campo Teutonico als Rest davon) oder bei der Grotte der Siebenschläfer (bei Ephesus).

Natürlich bestand nach wie vor die Chance zum echten Märtyrertum, wie die späten Beispiele des Bonifatius (gest. 754), hl. Adalbert (gest. 997) oder Thomas Becket (gest. 1170) belegen. Dennoch, seit 313 waren die Blutzeugen Mangelware. Heiliges Leben (Askese, Ehelosigkeit) und Wundertätigkeit hießen die neuen Tugenden, die den Bedarf an Überbleibseln decken halfen.

Spätestens seit 398, als eine Synode in Karthago beschloß, daß künftig nur noch Altäre errichtet werden dürften, die über echte Reliquien verfügten, war eine neue Grenzsituation geschaffen. Parallel zur Aufwertung des Christentums als Staatsreligion unter Theodosius (385) entstand zusätzlich eine ungeheure Nachfrage nach materiellen Überresten von Heiligen in den westlichen und nordwestlichen Reichsteilen, die naturgemäß über wenige echte Apostel, Märtyrer, Asketen oder Thaumaturgen verfügten. Oder modern ausgedrückt, es bestand seit dem späten 4. Jahrhundert ein immenses Interessengefälle zwischen Nachfrage im westlichen Teil des einstigen Imperiums und Angebot an Reliquien im östlichen, nun Byzantinischen Reich.

Es vollzog sich jener dritte Schritt der Repaganisierung des Urchristentums auf seinem Weg in Richtung Staats- und Massenreligion und die damit verbundenen Fehlentwicklungen des Christentums in Folgeerscheinungen wie Wallfahrt und Reliquienkult als Massenphänomen und Wirtschafts- bzw. Politikfaktor. Zwar hatten sensible und ernsthafte Vertreter des Christentums schon sehr früh schwere Bedenken gegen diese neuen Formen der Religionsausübung erhoben, doch die erdrückende Mehrheit der Kirchenvertreter hat diesen Trend aktiv und theologisch gestützt, bis die Ausuferungen in Reliquienkult, Wallfahrt und Ablaßhandel die westliche Kirche vor eine Zerreißprobe stellten, die, wie allseits bekannt, in der Reformation zum großen Schisma führte.

BEDARFSDECKUNG EN GROS: Mit Reliquienkult assoziiert der heutige Mensch fast automatisch Etiketten und Vorurteile wie »das finstere Mittelalter« oder »finanzielle Ausbeutung des dummgläubigen Kirchenvolkes«. Daß aber die volksfromme Sehnsucht nach Andenken von Heiligen oder Reliquien keineswegs mit dem Mittelalter ins Grab gesunken ist, zeigt folgendes Beispiel aus jüngerer Zeit: Zwischen dem Tod der hl. Theresia von Lisieux im Jahre 1892 und ihrer offiziellen Heiligsprechung 1925 hat der Karmel von Lisieux auf Anfragen hin an die dreißig Millionen Theresienbildchen und zirka siebzehn Millionen Reliquien an verlangende Gläubige versandt! Da kann kein aktuelles Sportidol mithalten.

Begonnen hat der Wahnsinn also in der zweiten Hälfte des 4. Jahrhunderts, wenige Jahrzehnte nachdem die christliche Religion durch das römische Sakralrecht als solche anerkannt worden war. Der massenweise Zustrom neuer »Gläubiger«, die kurz zuvor noch überzeugte und praktizierende Heiden waren, brachte die Notwendigkeit alter Anbetungsformen als Erblast mit ins Christentum ein. Schon Mitte des 2. Jahrhunderts lesen wir aus Anlaß der Bestattung des Märtyrers Polykarp von Smyrna: »So sammelten wir später seine Gebeine auf, die wertvoller sind als kostbare Steine und besser als Gold.« Vor allem ging es aber um das in Tüchern eingefangene Blut des Märtyrers. Das Gebeinesammeln konnte später ersetzt werden durch alles, was zum Grabe des Heiligen gehörte bzw. vorübergehend in der Nähe der Gebeine weilte – zum Beispiel Staub, Wachs, Lampenöl etc. (Eulogien).

Das Bedürfnis nach Reliquien zum privaten Schutz bezeugt für sich selbst ausgerechnet Gregor von Nyssa, der an anderer Stelle eine so geharnischte Kritik an der Wallfahrtspraxis für Mönche loslassen sollte. In seiner Predigt zum Jahrestag der vierzig Märtyrer von Sebaste gesteht er: »Die Leiber der Heiligen sind verbrannt, aber die Asche und das, was das Feuer übrigließ, sind auf die ganze Erde verteilt. Auch ich selbst habe einen Teil davon, und die Leiber meiner Eltern habe ich bei den Überresten der Märtyrer bestattet, damit sie bei der Auferstehung zugleich mit den Fürsprache leistenden Helfern auferstehen.«

Das allgemein verbreitete »heidnische« Bedürfnis, sich durch Amulette o. ä. vor Gefahren, Krankheiten etc. zu schützen, veranlaßte die Kirchenvertreter, die Neu-Christen auf die Wirkkraft der christlichen Reliquien hinzuweisen, die größere Stärke besäßen als ihre alten Amulette und Zauberformeln. Noch Gregor von Tours bezeugt für die Reliquien des hl. Martin: »Ein wenig Staub aus der Kirche des hl. Martin wirkt mehr als alle (Wahrsager) mit ihren unsinnigen Heilmitteln.«

Das Problem der privaten Schutzmittel wie Fetische, Amulette, Zaubersprüche u. ä. muß für die neue Staatsreligion groß gewesen sein. Kaum ein bedeutender Kirchenmann im 4. und 5. Jahrhundert, der nicht die Ansicht von der Nützlichkeit christlicher Reliquien gelehrt hätte: Theodoret von Kyros, Gregor von Nazianz, Gregor von Nyssa, Paulinus von Nola, Gaudentius von Brescia u. v. m. Besonders aufschlußreich ist die Versicherung Theodorets: »Sind auch die Leiber zerteilt, so wohnt ihnen doch ungeteilte Gnade inne, und jede unscheinbare und winzige Reliquie hat die gleiche Kraft wie der in keiner Weise und in keinem Teil zerstückelte Märtyrerleib *(corpus incorruptus)*.« Eine andere zeitgleiche Quelle aus Toulouse versichert, »daß der Seele kein Unrecht geschehe durch die Wegnahme von Staub (Asche) oder Überführung der Gebeine«.

Damit sind wir beim eigentlichen Problem, der Deckung des übergroßen Bedarfs an christlichen Amulett-Ersatzformen, kurz an Reliquien. Der sprunghaft angestiegene Reliquienbedarf entwickelte drei Hauptmöglichkeiten der »wunderbaren« Reliquienvermehrung bzw. -verbreitung.

Die erste Möglichkeit bestand in der Suche und »wunderbaren« Auffindung verschollener Apostel- oder Märtyrergräber. Die Auffindung der Gebeine des Erzmärtyrers Stephanus 415 bei Jerusalem gehört in diesen Zusammenhang. Andere anonyme angebliche Märtyrerreste wurden nachträglich getauft. So entstand eine kaum überschaubare fiktive Märtyrerliste, zu der die Hagiographen die für den damaligen Glauben notwendigen »Sicherheiten« lieferten.

Die zweite Möglichkeit bestand in der Vermehrung der vorhandenen Reliquien. Hier boten sich zwei Verfahren an: erstens die Teilung bestehender Reste oder anderer heiliger Erinnerungsstücke und zweitens die Erzeugung künstlicher neuer durch Berührung mit sogenannten echten. Die zweite Kategorie der Berührungsreliquien war besonders im westlichen Bereich verbreitet, da hier länger der Schutz der Leichname gewahrt wurde als im Osten, wo man weniger Skrupel hatte, die alte Pietät zugunsten handfester Geschäftsinteressen preiszugeben. Neben Alexandria wurde vor allem die neue

Reichshauptstadt Konstantinopel wichtigster Umschlagplatz und Produktionsort von Reliquien.

Wo noch Respekt die verehrte Leiche vor der Zerstückelung schützte, half nur die Überführung des kompletten Körpers an eine neue, religionsstrategisch günstigere Stelle. Bei solchen feierlichen Leichentranslationen namhafter Heiliger spielten Kirchen- und Landespolitik eine herausragende Rolle. So zum Beispiel beim ersten bekannten Märtyrertransfer von Antiochien nach dem nahegelegenen heidnischen Pilgerzentrum Daphne. Der christliche Märtyrerbischof Babylas von Antiochien, Blutzeuge der Christenverfolgung unter Valerian (um 260), sollte den regen Wallfahrtsverkehr zum Apollon-Orakel in Daphne christianisieren helfen.

Die erste künstliche Märtyrerauffindung im westlichen Reichsteil mit anschließender Translation vom Grab in eine Kirche im Stadtzentrum fand unter Bischof Ambrosius 397 in Mailand statt. Der streitbare Ambrosius mußte dabei zwei Sakraltraditionen außer Kraft setzen: die Unverletzlichkeit des Grabes als Wohnung des Toten und das Verbot von Beerdigungen innerhalb der Stadtmauer. Außerdem machte Ambrosius als erster einen Heiligen zum Stadtpatron, bedenkenlos Traditionen des römischen Klientelwesens umfunktionierend.

Daneben galt unter den Reliquien eine allseits respektierte Hierarchie: kompletter Leichnam *(corpus incorruptus)* vor Leichenteil. Körperteile, die Gegenstand des Martyriums waren, galten als komplette Reliquie. Auch wenn Berührungsreliquien offiziell die gleichen wunderwirkenden Eigenschaften wie originale Körperteile (Knochen, Haut, Haare, Nägel etc.) besaßen, waren letztere doch begehrter und damit beim legalen Erwerb teurer.

Außerdem galt der Grundsatz: Ein Heiliger vermag viel, viele Heilige vermögen mehr. Dies gab Anlaß zu ganzen Reliquiensammlungen. Von den Sammlern wissen wir gelegentlich schwarz auf weiß das Motiv für solch kostspielige Leidenschaft. In bezug auf seine Reliquiensammlung verfügte Graf Arnulf von Flandern (10. Jahrhundert): »Nur eins begehre ich, nämlich an Leibern von Heiligen reich zu werden, damit sie durch meine Aufwendungen Ehre gewinnen und ich dagegen durch ihre Fürbitte den Himmelsbringern verbunden werde, das heißt die ewige Seligkeit erlange.«

Das gleiche Motiv leitete im 12. Jahrhundert den Kölner Kanoniker Constantius von St. Kunibert: »Ich, Constantius, demütiger Priester,

Kanonikus dieser Kirche, habe diese Reliquien zusammengetragen, damit sie mich am Jüngsten Tage zur ewigen Ruhe führen.« Von Gregor von Nyssa bis zum Kölner Kanonikus, vom 4. bis zum 12. Jahrhundert, bestand doch eine beachtliche Konstanz der wichtigsten Motive.

Untereinander hatten die Reliquien noch den Gruppenvorzug, zum Beispiel die achtzehn Märtyrer von Saragossa, die vierzig Märtyrer von Sebaste, die Angehörigen der Thebaischen Legion, die Elftausend Jungfrauen von Köln etc. Auch wurden schließlich die Heiligen, wie schon bei den Griechen und Ägyptern, nach Zuständigkeiten sortiert. Die wichtigsten davon gingen als Gruppe der Vierzehn Nothelfer in die Kirchentradition ein.

Der allgemeine Reliquienwahn stieg ins Unermeßliche, heute kaum mehr Vorstellbare. Es gab nichts, was man nicht als Reliquie verhökern konnte: »Vom Gewand Mariae, das sie in der Schwangerschaft trug. Gewand und Gürtel Mariae bei der Geburt, von Krippe und Heu, von ihrem Wochenbett mit Decken und Kissen. Vom Ort, da der Engel den Hirten erschien. Nabelschnur, Vorhaut und Milchzahn des Jesuskindes. Von den Gaben der Heiligen Drei Könige. Vom Tuch, in dem das Christus-Kind dem greisen Simeon übergeben wurde. Vom Baum, darunter Maria geruht, als sie nach Ägypten geflohen war...« (nach R. Koos)

Reichert man diesen Warenkatalog noch um Erde, aus der Adam erschaffen wurde, um Zweige vom Brennenden Dornbusch, um Lederriemen von der Geißel Christi, um Steine von Golgatha, auf die Christi Blut gefallen, um Menstruationsblut von Maria und das dem Petrus abgehauene Ohr an, wird das »heilige« Reliquiensortiment doch recht anschaulich.

VOM KAUF ZUM RAUB: Der heidnische Urglaube, daß den Heroen, Gottesmenschen oder Heiligen eine Kraft innewohne, die noch über das irdische Ableben hinaus wirksam bleibe und denen zugute komme, die diese Charismen erbitten, hat im Laufe seiner Christianisierung hysterische Züge und groteske Formen angenommen. Das Verlangen der Gläubigen ging so weit, daß selbst noch lebende Personen, die bereits im Ruch der Heiligkeit standen, um ihr Leben fürchten mußten. So berichtet Petrus Damiani in der Lebensbeschreibung des hl. Romuald, daß die Einwohner von Camaldoli den Heiligen lieber töten als nach Montecassino ziehen lassen wollten, damit der Tote als Patron über das Land wachen könnte.

Den katalanischen Heiligen Eudaldus hat das Volk in Stücke gerissen, um seiner Überreste habhaft werden zu können. Und der hl. Franz soll es vermieden haben, auf seiner letzten Reise von Siena nach Assisi über Perugia zu fahren, um nicht Opfer der Reliquienjäger zu werden.

Zwei für das Mittelalter typische Extrementwicklungen im Zusammenhang mit Reliquien und Heiligenverehrung, denen wir in Santiago wiederbegegnen werden, sind das kirchlich mehr oder weniger geduldete bzw. beschönigte Delikt des Reliquienraubs und die unentwirrbare Verquickung mit der säkularen Politik.

Zunächst einige Beispiele zum Reliquienraub. Am Anfang des Reliquienraubs standen immer Besitzgier, Habsucht und Streben nach Reichtum, seien es nun irdische oder himmlische Güter. Daß bei dem hohen Ansehen, das Reliquien genossen, deren Besitz nicht nur Prestige, sondern auch Wohlstandsmehrung bedeutete, war schnell ruchbar geworden. Der erste bekannt gewordene Reliquienraub erfüllt noch wörtlich die Kriterien des Mundraubs.

Die galicische Nonne Egeria berichtete schon vor 400 von einer denkwürdigen Begebenheit in Jerusalem. Bei der Zurschaustellung der Reliquien des Heiligen Kreuzes in der Martyrionskirche auf dem Sionsberg hielt der Bischof die Holzenden mit beiden Händen fest, und seitlich assistierte eine im Kreis stehende Schar von Diakonen. Diese Vorsichtsmaßnahme erfolgte nach Egeria, weil nämlich »einst, ich weiß nicht wann, jemand einen Splitter vom heiligen Holz abgebissen und damit gestohlen haben soll«. Der Mann muß gute Zähne gehabt haben.

Gut achthundert Jahre später berichtet Abt Caesarius von Heisterbach von der aufgebahrten, bereits im Rufe der Heiligkeit stehenden Elisabeth von Thüringen: »Um von ihr Reliquien zu haben, lösten oder rissen viele Leute Teile von den Tüchern, schnitten ihr Haupthaar und Nägel ab, einige stutzten ihr die Ohren, andere schnitten ihr die Brustwarzen weg.«

Solche angeblich nur vereinzelten Exzesse bezogen sich keineswegs ausschließlich auf das niedere, gemeine Kirchenvolk. Aus der Lebensbeschreibung des Bischofs Gebhard von Konstanz (949–995) wird aktenkundig, daß er die Reliquienverkäufer von Rom um das

Haupt von Papst Gregor dem Großen gelinkt hatte. »Als die Römer erfuhren, daß sie eines solchen Pfandes beraubt waren, verließen sie die Stadt und verfolgten den Mann Gottes.« Allerdings vergeblich.

Bischof Otwin von Hildesheim brach in Pavia gar gewaltsam zwei Altäre auf und nahm die dort verwahrten Gebeine der Heiligen Speciosa und Epiphanius mit. Die Mönche von Saint-Maurice d'Agaune versuchten, Erzbischof Chrodegang von Metz zwei aus Rom mitgeführte Reliquien des Nachts zu stehlen. Erzbischof Anno von Köln seinerseits entwendete ebenfalls auf dem Rückweg von Rom im gleichen Kloster Saint-Maurice die Reliquien der Heiligen Innocentius und Vitalis. Barbarossa entführte mit Waffengewalt die Gebeine der Heiligen Drei Könige aus Mailand nach Köln.

Einem der bekanntesten Reliquiendiebstähle auf dem Weg nach Santiago de Compostela begegnen wir in Conques. Von Rodez aus kommend nähert man sich nach einer windungsreichen Fahrt durch das Tal des Dourdon dem heute nur wenige hundert Seelen zählenden Ort Conques. Hoch über der engromantischen Schlucht des Dourdon erhebt sich vor der wilden Kulisse einer kargen und verlassenen Bergwelt die alte Abteikirche der hl. Fides. Diese Abtei war einer der wichtigsten Etappenorte auf der Via Podiensis von Le Puy nach Ostabat in den Pyrenäen und bildet noch heute einen der unbestrittenen Höhepunkte auf dem Weg nach Santiago. Conques und die Geschichte seiner Blüte sind ein Paradebeispiel dafür, welch wirtschaftliche Bedeutung der Besitz einer kostbaren Reliquie für ein Gemeinwesen im Mittelalter hatte.

Die im späten 8. Jahrhundert von Dadon an der Quelle des »Plo« gegründete erste Mönchsgemeinde war trotz großzügiger Unterstützung durch Karl den Großen im Niedergang begriffen. Doch ab 865/66 ging es schlagartig aufwärts mit der Abtei von Conques. Was war passiert?

Am Anfang der Geschichte der Verehrung der hl. Fides in Conques steht ein Diebstahl. In besagten Jahren soll nämlich ein gewisser Ariviscus, Mönch von Conques, die hochverehrten Gebeine der Märtyrerin Fides aus ihrem Stammkloster bei Agen gestohlen und nach Conques gebracht haben. Der Diebstahl von Reliquien war in damaliger Zeit nichts Außergewöhnliches, und niemand dachte im Traum daran, solches Tun zu verschweigen. Im *Buch der Wunder der hl. Fides* wird stolz darüber berichtet.

Ob die Evangelisten Markus in Venedig und Matthäus in Salerno, der Apostel Andreas in Amalfi oder der Wundertäter Nikolaus in Bari: Die Zahl der Reliquiendiebstähle vom 5. bis 12. Jahrhundert ist immens. »Ehrliche« Reliquien gibt es kaum. Die Amtskirche hatte für diese Art des Erwerbs eine für sich aussagekräftige Sprachregelung. Die Rede war von *sacra rapina*, von einem »lobwürdigen Diebstahl« aus frommem Verlangen. Und weil Wunsch und Anlaß ein frommer waren, lag kein kriminelles Delikt vor. Die Lauterkeit der Absichten stand im Einklang mit der geltenden sittlichen Ordnung. Die Jesuiten nannten das Ganze gar beschwichtigend oder schönredend eine »andächtige Beraubung«. Vielfach wurde suggeriert, der betroffene Heilige habe im Traum eingegeben, daß er verpflanzt werden wolle, o. ä. Keine Ausrede schien lächerlich oder blöde genug, um nicht vorgebracht zu werden.

Die Geschichte der großen bedeutenden Reliquien des Abendlandes ist vielfach nichts anderes als eine Kriminalgeschichte, und auch die nachträgliche »Auffindung« oder bloße »Erfindung« ist nur ein Element im Kalkül bestimmter Nützlichkeitsfaktoren. Absolut im Bereich dieser Nützlichkeitsfaktoren befinden wir uns, wo sich hochpolitische (auch kirchliche) Interessen mit der Bedeutung einer solchen Reliquie unlösbar verknüpfen.

RELIQUIEN UND POLITIK: Schon im östlichen Mittelmeerraum waren einzelne Heilige durch die dort erfahrene besondere Verehrung in den Rang von Nationalheiligen gelangt, zum Beispiel Demetrius in Griechenland, Georg in Kleinasien und im Kaukasus, Menas in Ägypten usw. Aber in dem nach dem Zusammenbruch des Weströmischen Reiches politisch und kulturell neu zu strukturierenden Gebiet nördlich und westlich der Alpen gewannen die Reliquien eine ganz besondere Gewichtigkeit. Dies hatte zwei Gründe.

Zum einen waren Hispanien, Britannien, Gallien und Germanien weitgehend märtyrerfreie Zonen. Die wenigen bekannten Märtyrer reichten hinten und vorne nicht für die Minimalversorgung mit Reliquien, schon gar nicht, als es spätestens seit dem Ende des 4. Jahrhunderts quasi kirchliche Vorschrift war, zur Gründung einer neuen Kirche bzw. Errichtung eines neuen Altars eine Reliquie mit einzubeziehen. Die geringe Verfügbarkeit eines kulturell lebensnotwendigen Gutes machte dieses besonders erstrebenswert und kostbar.

Gerade für die Kulturpolitik der frühen Karolinger mit ihren zahlreichen Kirchen- und Klostergründungen waren Reliquien unverzichtbar. Als Beispiel sei nur an die karolingische Gründungspolitik im Falle des Reichsklosters Lorsch erinnert. Und im 9. Jahrhundert erreichte die Zahl der Reliquientranslationen von Italien ins Frankenreich einen absoluten Höhepunkt. Für die Päpste in ihrer Unabhängigkeitspolitik gegenüber den Kaisern von Byzanz war die Bindung der neuen Länder oder entstehenden Königreiche an Rom ebenso von höchster politischer Notwendigkeit. Hier ließ sich das Bedürfnis nach Reliquien geschickt nutzen.

Der zweite Grund für die besondere Entwicklung in den neuen germanischen Königreichen lag in deren Volksmentalität, auf die Rom offensichtlich sehr geschickt einzugehen bereit war. Hellenismus, Judentum oder ägyptische Kultur sind früh ans geschriebene Wort gebundene Zivilisationen. Im Gegensatz dazu war die keltische und germanische Welt, soweit wir beide zurückverfolgen können, trotz Kenntnis der Schrift eine Kultur der mündlichen Traditionen. Geschäfte und Verträge wurden per Handschlag geschlossen, in den Kreis der Krieger / Ritter wurde »Mann« per Ritterschlag aufgenommen, das Verhältnis von Vasall zu Herr ist ein persönliches Haftungsverhältnis, ein Verhältnis der persönlichen Treue, Göttern werden Lieder gesungen, kleine Erinnerungsplaketten in Marmor gemeißelt usf.

Die Beziehung zum Jenseits durch persönliche Vermittlung war der Normalfall. Die mit dem Märtyrer- und Heiligenkult verbundene Vorstellung des Fürsprechers im Himmel (in Walhall) und die Wirkkraft von leiblichen Überresten (Reliquien) bei der Fürsprache im Jenseits hatten also gerade in den neu zu christianisierenden Ländern einen eminenten Stellenwert.

Die helfende, das heißt auch bei der Schlacht hilfreich eingreifende Macht der Heiligen bzw. deren mitgeführter Überreste konnte siegentscheidend oder tödlich sein. So hatte Karl der Große bei seinen Kriegszügen gegen die Sachsen stets die Reliquien des hl. Dionysius mitgeführt. Die Reliquien bekamen auch für den neuen Herrscherkult ungeahnte Bedeutung. Je mehr und je wichtigere Reliquien ein Herrscher in seiner Hauskapelle vorweisen konnte, um so größer empfand man seine Auszeichnung vor Gott. Die Gottgewolltheit germanischer Könige, ausgewiesen besonders durch Herrenreliquien, Wunderwirksamkeit etc., garantierte Rang und Würde. Auch hier soll ein Beispiel für das unauflösliche Amalgam aus handfesten politischen Interessen und Reliquienkult genügen.

Zusammen mit dem wahren Kreuz hatte die Kaisermutter Helena der Legende nach (es gibt mindestens vier Versionen der Kreuzauffindungslegende!) auch die Heilige Lanze entdeckt, mit welcher der Soldat Longinus am Kreuz die Seite Christi geöffnet haben soll. Sie galt neben dem Kreuz als die wichtigste Herrenreliquie. Wie aus Berichten zeitgenössischer Palästina-Pilger hervorgeht, wurde die Heilige Lanze bis ins 6. Jahrhundert in der Martyrionskirche auf dem Berg Sion aufbewahrt. 614 beim Persereinfall kam die Lanzenspitze nach Konstantinopel, wo sie zu den wertvollsten und herausragenden Reichsreliquien zählte und als solche in der Hagia Sophia aufbewahrt und gezeigt wurde.

In der Zeit der Lateinischen Herrschaft wurde die kostbare Reliquie aus Geldmangel an die Venezianer verpfändet, die sie schließlich 1241, nicht ohne geschäftliche Hintergedanken, an den hl. Ludwig, den französischen König Ludwig IX., abtraten. Bis zu den Wirren der Französischen Revolution gehörte sie zum Kirchenschatz der Sainte-Chapelle. Seither ist sie verschollen. Das war die eine Heilige Lanze.

Ein anderer nach der Eroberung von Konstantinopel vor Ort verbliebener Teil wurde im 19. Jahrhundert von Sultan Beyazid II. Papst Innozenz VIII. zum Staatsgeschenk gemacht; er gehört seither zum Reliquienschatz der Peterskirche. Nichtsdestotrotz hatte wunderbarerweise bereits im 17. Jahrhundert Bernini den Teil einer Heiligen Lanze in eine der vier Baldachinsäulen des Hauptaltares eingearbeitet.

Zu den verehrten Reichsreliquien des Heiligen Römischen Reiches Deutscher Nation gehörte ebenfalls die Heilige Lanze. Über ihre Herkunft berichtet Liutprand von Cremona:

»Der Burgunderkönig Rudolf, der einige Jahre über die Italiker geherrscht hatte, hatte jene Lanze von dem Graf Samson als Geschenk erhalten. Sie sah nämlich anders aus als andere Lanzen und war neuartig zu einer neuen Form gefügt … Sie soll dem großen Konstantin, dem Sohn der hl. Helena, der Finderin des lebensspendenden Kreuzes gehört haben … Als nun König Heinrich davon hörte, daß Rudolf ein so unschätzbares Geschenk bekommen habe, entsandte er Boten, um die Lanze um irgendeinen Preis zu erwerben … Da nun König

Rudolf erklärte, er werde sich auf gar nichts einlassen, versuchte König Heinrich … ihn sehr zu erschrecken … Da nun das, worum König Heinrich bat, eine Kostbarkeit war, durch welche Gott das Irdische mit dem Himmlischen vereinigt hatte, sozusagen ein Eckstein, der aus zwei Dingen eins macht, wurde Rudolfs Herz erweicht, und er überreichte persönlich die Lanze dem gerechten König, der Gerechtes gerecht erstrebte … (Heinrich belohnte) den König Rudolf durch einen beträchtlichen Teil des Herzogtums Schwaben … Alle seine Feinde, die gegen ihn aufstanden, schreckte und zerstreute Gott, wenn dieses siegbringende Feldzeichen vorangetragen wurde.« (Übersetzung Lautermann)

Tatsächlich zogen die Nachfolger Kaiser Heinrichs I. nie in die Schlacht, ohne daß die Heilige Lanze vorangetragen wurde. In der Ungarn-Schlacht auf dem Lechfeld 955 war sie ebenso dabei wie bei vielen Krönungsfeierlichkeiten und Staatsakten. 1350 brachte sie Kaiser Karl IV. nach Prag auf den Hradschin. Für die Reichsinsignien wurde eigens 1351 von Papst Innozenz VI. das Reichsfest »De armis Christi« für Deutschland und Böhmen eingeführt.

Schließlich gab es noch eine Heilige Lanze. Während des Ersten Kreuzzugs war es im Frühjahr 1098 beim Kampf um Antiochia zu einer für die Kreuzfahrer prekären, fast aussichtslosen Situation gekommen.

»Zu diesem Zeitpunkt war der Kampfgeist der Christen durch eine Reihe von Ereignissen neu belebt, die ihnen als Beweis von Gottes besonderer Gunst erschienen. Die Krieger waren hungrig und bangen Muts; der Glaube, der sie bisher aufrecht gehalten hatte, begann zu wanken, war aber noch nicht gebrochen. Es war eine Stimmung, in der Träume und Gesichte blühten und gediehen. Dem mittelalterlichen Menschen war das Übernatürliche weder etwas Ungewöhnliches noch gar etwas Seltsames.« (Runciman)

In dieser Situation zwischen dem 10. und 15. Juni »organisierte« der kriegserfahrene und gerissene Graf Raimund IV. von Toulouse die Auffindung der Heiligen Lanze im Petersdom von Antiochia. Die Ermutigung durch die von Gott eingegebene Auffindung der Heiligen Lanze in diesem Moment der Niedergeschlagenheit und Hoffnungslosigkeit setzte bei den christlichen Verteidigern neue Kräfte frei, und der türkische Hauptangriff konnte abgeschlagen werden. Die Kreuzfahrer hatte in dieser kritischen Situation kaum interessiert, daß sie nur wenige Wochen zuvor in Konstantinopel bereits eine andere »echte« Heilige Lanze gesehen hatten. Die kriegspsychologische Wirkung der ihnen von Gott gezeigten Heiligen Lanze wog da viel mehr. Außerdem waren die erbärmlichen Griechen doch allesamt nur räudige Lügenbolde, denen man nicht trauen durfte.

Alle späteren sogenannten Herrenreliquien sind Blutreliquien. Auch wenn direkt nach Christi Kreuzestod niemand die später so hochverehrten Gegenstände gesammelt, es in den ersten Jahrzehnten keine Reliquienverehrung gegeben hatte und überdies die Stätten des Leidens des Herrn durch die zweimalige Zerstörung Jerusalems in Vergessenheit gerieten, ihr Wiederauftauchen nach so vielen Jahren der Versenkung dokumentierte den Reliquiengläubigen um so mehr das göttliche Wirken in diesen »Gegenstandszeugen«.

Neben den klassischen Herrenreliquien, die allesamt während der Passion mit Christus und damit mit seinem Blut in Berührung gekommen waren, wie zum Beispiel Geißelungssäule, Geißel, Rock Christi, Dornenkrone, Schweißtuch, Nägel, Kreuzesholz, Lanze und Grabtuch, war dem hohen Mittelalter ein Blutzeuge besonders wertvoll. Ihm galt die Suche der christlichen Ritter: die Schale, mit der Joseph von Arimathea das Blut Christi aufgefangen hatte, der sogenannte Gral. Drei Blutstropfen verwirrten Parzifal. Blut, Blut, immer wieder Blut, bis zum Blutbad in Jerusalem bei der Einnahme durch die christlichen Ritter, die mit blutrotem Kreuz auf weißem Grund für Christus kämpften. Oder für wen sonst?

3. GOTTSUCHE UND MASSENTOURISMUS

RECHTLOSE AUF ERDEN, SCHATZMEISTER IM HIMMEL

»Ein anderer pilgert nach Jerusalem, Rom oder zum Heiligen Jacobus, wo er nichts zu suchen hat, während Frau und Kinder verlassen zu Hause sitzen.« (Erasmus von Rotterdam, Das Lob der Torheit)

Das kunstvolle Gespinst aus zwei grundsätzlich verschiedenen Webmustern, wie es die mittelalterliche Wallfahrt nun einmal präsentiert, wird aus neuzeitlicher Perspektive meist nur in einer ihrer beiden Facetten gesehen. So ist die niederschmetternde Einschätzung des christlichen Pilgerideals auf der Basis asketischer Heimatlosigkeit als »dämonische und verzweifelte Verzerrung dessen, was christlich ist« (v. Campenhausen), letztendlich doch eine sehr beengte und zeitgebundene Vorstellung, aus der noch der Rationalismus eines Erasmus von Rotterdam oder eines Voltaire spricht. Die Häme des Erasmus darüber, daß man aus den in der gesamten Christenheit verehrten Kreuzpartikeln und Nägeln ein hochseetüchtiges Schiff bauen könnte, daß Johannes der Täufer wegen der vielen Kopfreliquien von ihm eine Hydra und Maria Magdalena, eingedenk des Streits zwischen Vézelay und Saint-Maximin, mehrfach auf der Welt gewesen sein müsse, liest sich noch heute kurzweilig, doch trifft diese Kritik nur Epiphänomene. Sie gibt nicht zu erkennen, daß für den mittelalterlichen Menschen, allen voran die Vertreter der Kirche, die Askese nur Methode, also Weg, nicht aber das Ziel war.

Ganz im Einklang mit Paulus (2. Kor 5,6) und Augustinus *(De civitate Dei)*, demzufolge auch die Kirche selbst nur eine Fremde in dieser Welt sei *(peregrina in hoc saeculo)*, war die zeitliche Zweckverbindung mit Relikten der vorchristlichen Zeit durchaus zu entschuldigen, wenn das eigentliche Ziel dabei nicht aus den Augen verloren wurde. Die Pilgerexistenz der Kirche im Diesseits (vgl. Joh 18,33–36) drückte nur eine Glaubenshaltung aus, nämlich das Verhältnis zur materiellen Welt. So möchte der oberflächliche Kritiker in der christlichen Wallfahrt einen Sieg der *religio carnalis* und damit des nach wie vor virulenten Heidentums sehen. Doch geht diese letztlich im theologischen Überbau der *religio spiritualis* (Christentum) wieder auf. Denn wie die Weltkirche selbst nur Gast auf dieser Erde ist, so lebt die fleisch- und materiegebundene Religion mit ihrem Weg über die Sinne (Anagogik) ihr »Erdenwallen durch das Tal der Tränen zum Himmlischen Jerusalem«.

Aus Sicht der Verteidiger der christlichen Theologie und Glaubensformen lag der Siegeszug des Christentums nicht zuletzt darin begründet, daß dieses es verstand, ältere Religionsformen und -praktiken in ihr eigenes Glaubensgut einzuformen. Es spielte dabei keine so große Rolle, daß tatsächlich die Praxis der Wallfahrt ein wesentlicher Bestandteil der alten Götterreligion war und als solcher fortlebte. Für die Kirche galt also nicht der Weg, sondern das Ziel. Aus der Sicht der Pilger konnte sich die Perspektive wohl drehen. Ob sich die Vertreter der Weltkirche da nicht selbst ein Schnippchen geschlagen haben? Zumindest für den Großteil der Wallfahrer oder Pilger ist nicht mit Eindeutigkeit auszuschließen, daß doch die Reliquie, sprich das Idol, das Heilige selbst war und noch ist.

Am besten nähert sich dem Januskopf »mittelalterliche Wallfahrt«, wer sich noch einmal dem Wort selbst zuwendet und die Verschiebung der beiden grundlegenden Elemente in Beziehung setzt zur Alltagsrealität des Wallfahrens im deutschen Sprachgebrauch. Wir haben zwei Worte, die für unseren Themenbereich zur Verfügung stehen: das Lehnwort »Pilger« und das urdeutsche Wort »wallfahren«.

Ebenso wie das französische *pélérin*, das englische *pilgrim*, das spanische *peregrino* und das italienische *pellegrino* stammt auch das deutsche Verb pilgern vom lateinischen *peregrinari* ab. Doch im Lateinischen hatte es lange nicht die Bedeutung von pilgern oder wallfahren. Es hatte, wie so oft bei den Römern, seine Heimat in einer Rechtsdefinition, stammt also aus der Rechtssprache und meint *per ager*.

Mit *ager* ist der Ager romanorum, wörtlich »der Acker der Römer«, gemeint. Das Wort bezieht sich auf den Gründungsmythos der Urbs romana. Nach heiligem etruskisch-römischem Brauch hatte Romulus mit einem von einem jungfräulichen Gespann gezogenen Pflug eine Grenzfurche um seine künftige Besitzung, den Acker des Romulus, gezogen. Diese Grenzfurche war Symbol und reale Trennlinie zugleich. Als sich des Romulus Zwillingsbruder Remus über die gottgewollte Grenzmarkierung lustig machte, verletzte er nicht nur die heilige Markierung des neuen Besitzes von Romulus, sondern auch die Götter selbst.

Die Schmach war nur durch ein Opfer auszutilgen, ein Menschenopfer. Romulus erschlug, um die Götter wieder günstig zu stimmen, eigenhändig seinen Zwillingsbruder Remus. Der mit dem Blut des Bruders getränkte Acker wurde der Familienbesitz des Romulus und seiner Nachkommen. Auf diesem Grund galt das Gesetz des Familiengründers. Der Ager romanorum stand später für Heimatboden und Rechtsbereich der Römer.

In dem Maße, wie sich durch die politische Entwicklung Roms der Ager zum Imperium romanorum auswuchs, wandelte sich auch der Rechts- und Heimatbereich der Römer. Jeder Angehörige des Römischen Reiches mit Bürgerrecht war innerhalb der Grenzen des Imperiums zu Hause, unterstand dem Römischen Recht und genoß alle Rechtssicherheiten. Wer sich außerhalb des römischen Rechtsbereichs bewegte, sei es, daß er als Unfreier kein römisches Bürgerrecht genoß, sei es, daß er anderer nationaler Herkunft war, galt innerhalb des Römischen Imperiums als recht- und heimatlos, als Fremder.

Noch für Dante hieß *peregrinus* zunächst der Fremde, der Reisende, der Unbehauste. *Peregrini* (Pilger, Reisende) und *pauperes* (Arme) bildeten eine soziale Schicht. Das galt bis ins hohe Mittelalter. Das Hospitium, das Gästehaus, war sowohl Pilgerherberge als auch Armenhaus. Noch für die mittelalterliche Kirche bildeten die *peregrini* und *pauperes* einen eigenen Stand, den 5. Ordo Christianus. Im Laufe des Mittelalters wurde mit dem Fortschreiten der Pilgerbewegung in der christlichen Welt *peregrinus* immer mehr synonym für Pilger oder Wallfahrer. Die einzelnen nationalen Wortbildungen zeichnen diese Entwicklung nach.

Nur im germanischen Sprachraum gab es noch ein eigenständiges Wort, das inhaltlich dem lateinischen *peregrinari* entsprach: wallen. Aus dem altgermanischen *weallian* war im Mittelhochdeutschen *wallen* geworden. Es bedeutet wandern, reisen. *Wallaere* war der Pilger und *wallevart* die Wallfahrt. Dieses Wallen war zunächst keineswegs zielgerichtet, wie seine Verwandtschaft zum althochdeutschen *wadalon* für (umher)schweifen erkennen läßt.

Die weiteste, bekannteste, aufwendigste und verbreitetste große Reise des Mittelalters nördlich der Alpen war gewiß die große Wallfahrt nach Santiago de Compostela. Wer diese Reise unternahm, machte eine Wallfahrt ganz im ursprünglichen Sinn des Wortes *peregrinari*: eine Reise, die (mindestens vorübergehend, aber auch für unbestimmte längere Zeit) eine Aufgabe der heimatlichen Bequemlichkeit und Sicherheit bedeutete, ein Hinausgehen in eine unbekannte Fremde, in der das vorläufige Ziel Santiago de Compostela heißen konnte.

Die Unbedingtheit dieses Vorhabens im 11. und 12. Jahrhundert geht aus zahlreichen Berichten, Grabinschriften, Briefen oder Testamenten hervor. Zwei Beispiele mögen für Tausende stehen:

a) Die Grabinschrift des Hrabanus Maurus für Pirmin, den Gründer der Reichenau: »Perminius, ein Bischof und Christi Bekenner in einem / Wohnet in diesem Haus und heiliget also den Ort. / Alle Freuden der Welt um Christi Willen verschmähend / Hat er die Armut allein sich als Gefährtin erwählt / Einstens verließ er die Heimat, den Stamm, die Sippe der Väter / Fahrend in fremdes Land hat er den Himmel verdient…«

b) In gleichem Sinn beschreibt Dechant Oldecamp von Hildesheim (gest. 1574) die geistige Einstellung der Pilger von Aachen: »Sie verließen Haus und Hof, Weib und Kind, bekannten sich auf dieser Erde als Pilger und machten sich bereit, wenn es Gott gefallen sollte, an jedem Ort in der Fremde zu sterben… Es ist eine sonderliche und große Demut eines Christen, wenn er sich von seinem Eigentum eine Zeitlang fernhält und wegbegibt in fremdes Land, Hunger erleidet und Kummer, Hitze und Kälte, in der Herberge übel empfangen wird und schlecht bedient in Speise und Trank und Lager.«

IDEALVORSTELLUNGEN

»Wohin ich gehe – den Weg dorthin kennt ihr: Ich bin der Weg.« (Joh 14,4–6)

Petrus: »Sieh, wir haben, was wir hatten, verlassen und sind dir nachgefolgt.« (Lk 18,28)

Natürlich bedurfte eine Form der Frömmigkeitsausübung, die sich recht bald anschickte, eine echte Massenbewegung auszulösen, auch einer christologischen Begründung. Das Vorbild der heidnischen Wallfahrten allein konnte hier nicht genügen. Tatsächlich liefert das Neue Testament zu dieser Entwicklung zweifach Schützenhilfe.

Eine allgemeine und ältere Doktrin bezieht sich auf die Vorstellung vom transitorischen Charakter der materiellen Welt. Es hätte nicht erst des etwas geheimnisvollen Paulus-Wortes vom Wissen, »daß wir fern vom Herrn in der Fremde leben, solange wir in diesem Leib zu Hause sind«, bedurft, um den Anhängern der neuen Lehre den Stellenwert des Himmels klarzumachen. Neben dem vielfach zitierten Paulus-Wort (2. Kor 5,6) bietet die Heilige Schrift hinreichend Hinweise auf unsere geforderte Einstellung zur Welt (Ps 39,13; Mt 8,20; Lk 9,28; Hebr 11,13; 1. Petr 1,1 und 2,11; Offb 21,2). Schon das Alte Testament liefert eine Reihe von Beispielen heiliger Reisen oder Ortsveränderungen auf göttliches Geheiß.

Abraham befolgte Jahves Weisung, seine Heimat Chaldäa zu verlassen »zum Segen aller Geschlechter«. Weitere Präfigurationen des Lebens als gottgefügte Reise durch diese Welt sind der Auszug Moses aus Ägypten, die anschließende vierzigjährige Wanderung durch den Sinai und die Wüste sowie der Einzug ins verheißene Land oder die Babylonische Gefangenschaft und glückliche Rückkehr nach Palästina. Bekannt ist Jakobs Kuhhandel mit Jahve: »Wenn Gott mit mir ist und mich auf diesem Weg, den ich eingeschlagen habe, behütet…, wenn ich wohlbehalten heimkehre in das Haus meines Vaters und der Herr sich mir als Gott erweist, dann soll der Stein, den ich als Steinmal aufgestellt habe, ein Gotteshaus werden.«

Zuletzt sei aus alttestamentlicher Zeit noch an die bereits erwähnte Verpflichtung der Diasporajuden erinnert, zum Passahfest nach Jerusalem zu pilgern. Ein Hinweis, der um so vielsagender ist, als Jesus in seiner Kindheit und Jugend selbst davon betroffen war. Auch ihn traf die Verpflichtung, zum Tempel mit der Bundeslade zu wallen. Es war für ihn wie für Tausende andere Juden eine Pilgerfahrt zu den kostbarsten Reliquien seines Volkes.

Das Leben als Pilgerreise auf Erden findet als stereotype Vorstellung Eingang in die Hagiographie, wie das Beispiel der Benedikts-Vita von Papst Gregor dem Großen zeigt. Der hl. Franziskus in seinem Testament, Wilhelm von Deguileville (14. Jahrhundert) und Ignatius von Loyola in seinem *Pilgerbericht* bekunden das Fortleben dieser Weltanschauung.

In der Benedikts-Vita nimmt Gregor der Große einen Topos der hagiographischen Literatur auf, indem er nach dem Vorbild von Israels Auszug aus Ägypten durch die Wüste ins Gelobte Land bzw. Jesu Weg durch Palästina nach Jerusalem den Lebensweg des hl. Benedikt von Nursia als einen gerichteten Weg mit Aufstieg darstellt: Benedikts Weg aus der Höhle in Subiaco auf den Montecassino entspricht einer Linienführung von der Erde zum Himmel (vgl. Moses: von Ägypten zum Sinai). Die triumphierende Kirche des Barock kulminiert in der Darstellung der pilgernden Kirche *(ecclesia perigrans)*, die im Deckengemälde den Himmel erreicht hat oder sichtbar wird.

Die Erfahrung des Unterwegsseins auf Erden bekommt durch die andere Spiritualität des mittelalterlichen Menschen eine uns heute völlig unbekannte Dimension. Das Mittelalter kannte keine ästhetische Architektur und keine Beschauerkunst; dem mittelalterlichen Menschen galt nur der direkte Vollzug eines Mysteriums. Ein konkretes, gebautes Beispiel dafür liefert die Klosterarchitektur.

Das Mönchtum stellt innerhalb der Kirche den Stand der christlichen Vollkommenheit dar, nicht der erlangten, sondern der zu erstrebenden Vollkommenheit. Das damit angedeutete Wegmotiv findet seinen baulichen Niederschlag in der Einführung des Kreuzgangs. Da im Mittelalter die menschlichen Beziehungen zur Architektur und zum Raum geprägt wurden durch undistanzierte und ursprüngliche Beziehungen des Raumgefühls, ziehen die rhythmischen Pfeiler- und Säulenfolgen des Kreuzgangs den mittelalterlichen Menschen in den Raum hinein, als Vorwegnahme seines eigenen Hineinschreitens. So konnte über die stufenweise Aneignung des Architekturmotivs Kreuzgang durch seine Benutzer dieser Architekturteil zur Objektivität »Weg zu Gott« werden.

Die Vollzugsmentalität gipfelte nicht nur in der zeitlich beschränkten pomphaften Liturgie innerhalb dieser Architektur, sie vollzieht sich auch durch ein viel totaleres Erlebnis von Schöpfung und Schöpfer durch die kontinuierlichen Sinneserlebnisse und -eindrücke während des Unterwegsseins beim Pilgern. Gottes Schöpfung wird »ergangen«. Sie teilt sich Schritt für Schritt leibhaftig mit. Das alte Erlebnis der Stoa oder der meditierenden Mönche im Kreuzgang nimmt Besitz vom frommen Wanderer.

Gehen als Andachtsform. Im Herbst 1997 gestand der bekannte Südtiroler Bergsteiger Reinhold Messner, daß er im Gehen bete.

Nicht indem er während des Gehens Selbstgespräche oder Gebete führt, das Gehen selbst ist ihm Dialog mit der Schöpfung, wenn er allein im Himalaya oder in der Arktis unterwegs ist. Diese doppelte, physische und psychische Allerfahrung durch das Medium des Gehens ist uns heute abhanden gekommen. Wer geht in einer Pilgerkirche noch zuallererst um den Chor(umgang), der ursprünglich genau diese Geh-Erfahrung des Heiligen beabsichtigte? Wir sind heute im wahrsten Sinne des Wortes so weit vom Weg abgekommen, daß wir ihn als Erkenntniswert gar nicht mehr wahrnehmen. Die eigene Spiritualität des Weges, die sich nur dem sinnlich mitteilt, der ihn auf sich nimmt, finde ich in den wenigsten Werken über den Jakobs-Weg als wichtigen Faktor angesprochen. Und doch, Weg bleibt Weg. Und auch nicht.

Weil nämlich das Den-Weg-Gehen neben der sinnlich-leiblichen Erfahrung der Umwelt noch einen eminent zeithaltigen Wert mit einschließt. Schritt für Schritt, Meter für Meter kommt der Gehende seinem Ziel näher. Ebenfalls Schritt für Schritt erfährt er die Zeithaltigkeit des Weges und seiner Anstrengungen. Das Ziel ist auch ein zeitliches, zunächst. Dem Pilger drängt sich bei dieser Erkenntnis der Zeit auch die Frage nach der Zeit nach der Zeit zwangsweise auf. Er befindet sich mit jedem Schritt mehr auf dem Weg zur Zeitlosigkeit. Vieles wird unwichtig. Der Weg verändert den Menschen, der sich ihm anvertraut.

Diese an der eingangs erwähnten älteren Vorstellung von der Welt als Transitraum angebundene Idealvorstellung von der individuellen Pilgerfahrt als Lebensform ist aber nur die eine Seite der Münze, sozusagen das Verso. Die Vorderseite zeigt aus christlicher Sicht ganz klar das Bild Jesu. Gemeint ist damit das Vorbild Jesu Christi.

Im Grunde geht es dabei um die Frage der richtigen Nachfolge *(imitatio)* Christi. Schon in der heilsgeschichtlichen Rolle der Blutzeugen und Heiligen war die Imitatio Christi in den Vordergrund gerückt, allerdings aus einem anderen Gesichtswinkel. Dabei ging es um die Frage, ob die Aufforderung, »sein« Kreuz auf sich zu nehmen, auch konsequenterweise den Opfertod für den Glauben und für andere auf sich zu nehmen bedeute, als wörtlich genommene Imitatio, oder ob andere, sprich »leichtere« Formen der Imitatio zulässig seien.

In der Pilgerfrage als Form christgefälliger Lebensführung war ebenfalls das direkte Vorbild des Messias gegeben. Zunächst folgte Jesus dem Gebot des mosaischen Glaubens, das heißt der Verpflichtung zur jährlichen Jerusalem-Wallfahrt. Als Jesus schließlich als Dreißigjähriger seine Erdenmission begann, verließ er sein Heimatdorf und zog nach Art der Wanderprediger von Ort zu Ort, von Stadt zu Stadt; er führte im wahrsten Sinne des Wortes eine *vita peregrinalis* mit Endziel Jerusalem. Diese *peregrinatio pro salute peccatorum mundi* machte den Erlöser selbst zum Prototypen des christlichen Pilgers. Sollte sich die gute Nachfolge Christi in Erfüllung der Gebote und gottgefälligem Leben in seiner realen Umwelt auszeichnen, was schon schwer genug wäre, oder bestand die richtige Nachfolge Christi in der radikalen, von Christus selbst vorgelebten Form des Lebens als Pilgerschaft bei Auflösung aller irdischen Bindungen?

Die entsprechenden Schriftpassagen im Neuen Testament lassen beide Antworten zu. Bei Markus 10 lesen wir: »Meister, was muß ich tun, um das ewige Leben zu gewinnen?« Jesus: »Geh, verkaufe, was du hast, gib das Geld den Armen, und du wirst einen bleibenden Schatz im Himmel haben; dann komm und folge mir nach.« Und Jesus zu Petrus: »Jeder, der um meinetwillen und um des Evangeliums willen Haus oder Brüder, Schwester, Mutter, Vater, Kinder oder Acker verlassen hat, wird das Hundertfache dafür empfangen.«

Bei Matthäus 11 erfahren wir aber auch, daß die Nachfolge Christi ein leichtes Los sei: »Denn mein Joch drückt nicht, und meine Last ist leicht.«

Christus stellte sich selbst in die Nachfolge der jüdischen Pilgerreise zum Tempel in Jerusalem, denn in ihm ist mehr als der Tempel. Jesus selbst wird zum Ort, in dem man das Heil und die Gegenwart Gottes finden kann. Wer in der Pilgerschaft des Glaubens mit dem Ziel Christus unterwegs ist, nimmt sozusagen direkten Kurs in Richtung ewiges Leben. Wer dieses Kreuz der *peregrinatio pro Christo* auf sich nimmt, tritt in den Kreis jener Auserwählten, deren Wurzeln nicht in dieser Welt verhaftet sind, vielmehr im *status viae*, im Pilgerleben, auf dem Weg zu Gott.

Nach dem Vorbild der Apostelgemeinde wünscht die Predigt »Veneranda dies« im *Liber Sancti Jacobi*, daß die Gemeinschaft der Pilger »eines Herzens und einer Seele« sei. Der Pilger rückt ganz in die Nähe Christi und genießt besondere Achtung. Hinter jedem Pilger könnte der Herr selbst stecken, wie das Beispiel der Emmaus-Jünger lehrt und wie Matthäus rät: »Denn ich war hungrig, und ihr habt mir zu essen gegeben ...« Wer demgemäß handelt, sitzt nach dem Jüngsten Gericht zur Rechten Gottes, für ihn »hat die Zeit kein Ende«.

Zur radikalen Lebensform der Pilgerschaft ohne Ziel gab es noch eine Variante, die im Mittelalter besonders attraktiv werden sollte, die geistige Pilgerschaft mit festem irdischem Platz im Kloster, die *peregrinatio in stabilitate*. Doch dazu im zweiten Buch mehr.

Die *peregrinatio* als Lebenshaltung und die konkrete Pilgerfahrt an einen bestimmten Ort mit einer bestimmten vorgefaßten frommen Absicht treten im allgemeinen nicht in ihrer Reinform auf. Meist finden praktische Mischformen ihre Realisierung, was letztlich für die definitorische Unschärfe zwischen Wallfahrt und Pilgerfahrt verantwortlich ist. Ein kleines konkretes Beispiel soll abschließend die Pilgerwirklichkeit transparent werden lassen.

Im Jahre 737 unternahm Bonifatius, der Apostel Deutschlands, eine Rom-Reise. Durch seine britische Herkunft vertrat er, wenn auch benediktinisch geläutert, die *peregrinatio pro Christo*, und in dieser Tradition ist seine Germanenmission beheimatet. Für seine Reise nach Rom gab es konkrete kirchenpolitische Gründe. Doch in seiner Biographie erfahren wir, daß der Rom-Reisende Bonifatius während seines Aufenthalts in der Ewigen Stadt »die Reliquien der Heiligen (wohl Petrus und Paulus) besucht und vor ihnen gebetet« hat und, »ehrenvoll mit Reliquien bereichert«, nach Germanien zurückreiste. Seine Rom-Fahrt war somit eine Geschäftsreise, eine politische Unternehmung, eine Wallfahrt und eine Reliquienbeschaffungsreise in einem.

MUTTER ALLER CHRISTLICHEN WALLFAHRTEN ODER: ALLE WEGE FÜHREN NACH JERUSALEM

»Ich freute mich, als man mir sagte:
›Zum Haus des Herrn wollen wir pilgern.‹
Schon stehen wir in deinen Toren, Jerusalem:
Jerusalem, du starke Stadt,

dicht gebaut und fest gefügt.
Dorthin ziehen die Stämme hinauf, die Stämme des Herrn,
wie es Israel geboten ist,
den Namen des Herrn zu preisen.« (Ps 122,1–4)

»Jerusalem ist der Nabel der Welt, die königliche Stadt, in der Mitte des Erdkreises gelegen.« (Papst Urban II., Clermont-Ferrand, 27.11.1095)

Hatte schon der Prophet Jesaias (66,10–14) verkündet, Jerusalem werde am Ende der Zeit der Mittelpunkt für das Zusammenströmen aller Völker der Erde sein, so hat fast zweitausend Jahre später ein isländischer Pilger des 12. Jahrhunderts aus seiner nordländischen Sicht den Inhalt der Eingangszitate ganz originell so festgestellt: »Dort ist die Mitte der Welt, dort fällt am Tag der Sommersonnenwende das Licht der Sonne senkrecht vom Himmel.«

Die Völker Israels kannten seit ihrem Einzug ins Gelobte Land eine Reihe heiliger Orte mit Wallfahrtscharakter, zum Beispiel Sichem, Bethel oder Silo. Die Konzentration auf Jerusalem zeichnete sich ab, als König David (1000–961) die Bundeslade von Silo in seine Residenz holte und sein Sohn Salomo (961–922) den berühmten Tempel errichtete. Unter dem Reformkönig Josija erfolgte um 622 v. Chr. eine erneute Zentralisierung der jüdischen Stämme auf Jerusalem.

Aber nur fünfundzwanzig Jahre vergingen, dann war der Traum einer zentralen Königsstadt der Juden ausgeträumt. Die nachfolgende Geschichte der Davidsstadt stand unter einem Unstern und war gekennzeichnet durch den Wechsel von Eroberung, Zerstörung, Wiederinbesitznahme und Neuaufbau. Von Nebukadnezars Zerstörung bis zur Wiederinbesitznahme in unseren Tagen läuft ein bewegter und dramatischer Geschichtsfilm ab.

Nach der Niederwerfung des Bar-Kochba-Aufstands hatte Hadrian 135 n. Chr. auf den Trümmern der Hebräermetropole eine nur Nicht-Juden zugängliche römische Kolonialstadt, das unbedeutende Aelia Capitolina, gegründet. Auch Judenchristen war der Zugang zum Platz des Tempels verwehrt. Da eine *peregrinatio religiosa* kein Bestandteil der urchristlichen Frömmigkeit war, existierte zum Zeitpunkt der konstantinischen Wende auch keine irgendwie erwähnenswerte Pilgertradition in Jerusalem. Doch gegen Ende des Jahrhunderts, so geht es eindeutig aus den Berichten der hochrangigen

Pilgerinnen Egeria und Paula (letzterer 404 von Hieronymus in Briefform verfaßt) hervor, waren Palästina und Jerusalem besonders das Hauptziel der christlichen Wallfahrt.

Wie konnte sich in einem unwirtlichen, kaum von Christen besiedelten Land wie Palästina ein solch rapider Wandel vollziehen? Für viele Forscher war es die Pilgerreise der hl. Helena, der Mutter des Kaisers Konstantin I., die diesen Umschwung bewirkt haben soll. Doch die alte Augusta war nur ein sicher großer Mosaikstein in einem Puzzle, das sich ein anderer ausgedacht hatte. Der Mann, der dafür sorgte, daß die alte Davidsstadt und das Pilgerzentrum der mosaischen Religion auch zum Mittelpunkt der nun christlich werdenden Welt wurde, der »Macher« des Pilgerzentrums Jerusalem für Christen, hieß Eusebius von Caesarea (um 260–339).

Dieser Eusebius war eine faszinierende und schillernde Persönlichkeit. Als Absolvent der Katechetenschule von Caesarea war er ein fundiert ausgebildeter Theologe und Origenist. Später, als Bischof seiner Heimatstadt, erwies er sich als umsichtiger und vorausblickender Pragmatiker, als Kirchenpolitiker wie sein Zeitgenosse und zeitweiliger Gegenspieler des Athanasius von Alexandria, als politisches Stehaufmännchen und Opportunist, als theologischer Schriftsteller, als Verfasser der ersten halbwegs zuverlässigen Kirchengeschichte (zumindest für die Jahre von 280 bis 313). Als Metropolit von Palästina und damit kirchlicher Hausherr von Jerusalem war er Visionär und Manager in einer Person.

Obwohl Licinius, der Kaiser der östlichen Reichshälfte, trotz des Mailänder Toleranzedikts keineswegs der kirchenpolitischen Linie seines Mitkaisers Konstantin folgte und weiterhin den alten Göttern die Stange hielt, faßte Eusebius von Caesarea für seinen Kirchensprengel eine nach vorn gerichtete positive Kirchenentwicklung ins Auge. Offensichtlich in Absprache mit seinem befreundeten Amtsnachbarn, dem Metropoliten von Antiochia, entwickelte Eusebius eine neue theologische Schau vom irdischen Jerusalem als materiellem Abbild der geistigen Himmelsstadt in der Tradition von Paulus und Johannes dem Evangelisten. So verglich er schon bei der Einweihung der Kirche von Tyrus (317/18) die fertige Kirche dort mit dem oberen Jerusalem auf dem Berg Sion und dieses in einem Atemzug mit der überirdischen Stadt des lebendigen Gottes. Bereits Jahre vor der Alleinherrschaft Konstantins (ab 324) hatte Eusebius die Vision, daß Christen aus aller Welt nach Jerusalem strömen, um auf die zerstörte Stadt zu blicken, als Bestätigung der Prophezeiung Jesu Christi, »als Beweis für die Wahrheit der Religion Christi« (zitiert nach Klein).

In seiner Schrift über die Märtyrer (um 311 bis 313) bemerkt Eusebius noch im Zusammenhang mit dem Martyrium des hl. Pamphilius und seiner Mitleidenden, daß sie nach ihrem Tod einen geziemenden Begräbnisort gefunden hätten. In einer späteren Fassung desselben Textes nach 324 werden daraus »glänzende Wohnungen in Tempeln und kleinen Kirchen«. Natürlich hat Eusebius hier in eigener Sache etwas übertrieben. Später, nach 333 noch, weiß der anonyme Pilger aus Bordeaux von keinem einzigen christlichen Märtyrerdenkmal zu berichten.

Unverkennbar ist bei dem Origenisten Eusebius die feindselige Haltung gegenüber den Anhängern der jüdischen Religion. In seiner an Mitgliedern armen Diözese bestand eine ausgesprochene Rivalität zur weit größeren jüdischen Gemeinde. Gegen Ende des 3. Jahrhunderts, vor allem aber nach dem Toleranzedikt von Mailand, war die römische Haltung in dem strikten Zutrittsverbot für Juden konzilianter geworden. Ohne großes Aufhebens waren die Grab- und Reliquienwallfahrten der Juden nach Jerusalem wieder aufgelebt. Nach jüngeren Studien rabbinistischer Texte wird deutlich, daß gerade im 4. Jahrhundert die jüdischen Wallfahrten nach Jerusalem wieder zugenommen haben; das heißt, die kleinste Bevölkerungsgruppe in Palästina, die Christen, erlebte in bezug auf die Davidsstadt eine bedrohliche Konkurrenz.

Ideologisch war man für die Herausforderung gerüstet. Das Vertreibungsschicksal der Juden nach 70 galt als direkte Strafe für die schändliche Haltung der Juden gegenüber Jesus und ihre Schuld an seinem Tod (»Sein Blut komme über uns«). Dagegen war der sich seit 313 abzeichnende Siegeszug des Christentums der Beweis für die »richtige« Heilsgeschichte. Schon Origenes hatte einer heilsgeschichtlichen Zuordnung von christlicher Religion und römischem Imperium theologisch den Weg geebnet. In seiner Konstantin-Biographie war für Eusebius dieser Kaiser der neue Moses.

Am heftigsten entbrannte der ideologische Streit um Golgatha. Auch hier hatte Origenes schon vorgearbeitet, indem er an diesem Ort den Begräbnisplatz Adams ausgemacht hatte. Als solcher war

Golgatha auch für die Juden der Nabel der Welt. In Auslegung von Psalm 44,12 (»Du hast das Heil gewirkt in der Mitte der Erde«) beanspruchten die Christen nun für sich den Golgatha-Felsen als den Mittelpunkt der Erde und ihrer Religion. Kyrill, der Amtsnachfolger von Bischof Macarius von Jerusalem, konnte daraus schließen: Da Christus hier seine Hände am Holz des Kreuzes ausgestreckt hatte, sei hier der Mittelpunkt der diesseitigen Welt. Und Hieronymus zog daraus die Lehre von Christus als dem zweiten Adam.

In theologischer Sicht hatte Eusebius für seine Suffraganbischöfe von Jerusalem also die theoretische Vorarbeit geleistet. Aber mit der Erklärung Jerusalems zum Mittelpunkt der christlichen Welt und zum Symbol für das siegreiche Christentum hatte sich Eusebius recht eigentlich gegen die erklärte Reichspolitik seines Gönners, des großen Kaisers, gestellt. Der hatte seit dem Sieg über Licinius das Konzept von Konstantinopel als Mittelpunkt des neuen christlichen Römischen Reiches. Es spricht deshalb für das diplomatische Genie dieses Metropoliten aus Caesarea – siehe auch sein taktisches Verhalten auf dem Konzil von Nicaea –, daß er mit seiner Jerusalem-Politik nicht mit dem Kaiser in einen für ihn tödlichen Konflikt geriet.

Eusebius hatte ebenfalls um die Zeit der Einweihung der Kirche von Tyrus damit begonnen, als Hilfeleistung für sein Suffraganbistum Jerusalem einen praktischen Reiseführer für auswärtige Jerusalem-Pilger zu entwickeln und herauszugeben. Dieser als *Onomástikon* (Ortsverzeichnis) bekannt gewordene erste Pilgerführer der Christenheit wurde schon sehr früh ins Lateinische übersetzt, u. a. auch von Hieronymus. Man nimmt an, daß die berühmte Nonne Egeria für ihre Palästina-Reise eine lateinische Version dieses Pilgerführers von Eusebius benutzte. Dieser zugleich topographische wie auch landeskundliche Führer enthielt zum Beispiel exakte Entfernungsangaben in römischen Maßeinheiten.

Theologisch und organisatorisch war alles für ein Aufleben einer christlichen Wallfahrt zu den Erscheinungs- und Passionsstätten des Herrn durch Eusebius vorbereitet. Die politische Stunde, um all dies voranzutreiben und durchzusetzen, schlug im Frühjahr 325 auf dem vom Kaiser persönlich einberufenen Konzil von Nicaea. Zwar ging es dort vornehmlich um andere Fragen, vor allem um den Arius-Konflikt, doch hatte es Eusebius, und mit ihm sein Suffragan Macarius von Jerusalem, verstanden, das Vertrauen des Kaisers für sich zu gewinnen. Die beiden Kirchenmänner hatten die Initiative des Kaisers, Gedächtnistempel an den Orten der Geburt und des Todes des Religionsgründers zu errichten, aufgegriffen.

Noch in den zwanziger Jahren, parallel zum Aufbau der neuen Hauptstadt, wurde in Jerusalem und in Bethlehem mit dem Bau der dortigen Gedächtniskirchen begonnen. Da sich der Kaiser nicht selbst darum kümmern konnte, spannte er seine Familienangehörigen für die Beaufsichtigung dieser Arbeiten ein. Des Kaisers hochverehrte Mutter Helena hegte schon lange den Wunsch in ihrer Brust, die Originalstätten der Passion kennenzulernen. So machte sie, wohl im Jahre 327, eine Fahrt ins Heilige Land und erfüllte damit zwei Wünsche: den ihres kaiserlichen Sohnes nach Beaufsichtigung der palästinensischen Bauvorhaben und ihren eigenen nach einer Wallfahrt ins religiöse Herz ihres Glaubens. Durch die Pilgerreise der Kaisermutter und die kaiserliche Förderung der dortigen Erinnerungstempel erhielt der von Eusebius so inständig ersehnte Strom christlicher Pilger die nötige Aufwertung und einen spürbaren Schub.

Die Anlage der Erinnerungsstätten erfolgte mit großartigen Atrien und weiträumigen Portiken nach dem Vorbild spätrömischer Monumentalarchitektur und war bestens geeignet zur Organisation großer Menschenmassen. Das »wahre Kreuz« hat Helena bei dieser Gelegenheit aller Wahrscheinlichkeit nach noch nicht aufgefunden. Es hat seine eigene Auffindungsgeschichte.

Die ersten Pilger kamen sicher aus Palästina und dessen unmittelbarer Nachbarschaft. Hieronymus berichtet schon von Pilgern aus Äthiopien und Indien. Die ältesten detaillierten und zuverlässigen Darstellungen stammen allerdings von westlichen Pilgern.

Der zeitlich am weitesten zurückreichende Bericht wurde von einem namentlich unbekannten Pilger aus Bordeaux verfaßt. Dieser hatte seine Reise im Jahre 333 unternommen. Sein Weg führte ihn über die damals bekannten römischen Heerstraßen über Arles, Mailand und Aquileia nach Konstantinopel und von dort über Ankara, Tarsus und Tyrus nach Caesarea. Im Heiligen Land benutzte er die später obligate Wegstrecke über Sichem und Bethel nach Jerusalem. Ebenso klassische Ausflüge führten den offensichtlich hochgebildeten Gallier nach Bethanien, Bethlehem, Jericho, Hebron und zum Toten Meer.

Der unbekannte Pilger aus Bordeaux hatte den Landweg gewählt und für die zirka zehntausend Kilometer knapp ein Jahr gebraucht. Der Umstand, daß es in seinem Bericht für das Heilige Land zweiundzwanzig Hinweise auf alttestamentliche und nur neun auf neutestamentliche Sehenswürdigkeiten gibt, bestätigt die bekannte Annahme, daß eine christliche Wallfahrtstradition noch in den Kinderschuhen steckte. Was man ihm in Jerusalem als »worth sightseeing« zeigte, zum Beispiel die Geißelungssäule, das Prätorium des Pilatus, die Ruine des Kaiphas-Hauses oder die Via Dolorosa, war dasselbe, was man schon Origenes ein Jahrhundert zuvor geboten hatte.

Nur ein halbes Säkulum nach dem Anonymus aus Bordeaux, wiederum wahrscheinlich über Südgallien angereist, war die Nonne Egeria (Aetheria). Sie war offensichtlich von höchster Abstammung und möglicherweise von einem adligen galicischen oder südgallischen Eigenkloster aus aufgebrochen. Schwester Egeria war insgesamt vier Jahre unterwegs, dabei zweimal in Ägypten, und hat ihren Reisebericht, sicher gestützt auf Tagebuchaufzeichnungen, auf der Rückreise in Konstantinopel für ihre Mitschwestern zu Hause verfaßt.

Das erste, was wir als Information aus Egerias zum Teil sehr ausführlichem und detailfreudigem Bericht im direkten Vergleich mit dem des Pilgers aus Bordeaux entnehmen können, ist der auffällige Wandel, der sich in den fünfzig dazwischenliegenden Jahren vollzogen hat: Das Heilige Land war ein fast ausschließlich christliches Land geworden, und Orte wie Bethlehem oder Nazareth waren ganz auf große Pilgerinvasionen eingerichtet. Die Anzahl der heiligen Orte hatte sich auf höchst »wunderbare Weise« vervielfacht. Alle Anzeichen sprechen für eine inzwischen etablierte, bestens funktionierende und blühende Wallfahrtstradition.

Damit hatte sich die Vision des Eusebius erfüllt: Jerusalem war zum Zentrum einer christlichen Welt geworden und zog Volksmassen aus den entferntesten Gegenden der bekannten Welt an. Zahllose Mönche und Priester schienen ausschließlich dafür da, die frommen Reisenden aus aller Herren Länder zu begleiten und zu betreuen. Den Kreis der notablen Pilger erweiterten noch im 4. Jahrhundert edle Damen wie Melanie d. Ä. oder Anfang des 5. Jahrhunderts Kaiserin Eudoxia.

Ende des 4. Jahrhunderts hat sich Hieronymus nach seiner Flucht aus Rom nahe der Geburtsgrotte in Bethlehem seine eigene Grotte gesucht, wo er von 383 bis 406 seine Bibelübersetzung (Vulgata) abschloß. Für alle Christen vom 4. bis zum 11. Jahrhundert gab es nur ein Wallfahrtsziel: Jerusalem. Besonders für Pilger aus dem entstehenden christlichen Abendland war trotz der vielen neuen kleineren Wallfahrtsorte die Davidsstadt die Königin. Selbst ernsthafte Bedrohungen wie der Persersturm Anfang des 7. Jahrhunderts oder die Eroberung 638 durch Kalif Omar vermochten daran nichts zu ändern. Noch 1064 zogen im Gefolge des Erzbischofs von Mainz und der Bischöfe von Bamberg, Regensburg und Utrecht zwischen sieben- und zwölftausend Wallfahrer gemeinsam zum Sionsberg. Dann, vier Jahre später, war der Tod gekommen. 1070 eroberten die Seldschuken die Heilige Stadt, und Jerusalem sah bis zur Rückeroberung durch die Kreuzfahrer im Jahre 1099 fast keine christlichen Pilger mehr.

Daneben zogen schon im 4. Jahrhundert die als heilig eingestuften Wüstenväter Ägyptens massenweise Neugierige, Heilungsuchende, aber auch ernsthafte Unterweisung verlangende Besucher, heute würde man Religionstouristen sagen, an. Im letzten Viertel des 4. Jahrhunderts schwillt der Ansturm auf die Asketen und Mönche Ägyptens geradezu orkanartig an. Aus keiner anderen Zeit sind uns gleichzeitig so viele namhafte Orientpilger bekannt wie aus dieser Zeit zwischen 375 und 415. Auslöser für diese Welle von kombinierten theologischen Studienreisen und Wallfahrten dürfte die schnelle Verbreitung der lateinischen Übersetzung der Antonius-Vita von Athanasius im Abendland gewesen sein.

An Attraktivität stellte im 5. und 6. Jahrhundert eine andere Abart der Asketen in Nordsyrien alles in den Schatten, die sogenannten Säulenheiligen (Styliten). Den Anfang hatte Simeon Stylites d. Ä. (389–459) in Kal'at Sem'an, nördlich von Tebessa, gemacht, wo um den auf seiner neun Meter hohen Säule tagaus, tagein stehenden seltsamen Heiligen schon zu dessen Lebzeiten – er stand ungefähr dreißig Jahre auf seiner Säule – ein reger Pilgerverkehr einsetzte. Über den »Welterfolg« des ersten Simeon schreibt Kötting: »Ja, Gott trieb gewissermaßen die ganze Erde zu ihm hin, und er war nach Meinung seiner Landsleute fast größer als Petrus und Paulus, denn er wandelte nicht auf der Erde.«

Solche Art christlicher Heiliger oder lebender Pilgerziele kannte das Abendland nicht. Immerhin, soweit wir der blumigen und phantasiereichen Lebensbeschreibung des hl. Martin von Tours aus der

Feder des gelehrten Sulpicius Severus als Geschichtsquelle überhaupt trauen dürfen, war auch dieser »erste« abendländische Mönch schon zu Lebzeiten das Ziel zahlloser frommer Pilger aus ganz Gallien, die sowohl mit ihren Gebetsanliegen als auch mit anderen Wehwehchen zu dem als heilig verehrten Bischof kamen.

Um dem hier seit dem 4. Jahrhundert greifbaren Phänomen christlicher Wallfahrten zu lebenden Personen wiederzubegegnen, müssen wir zeitlich gar nicht so weit zurückgreifen. Erinnern wir uns doch nur in unserem Jahrhundert an die Beispiele Padre Pio, Therese von Konnersreuth oder Roger Schutz.

AUCH ENGEL REISEN

Bereits 1986 kreuzte für meinen Kunstreiseführer *Apulien* (5. Auflage, Köln: DuMont 1996) der reisende Engel bei der Behandlung des alten, autochthonen Heiligtums auf dem Gargano meinen Weg. Meine dort gemachten Studien seien hier aktualisiert und verkürzt wiedergegeben:

»Denn er wird zu der Zeit des Antichrist aufstehen, als Daniel schreibt, und wird ein Beschützer und Hüter sein der Auserwählten; er hat mit dem Drachen gekämpft und seinen Engeln, und hat sie aus dem Himmel hinabgestoßen und großen Sieg gewonnen. Er hat mit dem Teufel um Moysis Leichnam gestritten, den der Teufel wollte hinstellen, daß ihn die Juden als ihren Gott sollten anbeten. Er empfängt auch die Seelen der Heiligen und führt sie ins Paradies der Freuden. Er war einst der Fürst der Synagoge, nun aber hat ihn der Herr zum Fürsten der Kirche gemacht. Er hat, als man spricht, die Ägypter mit den Plagen geschlagen, das Rote Meer zerteilet, das Volk durch die Wüste geleitet und ins Gelobte Land geführt. In der heiligen Engel Heer ist er der Bannerträger Christi… Er wird am Jüngsten Tage herfürtragen das Kreuz und die Nägel, die Lanze und die Dornenkrone.«

Der, von dem Jacobus de Voragine in seiner *Legenda aurea* so ruhmgleißend singt, ist kein anderer als der Erzengel Michael. Bis nach Chaldäa in grauer Vorzeit ist sein Wirken zurückzuverfolgen. Als Schutzengel des jüdischen Volkes kam er mit dem Christentum nach Byzanz, wo er alsbald sein siegreiches Banner aufpflanzte.

Schon Konstantin der Große ließ den dortigen Vesta-Tempel in ein Michaelion umwandeln. Später trugen viele byzantinische Kaiser den Namen ihres Beschützers Michael.

Dann streckte der Engel seine Schwingen aus und flog hinüber nach Westen ins entstehende christliche Abendland. Er landete dort, wo ihm die Natur die geeignetste Landebahn, das dem Orient zugekehrte »Garganicum promontorium«, den alten Götterberg, bereitet hatte, der dadurch zum »Hágion Óros des Abendlandes« wurde. Dort fanden später die Langobarden ihren Engel, der sie aus Pannonien nach Italien geführt hatte, wieder und erkoren ihn zu ihrem Schutzgeist. Dann schwang der himmlische Heerführer erneut seine Fittiche und gelangte nach Rom, wo er heute noch sichtbar auf Hadrians Grabmal seinen Sitz nahm und die Ewige Stadt vor der Pest rettete. Schließlich gelangte er bis ans Nordmeer, wo ein anderes Michaels-Heiligtum entstand. Weitere Niederlassungen des Erzengels im Herzen Europas finden sich in Pavia, Turin und Le Puy.

Von den Langobarden übernahmen die Franken die Verehrung des himmlischen Heerführers und Drachentöters. Am Hofe Karls des Großen dichtete Alkuin einen überschwenglichen Hymnus, und kein wichtiger Kirchenbau entstand, in dessen Westwerk sich nicht ein Michaels-Oratorium befunden hätte. Schließlich siegen mit seinem Zeichen auf ihrem Banner die Ritter Ottos des Großen auf dem Lechfeld über die Ungarn, der junge Otto III. pilgert nach seiner Krönung zum Kaiser gar barfuß von Rom über Benevent zur Grotte des Erzengels, und Heinrich II. unterstellt seine benediktinische Gründung auf dem höchsten Hügel Bambergs dem Patronat Michaels.

Jerusalem-Pilger und Kreuzfahrer, aber auch Könige, Kaiser und Heilige lenkten ihre Schritte zum heiligen Berg Italiens. Langobarden, Normannen und Franken nahmen nur allzu bereitwillig die Fürsprache dieses Feldmarschalls der himmlischen Heerscharen für sich in Anspruch, war er doch so recht nach dem Geschmack germanischer Heldenverehrung. Als »Teutschtum« noch stand für unerschrockene, im Kampf schier unbezwingbare Recken, war sein Name synonym für »teutscher Held« – so erstmals nachzulesen für den Reiterhauptmann Hans Michael Elias (gest. 1625) und des weiteren zu vertiefen bei Grimmelshausen. Doch das 18. und 19. Jahrhundert brachten den »deutschen Michel« in argen Verruf, so daß er heute eher für schlafmützziges Spießertum steht.

Vom 6. bis zum 16. Jahrhundert standen der Erzengel Michael und sein Heiligtum in höchstem Ansehen. Wie alles angefangen haben soll, darüber belehrt uns wiederum die *Legenda aurea*:

»Die Erscheinung S. Michaels ist mannigfalt. Und geschah die erste auf dem Berg Garganus. Denn es ist ein Berg in Apulien, Garganus mit Namen, bei der Stadt, die da heißt Sypontus. Nun war im Jahre des Herrn 390 in der genannten Stadt ein Mann, der hieß Garganus, nach dem war der Berg genannt; er hatte eine unermeßliche Schar Rinder und Schafe. Da diese einst auf der Seite des Berges weideten, geschah es, daß ein Stier von den anderen sich schied und den Gipfel des Berges erklomm. Da das andere Vieh heimkam, ward er vermisset; da nahm der Herr eine Schar Knechte und suchte den Stier auf unwegsamem Pfade, und fand ihn endlich auf dem Gipfel des Berges vor dem Eingang einer Höhle. Da ward der Herr ungeduldig, daß der Stier so allein von den anderen war gegangen, und schoß auf ihn mit einem vergifteten Pfeil. Aber der Pfeil flog auf den Schützen zurück, als hätte ihn ein Wind gewendet. Darüber erschraken die Bürger, und fragten den Bischof über das große Wunder. Der Bischof ordnete ein dreitägiges Fasten an und sprach, man müsse Gott bitten, daß er kund tue, was das bedeute. Als das geschah, erschien S. Michael dem Bischof und sprach: ›Ihr sollt wissen, daß jener Mensch durch meinen Willen von seinem Pfeil getroffen worden, denn ich bin Michael der Erzengel, und es hat mir gefallen, an diesem Ort auf Erden zu wohnen und sein zu hüten. Also wollte ich mit diesem Zeichen kund tun, daß ich selber dieses Ortes Hüter und Wächter will sein.‹ Noch zweimal mußte der Erzengel persönlich erscheinen, bis der Bischof von Siponto den Wunsch des Himmlischen Heerführers begriff und erfüllte.«

Ortswahl, Zeit (493) und Erinnerung des Geschehens haben, genauer betrachtet, gar nichts Zufälliges an sich. Der »Erzengel« wußte offensichtlich genau, was er tat. Doch der Reihe nach.

Zuerst zum Ort des Geschehens. Es gibt auf dieser Erde eine Reihe von Orten, die geradezu Religion und Religiosität provozieren und hervorbringen. Es sind Orte, unter denen offensichtlich tellurische Ströme an die Erdoberfläche dringen, in denen sich nur dem Eingeweihten vertraute, geheimnisvolle Kraftlinien schneiden, die den Menschen in seltsame Erregung versetzen, Orte, an denen der sensibel Gebliebene von jenen Kräften etwas spürt, die Gregorovius als »Magnetismus der Geschichte« bezeichnet. Der Gargano ist ein solcher Ort. Von alters her umschwebt ihn ein Zauber, der die Menschen aller Epochen veranlaßte, ihn aufzusuchen, um den Jenseitsmächten nahe zu sein.

Die auch für Apulien im 3. Jahrhundert spürbar werdende Krise des römischen Imperiums brachte nicht nur die zu erwartende Rezession, sondern auch eine Umstrukturierung des Wirtschaftsgefüges. Doch nach kurzem städtischem Höhenflug findet das Land zur alten, ihm ganz eigenen Stärke, der Landwirtschaft, zurück. Während die Provinzen des Nordens und des Westens zusammenbrechen und ihrem wirtschaftlichen Ruin entgegensehen, beginnt für die zweite Region Apulia et Calabria eine Phase des Fortschritts und des Reichtums.

Am Ende des 4. Jahrhunderts war Apulien wieder aus seiner Randlage in eine Schlüsselstellung im Konkurrenzkampf zwischen Rom (Abendland) und Byzanz (Morgenland) gerückt und sollte dies für etwa tausend Jahre bleiben. Wie schon zuvor war der politische, wirtschaftliche und kulturelle Höhenflug gebunden an die andere Adriaseite, das heißt an Griechenland.

Im Laufe des 5. Jahrhunderts finden wir die einst römische Verwaltungsorganisation fest in der Hand christlicher Bischöfe. Die römischen Bischöfe von Leo I. bis Johannes I. betrieben systematisch den Ausbau der apulischen Diözesanordnung. Das Ende des 5. Jahrhunderts war für die Durchsetzung des Christentums als allgemeiner Religion von größter Bedeutung. Der Einfluß des Bischofs von Rom auf die apulischen Diözesen erwies sich in diesem Zeitraum als besonders stark und prägend. Daneben hatte aber Ostrom nie aufgehört, auch auf dem Felde der Diözesanverwaltung seine Hegemonialansprüche auf Italien geltend zu machen.

Gerade als Rom besonders aktiv die Diözesen Unteritaliens organisierte und kontrollierte, schickte Kaiser Zenon persönlich den zusammen mit Theoderich dem Großen aufgezogenen Sproß der Kaiserfamilie Lorenzo Majorano als Bischof nach Siponto – so wichtig war ihm diese Hafenstadt am Fuß des heiligen Berges Gargano. Majorano, dieser in politischen Dingen erzogene und erfahrene Kirchenmann als vorgeschobener Posten Konstantinopels in Glaubens- und Kirchenfragen, holte in seinem Kampf gegen den wachsenden Einfluß Roms den Schutzengel der Kaiser persönlich nach Apulien, und der »Archestrategós« (Oberbefehlshaber der Streitkräfte) tat seinen Dienst recht erfolgreich, wie wir hörten.

Mochte Rom auch im Bereich der Diözesanverwaltung auf lange Sicht erfolgreich gewesen sein, die Besetzung des heiligen Berges mit Michael und dessen Siegeszug durch Europa war zunächst ein Triumph der Ostkirche über das Abendland. Im Verehrungszentrum der Götter und Heroen von Janus, Jupiter, Dodona, Daunos, Apollon, Diana, Merkur, Äskulap, Vesta, Kalchas bis Mithras war Michael siegreich eingezogen.

Also nochmals, Zufall war es gewiß keiner, als gegen Ende des 5. Jahrhunderts der Erzengel den Gargano besetzte bzw. Bischof Lorenzo Majorano ihn hierher holte. Denn gewiß mochte sich dieser gewiefte Taktiker auch ein wenig Eigenwerbung für sein Kaiserhaus dabei ausgerechnet haben; wem mochte man es verdenken, wenn er die Worte »Quis ut deus?« auf dem Schild des kaiserlichen Hausengels auch ein wenig in dem Sinne las »Quis ut basileus?«, also: »Wer ist wie der gesalbte Kaiser?«

Immerhin hatten die Apulier neben der Rückgewinnung der geopolitischen Zentralstellung durch diese kulturpolitische Aktion des Bischofs Lorenzo auch noch das Hagion Oros, das größte Heiligtum und Pilgerzentrum des Abendlandes – lange vor Santiago de Compostela am anderen Ende Europas – gewonnen. Erst im ausgehenden 13. Jahrhundert, mit dem Ende der Kreuzzugsbewegung, ließ auch die Begeisterung für den Erzengel und seine Pilgerfahrt nach.

4. EIN LOURDES DER SPÄTANTIKE: ABU MINA

DER TRAUM EINES ARCHÄOLOGEN WIRD WAHR

Enthusiastisch und farbenfroh, ja geradezu schwärmerisch klingt es noch heute, wenn man die Beschreibung liest, die C. M. Kaufmann fünfzehn Jahre nach seinem Fund in seinem Buch *Die heilige Stadt in der Wüste* wiedergibt. Noch waren die sensationellen Funde des inzwischen legendären Heinrich Schliemann in aller Munde, und gerade wenige Jahre zuvor hatte nach dem Vorbild Schliemanns Sir Arthur Evans auf eigene Kosten seine Grabungen in Knossos begonnen, von dessen ebenfalls sensationellen Entdeckungen erste Notizen in die internationale Tagespresse gelangt waren, da hatte sich der Frankfurter Gelehrte C. M. Kaufmann in den Kopf gesetzt, dem Bericht eines anonymen arabischen Reisenden aus dem 10. oder 11. Jahrhundert von einer einst blühenden Pilgerstadt am östlichen Rand der Libyschen Wüste auf den Grund zu gehen. Bei Kaufmann heißt es:

»Man sieht dorten wohlgebaute Paläste, von Mauern umgeben. Die meisten ruhen auf gewölbten Arkaden. Einige sind von Mönchen bewohnt. Man erblickt Süßwasserquellen, aber die sind wenig ergiebig. Von hier kommt man zur Kirche S. Mina, ein weites Gebäude, geziert mit Statuen und Gemälden höchster Schönheit. Lichter brennen hier Tag und Nacht ohne Unterbrechung. Am Ende dieses Baus erblickt man ein großes Grab und zwei marmorne Kamele, über denen ein Mann steht, dessen Füße auf die beiden Tiere gestützt sind. Er hält eine Hand offen, die andere zu. Diese Figur, gleichfalls aus Marmor, stellt, wie man sagt, Sankt Menas dar. Man bemerkt in derselben Kirche die Statuen des Johannes, Zacharias und Jesus …«

Im Sommer 1905 hatte Kaufmann von Alexandrien aus eine Karawane organisiert, um zusammen mit seinem Neffen J. C. Ewald Falls eine längere Expeditionsreise in die Libysche Wüste zu unternehmen: »Kreuz und quer waren wir hinausgezogen in die unwirtsamen Steppen, in welchen vermutlich die gefeiertste Stätte der urchristlichen Ägypter, das von den Alten als Glanz von ganz Libyen gepriesene Menas-Heiligtum, seinen Dornröschenschlaf schlief.

Fast einen vollen Monat hindurch hatte, bis auf spärliche Ruhestunden, unsere sieben Gewehre starke Karawane den nördlichsten Zipfel der Libyschen Wüste und in weiterm Sinne die letzten brandenden Ausläufer der großen Sahara durchzogen ... Als wir so, an einem glühenden Julitage des Jahres 1905, zum erstenmal das Ruinengebiet betraten, unter dem die Menas-Stadt begraben liegt, waren die ersten Indizien ihrer Wiederauffindung ein paar unscheinbare Scherbenfragmente und eine Terrakotta-Ampulle, welche ein Beduinenknabe zum Geschenk anbot ... Karm Abu Mina lautet der moderne arabische Name der Menas-Stadt. Er bedeutet, ›Weinland des Vaters Menas‹. Was jetzt baumlose Wüste ist, war nämlich einst eine Oase der Fruchtbarkeit.«

Zum Erstaunen der Beduinen begann Kaufmann noch im Winter desselben Jahres mit den gezielten Ausgrabungen des weitläufigen Areals. Kaufmann versteht die Ruinenlage, die der anonyme arabische Reisende als drei verschiedene Städte angesehen hatte, als eine einzige Stadt, »deren Umreiten in leichter Gangart etwa eine Stunde Zeit beanspruchte«.

Nach dem vorläufigen Abschluß der ersten Grabungskampagne im Jahre 1907 (3. Vorbericht, Kairo 1908) reagierte die ägyptische Regierung auf die ganz unerwarteten archäologischen Funde aus nachpharaonischer, das heißt frühchristlicher Zeit, indem sie von der Station Bahig der Khedivial Railway einen Zubringerdienst einrichten ließ. So kam 1913 bereits Prinz Johann Georg von Sachsen zu den Ausgrabungsstätten seines Landsmannes, die er als »eine Großtat der deutschen Wissenschaft« bezeichnete.

In seinem Buch *Streifzüge durch die Kirchen und Klöster Ägyptens* (Leipzig 1914) bekennt der Prinz, daß die Menas-Stadt alle seine Erwartungen übertroffen habe, die Basilika des heiligen Menas sicher eine der schönsten und größten Kirchen der damaligen christlichen Welt gewesen sein müsse und alle Kirchenanlagen des Mittelalters hier schon ausgeführt seien. Außerdem spricht der Prinz von Sachsen in diesem Kontext als erster von einem »altchristlichen Lourdes«.

Die ausgedehnten, für Jahrhunderte vom Wüstensand geschützten Ruinen der einstigen Menas-Stadt wurden im Laufe von drei zeitlich weit auseinanderliegenden Grabungskampagnen (1905–1907: C. M. Kaufmann; 1961–1963: H. Schläger; seit den achtziger Jahren: P. Großmann) freigelegt und detailliert untersucht. Schon Kaufmann hatte die wesentlichen Baukomplexe als solche so weit freigelegt, daß er sich ein grobes Bild von Art und Funktion der Hauptbaulichkeiten machen konnte.

DIE MENAS-STADT

Im Kern des eigentlichen heiligen Bezirks, des Bade- und Wallfahrtszentrums, liegt das Menas-Heiligtum, bestehend aus einem Memorialbau über dem Grab des Märtyrers, daran direkt im Osten angeschlossen die große Pilgerbasilika und im Westen ein Baptisterium. Die Pilgerbasilika, mit fünfundsechzig Meter Länge und fast dreißig Meter Breite, ist die größte christliche Kirche, die je in Ägypten bis zur islamischen Invasion gebaut wurde. Sie besitzt im Ostteil eine Besonderheit, nämlich ein um elf Meter über die Kirchenbreite ausladendes Querhaus, in dem sich die Kolonnaden des Langhauses fortsetzen, so daß wir im Vorgriff auf den sogenannten Pilgerkirchentypus des 11. Jahrhunderts (Santiago de Compostela, Toulouse) ein dreischiffiges Querhaus ausgebildet vorliegen haben.

Insgesamt erstreckt sich der Sanktuariumskomplex des hl. Menas auf über hundertvierzig Meter Gesamtlänge, eine ganz gewaltige architektonische Anlage. Südlich des Sanktuariums grenzte ein halbkreisförmiger Platz von siebzig Meter Durchmesser und abschließender Kolonnadenrahmung samt angeschlossenen Einzelunterkünften an (vgl. Berninis Petersplatz in Rom!). Dem entsprach auf der Nordseite ein langgestreckter, ebenfalls kolonnadenumstandener rechteckiger Platz von fünfundachtzig Meter Gesamtlänge und siebenundzwanzig Meter Breite.

Nördlich von diesem sogenannten Platz der Pilger waren zwei doppelte Hofkomplexe angeordnet, die nach den letzten Ausgrabungen von 1989 als Pilgerunterkünfte erster und zweiter Klasse interpretiert werden. Im Osten der Menas-Basilika findet sich, ebenfalls hofförmig angeordnet, eine Folge von individuellen kleinen Einheiten, die sinnvollerweise als Büros und Unterkünfte der Betreuer des Heiligtums angesehen werden müssen. Die Betreuung wird wohl, wie damals allgemein üblich, in den Händen einer Priesterschaft mit monastischer Lebensweise oder direkt einer Mönchsgemeinschaft gelegen haben.

Allein der zentrale Pilgerkomplex bedeckte eine überbaute Fläche von zirka vierzigtausend Quadratmetern. Vom großen Pilgerhof führt eine breite, gepflasterte, mit Läden gesäumte Prachtstraße zum Nordtor. Diese Zeremonialstraße läuft geradewegs vorbei an zwei großen Badeanlagen. Die größere Doppelanlage (getrennte Bäder für Männer und Frauen?) besaß zusätzlich eine Reihe von Einzelkabinen und Schöpfstellen für das berühmte Heilwasser aus der Menas-Quelle. Die kleinere nördliche Badeeinrichtung scheint eine exklusive Anlage für besser zahlende »Kunden« oder Kurgäste gewesen zu sein.

Schon Kaufmann hatte über diesen zentralen Bereich hinausgehend zwei größere Komplexe festgestellt, die sogenannte Nordbasilika und die Ostkirche. In deren Anbauten bzw. benachbarten Zellen könnten Mönche oder Halberemiten gewohnt haben. Da beide Kirchen außerhalb der Mauer der eigentlichen Pilgerstadt gelegen sind, könnte es sich um frühe koptische Klöster in Stadtnähe handeln. Die Nordkirche lag knapp neunhundert Meter und die Ostkirche zirka 1,6 Kilometer vom Menas-Heiligtum entfernt. Südlich, westlich und östlich davon wurden ebenfalls Friedhöfe, Siedlungsreste und Fabrikationsstätten für Keramikprodukte gefunden.

Die nie vollständig ummauerten Vorstädte von Menapolis scheinen tatsächlich einem Perimeter von zirka neun Kilometern einbeschrieben gewesen zu sein, was die schier unglaubliche Angabe von Kaufmann über die Ausdehnung der ursprünglichen Stadt von einer Rittstunde »in leichter Gangart« bestätigen würde. Dabei war diese gewaltige Ansiedlung von vielleicht zehn- bis fünfzehntausend Einwohnern niemals eine Stadt im rechtlichen Sinn und hatte deshalb auch nie einen eigenen Bischof. Von Anbeginn scheint dieses Pilgerzentrum der direkten Jurisdiktion des alexandrinischen Bischofs unterstanden zu haben. Der spätere Streit zwischen den jakobitischen und melkitischen Patriarchen um Menapolis, genauer um die beträchtlichen Pilgereinkünfte, wäre dafür eine Bestätigung. Seit dem 6. Jahrhundert gab es nämlich, von Kaiser Zenon verordnet, so etwas wie eine Kurtaxe.

Eine andere Besonderheit von Menapolis waren seine Badeanlagen. Seit Anbeginn der Verehrung des Menas-Grabes stand die Heilkraft der Erde bzw. die damals noch vorhandene Quelle dieses Ortes im Mittelpunkt für die Pilger. Weniger der Märtyrer Menas als vielmehr der wunderwirkende, Heilkraft ausstrahlende Badekomplex zog die Pilger zu Tausenden an diese Stelle am Rand der Libyschen Wüste. Wie groß und verbreitet die daraus resultierende Verehrung des hl. Menas war, mag ersichtlich werden aus der Verstreutheit von Menas-Kirchen und -Kapellen über die damals bekannte Welt.

Die Menas-Heiligtümer in Ägypten sind nicht zählbar und reichen nilaufwärts weit über Assuan bis zum Blauen Nil und nach Äthiopien. In Altkairo befand sich eine wichtige Menas-Dependance, wohin im 14. Jahrhundert der Leib des Abu Mina transferiert wurde. Über Zypern und Thessaloniki reichte der Einfluß des Heiligen bis nach Konstantinopel. Von dort verbreitete sich sein Kult ins heutige Rumänien und in die Dobrudscha (Pitesti, Craiova). In Bukarest stand ein anderes wichtiges Wallfahrtszentrum des hl. Menas. Aber auch nach Westen waren ihm keine Grenzen gesetzt. Über die Adria (Salona), Rom (Menas-Kirche an der Ausfallstraße nach Ostia) und Arles drang der Ruhm des Märtyrers und Thaumaturgen an den Rhein (Capell bei Koblenz).

Menas-Ampullen und andere Eulogien (Devotionalien) wurden gefunden von Mauretanien bis Heidelberg und Köln, von Curzola bis Jerusalem. Die großen Pilger und Reisenden des 4. bis 6. Jahrhunderts, die Ägypten und die heiligen Wüstenväter besuchten, machten auch beim hl. Menas halt, so die Nonne Egeria, Paula, die Gönnerin des hl. Hieronymus, oder der Pilger aus Piacenza (um 570).

Für Kaufmann war 1905 ein Traum in Erfüllung gegangen. Er hatte die legendäre christliche Pilgerstadt in der Wüste wieder vor Augen erstehen lassen. Die Ausmaße der Anlagen, der unvorstellbare Prunk der einstigen Bauten vor allem der justinianschen Epoche, die Verbreitung des Menas-Kultes einerseits und die der Menas-Ampullen andererseits ließen in den Augen des ersten Ausgräbers ein Pompeji des frühen Christentums wiedererstehen. Für Kaufmann handelte es sich dabei nicht nur um das Nationalheiligtum der koptischen Christen bis zum Arabersturm, sondern auch um das größte christliche Wallfahrtszentrum neben Rom und Jerusalem. Ein Vorgänger von Santiago de Compostela sozusagen.

Der seit etwa zwanzig Jahren verantwortliche Chefausgräber des Deutschen Archäologischen Instituts in Kairo, Prof. Großmann, sieht das heute etwas differenzierter. Im 6. Jahrhundert mochte beispielsweise Kal'at Sem'an im nördlichen Syrien sicher ebenso viele Religionstouristen und echte Pilger angezogen haben wie die Menas-

3. (Rechts) Der hl. Jakobus als Apostel an der Puerta de la Gloria, Kathedrale von Santiago.

4. (Unten) Santiago de Compostela.

5. (Oben) Frühnebel bei Monforte.

6. (Links) Kathedrale von Santiago, Puerta de la Plateria.

7. Einziehende Pilger in Santiago vor der Kirche de las Animas.

8. (Oben) Castro de Barona an der Ria de Muros y Noya.

9. (Links) Castro de Barona an der Ria de Muros y Noya, südlicher Bezirk.

10. (Oben) Dolmen bei Pontevedra.

11. (Rechts) Friedhof an der Ria de Noya.

12. (Oben) Am Cabo de Finisterre.

13. (Unten links) Jakob der Maurentöter am Südportal der Jakobskirche von Logroño.

14. (Unten rechts) Der hl. Jakobus als Pilger. Barocke Skulptur an der Kathedrale.

15. (Oben) Die doppelte Sternenstraße auf dem Karlsschrein von Aachen.

16. (Unten links) Die doppelte Sternenstraße auf einer Illumination im *Codex Calixtinus*, Ausschnitt

17. (Unten rechts) Jakob der Maurentöter, Buchillustration im *Tumbo B* von Santiago.

Stadt. Das »größte Zönobium der alten christlichen Welt« habe sich herausgestellt als eine Abfolge verschiedener Xenodochien (Pilgerunterkünfte), und die Mönchsgemeinschaften und Friedhofsbezirke seien diskussionswürdig.

Unabhängig davon hatte Kaufmann aber grundsätzlich schon 1905 einige Aspekte aufgedeckt und angesprochen, die für mich konkret Anlaß waren, bei der Auswahl aus verschiedenen frühchristlichen Pilgerzentren neben Jerusalem gerade Menapolis, die ägyptische Pilgerzentrale am Rand des Mareotis-Sees, vorzuziehen. In topographischer, hagiographischer und historischer Sicht birgt die Entstehungsgeschichte von Menapolis eine Reihe von Einsichten, die für das hohe Mittelalter allgemein und für Santiago de Compostela ganz besonders fruchtbar zu machen sind.

DER HEILIGE MIT DEN ZWEI KAMELEN

Immer dann, wenn von einer als historisch vorgestellten Person keinerlei zeitgenössische Quellen oder sonstige Zeugnisse vorliegen und sich die Hagiographie späterer Generationen einer solchen Gestalt annimmt, ist Vorsicht geboten. Für historisch korrekte biographische Information fühlt sich die Hagiographie nicht zuständig. Ganz im Gegenteil, es gehört zur bevorzugten religionspädagogischen Absicht des jeweiligen Verfassers, den realen Menschen hinter dem Heiligen verschwinden zu lassen – zugunsten einer ganz von der göttlichen Fügung durchwirkten Persönlichkeit, in der Gottes Wille und gottgefälliges Verhalten modellhaft den laschen Weltchristen vorgeführt werden sollen.

Ein ausgesprochenes Musterbeispiel für eine solche Geschichtsklitterung ist die nachfolgende Heiligenbeschreibung des Menas. Die verfügbare Literatur besteht aus einem koptischen Lobgedicht (Enkomium) mit Lebensbeschreibung, einem äthiopischen Martyriologium, einem koptischen Heiligenkalender mit beigefügten Leidensgeschichten (Synaxar), einer Geschichte der Menas-Stadt bis zur arabischen Invasion, Legenden, Liedern und Graffiti. Keine einzige dieser »Quellen« stammt auch nur annähernd aus der Zeit des Heiligen. Ansätze oder Hoffnung auf historisch fundierte Information bieten gelegentliche Hinweise oder Nennungen in zeitgenössischen Chroniken der Patriarchen von Alexandrien.

Schon der Anfang der »Lebensgeschichte« nach dem äthiopischen Martyriologium zeigt beispielsweise die konfuse Verquickung von Allgemeinplätzen der Heiligenerzählung einerseits und möglichen Fakten andererseits.

Menas entstammte demnach einer hochgestellten ägyptischen Familie. Der Vater war im kleinasiatischen Phrygien als römischer Präfekt stationiert. Nach dem frühen Tod der Eltern soll die fünfzehnjährige Vollwaise ihr Hab und Gut den Armen geschenkt haben, um nur noch für Gott zu leben. Als Offizier des römischen Heeres war Menas im Regiment der Rutilier in Kothyaion stationiert. Dort habe er 296 bei den jährlich stattfindenden Reiterfestspielen in der Arena öffentlich verkündet, daß er Christ sei, und deshalb den Märtyrertod erlitten. Seine christlichen Freunde hätten seine verweslichen Reste (Rumpf ohne Kopf) in seine Heimat überführt, wo schließlich das den heiligen Leichnam transportierende Kamel von selbst seinen Weg in die Libysche Wüste gelenkt hätte und von einer bestimmten Stelle nicht mehr fortzubewegen gewesen wäre. Womit der Märtyrer selbst kundtat, daß sein Leichnam an dieser Stelle begraben sein wollte.

Daß Menas mit fünfzehn bereits Vollwaise war, in diesem Alter die göttliche Weisheit schon voll getrunken hatte, all sein Hab und Gut an die Armen verschenkte und nur noch für Gott leben wollte, ist, wie unschwer zu erkennen, ein Topos der Legendenbildung. Damit kollidiert die spätere Rolle als römischer Offizier. Der hagiographische Ausweg: Man hatte Menas getäuscht und zu diesem Schritt überlistet.

Unhistorisch erscheint auch die Angabe des Märtyrertodes in der diokletianischen Christenverfolgung im Jahre 296; denn die begann erst 303. Präzis scheinen dagegen die Angaben zur Station seines Militäreinsatzes und des Regiments, in dem er diente. Die mögliche historische Lösung: Diokletian hatte schon Jahre vor der von ihm verfügten eigentlichen Christenverfolgung im Rahmen der Durchsetzung seiner Reichsreform aufgrund der Erfahrung seiner Amtsvorgänger mit Christen gezielt den Staatsapparat von christlichen Mitarbeitern gesäubert. Dazu gehörte auch die für seine politische Zielsetzung besonders wichtige Armee. Möglicherweise hatte der gebürtige Ägypter Menas während seiner Militärzeit das Christentum angenommen und war dann in die Säuberungsaktionen geraten, weil er sich geweigert hatte, seine Religion zu verleugnen.

Historisch nachvollziehbar wäre auch die Rettung der verweslichen Reste und deren Überführung nach Ägypten durch seine christlichen Freunde in Kothyaion. Uns interessiert aber weniger der Heilige selbst, sein Leben und sein Martyrium, als vielmehr das, was die Nachwelt daraus gemacht hat. Bereits der Überführungsbericht und die anschließende Grablegung sind allzu eindeutig Produkt der klassischen Legendenbildung. Lesen wir die von Kaufmann vorgetragene Variante nach dem koptischen Synaxar:

»In dieser Zeit mußten die Grenztruppen der fünf Städte sich versammeln, und sie nahmen den Körper des Heiligen mit sich, damit er ihnen Beistand leiste und sie auf dem Wege beschütze. Als sie auf dem Meere fuhren und der Körper bei ihnen war, stiegen aus dem Meere Ungeheuer empor mit Gesichtern wie wilde Tiere und mit Hälsen wie Kamele; sie fingen an, ihre Hälse nach dem Körper des Heiligen auszustrecken und ihn zu belecken, so daß die Leute eine große Furcht befiel; da kam aus dem Körper ein Feuer hervor und verbrannte die Gesichter der Ungeheuer. Nachdem sie in Alexandria ihre Geschäfte beendigt hatten und in ihre Orte zurückkehren wollten, wünschten sie den Körper des Heiligen wieder mit sich zu nehmen; sie legten ihn also auf ein Kamel, aber dieses wollte sich nicht von der Stelle erheben. Sie legten ihn dann auf ein anderes Kamel, aber auch dieses war ungeachtet heftiger Schläge nicht von der Stelle zu bewegen. Da merkten sie, daß dies ein Wink von Gott sei; sie richteten hier einen Ort her, begruben ihn und gingen davon.

Als der Herr den Körper des Heiligen wieder zum Vorschein kommen lassen wollte, begab es sich, daß ein Schäfer in jene Wüste kam; eines Tages betrat ein räudiges, elendes Schaf diese Gegend, wankte zu dem Wasser in einem Teiche, welcher neben jenem Orte war, und wälzte sich dann an der Stelle; da wurde es sofort gesund. Als der Hirt dieses Wunder sah, erstaunte er und fing an, etwas Erde von der Stelle zu nehmen, mit dem Wasser anzufeuchten und damit alle räudigen Schafe zu bestreichen; da wurden sie sofort gesund; so wurde ihm eine Kunst zuteil, die er ausübte, so daß er alle Kranken heilte. Dies hörte der Kaiser von Konstantinopel; er hatte eine einzige Tochter, die mit der Elephantiasis behaftet war, und er schickte sie dort hin. Da sie es für schimpflich hielt, sich vor Leuten zu entblößen, bat sie den Hirten, ihr seine Kunst zu zeigen, und sie machte sich dann selbst das Wasser und die Erde zurecht. Sie schlief in jener Nacht an dem Orte; da sah sie den heiligen Abu Mina, der sprach zu ihr: ›Wenn du morgen früh aufstehst, so grabe an dieser Stelle, da wirst du meinen Körper finden, dann wirst du sofort geheilt werden.‹ Als sie aufstand und an der Stelle grub, fand sie den heiligen Körper, dann schickte sie zu ihrem Vater und gab ihm davon Nachricht. Da ließ der Kaiser über den heiligen Körper eine Kirche erbauen, und in den Tagen des Arcadius und Honorius wurde hier auf ihren Befehl eine große Stadt gegründet; große Scharen kamen zu der Kirche, und es gingen von dem heiligen Körper des großen Märtyrers Abu Mina viele Wunder aus, welche nicht aufhörten, bis die Stadt und die Kirche wieder zerstört wurden.«

Der Fortgang der Geschichte des Wallfahrtsortes findet sich detailfreudiger im jüngeren äthiopischen Martyriolog:

»Nun wollte Gott dies Wunder und die Macht durch den Leib des Minas offenbaren. Und der lahme Sohn eines gewissen Mannes jener Gegend kam und sah eine Lampe einen Lichtschein über die Grabstätte S. Minas, des Märtyrers, werfen, und er näherte sich und warf sich auf den Boden nieder. Nun standen einige Freunde da. Und der Vater des Jungen suchte nach seinem Sohne, und als er ihn dorten fand, schlug er ihn; und der Junge sprang auf und rannte fort, und sein Fuß war geheilt, und das Volk, das da war, staunte. Dann erzählte ihnen der Junge, was er gesehen, und Gott öffnete ihre Augen, und sie sahen die Lampen brennen und glaubten. Und alles Volk, das an verschiedenen Krankheiten litt, kam zum Grabe des Abba Minas, und sie wurden geheilt durch die Macht Gottes und die Fürbitte des S. Minas, und große Freude herrschte, und sein Ruf drang weit über Mareotis hinaus. Und alle, die da waren, sowohl die Kranken als die vom Teufel Besessenen, kamen zu der Stätte und wurden geheilt und gesund.

Dann errichteten sie über seinem Grabe eine Kirche, die einem Zelte ähnlich sah, und sie hingen darin eine Lampe auf, ähnlich der gesehenen, und zu jener Zeit brannte sie sowohl bei Tag als bei Nacht, und sie wurde genährt mit wohlriechendem Öl. Und wenn jemand von diesem Lampenöl nahm und es forttrug und eine kranke Person damit einrieb, wurde dieser Kranke von dem Übel, an dem er gelitten, geheilt.

Und eine Kirche wurde an dieser Stelle errichtet in des Heiligen Namen in den Tagen des S. Athanasius, Erzbischofs von Alexandria, mit Hilfe des Taos, des gottliebenden Königs, so daß das Volk sich dort sammeln und Feste darin feiern möchte. Und als sie fertig war, versammelte Sankt..., der Erzbischof, Bischöfe und Priester, und sie setzten den Leib Minas, des Märtyrers, in ihr bei, und sie konsekrierten sie in den Tagen des heiligen Kaisers Theodosius und Abba Theophilus, des Erzbischofs. Und es wurde dort eine große Kirche auf den Namen Mariens errichtet für die Volksmengen, die in der Kirche des S. Minas zusammenkamen.«

Eine im Hinblick auf die Legendenbildung um den hl. Jakobus d. Ä. interessante Version finden wir bei J. Kamil (1993), dem Direktor des Koptischen Museums in Kairo:

»Die römischen Henker im Zirkus von Kothyaion hatten dem standhaften Bekenner seines Glaubens bereits die Fußsohlen abgezogen, die Augen ausgestochen und die Zunge herausgerissen, doch Menas konnte immer noch aufrecht stehen und dem Publikum fröhlich zuwinken. Da riß dem Kaiser die Geduld, und er persönlich schlug dem Glaubenshelden den Kopf ab und ließ den Rumpf in einem erzenen Sarg dem Meer übergeben. Entgegen aller Erwartung und ohne jegliches menschliches Zutun landete der kopflose Leib in Ägypten, wo ihn Beduinen auf ein Kamel luden. Beim Marsch landeinwärts blieb das Kamel plötzlich in der Nähe des Mareotischen Sees stehen und weigerte sich, noch einen Schritt weiterzugehen.«

In zwei Richtungen wollen wir die Entstehungsgeschichte des »Lourdes der christlichen Antike« betrachten. Zunächst erscheint es unumgänglich, die historische Wahrheit hinter den Legenden zu finden, um damit die Vorgänge nach der Bluttaufe eines Soldatenmärtyrers ägyptischer Herkunft in Kleinasien unter Diokletian, der wunderbaren Auffindung seines Leichnams an einem anderen, weit entfernt gelegenen Ort und der Entstehung einer Wallfahrt unter ganz bestimmten Aspekten (Krankenheilung) so gut es geht zu rekonstruieren.

Abu Mina, das alte Menapolis der vorislamischen Zeit, liegt knapp fünfzig Kilometer südwestlich von Alexandrien am östlichen Rand der Libyschen Wüste am Ufer des einstigen Mareotis-Sees. An dieser Stelle verzweigten sich seit Menschengedenken die alten Karawanenwege von Alexandrien nach der Kyrenaika und Mittelägypten via Sketische Wüste mit dem berühmten Wadi el Natrun.

Der arabische Name Karm Abu Mina heißt soviel wie »der Weingarten des Vater Menas« und läßt auf eine günstige Vegetationssituation zumindest bis ins Mittelalter schließen. An dieser Kreuzung uralter Karawanenwege mit heilsamer Quelle und zivilisationsfreundlicher Wachstumssituation lag eine Ansiedlung, wie aus einer ergrabenen vorchristlichen Nekropole im Umfeld des Menas-Heiligtums hervorgeht. Diese Ansiedlung erlitt ein für Ägypten in der zweiten Hälfte des 3. Jahrhunderts typisches Schicksal, und zwar als bekannte Reaktion auf die spätrömische Land- und Steuerreform, die unter Diokletian ihren fatalen Höhepunkt erreichte. Die allgemein in Ägypten zu beobachtende Landflucht als Antwort auf die neue Landertragssteuer könnte also dieser namentlich unbekannten Ansiedlung den Garaus gemacht haben.

Mit dem Aufkommen eines christlichen Märtyrerkults, dessen Duldung spätestens seit 313 und dem bekannt werdenden Erfolg der Wallfahrtspolitik des Eusebius in Palästina könnte die »wunderbare Auffindung« des Märtyrergrabes in einem prächtigen Hypogäum des bekannten alten Friedhofs als wirtschaftlich notwendige Maßnahme erklärbar werden. Für ein frühes Datum dieser Auffindung spricht eine Reihe von Indizien, zum Beispiel die Details des äthiopischen Martyriologs mit konkreten historischen Namen wie Athanasius oder Kaiser Konstantin.

Schon Kaufmann dachte laut darüber nach, ob nicht die Verbreitung des Menas-Kults im Rheinland eventuell mit dem Exil des Athanasius in Trier (336) zusammenhängen könne. Außerdem zwinge auch die Nachricht, daß Kaiser Konstantin in seiner neuen Hauptstadt am Bosporus den Zeus-Tempel auf der Akropolis von Byzantion durch eine Menas-Kirche ersetzt habe, zu der Annahme eines sehr frühen Geschehens der Vorgänge am Mareotis-See. Die unbekannten oder veritablen Gebeine in der Gruft von Abu Mina könnten also, sofern es wirklich die Gebeine des Märtyrers Menas sein sollten, höchstens drei Jahrzehnte dort unverehrt geruht haben. Der Hinweis in der äthiopischen Schriftquelle auf ein provisorisches Heiligtum in Zeltform über dem Grab des hl. Menas könnte auch korrekt sein. Die Errichtung einer ersten Memorialkirche in Stein unter Kaiser Arcadius um 400 ist archäologisch gesichert. Auch die Erweiterungen, Verschönerungen und Neubauten unter den Kaisern Zenon und Justinian sind grabungsmäßig erschlossen.

Daneben gibt es eine Reihe von Einzelheiten, die Abu Mina mit Santiago in Verbindung bringen. Dabei wollen wir Hinweise wie die architektonische Besonderheit des dreischiffigen Querhauses in Abu Mina und im sogenannten Pilgerkirchentypus (Santiago, Toulouse), die angebliche Zwischenlagerung der Gebeine des hl. Jakobus d. Ä. in Menapolis auf dem Weg nach Galicien oder die direkten Verbindungen von Spanien, Irland und England mit dem ägyptischen Wallfahrtsort durch Menas-Pilger nicht weiter verfolgen.

An dieser Stelle geht es mir mehr um die konkreten geographischen und historischen Gemeinsamkeiten sowie um die schon im 4. Jahrhundert offensichtlich feststehenden Formeln und Allgemeinplätze der christlichen Legendenbildung im Zusammenhang mit der Entstehung von Heiligenbildern und deren Wallfahrtszentren.

Im koptischen Synaxar erfahren wir von einem Transfer des Leichnams über das Meer, von bösartigen Meeresungeheuern, von der Vernichtung dieser Untiere durch den Heiligen, von der Weigerung eines, ja mehrerer Kamele (Grund für die beiden Kamele als Attribut des Heiligen), den Leichnam des Märtyrers von einer bestimmten Stelle wegzubewegen, einem Wink Gottes also für die Stelle der Bestattung, das Märtyrergrab eben.

Nach einer geraumen Zeit des Vergessens ist es aber der Wunsch Gottes, das Grab den Gläubigen wieder ins Gedächtnis zu bringen mittels eines Wunders. Medium für dieses Entdeckungswunder ist stets ein einfacher, unschuldiger Mensch ohne Sünde, zum Beispiel ein Hirte, ein Kind etc. Die Rolle des Mediums kann auch ein Engel oder ein frommer Einsiedler übernehmen.

Schließlich, nach dem ersten Wink Gottes bzw. dem ersten Heilungswunder durch den Märtyrer / Heiligen, wird die zuständige höchste kirchliche oder weltliche Instanz, in diesem Falle der Kaiser von Konstantinopel, bemüht. An einer familienzugehörigen Person bewirkt Gott oder der Heilige durch ihn eine zweite wunderbare Heilung. Das Grab in seiner Wunderwirksamkeit und mit ihm der darin wohnende Heilige sind damit vor aller Welt akkreditiert. Die höchste kirchliche oder weltliche Macht sorgt für einen standesgemäßen, sprich würdigen Memorialbau. Hinzu kommen Privilegien, öffentliche Einrichtungen, Schutzgarantien etc. Eine weitere stereotype Variante für den ersten göttlichen Hinweis auf ein bislang nicht verehrtes Heiligengrab sind ein Stern oder ein besonders hell erstrahlendes Licht (vgl. den Stern von Bethlehem).

Bezeichnend für die ägyptische Situation ist der Umstand, daß man in der Einsamkeit des Wüstenrandes einen Märtyrer ausgräbt, der nur dem Namen nach Ägypter ist, vielleicht nur als Kleinkind in seiner Heimat war, seinen Märtyrertod anderswo, fern der Heimat erlitt und per Schiff und auf wundersame Weise zu seiner Grabesstelle kam. Hatten die Ägypter so wenig eigene koptische Blutzeugen, um sich einen borgen zu müssen?

Ein zweiter Umstand erweckt nicht geringere Neugier. Schon die Auffindungslegende vom Menas-Grab, von wem auch immer nachträglich erfunden, dann das Vorhandensein räumlich und materiell üppig ausgestatteter Bäderanlagen (keine Thermen), die Produktionsstätten für industriell hergestellte Tonbehältnisse, Fläschchen und Krüge für das heilige und heilende Menas-Wasser und die »feste Summe für den Unterhalt« während des Heilungsaufenthalts machen deutlich, daß die Stadt des Märtyrers Menas nördlich des Mareotis-Sees in aller Welt bekannter war als geschätztes Heilbad und Kurzentrum denn des Heiligen wegen.

Nun gab es aber vor der Landflucht des späten 3. Jahrhunderts bereits am Nordende des Mareotis-Sees ein berühmtes Heilzentrum. Wir wissen durch Philo von Alexandrien (gest. 150) davon. Dieser hellenisierte Jude berichtet in seiner Schrift *De vita contemplativa* von der Glaubensgemeinschaft der Therapeuten. Die Heilung, die diese Therapeuten beim Heilungsuchenden anstrebten, richtete sich zwar in letzter Konsequenz auf die Gesundheit der Seele, die in den Städten bedroht war, doch waren sie Anhänger einer ganzheitlichen, an den Gesetzen der Natur orientierten Medizin. Die Therapeuten lebten in klosterähnlichen Gemeinschaften und waren in ganz Ägypten sehr beliebt. Ihren Hauptsitz hatten sie »auf einem nicht sehr hohen Hügel« am Mareotis-See.

Für die Gründung und den beispiellosen Erfolg des Wallfahrtszentrums und Heilbades im Namen des ägyptischen Märtyrers Menas zu Beginn des 4. Jahrhunderts gab es eine Serie von konkreten grenz-, wirtschafts-, real- und kirchenpolitischen Gründen. Fest steht jedenfalls, daß der später so kämpferische Patriarch Athanasius der Große in seiner Zeit als Diakon und Sekretär des greisen

Patriarchen Alexander und später, zu Beginn seiner eigenen Karriere als Patriarch von Alexandrien, sehr aufgeschlossen war für das sich entwickelnde Mönchtum am Rande der Wüste und vor Ort seine Studien trieb. Auf dem Weg ins Wadi el Natrun, wo eines der Mönchszentren von Unterägypten im Entstehen begriffen war, mußte er, auf seinem Reittier die alten Karawanenwege benutzend, immer vorbei an dieser alten Wegkreuzung am Nordrand des alten Mareotis-Sees mit der verlassenen Stadt und dem alten Zentrum der Therapeuten. Da konnte ein ehrgeiziger Mann wie Athanasius schon seine Gedanken entwickeln. Und sollte er sie gehabt haben, ließe sich damit vieles leichter erklären.

DIE BÄDER DES VÄTERCHENS KYROS

Wie ein solcher kirchenpolitischer Coup ablaufen konnte, soll unser nächster kleiner Abstecher nach Abukir veranschaulichen. Abu Mina betreffend konnte Kaufmann schreiben: »Als 389 das Serapeum in Kanobos in Asche sank, erhob sich bereits machtgebietend ein neues glanzvolles Pilgerziel an einer Kreuzung uralter Pilger- und Karawanenwege im Westen Alexandriens, der Menas-Tempel.«

Mit dem Serapeum hatte es folgendes auf sich. Schon im 3. vorchristlichen Jahrhundert hatten die neuen Herren des Landes, die griechischen Ptolemäer, vor den Toren ihrer Hauptstadt Alexandria, in Kanobos, dem von ihnen kreierten neuen Hauptgott der Ägypter, Serapis (aus Osiris und Apis), eine nationale Gedenkstätte errichtet, die recht schnell von der einheimischen Bevölkerung angenommen wurde und sich rasch zum wichtigsten Wallfahrtsziel Unterägyptens entwickelte. Strabo berichtet in seiner *Geographie* von diesem Serapeum:

»Kanobos ist eine Stadt, zu Land 120 Stadien von Alexandrien entfernt…, mit dem hochverehrten Tempel des Serapis, welcher auch Heilungen bewirkt; übrigens glauben auch die angesehensten Männer daran und schlafen für sich und für andere darin. Einige schreiben die Heilungen auf, andere den Nutzen der dortigen Orakel.«

Dem immer mehr Macht zuwachsenden Patriarchen von Alexandrien wurde dieser heidnische Schandfleck vor »seiner« Hauptstadt zu arg. In den gewalttätigen Auseinandersetzungen der koptischen christlichen Milizen mit den unverbesserlichen Heiden wurde um 389 / 90 das ehrwürdige alte Heiligtum des Serapis von der aufgebrachten christlichen Plebs niedergebrannt und anschließend in eine Kirche umgewandelt.

Noch zwei Kilometer weiter östlich auf einer Nehrung lag Menuthis. Dort hatte Isis, die alte Muttergottheit Ägyptens, als Kyra (Herrin) Isis ihren Tempel. Auch Kyra Isis hatte ihre Wallfahrt und ihr Orakel. Der Isis-Tempel wurde zur gleichen Zeit wie das Serapeum, nämlich unter Patriarch Theophilus (385–412), in ein christliches Gotteshaus zu Ehren des Evangelisten Markus umgewandelt. Doch der christliche Heilige hatte bei der nur oberflächlich christianisierten Bevölkerung nicht den durchschlagenden Erfolg; sie blieb heimlich ihrer Kyra Isis zugetan.

Dieser Zustand mußte den Unwillen des Neffen und Nachfolgers von Theophilus, des ehrgeizigen Patriarchen Kyrill (412–444), heraufbeschwören. Der belesene Christ erinnerte sich vielleicht an den Fall Daphne bei Antiochia. Dort hatte Kaiser Gallus bereits im Jahre 354 das vielbesuchte Heiligtum und Orakel des Apoll in ein christliches Wallfahrtsziel umgewandelt, indem er den heidnischen Pilgern einfach einen christlichen Heiligen, in diesem Fall den lokal sehr verehrten Märtyrer Babylas, als neuen »Gott« vorsetzte. Wie gesagt, an diesen ersten bekannten Heiligentransfer in der Geschichte der Reliquien mochte sich Kyrill von Alexandrien erinnert haben, als er beschloß, der Markus-Kirche von Menuthis die Gebeine zweier (erfundener) christlicher Märtyrer namens Johannes und Kyros zu schenken.

In seiner Kirchweihpredigt behauptete Kyrill von Alexandrien, ersterer sei vor seinem Martyrium Soldat, letzterer Mönch gewesen. Der erfundene Märtyrer Kyros – man beachte den Gleichklang mit Kyra (Isis) – wurde auch recht schnell volkstümlich, und die Legende machte ihn bald zum Arzt. In seinem Gotteshaus wurden ebenso viele Kranke geheilt wie vordem bei Kyra Isis. Aus dem Mönch und Arzt Kyros wurde später Abba Kyros; der Name des heilenden Väterchens Kyros lebt noch heute im Stadtnamen von Abukir weiter. Sonst ist kein erinnerungswürdiger Stein von seiner einstigen Wirkungsstätte erhalten geblieben.

Bis zur Araberinvasion war Menuthis mit dem Heiligtum des

Abba Kyros ein angesehener und stark frequentierter Wallfahrts- und Kurort, wo besonders Augenkrankheiten Heilung fanden, so zum Beispiel bei Sophronius, dem wir vom Anfang des 7. Jahrhunderts an die ausführlichste Beschreibung von Menuthis verdanken.

Rückblickend zu den beiden christlichen Kunstgeburten Menas-Stadt und Menuthis fällt auf, daß die beiden wichtigsten ägyptischen Wallfahrtsorte jeweils in der Nähe von Alexandria, also neben der damaligen Landeshauptstadt, situiert waren und zugleich in unmittelbarer Nachbarschaft älterer religiöser Zentren bzw. direkter Vorgänger als Pilgerorte lagen.

BUCH II

DER WEG UND DIE MÖNCHE

1. DIE ANDERE NACHFOLGE CHRISTI

VON DER EXPO IN SEVILLA ANS ENDE DER WELT

1992 stand Spanien im Blickpunkt der Weltöffentlichkeit. Das Land sah sich selbst im Spiegel der Menschheitsgeschichte. Zweimal gab es ein halbes Jahrtausend zu feiern, einmal wegen der Eroberung Granadas am Beginn des Jahres 1492 und dann wegen der Entdeckung Amerikas durch Kolumbus im Auftrag der Katholischen Könige Ferdinand und Isabella am Ende des gleichen Jahres. Anlaß genug für eine Weltausstellung in Sevilla, nachdem ebendort 1929 eine erste spanische Weltausstellung als wirtschaftlicher Flop geendet hatte. Außerdem traf sich die sportliche Jugend der Welt in diesem für Spanien so ereignisreichen Jahr in Barcelona zur Austragung der gerade anfallenden Olympischen Sommerspiele.

Im Zentrum der Expo in Sevilla bot in einem gesonderten Pavillon eine thematische Ausstellung zum 15. Jahrhundert ein vielgesichtiges Bild von diesem Wendejahrhundert der europäischen Geschichte. Zwei historische Reisen standen als Leitmotiv hinter der Präsentation: eine mit konkreten materiellen Zielen, die des Kolumbus vom Ende Europas in eine Neue Welt, und eine zweite Reise, diesmal mit ideellen Zielen, die Pilgerfahrt des böhmischen Freiherrn Leo von Rozmital zum Apostelgrab des hl. Jakobus in Galicien, also zum Ende der damals bekannten Welt *(finis terrae)*.

Für die Abendländer galt damals die große Wallfahrt nach Santiago de Compostela als Inbegriff einer weiten Reise zu Lande. Freilich war die Pilgerfahrt des böhmischen Freiherrn, in modernen touristischen Begriffen ausgedrückt, eine Kombireise. Denn Baron Leo von Rozmital, Schwager des Böhmenkönigs Georg von Podiebrad, verband eine diplomatische Mission an verschiedene europäische Fürstenhöfe mit der frommen Idee einer Wallfahrt quer über den Kontinent mit dem Endziel Santiago de Compostela. In der fünfzigköpfigen Reisegruppe befanden sich auch der Edle Wenzel Schaschek von Birkov als offizieller Protokollant der politischen Reise und Gabriel Tetzel, Patrizier und Exbürgermeister von Nürnberg, der als Berater fungierte. Ihre beiden Reiseberichte sind erhalten.

Die Leitmotive der Themenausstellung in Sevilla waren mit Bedacht gewählt und nicht ohne Brisanz. Seit dem 12. Jahrhundert war der Weg nach Santiago, der Wallfahrtsweg der westlichen Christenheit, zur Pulsader der mittelalterlich-abendländischen Kultur geworden. Ein Hauptanreiz für Santiago-Pilger, sofern es sich um echte Pilger handelte, bestand darin, daß man ans Ende der Welt, nach *Compostela in finis terrae*, reiste.

Durch die zweite vorgestellte Reise, die Seereise des Kolumbus, war Spanien, aus einer geographischen und politischen Randlage ins Zentrum der Aufmerksamkeit gerückt, vorübergehend selbst zum Mittelpunkt unserer Welt geworden. Dies hatte auch für Santiago Konsequenzen.

Allgemein werden für den Niedergang von Santiago als abendländischem Pilgerzentrum der kritische Geist des Humanismus und die Reformation verantwortlich gemacht. Dies mag zum Teil auch zutreffen. Doch darf dabei nicht vergessen werden, daß dieser exemplarischen Landreise nach Galicien mit der auflebenden, ja fast ständigen Überquerung des Atlantiks in Richtung Neue Welt ein Superlativ, eine Reiseattraktion von außerordentlichem Rang entzogen wurde. Aufkommende Zweifel an der Echtheit der Gebeine des Apostels Jakobus d. Ä., gehäufte Kritik am Wallfahrtswesen als solchem und der Verlust des Superlativs vom Ende der Welt haben dazu geführt, daß trotz aller erheblichen Anstrengungen, zum Beispiel »erneute« Auffindung der Gebeine des Apostels im 19. Jahrhundert, die Jakobs-Pilgerschaft nie mehr die Rolle zurückgewann, die sie vor 1492 für Europa spielte.

Doch was um Gottes willen haben die Wallfahrt des Böhmen von Rozmital und das abendländische Pilgerzentrum bei Finisterre mit den Mönchen zu tun? Die Antwort: genau das »um Gottes willen«.

HEIMATLOSIGKEIT ALS BUSSE

»Wohl denen, deren Weg ohne Tadel ist,
Die leben nach der Weisung des Herrn.
Wohl denen, die seine Gebote befolgen
Und ihn suchen von ganzem Herzen, die kein Unrecht tun
Und auf seinen Wegen gehn.« (Ps 119, 1–3)

Daß Mönchtum und asketische Heimatlosigkeit einerseits und Pilger- bzw. Wallfahrt andererseits zu den bekanntesten religiösen Erscheinungsformen des Mittelalters zählen, ist jedermann geläufig. Gleichzeitig erscheinen aber Mönchtum und Wallfahrt als zwei miteinander völlig unvereinbare Religionsausübungen, da uns das erstere mit Ortsgebundenheit gekoppelt scheint und letzteres mit Reise oder Ortswechsel verbunden ist. Daß wir heute den inneren Zusammenhang zwischen asketischer Heimatlosigkeit *(peregrinatio)* und Wallfahrt *(itinerarium ad loca sancta)* nicht mehr spontan nachvollziehen können, hat konkrete historische Ursachen.

Mit dem unaufhaltsamen Siegeszug des benediktinischen Mönchtums seit dem 8. und 9. Jahrhundert wurde die abendländische Vorstellung auf diese Form mönchischen Lebens hin fixiert. Auf den Erfahrungen des ersten östlichen und abendländischen Mönchtums aufbauend, hatte Benedikt von Nursia vermutlich aus Anlaß seiner Klostergründung auf dem Montecassino eine eigene neue Regel (*Regula Sancti Benedicti*: RB) niedergeschrieben. Dort heißt es im ersten Kapitel:

»Bekanntlich gibt es vier Arten von Mönchen. Die erste Art ist die der Zönobiten. Diese leben im Kloster und dienen unter Regel und Abt.

Dann gibt es eine zweite Art, die der Anachoreten oder Eremiten. Diese nehmen das Mönchsleben nicht im ersten Eifer des Anfängers auf sich, sondern haben eine lange Zeit der Prüfung und Bewährung im Kloster verbracht. Durch die Hilfe vieler Brüder bereits geschult, haben sie gelernt, gegen den Teufel zu kämpfen…

Eine dritte ganz abscheuliche Art von Mönchen sind die Sarabaiten…

Eine vierte Art von Mönchen ist die der Gyrovagen. Diese treiben sich ihr Leben lang in den verschiedensten Gegenden herum und halten sich in den Zellen einzelner Mönche drei oder vier Tage auf; immer unstet, nie beständig, sind sie Sklaven ihrer Launen und der Gaumenlust und in jeder Hinsicht noch verkommener als die Sarabaiten.

Es ist besser, vom erbärmlichen Leben all dieser Mönche zu schweigen, als davon zu reden. Lassen wir also…der tüchtigsten Art, nämlich den Zönobiten, mit Gottes Hilfe eine feste Ordnung geben.«

Im Kapitel über die Aufnahme der Brüder (LVII) wird verfügt: »Vor der Aufnahme verspricht (der künftige Mönch) in Gegenwart aller im Oratorium Beständigkeit, klösterliches Leben und Gehorsam... Doch muß er wissen, daß es ihm von diesem Tage an auch durch das Gesetz der Regel nicht mehr erlaubt ist, das Kloster zu verlassen.« Das Kapitel IV über »Die Instrumente der guten Werke« erläutert noch: »Die Werkstatt aber, in der wir das alles gewissenhaft üben sollen, ist die Abgeschlossenheit des Klosters und das treue Ausharren in der Gemeinschaft« *(claustra sunt monasterii et stabilitas in congregatione*, RB, ed. Steidle 1980).

Der angesprochene Gegensatz zum Wanderasketen könnte nicht ausgeprägter sein. Schon die ausgehende heidnische Antike kannte das Asketentum, wenn auch zum Teil nur als moralische Kritik an der sittenlosen städtischen Zivilisation. Philosophie, also die Liebe zur Weisheit, war fast gleichbedeutend mit Asketsein. Den frühen christlichen Asketen in Syrien, Palästina und Ägypten war die am Rande der menschlichen Ansiedlungen geübte Armut und Enthaltsamkeit nicht mehr Ausdruck genug, sie suchten die totale Abtrennung von der Welt *(fuga mundi)*.

In Ergänzung meiner Ausführungen zur *peregrinatio* sei erinnert, daß diese Form der Reise bzw. dieser Aufenthalt in der Fremde verbunden ist mit der Entbehrung all dessen, was angenehm ist. Peregrinatio als asketische Übung ist auch eine Form der selbstgewählten Armut. Der ideale Ort für diese Anti-Welt, sozusagen »das Paradies der Asketen«, ist die Wüste oder ersatzweise eine Insel oder ein Gebirge. Diese Weltflüchtigen (Anachoreten) fliehen nicht nur alle Verlockungen wie Ruhm oder Geld, sie fliehen aus christlichem Verlangen und Vollkommenheitsdrang auch kirchliche Ämter!

»Peregrinus ist der, der den Himmel ersehnt; er ist unbefriedigt auf Erden, er strebt zum Vaterland. Das ist der Fall eines jeden Christen..., der, um diese Sehnsucht nach dem Jenseits in sich zu nähren, freiwillig auf alles verzichtet, was ihn auf dieser Erde seßhaft machen könnte... Er zieht in ein Land, dessen Sprache er nicht spricht... Er ist ein freiwillig Verbannter.« (Leclercq)

Der eschatologische Hintergrund dieser Praxis der Seelenheilung durch selbstgewähltes Exil sowie das Gefühl für die Vergänglichkeit aller irdischen Dinge und des Lebens, das man notgedrungen führt, finden ihren Ausdruck in einem physisch erlebbaren, also realiter ausgeführten Weggang vom heimatlichen Urgrund – unter bewußt auf sich genommenen Härten des Daseins. Vollständige Abkehr von der Welt und die damit notwendigerweise verbundene Ablösung von allem, was menschlich bindet, sind die Hauptanliegen der asketischen Heimatlosigkeit *(peregrinatio, xeniteia)*. Diese bietet überdies – für die Zeit nach 313 besonders wichtig – die Möglichkeit zu einer neuen Form des Märtyrertums. Die hinreichend bekannte Schlußfolgerung (Paulus), daß das ganze christliche Leben selbst eine *peregrinatio* darstellt, kommt noch hinzu.

Eine zusammenfassende, theologisch fundierte und durchdachte Konzeption vom »Leben als Pilgerreise«, vom zeitgebundenen Entferntsein, vom zeitlosen Aufenthalt im Jenseits und vom menschlichen Weg dorthin hat schon der hl. Augustinus erbracht. Die Vorbilder für eine Entscheidung zugunsten der *peregrinatio* lieferten in gleichem Maße Altes wie Neues Testament.

Das herausragende und verbindliche Beispiel aber ist Jesus Christus selbst. Bei Johannes 1,11 heißt es: »Er kam in sein Eigentum, doch die Seinen nahmen ihn nicht auf«; das bedeutet, Jesus blieb ein Fremder auf dieser Erde. Nur aus Gehorsam wird der Sohn Gottes vorübergehend Erdenbürger. Sein Reich ist nicht von dieser Welt. In gehorsamer Befolgung des Evangeliums und in wörtlicher Nachfolge Christi wird auch der Mensch zum Fremden auf dieser Erde, zum Erdenpilger. Es bietet sich förmlich an, daß diese transitorische Einstellung zum Leben dazu riet, das alltägliche menschliche Zusammensein zu fliehen, und letztlich direkt auf das monastische Leben hinauslief.

THEOLOGISCHER KONFLIKT ODER: DAS PARADOXON »PILGERN IM SITZEN«

Eines der wichtigsten Vorbilder sowohl für die urchristliche Gemeindebildung als auch für das zönobitische Mönchtum war die Apostelgemeinde nach dem Pfingstgeschehen. Die Verwirklichung und Organisation einer *familia*, einer Apostelgemeinschaft, war umherwandernden Asketen schlechterdings unmöglich. Da der Durchschnittsgläubige seine Familie, sein Geschäft, sein Haus etc. nicht aufgeben konnte, war die normalchristliche Situation der Nachfolge Christi durch gute Taten, durch Einhaltung der göttlichen Gebote und Weisungen und durch die Verwirklichung der christlichen Nächstenliebe neben der Gottesliebe geboten. Die unabdingbare Voraussetzung dafür war aber die Fixierung jedes einzelnen auf einen bestimmten Handlungsort bzw. Lebensraum.

Dies galt auch für jene, die Christus in besonders »reiner« Form nacheifern wollten. Dadurch entstand aber ein schier unüberbrückbarer Gegensatz zur Auffassung von der Welt als Durchgangsstadium auf dem Weg in die ewige Heimat. Der Gegensatz Gemeinschaft, Pflege der Nächstenliebe und Ortsgebundenheit hier und asketische Heimatlosigkeit als konsequente Nachfolge Christi dort kennzeichnet von Anbeginn die Geschichte des christlichen Mönchtums.

Aus nachvollziehbaren Gründen stand die hierarchisch strukturierte, durch den monarchischen Episkopat repräsentierte und organisierte Gemeindekirche seit ihrer staatlich anerkannten Existenz im 4. Jahrhundert entschieden hinter dem ortsgebundenen Mönchtum – schon aus Gründen der Kontrolle. Die theologisch-theoretische Grundlage für die Definition des christlichen Mönchtums als »stabil« im Sinne von ortsgebunden (*stabilitas in congregatione*, RB) lieferten die ersten Kritiker des aufkommenden Wallfahrtswesens: Clemens von Alexandrien, Origenes, Gregor von Nyssa, Hieronymus und Augustinus. Die berühmte Forderung des hl. Augustinus: »Neque enim terrenam, sed coelestem requirere Jerusalem monachorum propositum est« schreibt also dem Mönch als Vertreter einer vergeistigten Form der Nachfolge Christi, als Angehörigem der *religio spiritualis*, eindeutig die Erfüllung seiner *peregrinatio* »in der Ordnung und Stabilität des Claustrum« vor. Der Mönch erlebt sein Unterwegssein, seinen *statum viae*, als geistigen Zustand, nicht als physische Tätigkeit. Diese scheinbar paradoxe Situation findet in der angenommenen Geistnatur des Menschen ihre Auflösung.

Schon die Hebräer kannten eine solche *peregrinatio in eremo*, eine Pilgerfahrt in die Wüste, Höhle, Zelle etc. Auch die frühen Mönche bei den Essenern oder Therapeuten hatten sich für die *vita communis* an einem festgelegten Ort entschieden. Als Benedikt von Nursia um 529 in der Profeßformel für seine Mönche die *stabilitas in congregatione* forderte, befand er sich bereits in prominenter Gesellschaft.

Ein gutes Beispiel für die promonastische Einstellung und die für den Mönch adäquate Form der *peregrinatio* in der ortsbeständigen Klausur des Klosters liefert uns der hl. Radbert (gest. um 859) bei der Beschreibung der Motive, die den hl. Adalhard von Corbie zum Eintritt ins Mönchsleben bewegt haben:

»Er wurde vor allem deshalb Mönch, weil er sich von der Welt absondern wollte: wie Moses, der Ägypten verlassen hatte, war er in die Wüste gelangt, er hat im Kloster Wüste und Paradies gefunden; abgeschieden von der Welt ist er Christus ganz nahe. Entsprechend einem Ratschlag Gottes hatte er alles hergegeben, was er besaß. Er fühlte damals, daß er noch weiter gehen, sich noch mehr abschotten, kurz in die Fremde (Exil) gehen müßte: Er würde auf diese Weise Abraham nacheifern und den Rat des Herrn befolgen, der da lautet: Haus und Eltern aufzugeben.«

Den zwar späten, aber wortgewaltigsten Fürsprecher fand diese verinnerlichte Pilgerreise des Mönches in Bernhard von Clairvaux. Weil aber selbst das mehrfach reformierte, ortsstabile Mönchtum sich in den Augen der römischen Kurie im Kampf Imperium gegen Sacerdotium (Kaisertum gegen Papsttum) nicht immer ausreichend loyal gegenüber Rom verhalten hatte, gedachte Innozenz III. den nach wie vor schwelenden Konflikt um das »richtige« Mönchtum dadurch zu lösen, daß er überhaupt keine neuen Mönchsorden mehr zulassen wollte.

2. MÖNCHE ALS PILGER

»In Nacht, von Sternen blaß,
von Liebesdrang glühend zum Ziel gerichtet –
o wunderseliges Los! –
Entging ich ungesichtet,
Mein Haus in Stille lassend, tief beschwichtet.«
(Hl. Johannes vom Kreuz)

SELIG, WER FLIEHT

Für viele Religionen und heilige Schriften der Welt gelten der Weg und die Reise als Sinnbilder des menschlichen Lebens bzw. der Suche nach Gott. Das ursprüngliche Ziel von asketischer Heimatlosigkeit und Mönchtum ist identisch. Deshalb galt die Vorstellung vom freiwilligen Exil auf Erden den ersten Mönchen sehr viel. In Irland werden wir später in ganz ausgeprägter Form dieser härtesten aller möglichen Bußübungen wiederbegegnen. Mit anderen Worten: Wählt der Mönch die asketische Heimatlosigkeit als seine zukünftige Lebensweise, dann ist er potentieller Wandermönch (Sarabait oder Gyrovage). Wer sich vollständig, also auch zwischenmenschliche Beziehungen eingeschlossen, von der Welt ablösen will, der tut das am besten, indem er anderswohin geht, je weiter weg desto besser für sein Ziel.

Auch die Gemeinschaft der (Mit-)Menschen gehört zu den preiszugebenden Annehmlichkeiten. Dem Gegensatz von Heimat und Exil entspricht der Gegensatz von Gemeinschaft und Alleinsein. Selbst die vom Zönobitentum angestrebte *vita communis* ist demnach noch Hinderungsgrund auf dem Weg zur vollständigen Loslösung, zum Alleinsein mit Gott. Der Anachoret oder Eremit versteht sich also als der kompromißlose Nachfolger Christi. Daher die scheinbar unüberbrückbare Kluft zwischen Anachoreten und Zönobiten.

Doch was so theoretisch und unversöhnlich klingt, zeigt viele Varianten und Nuancen. Die gegenseitige Ablehnung ist keine totale. Für die Zönobiten ist, wie das Beispiel der Benediktsregel zeigt, der vereinzelte Asket, der Eremit, durchaus als Steigerung des Mönchslebens denkbar, wie umgekehrt das vorübergehende anachoretische Leben als Frömmigkeitsübung auch eine sinnvolle Vorbereitung auf das Klosterleben sein kann. Gleiches gilt auch für den Gegensatz von ortsgebundener und pilgernder Lebensweise.

Bei allen Versuchen der Amtskirche, dem stationären Mönchtum zum Sieg zu verhelfen, war bis ins hohe Mittelalter die asketische Form des Wandermönchtums nicht auszurotten. Vielfach überlebte es in Mischformen. Denn wer freiwillig ins Exil ging, konnte dies sowohl allein als auch in Gesellschaft tun. Ungeachtet dessen bestand eine doppelte Korrelation. Der Mönch konnte sich sehr wohl im physischen wie im spirituellen Sinn als Pilger verstehen, aber umgekehrt konnte sich auch der fromme Pilgersmann oder Wallfahrer als Mönch, wenn auch nur auf Zeit, betrachten.

Die verbreitetste Form der Durchbrechung des Stabilitätsgelübdes bot sich in der Wallfahrt oder in der religiös motivierten Studienreise an. Dazu bedurfte es zwar offiziell der Zustimmung der klösterlichen Vorgesetzten, diese konnte aber auch umgangen werden, wie das frühe Beispiel des hl. Cassian belegt.

Insgesamt vermitteln zwischen asketischer Heimatlosigkeit und Ortsgebundenheit vier Möglichkeiten:

a) *peregrinatio* als asketische Vorbereitung auf das Klosterleben,

b) *peregrinatio* als Steigerung der Askese,

c) als Wallfahrt *devotionis causae* und

d) als Wallfahrt zum Zwecke des Aufbruchs zu irgendeiner höheren Form der Imitatio Christi.

Oder anders formuliert: Der Mönch auf seinem Weg zu Gott konnte sich verwirklichen in der Einsamkeit des Weges (Pilger, asketische Heimatlosigkeit, *solitudo perigrans*), in der Einsamkeit der ortsgebundenen Anachorese in seiner Zelle oder Höhle *(solitudo ruralis)* oder in der Gemeinsamkeit des Zönobiums (Kloster, *vita communis*). Viele Mönche oder Nonnen, die die Geborgenheit ihres Heimatklosters zugunsten einer echten *peregrinatio pro Christo* aufgaben, taten dies unter dem Vorwand oder aus Anlaß einer Wallfahrt zu einem heiligen Ort.

DAS PILGERN IST DES MÖNCHES LAST (ODER LUST)

Waren für das Fremdsein, das Pilgern auf Erden schon die eindringlichsten Vorbilder in Jesus Christus selbst und in den Aposteln und Jüngern gegeben, so hat um die Mitte des 4. Jahrhunderts, als alle drei Formen des Mönchtums bereits in Blüte standen, Athanasius der Große in der vorgeblichen Biographie des hl. Antonius diesen im zweiten Abschnitt seines Lebens als Wüstenwanderer und vor seinem Tod als »Fremden« auf Erden dargestellt:

»Er sah aber, daß er von vielen belästigt und daran gehindert wurde, nach seinen Grundsätzen in Einsamkeit zu leben, so wie er es wollte… Deshalb beeilte er sich…, in die obere Thebaïs hinaufzugehen zu Menschen, die ihn nicht kannten.« Aber eine Stimme von oben »sagte zu ihm: ›Wenn du wirklich in der Einsamkeit leben willst, gehe jetzt hinauf in die innere Wüste!‹ … Antonius ging also hin und näherte sich (den Beduinen) und wünschte mit ihnen in die Wüste zu ziehen… Er reiste drei Tage und drei Nächte und kam an einen sehr hohen Berg.« (VA 48)

»›Es ist nun an der Zeit, daß ich aus dem Leben gehe, ich bin doch nahezu hundertfünf Jahre alt.‹ Da weinten sie; sie umarmten und küßten den Greis. Er aber unterhielt sich mit ihnen freudig erregt, als ob er aus der Fremde in seine eigene Stadt aufbräche.« (VA 89)

Noch zu Lebzeiten des großen Eremiten Antonius hatte Eusthatius, der Initiator des Mönchtums am Schwarzen Meer und in Armenien, seine Studienzeit in Alexandrien mit zahlreichen Ausflügen zu den Wüstenvätern ergänzt, sozusagen als Initiations-Pilgerfahrten. Sein Schüler und späterer theologischer Widersacher, Basilius der Große, der Begründer des geregelten zönobitischen Mönchtums in Kleinasien und im gesamten griechisch sprechenden Raum, hatte ebenfalls seine Mönchskarriere als Pilger auf den Spuren der ägyptischen Wüstenväter begonnen. Von anderen prominenten Pilgern des 4. Jahrhunderts war bereits die Rede.

Die bekannte Nonne Egeria erwähnt in Jerusalem beim Kirchweihfest zahlreiche Mönche *(monazontes)* und Halbmönche (Apotaktiten) aus aller Welt. Amüsant ist auch Egerias Erwähnung von Mönchspilgern am Teich, an dem Johannes der Täufer getauft haben soll: »Auch viele Brüder, hl. Mönche, kommen aus verschiedenen Gegenden und wollen hier baden.« Beim Besuch von Karrhae zum Fest des hl. Helpidius trifft Egeria nur »Priester und Mönche« an. Das Füllhorn der bekannten Namen von Mönchen als Pilger oder Wallfahrer ist unerschöpflich. Die Ökonomie vor allem in Hinblick auf unser Buchziel Santiago in Galicien rät, die unüberschaubare Zahl auf Beispiele aus dem westlichen Mittelmeerraum, ganz besonders aus Gallien und Hispanien, zu begrenzen.

In der *Vita* des hl. Martin von Tours (Anfang des 5. Jahrhunderts geschrieben) lernen wir den fränkischen Nationalheiligen vor seiner Eremitenlaufbahn als Wandermönch in Oberitalien kennen. In Nordafrika tummeln sich die asketischen Anhänger des Donatus neben den sogenannten Circumcellionen als Wandermönche. Aus dem Gezeter des Ambrosius von Mailand über die *peregrini* und seinen bildhaften Beschreibungen der Auswüchse des privaten Mönchtums müssen wir entnehmen, daß auch Italien von dieser christlichen Lebensform nicht verschont geblieben war. Auf dem Landweg, genauer über Nordafrika, waren die Gedanken des Alexandriners Origenes nach Spanien gelangt, wo sie bei Priscillian offenbar fruchtbaren Boden fanden. Dessen Anhänger hatten offenkundig mit der *vita communis* wenig am Hut. Dies müssen wir einer mit galligem Humor niedergeschriebenen Bemerkung des hl. Hieronymus (Ep. 133) entnehmen, wenn er das Leben der Anhänger des Priscillian als Hin- und Herlaufen *(huc illucque currentem)* charakterisiert.

Die wichtigste Quellenschrift für das frühe Mönchtum, die *Historia monachorum* des Rufinus, ist nur die lateinische Version einer griechischen Beschreibung einer 394 oder 395 von einer Gruppe palästinensischer Mönche unternommenen Bildungsreise zu den ägyptischen Anachoreten, an der Rufinus von Aquileia teilgenommen hatte. Das ist also der mönchische Hintergrund zum Zeitpunkt, als die aus höchsten gesellschaftlichen Kreisen stammende (Nonne?) Egeria oder Aetheria aus Nordspanien eine vierjährige Pilger- und Studienreise in den Vorderen Orient und nach Ägypten unternimmt.

Ob sich hinter der schreibenden Egeria tatsächlich Sylvia, die Schwester oder Stiefschwester des Rufinus, Galla Placidia, die Tochter von Kaiser Theodosius, der selber aus Nordspanien stammte, oder eine der beiden hochgestellten reisenden Damen aus »Gallien«, über die sich Hieronymus mokierte, verbirgt, wissen wir nicht. Auf jeden Fall muß sie eine Angehörige der Crême der Gesellschaft gewesen sein.

Anfang des 7. Jahrhunderts verfaßte der hl. Valerius als Ansporn für seine laschen Mitbrüder einen Lobesbrief auf die »Schwester« Egeria. Valerius war Schüler des hl. Fructuosus, der in der ersten Hälfte des 7. Jahrhunderts das spanische Mönchtum grundlegend reformiert und neben Isidor von Sevilla mit einer hispanischen Regel ausgestattet hatte. Im Bierzo, der Landschaft um Ponferrada an der Grenze zu Galicien, hatte Fructuosus vor seinem Weggang nach Portugal eine reiche Klosterlandschaft, eine Art Thebaïs Spaniens, hinterlassen. Aus dem Lobesbrief über die »Schwester« Aetheria (Egeria) erfahren wir einiges über die damaligen und dortigen Vorstellungen von Mönchtum und Pilgerwesen.

»Brief zum Lob der hochseligen Aetheria, gerichtet von Valerius an seine Brüder, die Mönche von Bierzo:

... da machte sich unsere selige Nonne Aetheria ... unter der Hilfe der Macht göttlicher Majestät, mit allen Kräften, unerschrockenen Herzens, auf den unermeßlichen Weg über die ganze Welt. Und so kam sie, unter der Führung Gottes ziehend, allmählich zu den heiligsten und ersehnten Stätten der Geburt, der Passion und der Auferstehung des Herrn und zu den Gräbern unzähliger heiliger Märtyrer in verschiedenen Provinzen und Städten, um dort zu beten und sich zu erbauen.

... alles mit der Hilfe Gottes besichtigend, betrat sie endlich die Gebiete des Orients, in höchster Sehnsucht nach den Heiligen der Thebaïs, besuchte die ruhmreichsten Klöster der Mönchsvereinigungen, auch die heiligen Arbeitsstätten der Anachoreten, von wo sie, in reichem Maße gestärkt durch die Segnungen der Heiligen und durch die süße Nahrung der Liebe gekräftigt, sich allen Provinzen Ägyptens zuwandte ... Sie, die von der äußersten Küste des Westmeeres aufbrach, wurde dem Osten bekannt. Während sie für ihre Seele das Heil suchte, gab sie vielen Seelen zur Gottesnachfolge eine wunderbare Lehre. Hier verzichtete sie auf Ruhe, um zuversichtlich zu ewigem Ruhm mit der Palme des Sieges zu kommen. Hier zerfleischte sie den irdischen Leib mit irdischer Pein, um für den himmlischen Herrn die himmelsbewohnende Seele unversehrt vorzubereiten. Hier stählte sie sich freiwillig und ungezwungen in der Fremde, um im Chore der heiligen Jungfrauen mit der ruhmreichen Himmelskönigin, der Mutter Gottes Maria, die himmlischen Reiche zu erben.«

Tatsächlich ist der Reisebericht der Nonne Egeria in vielerlei Hinsicht eine der detailliertesten, unvoreingenommensten und zuverlässigsten Quellen über das frühe Mönchtum, die besuchenswertesten Wallfahrtsstätten im östlichen Mittelmeerraum bis zum Sinai und für das Pilgerwesen im 4. Jahrhundert allgemein.

Etwa zur gleichen Zeit wie Egeria befand sich Postumianus, der Freund und Dialogpartner des Sulpicius Severus, im Vorderen Orient. Wieder zu Hause berichtet er seinem Freund in Südfrankreich: »Ich wollte nach Karthago reisen, dort die durch die Heiligen geweihten Orte besichtigen und vor allem mich niederwerfen auf dem Grab des Märtyrers Cyprian.« Und weiter zog es ihn in die Thebaïs und nach Palästina (Sulp. Sev. Dial. 2, 3).

Während Rufinus, Egeria und Postumianus mehr in die Kategorie Studienreisende und Wallfahrer gehörten, berichtet uns Archidiakon Stephanus aus Jerusalem von einem wirklichen Wandermönch aus Spanien: Petrus der Iberer (409–488) »verließ wegen seines Eifers für den orthodoxen Glauben, um nicht an der Übertretung der Synode von Chalkedon teilzunehmen, den Klerus von Jerusalem, begab sich auf Pilgerschaft und wurde auf der Pilgerschaft vollendet«.

Johannes von Ephesus hat eine ganze Reihe solcher Musterbeispiele für Wandermönche gesammelt und beschrieben. Schließlich stellt sogar Gregor der Große im zweiten Buch der Dialoge seinen Musterhelden, Benedikt von Nursia, auf seiner Flucht als zeitlosen *peregrinus* vor. Vom hl. Emilianus (span.: S. Millan von Cogolla, gest. 575) läßt uns sein Biograph, der hl. Brauilo von Saragossa, wissen, »daß er umherwanderte, nicht um sich zu zerstreuen, sondern um sich von der Welt zu trennen, sich abzusondern, sich dem Himmel zu nähern«.

Im 7. Jahrhundert läßt der Biograph des hl. Deicolus seinen Titelhelden bekennen: »Peregrino ego sum et monachicum propositum gero.« Beide Bestimmungen, die der asketischen Heimatlosigkeit *(peregrinatio)* und die des Mönchslebens *(monachicum propositum gerere)* haben gleiche Gewichtigkeit für Deicolus (oder den Biographen). Die Standpunkte des ortsgebundenen Mönchs und des heimatlosen Wanderers zwischen den Welten werden austauschbar bzw. zu einer idealen Position: *stabilitas in peregrinatione* oder *peregrinatio in stabilitate* machen das Paradoxon »Pilgern im Sitzen« denkbar.

Ein Musterbeispiel für die Doppelnatur des Pilgers, für die Nachfolge Christi einerseits und eine Bildungsreise als Bußübung andererseits, bildet die Palästinafahrt des hl. Willibald. Dieser stand 720 vor der Entscheidung, entweder die *stabilitas in congregatione*, wie sie die RB unmißverständlich verlangte, einzuhalten oder als asketisch Heimatloser Kloster und Vaterland für immer zu verlassen. Zusammen mit seinem Vater und seinem Bruder Wynnebald (vgl. St. Honorat) entschied er sich für die härteste Form der Askese, für die unbefristete und ziellose Wanderschaft. Diese dauerte schließlich knapp zwanzig Jahre und führte ihn über Rom, Neapel, Syrakus, die Peloponnes, Ephesus, Kilykien und Zypern ins Heilige Land. Hier tauchte er in den inzwischen islamisch gewordenen Orient ein, wo er vier Jahre verbrachte.

Auf seinem Rückweg lebte er u. a. zwei Jahre als Rekluse in einer Zelle an der Apostelkirche in Konstantinopel. Wiederum über Syrakus kehrte Willibald, diesmal in Gesellschaft der Gesandten des Papstes und des Kaisers, nach Italien zurück. Nach einjährigem Aufenthalt in Montecassino lebte er noch acht Jahre in einem Kloster in Rom, wo er verschiedene Ämter bekleidete, bevor ihn Papst Gregor III. im Jahre 739 zur Mission nach Germanien schickte.

Insgesamt bietet das Leben des hl. Willibald von Eichstätt vom stationären Mönch in England über die asketische Heimatlosigkeit verbunden mit Studienreise und Wallfahrt nach Palästina bis zur Heidenmission und zum Seelenhirten alle bekannten Spielarten der Nachfolge Christi.

Anfang des 9. Jahrhunderts beschweren sich Frothar von Tulle und Smaragd von Saint-Mihiel schriftlich bei Kaiser Ludwig dem Frommen darüber, daß zwei ihrer Mönche lieber aus dem Kloster ausscheiden und als Wander- bzw. Bettelmönche leben möchten. Die hier genannten Beispiele sind nur die Spitze eines Eisbergs. Der Konflikt zwischen zwar unterschiedlichen, aber neutestamentlich begründeten Möglichkeiten des Mönchtums schwelt weiter. Mit dem Brief an Ludwig den Frommen haben wir uns zeitlich genau dem Datum genähert, an dem das Grab des Apostels Jakobus auf wundersame Weise in einem bekannten, aber verlassenen christlichen Friedhof in Galicien aufgefunden wurde.

Zu Anfang des 9. Jahrhunderts hatte sich die altmönchische Tradition der *peregrinatio* in Form der asketischen Heimatlosigkeit meist in die Wallfahrt im engeren Sinn gewandelt. Dennoch blieb auch zu diesem Zeitpunkt die ursprüngliche Idee noch recht lebendig. Sofern sie von einzelnen Gottsuchern praktiziert wurde, blieb die freiwillige Heimatlosigkeit als Bußform genau das, was sie seit dem 4. Jahrhundert war. Entschieden Askese suchende Christen verließen nach wie vor um Christi willen Heimat und Verwandte nach dem Motto: »Nudus nudum Christum sequi« (nackt dem nackten Christus folgen).

Wie sehr die asketische Heimatlosigkeit noch im 11. und 12. Jahrhundert eine wichtige Vorstufe oder Einübung in das monastische Leben darstellte, darüber belehren uns die Viten zahlreicher prominenter Mönche der Zeit, zum Beispiel Richards von Saint-Vannes, Adalelmus' von La Chaise Dieu, Roberts von Arbrissel, Norberts von Xanten etc. Selbst dem »Poverello« begegnen wir in einer wichtigen Phase seines Lebens als Pilger, ganz zu schweigen von Ignatius von Loyola, der seinen »inneren Weg« als *peregrinus* begann, wie wir seinem autobiographischen *Bericht des Pilgers* entnehmen müssen.

HARSCHE KRITIK UND FRUCHTLOSE GEGENMASSNAHMEN

Viele strenge Geister auf kirchlicher Seite haben sowohl die Wanderasketen als auch das Aufkommen der christlichen Wallfahrten zu heiligen Stätten oder Gräbern mit Argwohn verfolgt und rechtzeitig ihre Bedenken angemeldet. Und als sich mit dem absehbaren Siegeszug des Wallfahrtswesens gerade bei den Pilgern aus dem Mönchsstande die beiden Motive asketische Heimatlosigkeit und Wallfahrt *devotionis causae* hoffnungslos vermengten, galt oft die Kritik an dem einen auch gleichzeitig dem anderen Phänomen.

Ganz im paulinischen Sinne lehnt der wohl um 130 schreibende anonyme Verfasser des sogenannten Barnabas-Briefes eine besondere Bedeutung des Tempels von Jerusalem, das heißt genauer der Ruinen des alten Tempels, als heidnische Vorstellung ab, weil ja der eigentliche Tempel eines Christen dessen Seele sei.

Und Origenes hakt mit einem berühmten Statement nach: »Nicht an einem Orte soll das Heilige gesucht werden, sondern in Taten und Leben und Sitten. Sind diese Gott gemäß und werden sie dem Gebote gemäß erfunden, so dienst du dem Worte Gottes auch, wenn du zu Hause bist, auch wenn du auf dem Markt bist, und was sage ich auf dem Markte, auch wenn du im Theater sitzest, zweifle nicht, daß du an heiliger Stätte stehst.«

Die in kirchlichen Kreisen bekannteste und vernichtendste Kritik am Sinn der Wallfahrt nach Jerusalem führte um 380 Gregor von Nyssa ins Feld: Die Wallfahrt nach Jerusalem gehöre nicht zu den Geboten des Herrn, weshalb sich die Frage stelle, wozu solch ein Aufwand? Außerdem seien mit deren Durchführung eine Reihe von Glaubensgefährdungen während der Fahrt verbunden, denen man (vor allem Frauen) sich besser nicht aussetzen sollte. Die Menschen an den Verehrungsstätten seien um keinen Deut bessere Christen als andere. Im Gegenteil: Es gebe keinen moralischen Schmutz, den man nicht in Jerusalem vorfinde. Letztlich wehe der Geist Gottes, wo er will, und man werde der Gnade nicht wegen einer Wallfahrt, vielmehr seines Glaubens wegen teilhaftig. Und Gregor von Nyssa erteilt schließlich noch den wohlmeinenden Rat: »Verlasse deinen Leib und pilgere zum Herrn anstatt von Kappadokien nach Palästina!«

Doch Gregor von Nyssa hatte seine harsche Kritik nicht auf die von frommen Laien vollzogene Anbetungswallfahrt gemünzt, sondern gegen eine bestimmte Gruppe von Gläubigen, nämlich jene, die für sich selbst »das mönchische und abgesonderte Leben gewählt haben«, also gegen alle Arten von Asketen und Mönchen/Nonnen, bei denen sich gerade die Wallfahrt besonderer Beliebtheit erfreute.

Auch Augustinus ist gegen die Wallfahrerei, vor allem gegen das damit verbundene, nicht mehr zu verheimlichende Unwesen mit dem Reliquienhandel und -rummel. Doch als Bischof von Hippo wagt er es nicht, das gesamte Wallfahrtswesen in Bausch und Bogen zu verwerfen. »Gott ist zwar überall, und er, der alles gemacht hat, wird durch keinen Raum umschlossen oder begrenzt und muß von den wahren Anbetern im Geist und in Wahrheit angebetet werden … Was nun aber die dem menschlichen Auge sichtbaren Dinge angeht, wer kann da seinen Plan durchschauen, weshalb solche Wunder an dem einen Ort geschehen, an dem anderen aber nicht?« Um beim

Anrufen des Heiligen an der Wallfahrtsstätte nicht den Verdacht der Idolatrie aufkommen zu lassen, hat derselbe Augustinus gleich vorgebaut: »Was also immer für Verehrungen von frommen Christen an den Stätten der Märtyrer bekundet werden, es handelt sich immer nur um Auszeichnungen der Gedächtnisstätten, niemals um Gottesdienste oder Opfer, die dem Verstorbenen dargebracht werden.«

Als kritische Stimmen ließen sich aus derselben Zeit noch im gleichen Geist Johannes Chrysostomos oder Maximus von Trier anfügen, um nur die namhaftesten zu vermerken. Die grundsätzliche Idee, daß die geistige Aneignung des Himmlischen Jerusalems die vordringlichere Aufgabe des Mönchs – ob nun Eremit oder Zönobit – sei, blieb durchwegs bis ins hohe Mittelalter die konstante Einstellung angesehener Vertreter der Kirche und des Mönchsstandes. Das ganze Mittelalter über währte der Kampf der offiziellen Stellen und hohen Geistträger des Mönchtums gegen die eklatante Verschiebung der Glaubensgewichte zugunsten der Hydra Aberglaube oder Idolatrie.

796 verbot eine Synode in Friaul die Wallfahrt für alle weiblichen Klosterangehörigen. 813 verdammte ein Konzil in Chalon die Praxis, daß viele Geistliche und Gläubige aus abergläubischen und nicht aus christlichen Motiven nach Rom oder Tours zögen. Andere Konzilien in Ver (755) oder Pavia (850) beschäftigten sich gleichfalls mit diesem Thema. Der hl. Anselm von Canterbury riet in väterlicher Weise einem Bewerber für das Mönchsleben dringend von einer Jerusalem-Wallfahrt ab.

Papst Alexander II. verbot per Dekret allen benediktinischen Mönchen mit Rücksicht auf ihr Stabilitätsgelübde und gemäß den Beschlüssen des ersten Konzils von Chalkedon (451), durch die Dörfer, Burgen oder Städte zu pilgern *(peragrare)*, und Papst Urban II. untersagte es seinerseits den Mönchen in Briefen an die Stadt Bologna und das Kloster Vallombrosa (1096), sich ohne Erlaubnis des Abts auf Wallfahrt nach Jerusalem zu begeben.

Im 12. Jahrhundert wiederholte ausgerechnet Bernhard von Clairvaux, der ein Vielfaches seiner Abtszeit auf Reisen statt in seinem Klaustrum verbrachte, daß das eigentliche Ziel des Mönchs nicht im irdischen (Wallfahrtsort), vielmehr im Himmlischen Jerusalem zu erreichen sei, und zwar nicht mit den Füßen, sondern mit dem im Glauben voranschreitenden Herzen.

Bernhard von Clairvaux mit seiner unbestrittenen Autorität trug mit seinen Aufrufen und Ermahnungen erheblich dazu bei, daß sich im 12. Jahrhundert das Konzept von der »wahren« inneren Pilgerfahrt, derzufolge sich der Mönch in seiner Klausur auf einem geistigen Weg zum Himmlischen Jerusalem befinde, durchsetzte, zumindest als rein benediktinisches Konzept. Doch die zahlreichen Ermahnungen durch angesehene Äbte, Aufrufe und Verbote durch Synoden, Konzilien und päpstliche Dekrete belegen auf ihre Weise ja nur die Beliebtheit der Peregrinatio in Wallfahrtsform bei Klosterangehörigen aller Art.

Die Wirkungslosigkeit all der Aufrufe und Verbote war schon dadurch vorprogrammiert, daß das Mönchtum nicht nur über die Vorstellung von der asketischen Heimatlosigkeit als direkter und reinster Form der Imitatio Christi mit der Wallfahrt engstens verbunden blieb, sondern auch noch durch eine viel fatalere und rein materielle Bindung an diese Frömmigkeitsform.

3. WELTFLÜCHTER IM MANAGEMENT

JAKOBUS IN HÄNDEN DER MÖNCHE

Den ältesten, sozusagen amtlichen Bericht von der wundersamen Auffindung des Jakobus-Grabes in Galicien besitzen wir in Form einer Erzählung *(narratio)* von 1077, die einer schriftlichen Übereinkunft *(concordia)* zwischen Bischof Diego Pelaez und dem Abt des Klosters Antealtares vorangestellt war. Diese schriftliche *Concordia de Antealtares* zwischen Bischof und Abt war notwendig geworden, weil im Laufe des 11. Jahrhunderts die zweieinhalb Jahrhunderte vorher unter Alfons III. eingeweihte zweite Grabeskirche des Apostels schlichtweg zu klein geworden war für die immens angewachsene Pilgermenge. Dem Neubauwunsch von Bischof Pelaez stand aber eine mißliche Rechtssituation entgegen, die jeder Vergrößerung der alten Pilgerkirche nach Osten zuwiderlief. Direkt an den Chor der alten Apostelkirche grenzte nämlich das Terrain des besagten Klosters, das deshalb seit Anbeginn seinen Beinamen »Antealtares« trug. Ohne Übereinkunft mit dem jeweiligen Abt dieses Klosters war an einen ambitiösen und monumentalen Neubau nicht zu denken. Die der *Concordia de Antealtares* vorangestellte Erzählung lieferte sozusagen den urheberrechtlichen Kontext für die Ansprüche des Klosters Antealtares.

In dieser Erzählung erfahren wir, daß König Alfons II. nach der »wunderbaren« Auffindung des Grabes drei Kirchen habe errichten lassen, eine über dem Grab selbst zu Ehren des Apostels Jakobus, eine mit dem Patrozinium Johannes d. T. und eine dritte Kirche »ante ipsa sancta altaria«, die zu einem aus diesem Anlaß gegründeten Mönchskonvent gehörte. Diesem war die Aufgabe zugedacht, die Grabeskirche und die Feier der Liturgie dort zu betreuen. Gebietsrechtlich war das Terrain der Grabeskirche Eigentum des Apostels, das östlich an die Jakobs-Kirche anschließende Gelände dagegen gehörte per königlicher Stiftung dem Kloster von Antealtares.

Durch die Verlegung des Bischofssitzes von Iria Flavia nach Santiago, genauer auf das Kirchenterrain des hl. Jakobus, waren die Bischöfe stillschweigende Rechtsnachfolger des Apostels geworden.

Als solcher wollte Bischof Pelaez »seine« Kirche vergrößern. Doch gerade dem stand für immer der Gebietsanspruch des Abtes von Antealtares entgegen. Denn solche Gebietsabtretungen oder Landschenkungen fanden grundsätzlich *sub specie aeternitatis*, also für immer und ewig statt. Welche Konflikte sich aus solchen auf Ewigkeit geschlossenen Verträgen ergeben konnten, sei an einem relativ jungen Beispiel erläutert.

Anno Domini 1720 verlegte Kurfürst Karl Philipp seine Residenz von Heidelberg nach Mannheim. In seinem Gefolge befanden sich drei Patres der Societas Jesu. Schon nach wenigen Jahren kam es zum Projekt einer Jesuiten-Niederlassung neben dem kurfürstlichen Schloß. In Rücksichtnahme auf die Bauabsichten »seiner Herren Jesuitern« verfügte Karl Philipp am 26. Mai 1727 nachfolgende Schenkung:

»Nachdem die P.P. Soc. Jesu in unserer Residenzstadt Mannheim ein Kirch und Kollegium zu erbauen vorhabend seyndt mithin Uns gebeten haben, Wir gnd. geruhen mögten denenselben solchen Endts einen bequemen Platz ohnentgeldlich anweisen zu lassen, daß wir sothaner Bitt gnd. Statt gethan, mithin denselben den im hiebey angehefteten Plan absonderlich bemerkten ohnweit unseres dortigen Residenzschlosses gelegenen Platz in Gnaden geschenket, und auf ewig zugeeignet haben.«

Dieser ersten Schenkung folgte eine präzisierte Donation am 18. März 1738, in der es eindeutig unter Item 4 heißt, »daß bei allen und jeden sich ereignen mögenden Regierungs- und Religionsveränderungen denen Patribus S.J. ... die Kirche ganz eigen und mit Vorteilen für beständig verbleiben soll«.

Als jedoch nur dreizehn Jahre nach der Einweihung der Kirche und fünfunddreißig nach der zweiten Schenkung Papst Clemens XIV. in seinem Breve »Dominus ac Redemptor Noster« die Aufhebung des Jesuitenordens verfügte, stand der jetzige Kurfürst Karl Theodor als Rechtsnachfolger von Stifter Karl Philipp vor einer kniffligen Situation. Einerseits war er direkt und persönlich den »Herren Jesuitern« vertraglich verpflichtet, ihnen »bei allen sich ereignen mögenden Regierungs- und Religionsveränderungen« die Stange zu halten, andererseits war für den Landesfürsten die Verfügung des Papstes schon aus diplomatischen Gründen bindend.

KEIN HEILIGENGRAB OHNE SEINE MÖNCHE

In Santiago war es also 1077 vor dem Bau der jetzigen romanischen Kathedrale zu einer für den bischöflichen Bauherrn unangenehmen Situation gekommen, weil seit der Gründung des Apostelgrabes als Anbetungszentrum eine Mönchsgemeinde mit der organisatorischen Betreuung beauftragt war. Die galicische Situation, die sich aus der *Concordia de Antealtares* erkennen läßt, war aber nur ein beliebiges Beispiel einer für Pilgerkirchen ganz normalen Situation, und zwar offensichtlich seit Anbeginn der christlichen Wallfahrt.

Der bekannten Tatsache, daß zwar keineswegs alle, aber viele bedeutende Klöster selbst frequentierte Wallfahrtsziele waren bzw. sich um ein Heiligengrab oder entlang von Pilgerstraßen gebildet haben, kann die für Kenner der mittelalterlichen Welt keineswegs erstaunliche Feststellung entgegengehalten werden, daß es ganz offensichtlich kein einziges Heiligen- oder Märtyrergrab gab, an dem nicht dort ansässige Mönche anzutreffen waren. Also kein Heiligengrab ohne seine zugehörigen Mönche.

Wie die Motten um die nächtliche Lichtquelle sammelten sich ebenfalls heilig leben wollende Asketen um ihr geistiges Vorbild, ihr Licht in der Nacht der Welt. Der schon beschriebene Glaube an die heiligmachende Wirkung von Reliquien hat diese gesuchte Nachbarschaft bewirkt. Angefangen hat also diese neue Form des Lebens in der direkten Nachbarschaft von verehrungswürdigen Toten – in Wirklichkeit im Himmel Lebenden – in der zweiten Hälfte des 3. Jahrhunderts mit dem Aufkommen des Märtyrerkults. Doch die nach 313 einsetzende Praxis der Organisation und Betreuung von Heiligtümern durch Kleriker- oder Mönchsgemeinschaften dürfte konkret andere Gründe gehabt haben. Auch dafür gab es antik-heidnische Vorbilder.

Um nur das prominenteste davon in Erinnerung zu rufen: Das ägyptische Nationalheiligtum, das Serapeum in Kanobos, wurde von einer Priesterschaft betreut, die in asketischer und mönchischer Gemeinschaft zusammenlebte. Auch die Tempeldienerinnen der Griechen und Römer mußten zurückgezogen und jungfräulich leben. Der Grundgedanke hinter dieser uralten Praxis wird wohl in dem Bedürfnis nach »reinen« Personen im Umgang mit dem Gott, Idol oder Heiligen zu suchen sein. Wenn seit dem 3. Jahrhundert unter vorbildlich christlichem Lebenswandel Enthaltsamkeit in diversen Bereichen (Essen, Sexualität etc.), Besitzlosigkeit, Brüderlichkeit nach dem Vorbild der Apostelgemeinde und täglicher Sakramentenempfang verstanden wurde und diese Lebensführung als Voraussetzung für Betreuer von Heiligtümern galt, dann gab es schlichtweg nur einen Personenkreis, der dafür ausschließlich in Frage kam: die ortsgebundene Form der mönchischen *vita communis*.

Liest man den durchaus menschlichen wie farbigen Bericht der Egeria über ihre fast vierjährige Pilgerfahrt im Nahen Osten ganz aufmerksam, dann fällt dabei auf, daß die galicische Nonne bei der Erwähnung von Mönchen verschiedene Bezeichnungen wählt: *monaci*, *monazontes*, *asceti* oder *apotaktikoi*. Wenn sie aber von Mönchen spricht, mit denen sie direkt zu tun hat, mit solchen, die sie führen, aufklären etc., dann verwendet sie meist das Wort *sancti* (Heilige), und zwar unterschiedslos für Bischöfe oder Mönche. Wobei zu vermerken ist, daß offensichtlich viele der zu ihrer Reisezeit amtierenden Bischöfe früher Mönche waren. Diese *sancti* (»hoc est clerici vel monachi«) finden wir bei Egeria besonders gehäuft bei den von ihr besuchten Heiligtümern vor.

Das deckt sich mit anderen Reiseberichten bis ins 8. Jahrhundert, zum Beispiel beim hl. Willibald. Egeria begegnet diesen *sancti* in Karrhae, wo über dem Haus des Abraham das Grab des hl. Helpidius errichtet steht, am Grab des Moses, beim Brunnen des Jakob (»dort wohnen keine anderen Leute als Kleriker jener Kirche und Mönche, die in der Nähe ihre Einsiedelei haben«), in Seleukia am Heiligtum der hl. Thekla (»dort aber gibt es bei der hl. Kirche nichts anderes als Klöster von Männern und Klöster von Frauen sonder Zahl«) usf.

Das berühmteste Beispiel, das des hl. Hieronymus in Bethlehem bei der Geburtsgrotte, ist uns heute allen bekannt; Egeria kennt es noch nicht. Sie scheint also auf jeden Fall, noch bevor sich Hieronymus in Bethlehem niederließ, dort gewesen zu sein. Ein anderes wichtiges Moment in Egerias Bericht ist der gehäufte Hinweis auf die Gastfreundschaft dieser Mönchsgemeinschaften gegenüber frommen Pilgern. Auch wenn es zu Egerias Zeiten noch keine Benediktinerregel gab, die ausdrücklich zur Gastfreundschaft gegenüber Pilgern verpflichtete, war diese eine feste Einrichtung im Umfeld von Sanktuarien, mit der der einzelne Pilger rechnen konnte.

Sehr bald gehörte zum erweiterten Aufgabenbereich der mönchischen Betreuer von Pilgerzentren offensichtlich die Verantwortung für Kranke und Pflegebedürftige. Doch war diese Aufgabe keineswegs unumstritten, wie der Fall des Aerius zeigt.

Eusthatius hatte 356, nachdem er zum Bischof von Sebaste gewählt worden war, dort ein Hospiz (Pilgerunterkunft und Krankenhaus) gegründet und seinen Schüler Aerius mit dessen Leitung betraut. Doch der lehnte diese karitative Aufgabe mit dem Hinweis ab, eine solche Aufgabe sei mit einer strengen asketischen und mönchischen Lebensweise nicht zu vereinbaren.

Weniger streng dachte der andere Schüler des Eusthatius, Basilius der Große, der, obwohl inzwischen in theologischer Fehde mit seinem alten Lehrer, dessen Einrichtung eines Pilger- und Krankenhauses *(xenodochíon)* in seiner eigenen Bischofsstadt Caesarea (in Kleinasien, heute Kaisery) übernahm.

EINE NEUE ARCHITEKTUR ENTSTEHT: DIE BASILIKA-KLÖSTER

Aus dieser Verbindung von Wallfahrtszentren und Mönchsgemeinschaften entwickelte sich eine neue Architekturform: die Basilika-Klöster. Dabei handelt es sich laut *Lexikon für Theologie und Kirche* (LThK) um monastische Gebäude, die mit über Heiligen- oder Märtyrergräbern errichteten Verehrungsbasiliken verbunden sind. Obwohl das sonst recht zuverlässig informierende Lexikon die Herkunft der Basilika-Klöster ins Rom des 5. Jahrhunderts verlegt, scheint die architektonische Anordnung Pilgerkirche-Konvent im östlichen Mittelmeerraum schon im 4. Jahrhundert vorbereitet und angelegt zu sein. Die persönliche kaiserliche Förderung der christlichen Memorialbauten, zum Beispiel der Grabeskirche in Jerusalem oder der Geburtskirche in Bethlehem schon kurz nach 325, lenkte die Totengedächtnisfeiern in eine neue, feierliche und monumentale Richtung, in architektonischer wie liturgischer Form.

Über die bei oder über Märtyrergräbern errichteten Kirchen schreibt Angenendt: »An den Grabeskirchen bildeten sich geistliche Gemeinschaften. Kein Grab sollte ohne kultische Ehrung bleiben.

Tatsächlich wurde an den Gräbern eine aufwendige Liturgie gefeiert, getragen von mönchisch-asketisch lebenden Klerikern.«

Die sogenannten Basilika-Klöster müssen praktisch synchron mit der Betreuung dieser Memorialkirchen entstanden sein. Auch wenn wir bislang kaum bauarchäologische Belege für diese Annahme besitzen, sowohl das Funktionieren dieser Heiligtümer als auch die Berichte der frühen Pilger gestatten kaum andere Vorstellungen. Immerhin zeigen die ältesten ergrabenen Pilgerzentren aus dem 5. und 6. Jahrhundert wie Menas-Stadt bei Alexandrien oder Kala'at Sem'an im nördlichen Syrien schon sehr eindrucksvolle Architekturanlagen. Besonders eindrucksvoll gibt sich hier der Befund von Abu Mina.

Damit schließt sich der Kreis von den oben erwähnten Beispielen wie Santiago de Compostela zu den frühen Anlagen im östlichen Mittelmeerraum. Ob die ersten großen Pilgerkirchen in Rom wie St. Salvator im Lateran, St. Paul und St. Lorenz vor den Mauern oder die Gedächtniskirchen im Heiligen Land, der Weg zu solchen ausgedehnten Architekturensembles führt auch nach Gallien (Auxerre, Tours, Soissons, Saint-Denis) oder ins Rheinland (Köln, Trier). Bei Pilgerkirchen findet sich immer angeschlossen eine Mönchs- oder Klerikergemeinschaft mit ihren eigenen Baulichkeiten, da diesen monastischen Gemeinschaften grundsätzlich die organisatorische Betreuung und liturgische Versorgung oblag. Um die Heiligtumsorganisation des 9. und 10. Jahrhunderts besser zu verstehen, wenden wir uns noch einmal zurück zu den Anfängen des Mönchtums im 4. und 5. Jahrhundert.

4. ALLER ANFANG LIEGT AM NIL

»Ich glaube nämlich nicht, daß eine Neugründung hier im Westen etwas Vernünftigeres und Besseres finden könnte als jene Bestimmungen, nach denen von heiligen Vätern Klöster gegründet wurden, die bis auf unsere Zeit Bestand haben.« (Johannes Cassian)

»Der Herr mahnt, Auge, Ohr und Zunge vor Berührung mit der Welt zu schützen. Der Diener klagt, daß der Mensch über den Dingen der Welt so leicht seine Seele vergißt.« (Thomas von Kempen)

ZWEIERLEI MENSCHEN

Kaum ein Religionshistoriker der letzten hundert Jahre, der seine Betrachtung zur Entstehung des christlichen Mönchtums nicht mit der Einschätzung abschließt, daß dieses seine Geburtsstätte in Ägypten gehabt habe. Ältere Formen in Indien oder Parallelentwicklungen zum Beispiel in Syrien haben praktisch keinen nennenswerten Anteil am entstehenden christlichen Mönchtum im griechisch sprechenden Raum oder auf dem Boden des lateinisch sprechenden Westens.

Doch haben umgekehrt alle Erklärungsversuche für das Phänomen durch Rückgriffe auf eines der möglichen Vorbilder jeweils zu kurz gegriffen und konnten wenig überzeugen. Daß Ägypten zur Wiege des abendländischen Mönchtums werden konnte, liegt letztlich in einer einzigartigen Summe von Faktoren und Sonderkonstellationen geographischer, politischer, sozialer, nationaler, religionsgeschichtlicher und klimatischer Art begründet.

Ägypten war – sehen wir von dem späteren Zusatz im Matthäus-Evangelium »die Flucht nach Ägypten« betreffend ab – das am frühesten christlich berührte Land der so großen jüdischen Diaspora: angebliche Evangelisation durch Markus schon um 43 unserer Zeitrechnung, Existenz von Christen in Alexandrien schon vor diesem Datum (Beispiel Apollons) und legendärer Hinweis auf die Auftragserstellung für das Lukas-Evangelium durch einen alexandrinischen Gouverneur namens Theophilus ebenfalls noch vor der Ankunft des hl. Markus. Dieser Hinweis stützt sich auf den arabischen Philosophen und Historiker Abdul Faraq (gest. 1043 in Bagdad).

Alexandria war aber auch das politische, wirtschaftliche und vor allem geistige Zentrum des Hellenismus. Dort hatten auch die Hochschulen der griechischen Philosophie eine neue Heimat gefunden. Außerdem war hier das Judentum von der Bibelübersetzung ins Griechische (Septuaginta) bis hin zu Philo von Alexandrien (2. Jahrhundert) hellenisiert worden. Neben der kosmopolitischen Metropole Alexandrien – seit 30 v. Chr. römisch – lebte in offizieller Vergessenheit die Masse des ägyptischen Bauernvolkes nach eigenen, uralten Weisheitslehren.

Am Anfang allen Mönchtums stand die Askese, deren jeweils individueller Charakter ein Erbteil der hellenistischen Kultur war. Doch von Platons Mustermärtyrer Sokrates, den Kynikern oder den Stoikern führt der Weg direkt zu den zeitgleich konkurrierenden Neuplatonikern, Gnostikern und Vertretern der Ende des 2. Jahrhunderts gegründeten Katechetenschule, die alle ihr Zentrum in Alexandrien hatten.

Für die hellenistischen Religionen gab es mehrere Möglichkeiten, von sittlicher Schuld frei zu werden. Die verbreitetste bestand in der asketischen Leistung. Als Ideal der Askeseübung galt die *apátheia*, die Leidenschaftslosigkeit, ein Zustand der völligen Unabhängigkeit von den Bedürfnissen und Regungen des Körpers. Als Vorstellung sowohl von Bußleistung als auch heiligem, weil allen Verlockungen widerstehendem Leben bemächtigte sich die hellenistische Askese der Christus-Nachfolgegeneration. Des Paulus Streben nach dem »engelsgleichen Leben« (»unsere Heimat ist im Himmel«, Phil 3,20) und das von Hegesippos geschilderte asketische Leben des Vorstehers der Jerusalemer Christengemeinde, des Herrenbruders Jakobus, markieren sehr früh diese Übernahme.

Um 300 hatte sich dieses junge Ideal des christlichen Lebens schon so gefestigt, daß Eusebius von Caesarea schreiben konnte: »Auch für die Kirche Christi sind zwei Lebensnormen festgesetzt worden. Die eine führt über die Natur hinaus, hat nichts zu tun mit der gewohnten und normalen Lebensweise. Sie gestattet die Ehe nicht noch das Zeugen von Kindern. Den Erwerb von Eigentum duldet sie nicht. Sie verwandelt die Lebensgewohnheiten der Menschen von Grund auf und macht, daß sie, von himmlischer Liebe angespornt, nur noch Gott dienen. Diejenigen, die sich zu dieser Art von Leben bekehrt haben, sind für die hergebrachte Lebensweise wie abgestorben und leben nur noch mit dem Körper auf der Erde, da ihre Seele auf geheimnisvolle Weise schon in den Himmel eingegangen ist..., indem sie dadurch die Gottheit günstig stimmen, erfüllen sie eine priesterliche Aufgabe zu ihrem Wohl und zum Wohl der anderen. Dies ist die Norm des vollkommenen christlichen Lebens. Doch gibt es ein anderes Leben, das die Rechte und Pflichten des staatlichen und sozialen Lebens des Menschengeschlechts nicht verwirft... Der Christ akzeptiert als durchaus empfehlenswert auch diese zweite Lebensweise.«

Diese Konzilianz des Bischofs Eusebius verwirft aber ein Asket wie Hierakas, der behauptet: »Christus ist nur zu einem Zweck in die Welt gekommen, nämlich Enthaltsamkeit und Heiligkeit zu predigen. Ohne dies beides: Enthaltsamkeit und Heiligkeit gibt es kein Leben, kann man kein wahrer Christ sein.«

DER SIEG DES INDIVIDUUMS: DER HL. ANTONIUS

Das Beispiel des Basilius um die Mitte des 4. Jahrhunderts zeigt die Zuspitzung dieser Vorstellung zugunsten des Mönchsideals. Für die bildlich-konkrete Bestätigung der Bekehrung zum christlichen Leben blieb nur der »Weg in dic Wüste«, oder anders ausgedrückt: »Der Bekehrte ist der Christ, der mit der Taufe den Entschluß zur Askese verbindet.« (Basilius) Damit taucht auch erstmals der Gedanke der Profeß als zweiter Taufe auf, der über das benediktinische Ethos unsere abendländische Vorstellung vom Mönchtum bestimmte.

Eine frühe, für das sich entwickelnde episkopale System gefährliche Mischform aus christlichen, hellenistischen und orientalischen Vorstellungen erwuchs in der sogenannten Gnosis. Im Zentrum der Lehre stand die Grundannahme eines Dualismus, dessen negative, verderbliche Seite durch die materielle Welt besetzt war. Da sich solche weltverneinenden gnostischen Ansichten durchaus mit einzelnen Anschauungen einiger Hauptvertreter der neuen Lehre (Paulus) deckten und langlebige Wirkung durch Origenes zeitigten, dürfte die Gnosis eine der Hauptquellen für die Theologie eines christlichen Mönchtums geliefert haben. Die erst 1945 entdeckte Bibliothek des (gnostischen?) Klosters in Nag Hammadi liefert hier interessante Einblicke in das ägyptische Mönchtum in der Mitte des 4. Jahrhunderts. Die gnostische Vorstellung von der Liebe zum Licht (Gnosis: Erkenntnis, Wissen) und der gebotenen Weltflucht spiegelt sich im Thomas-Buch aus den Nag-Hammadi-Texten: »Jeder, der nach der Wahrheit fragt bei der wahrhaft Weisen [Liebe des Lichts], der wird sich Flügel bereiten, um zu fliegen, wenn er fliehen muß vor der Begierde, die die Geister der Menschen verbrennt.«

Auch bei anderen christlichen Wortführern wie Clemens von Rom läßt sich diese Weltverneinung erkennen: »Die jetzige und die zukünftige Welt sind zwei Feinde. Die jetzige predigt Ehebruch, Verderben, Geldgier und Trug, die andere widersagt diesen. Wir können also nicht beider Freund sein, wir müssen dieser Welt entsagen und uns der anderen Welt anschließen.«

Spätestens seit dem 2. Jahrhundert müssen wir in Ägypten von der individuellen Umsetzung solcher Vorstellungen in Form privat vollzogener Askese innerhalb der Gemeinde, am Rande dieser oder auf dem »Weg in die Wüste« ausgehen. Hier entstanden alle möglichen Formen der asketischen Weltflucht, vor allem aber alle drei Formen der stationären Absonderung: anachoretisch-eremitische, halberemitische und zönobitische Lebensform.

In Unterägypten entwickelt sich am Rande der hellenistischen Städtekultur das Mönchtum in seiner originären Form als individuelle Gott- und Wahrheitssuche. Das Wort Mönch von griechisch *mónos* (allein; *monachós*: Einsiedler, Alleinsein mit Gott) wird seit dem 4. Jahrhundert zur fast ausschließlichen Bezeichnung für alle Arten von Mönchsein. Diese erste Form der christlichen Askese und Weltflucht kann Ende des 3. Jahrhunderts bereits auf eine eigene Tradition zurückblicken und findet ihren bei den Zeitgenossen bekanntesten Vertreter in Antonius. Dabei spielt es zunächst kaum eine Rolle, ob diese Absonderung von der Gemeinde vollständig oder nur halberemitisch erfolgte. Welch großes Ansehen diese Anachoreten bei ihren christlichen wie heidnischen Mitmenschen genossen, wird aus den erst im 5. Jahrhundert niedergeschriebenen *Apophthegmata Patrum* (Sprüche der Väter) erkennbar. Das Ziel dieser Flucht vor allem, was der Welt zugerechnet wird, war das

Kellion (Zelle, Klause) des Einzelasketen. Athanasius der Große läßt seinen Helden Antonius dazu ausführen: »Es ist nötig, daß wir uns, wie der Fisch sich ins Wasser, ins Kellion zurückziehen, damit wir nicht außerhalb die Bewahrung des Inneren vergessen.«

DER WEG DER FELLACHEN

Sieht man einmal von den für Ägypten weniger bedeutsamen Mönchsformen der Wanderasketen (Gyrovagen) und städtischen Mönche (Apotaktiten) ab, so kann leicht überzeichnet festgehalten werden, daß das antonitische Eremitentum so lange in Ansehen stand, wie der griechische Anteil an der Gesamtkultur Ägyptens überwog. Als sich aber ab der Mitte des 4. Jahrhunderts, zum Teil schon unter Athanasius, eine Kulturwende abzeichnete, die unter den nachfolgenden Patriarchen Theophil, Kyrill und Dioskur zum Abschluß kam, hatte sich das ägyptische (koptische) Bevölkerungssubstrat nicht nur in der Amtskirche entschieden durchgesetzt, auch im Mönchtum war die »ägyptische« Form, die zönobitische, erfolgreich. Pachomius hatte gegen Antonius gesiegt. Nicht zuletzt, wie wir sehen werden, mit Hilfe des Athanasius.

Ebensowenig wie schon im Falle des eremitischen Mönchtums des Antonius bezeichnete auch im zönobitischen Modell die Gründung von Tabenissi um 330 durch Pachomius den Anfang, sondern den Höhepunkt bzw. vorläufigen Abschluß einer weit zurückreichenden Tradition. Schon 1877 hatte der Pionier einer kritischen Mönchsforschung, H. Weingarten, in der asketischen und nach außen abgeschlossen lebenden Priesterschaft des Nationalheiligtums Serapeum in Kanobos einen direkten Vorläufer des zönobitischen Mönchtums gesehen. Tatsächlich lebte diese koptische Priesterschaft des Serapis ihr asketisches Klausurmodell bis 389/391 fort. Erst die gewaltsame Zerstörung durch den aufgewiegelten christlichen Mob bereitete diesem Kulturdenkmal der heidnischen Antike ein abruptes Ende.

Doch neben der Serapiskatoche gab es durchaus andere ägyptische, schon sehr stark christlich durchdrungene, fromme Gemeinschaften, die als lebendige Vorläufer, wenn nicht gar schon als Modell für die im späten 3. Jahrhundert einsetzenden und im 4. Jahrhundert erblühenden Großklöster pachomianischer Prägung zitiert werden können. Spätestens seit der turbulenten theologischen Fehde zwischen Apologeten der Orthodoxie und führenden Anhängern der Gnosis und der daraus resultierenden Verurteilung dieser Lesart des Neuen Testaments durch die katholischen Bischöfe wissen wir nicht nur um die Existenz dieser recht anhängerstarken Glaubensgemeinde, sondern auch um deren klosterähnliche Einrichtungen auf dem Lande. Obwohl sich die orthodoxe Kirche sofort nach ihrer Anerkennung als Staatsreligion unter Theodosius redlich bemühte, alle Zeugnisse dieser »Irrlehre« auszurotten, blieb die eine oder andere Korrespondenz erhalten. Auch das bereits erwähnte, wohl gnostische Kloster in Nag Hammadi hatte mindestens bis nach der Mitte des 4. Jahrhunderts neben den pachomianischen Klöstern weiterbestanden.

Waren schon die gnostischen Gemeinden und Klöster ein »Mikrokosmos der pluralistischen Gesellschaft Ägyptens« in Weltanschauungsangelegenheiten, so traf dies auch auf eine Glaubensgemeinschaft zu, die vornehmlich aus gebildeten, hellenisierten Diasporajuden bestand und in deren Gedankengut auch schon christliche Einflüsse erkennbar werden, nämlich bei den schon erwähnten Therapeuten.

In seiner Kirchengeschichte beschreibt Eusebius die Gemeinschaft der Therapeuten. Doch da er praktisch nur aus der überhaupt einzigen Quelle, die wir über die Therapeuten kennen, nämlich Philos *De vita contemplativa*, zitiert, ist es besser, gleich diesen Autor selbst zu befragen. Die jüdisch-christliche, kongregationsähnlich organisierte Sekte von gemeinsam lebenden Asketen (Frauen und Männern!) zeigte sehr viel Verwandtschaft mit den jüdischen Essenern, doch scheint sie autochthonen Ursprungs zu sein. Bei Philo von Alexandria heißt es:

»Wenn sie sich nun ihres Vermögens entäußert haben, lassen sie sich von nichts mehr ködern, sondern fliehen unverwandt. Brüder, Kinder, Frauen, Eltern, Verwandtschaft, Kameraden und das Vaterland, in welchem sie geboren und erzogen wurden, verlassen sie, da das Vertraute Anziehungskraft besitzt und am meisten ködern kann.«

Die Therapeuten lebten in einzelnen Hütten *(Kellion)*, die aus zwei Kammern bestanden, einem Betraum und einer Bibliothek. Am Sabbat trafen sie sich, gehüllt in feierliche weiße Kleider, zum gemeinsamen Mahl, Gebet und zur Schriftauslegung. Zu den Festtagsritualen gehörten antiphonaler Chorgesang und ekstatische Tänze.

Niemand weiß Genaues über das Verschwinden dieser im

2. Jahrhundert so verbreiteten jüdisch-christlichen Mönchsgemeinde. Auf jeden Fall lebten die Therapeuten als erste christliche Gruppierung das Ideal der seßhaften Mönchsgemeinde, der *peregrinatio in stabilitate*.

Und schließlich gab es da noch eine typisch spätantike Modeerscheinung, die Stadtflucht als Zivilisationskritik. Wer es sich leisten konnte, frönte dem Idyll der Bukolik oder der *vita rustica*. Aus dieser Mode der begüterten Schicht – um eine *vita rustica* leben zu können, bedurfte es schon einer geräumigen *villa rustica* mit Gesinde und Sklaven – entstand in Verbindung mit der neuen Lehre aus dem Osten vor allem im Westen die Tradition der Familienklöster.

Als Pachomius jedenfalls um 320 am oberen Nil nördlich von Theben in Tabenissi sein erstes zönobitisches Kloster gründete, hatte er damit nicht nur einen Riesenerfolg, er konnte auch auf zahlreiche frühere Modelle für klosterähnliche Gemeinschaften zurückgreifen. Das pachomianische Modell in seiner straffen Organisation mit Verpflichtung des einzelnen auf eine Regel, auf Gehorsam, Disziplin, gemeinsames Essen, gleiche Kleidung und regelmäßigen Sakramentenempfang fand so großen Zulauf, daß sein Gründer bei seinem Tode auf ein Imperium von angeblich zehntausend Mönchen und Nonnen, verteilt auf neun Männer- und zwei Frauenklöster, blicken konnte.

Schon bevor Hieronymus die Regel des Pachomius ins Lateinische übersetzte und eine Biographie dieses ägyptischen Mönchsvaters verbreitete, war dessen Ruhm übers Meer gedrungen, so daß viele der späteren Klostergründer wie Basilius, Honorat oder Cassian seine Gründungen in der Thebaïs zu Studienzwecken besuchten. Auch die therapeutischen und pachomianischen Klöster basierten zum Teil auf den Auswirkungen der Stadtflucht, doch der eigentliche Grund war ein anderer als der, welcher zur Gründung der Familienklöster in Rom oder Mailand geführt hat.

EIN PULVERFASS AM NIL

Wem immer sich die Möglichkeit bietet, Ägypten aus dem Blickwinkel der Götter zu erleben, sollte sich dies so einrichten. In die Sprache des 20. Jahrhunderts übersetzt lautet dieses nur scheinbar kryptische Orakel dann: Beim Rückflug von Assuan nach Alexandria sollte jeder versuchen, einen Platz auf der rechten Fensterseite zu ergattern. Dann bietet sich ihm das Geheimnis der Pharaonen offen vor Augen dar. Er sieht nur eine Million Quadratkilometer rote und gelbe Wüste. In dieser endlosen Stein- und Sandwüste entdeckt er einen schmalen Strich, sich von Süden nach Norden windend, breiter werdend und schließlich in einem großen grünen Dreieck sich mit dem Meere vermählend. Wo das Grün aufgebrochen ist und die Erde blank zutage tritt, ist sie schwarz. Schon die alten Ägypter teilten ihr Land ein in Schwarzland und Rotland, fruchtbares grünes Gartenland und in der Hitze flimmerndes rotes Steinreich. Das Nilland ist eine Oase, und alle Ägypter, das heißt genauer achtundneunzig Prozent der Bevölkerung, wohnen seit Menschengedenken in dieser über tausend Kilometer langen Oase. Ihr Herz ist der Nil.

Als Oase ist das Nilland ein Äckerreich, seine Bewohner sind Bauern. In dieser langen, fingerartigen Oase gab es ebenfalls seit Jahrtausenden Bauerndörfer und religiöse Zentren, die zugleich Herrschaftszentren waren. Heute ist das ein wenig anders geworden. Dennoch überwiegt das fruchtbare bebaute Land. Zur christlichen Lehre zog es die in Religionsangelegenheiten schon seit langer Zeit führerlos gewordenen Kopten (Ägypter) nicht nur durch äußerlich begründete Sympathie, zum Beispiel wegen des gemeinsamen Feindes in der griechisch-römischen Zivilisation und der römischen Verfolgung. Zur raschen Ausbreitung des Christentums auf dem ägyptischen Land trug auch erheblich bei, daß das Evangelium sehr bald ins Koptische übersetzt wurde.

Der stärkste und attraktivste Grund für die schnelle und profunde Annahme des Christentums war inhaltlich begründet: Ob Jenseitsglaube, Schöpfergott, Jungfrauengeburt, Auferstehung, nichts konnte die »neue« Erlösungslehre des Jesus Christus den Ägyptern (Kopten) anbieten, was sie nicht seit Tausenden von Jahren bereits glaubten, von Echnatons Sonnengesang (1355 v. Chr.) bis zu dem Inhalt des in Demotisch geschriebenen sogenannten Insinger Papyrus (1. Jahrhundert). Erst vor kurzem hat der Münchner Theologe Görg ausführlich dargelegt, daß sich jeder Satz unseres Glaubensbekenntnisses inhaltlich auf Vorformen in der altägyptischen Religion zurückführen läßt. Kein Wunder, hatte doch auf die Formulierung des nizänischen Credos kein anderer mehr Einfluß genommen als Athanasius von Alexandria, ein gebürtiger Kopte.

Zur kritischen Situation kam es schließlich unter der seit dem Jahr 30 v. Chr. eingetretenen Römerherrschaft. Die stille Unbotmäßigkeit in ptolemäischer Zeit wandelte sich nun in offene Revolte bei gegebenen Anlässen. Die wachsende Opposition und Reaktion fand eines ihrer Ventile in einer neuen Form religiös-sozialer Einrichtungen, im Mönchtum. Das Aufkommen des Mönchtums war aber keine soziale Revolution, war auch keine religiöse Ketzerei, das entstehende ägyptische Mönchtum in allen seinen frühen Facetten war alles das, und auch nicht; es war eine typisch ägyptische pragmatische Aktion. Diese Lebenspraxis gegenüber bestimmten vorherrschenden und als mißlich empfundenen Zuständen fand ihre wichtigste Nahrung in der zweiten Hälfte des 3. Jahrhunderts, und diese Epoche fällt nicht zufällig zusammen mit der Krise des Römischen Reiches, mit dem Siegeszug des Christentums im östlichen Mittelmeerraum und den ersten systematischen Christenverfolgungen.

Der sonst so großartige Staatsmann Augustus hatte im Falle Ägyptens alles falsch gemacht, was falsch zu machen war. Gleiches gilt für seine Nachfolger auf dem Kaiserthron, eingeschlossen die christlichen Kaiser von Byzanz. Die Ägypter waren von Rechts wegen nie voll integriert ins Römische Reich als Vollbürger mit allen römischen Bürgerrechten. Die Römer waren an dem für sie geheimnisvollen Land am Nil nur als Kornkammer interessiert. Alle im römischen Sinn getroffenen Verwaltungsmaßnahmen waren aus ägyptischer Sicht verhängnisvoll und unsinnig.

Ägypten wurde nie eine römische Kolonie, war von Anfang an, und blieb es bis zum Niedergang des Reiches, Kronland des Kaisers. Die Verwaltungsbeamten aus dem hohen Ritterstand waren kaiserliche Angestellte. Die gebürtigen Ägypter blieben *dedicti* (Untertanen ohne römisches Bürgerrecht). Die Tempel blieben zwar verschont, aber das immense Tempelland wurde konfisziert und an reiche Militärs vergeben oder an meistbietende griechische Kaufleute verhökert.

Nur die Kleinbauern (Fellachen) blieben Eigentümer ihres Landes. Auf sie wurde aber nach einem Zensus eine völlig inadäquate Steuer erhoben. Den Bauern wurde es verboten, ihr Land ohne Genehmigung zu verlassen. Zur besseren Kontrolle wurden die größeren Ansiedlungen, ohne jemals Stadtrecht zu bekommen, gefördert und mit der Verwaltung des Umlandes beauftragt.

INDIVIDUELLE AUSWEGE UND FORMEN DER FLUCHT

Ägypten wurde also nie vollständig ins Reich inkorporiert, sondern nur ausgebeutet. Mit zunehmender Entfernung von Alexandria nahm die römische Kontrolle ab. Oberägypten blieb ein Hort des nationalen Widerstands und des Ägyptertums. Bereits Trajan begann damit, koptische Bauernsöhne (vgl. die Viten der Heiligen Menas und Pachomius) für den Kriegsdienst einzuziehen, obwohl diese gar keine Römer waren und selbst bei militärischer Karriere keine Chancen auf sozialen Aufstieg besaßen. Wer nicht zum Militär wollte, konnte sich dem nur entziehen, wenn er zumindest vorübergehend in die vom römischen Heer nicht kontrollierten Randgebiete floh.

Septimius Severus verordnete eine Kommunalreform, die aus ägyptischer Sicht unzumutbar war. Unter Caracalla kam es zu blutigen Aufständen. Die von Decius verordnete Loyalitätsbekundung betraf zwar nicht die an sich rechtlosen Ägypter, sondern die christlichen Griechen, Juden und anderen »Ausländer« mit römischer Staatsangehörigkeit, doch konnte man sich dem Verfahren recht bequem durch vorübergehende Abwesenheit, sprich Flucht in Randbezirke der römischen Präsenz, entziehen. Eusebius berichtet von Christenverfolgungen im weit von Alexandrien entfernten Truppenstandort Theben. Entweder gab es 250 dort schon eine große Christengemeinde, oder diese Verfolgungsopfer waren, um der staatlichen Kontrolle zu entkommen, bis dorthin geflohen.

Schwerste Komplikationen und Verfolgungen brachte schließlich die Diokletianische Reichsreform für Ägypten. Zwar wurden dadurch verstärkt die Position der neuen Städte gefördert und der Austausch zwischen Stadt und Land verbessert, doch meist in negativer Form für die Einheimischen. Die durch die Erhöhung der Landertragssteuer und der Liturgien ruinierten Kleinbauern verließen ihr Land und zogen als Proletariat in die geförderten Städte. Wer im Rahmen dieser erheblichen Landflucht als Ägypter die Stadt selbst meiden wollte, dem blieb bei seiner Flucht nur der in Ägypten kurze Weg in die andere Richtung, in die Wüste.

Während der Diokletianischen Reichsreform (ab 285) wurden für deren Scheitern in Ägypten Schuldige gesucht. Die Vertreter der Staatsräson fanden diese sehr schnell in den religiös widerspenstigen Zirkeln der sogenannten Christen. Lange vor der offiziellen Christenverfolgung unter Diokletian (ab 303) erfolgte in Ägypten bereits ab 290 die konsequente Verfolgung aller Angehörigen dieser Religion. Ihre Bücher und Schriften wurden eingesammelt und verbrannt. Wer der Verfolgung entkommen wollte, mußte nach Oberägypten oder in die Wüste fliehen.

In der Spätzeit der Ptolemäer, als die ursprünglich verordnete Rassentrennung zwischen Ägyptern und hellenisierter Herrenschicht nicht mehr so konsequent befolgt wurde, konnten auch eingeborene Niloten zu Reichtum und gesellschaftlichen Ehren gelangen, besonders in der Weltstadt Alexandria. Unter Augustus wurde diese Entwicklung wieder zurückgefahren. Die ägyptische Schicht wohlhabender Kaufleute, Landbesitzer, Beamter etc. wurde vom öffentlichen Leben ausgesperrt. Die Gebildeten unter ihnen setzten sich mit den neuen kursierenden Lehren und Weltanschauungen auseinander. In Ermangelung anderer Aufgaben oder Ziele wandten sie sich der in der Spätantike modisch gewordenen Askese und privaten Gottsuche zu. Sie betrieben eine umgekehrte Flucht: Statt der Landflucht propagierten sie die Flucht aus der Stadt aufs Land, wo nötig in die Randgebiete zwischen Wüste und Zivilisationsgürtel. Tatsächlich stammen die meisten koptischen Mönchsführer und Klostergründer aus den höheren und gebildeten Schichten der ägyptischen Bevölkerung.

Schließlich, bevorzugt in Oberägypten, versuchten sich Angehörige der ausgebluteten Landwirtschaft in neuen Wegen der Landbebauung und Organisation von Landleben. Auch dies war am ehesten durchführbar in weniger von Rom kontrollierten, also abgelegenen Zonen oder in bereits verlassenen und deshalb nicht mehr kontrollierten Dörfern.

In Unterägypten, das heißt im geographischen Umfeld des Nil-Deltas, war die bevorzugte Form der Flucht die der Anachorese oder Einsiedelei. Verräterisch ist die Herkunft des Wortes Anachoret. Dies war der offizielle Terminus schon in spätptolemäischer Zeit für jemanden, der sich den Anforderungen der Gesellschaft, bevorzugt der Steuer, durch Weggang oder Flucht entzog. Der ursprüngliche Anachoret war also der klassische Steuerflüchtling.

Andere Motive für Zivilisationsflüchtlinge (heute Aussteiger genannt) waren Truppenaushebungen, drohende Strafen für kriminelle

Delikte wie »Christsein«, echte Kriminalität, Arbeitslosigkeit, Philosophie, Religion etc. Alle diese »Flüchtlinge« trafen sich in Ägypten zwangsweise in jenem schmalen Gürtel zwischen Vegetation und Wüste. Aus diesem Gemisch von verstärkt Ende des 3. Jahrhunderts auftretenden Flüchtlingsformen bildeten sich neue, alternative und von religiösen Führern geleitete Lebensgemeinschaften. Dort, wo die religiöse Komponente überwog, bildeten sich sogenannte Klöster. Die reinste ägyptische Form war die, welche Pachomius ins Leben rief. Wobei wir zu zweifeln gestatten, ob bei diesen »Klöstern« mit tausend und mehr Insassen unser heutiges Wort überhaupt zutrifft oder ob man in diesem Fall nicht besser von Dorfgemeinschaften unter Führung einer asketisch lebenden und monastisch organisierten Personenschicht sprechen sollte.

5. DER FALL ANTONIUS

»Vielleicht das verhängnisvollste Buch, das jemals geschrieben worden ist; kein Schriftwerk [hat] verdummender auf Ägypten, Westasien und Europa gewirkt als diese *Vita Antonii.* [Sie] hat neben dem Reliquienkult die Hauptschuld an dem Einzug der Dämonen, der Mirakel und allen Spuks in der Kirche.« (v. Harnack)

»Was Athanasius gewünscht hatte, hat sich erfüllt: Der Ruf des Antonius drang bald in den Westen vor. Athanasius sah darin die Hand Gottes, der Historiker sieht darin vor allem die des Verfassers.« (Roldanus)

ZWEI REVOLUTIONÄRE BÜCHER

Der Tag war lang geworden. Zunächst der Aufbruch vor Morgengrauen in Kairo, dann die langweilige Fahrt nach Suez. Etwas abwechslungsreicher schließlich die Begleitung des Roten Meeres bis zum ersten Ziel, dem Paulus-Kloster. Inzwischen stand hier, im Antonius-Kloster, die Sonne schon wieder sehr tief über dem Horizont. Und noch wartete eine mörderische Fahrt von zirka fünf Stunden mit dem Landrover zurück nach Kairo. Mein ägyptischer Fahrer – ein Kopte übrigens – drängelte etwas ungeduldig. Ich war mit der Ausbeute des Tages nicht glücklich und wollte, einer undefinierbaren Eingebung folgend, noch in den Klosterladen. Dort das übliche unnütze Gewirr von Devotionalien und Andenken. Dann, unter den unvermeidlichen Erinnerungsbüchern ein broschiertes Buch mit dem zunächst nichtssagenden Titel *The Letters of Saint Antony.* Sicherlich die übliche Art klösterlicher Erbauungsliteratur. Eher gelangweilt, vielleicht auch ein wenig verzweifelt, griff ich danach. Der Preis von umgerechnet DM 50 schien mir astronomisch. Dann ein Blick ins Impressum: »Institute for Antiquity and Christianity«.

Erscheinungsdatum: 1995; und etwas von »Under the direction of Prof. Isaac Fanous, High Institute of Coptic Studies«. Kurzes Blättern und Horchen an den Fußnoten. Das Buch schien eine seriöse Studie zu sein. Noch dazu druckfrisch! Ich wagte die hohe Ausgabe.

Erst auf dem Heimflug kam ich dazu, den Inhalt zu prüfen. Ich war platt, ein verdammt gutes Buch: kritisch, akribisch und seriös, kurz eines jener Bücher, das man mit Gewinn und ungezügelter Neugier zu Ende liest. Für mich war klar, die Formulierung des Herausgebers B. A. Pearson, Professor für Religionsforschung an der kalifornischen Universität in Santa Barbara, im Vorwort: »a work that revolutionizes our understanding of the life and thought of great anachorite father of the Egypt desert ›Saint Antony‹« war ein klassisches Understatement; denn das vorliegende Buch *The Letters of Saint Antony* von Samuel Rubenson revolutionierte auch die gesamte Mönchsforschung der letzten hundert Jahre.

Die Vorgeschichte dieser wissenschaftlichen Revolution begann bereits mit einem anderen Buch, das über eintausendsechshundert Jahre vorher geschrieben worden war. Dieses andere sensationelle Buch ist kein anderes als die ursprünglich in Griechisch verfaßte *Lebensgeschichte des hl. Antonius* von Athanasius dem Großen, dem alexandrinischen Kirchenvater und Frontkämpfer für die christliche Orthodoxie im 4. Jahrhundert.

Bereits im Jahre nach dem Tod des großen Eremiten Antonius (gest. 356) geschrieben, wurde es bald nach Erscheinen in viele Sprachen übersetzt, auch mehrfach ins Lateinische. Noch im selben Jahrhundert war die *Vita Antonii* des Athanasius in der westlichen Christenheit das nach dem Neuen Testament am meisten gelesene Buch. Sein Einfluß auf das entstehende abendländische Mönchtum kann nicht hoch genug eingeschätzt werden.

Der um 357/58 entstandenen Antonius-Vita steht nun dank der skrupulösen Forschungsarbeit von Rubenson eine kritisch kommentierte Ausgabe der Originalschriften des hl. Antonius gegenüber und liefert uns ein völlig anderes Bild vom angeblichen Gründer des eremitischen Mönchtums und dessen Frühgeschichte.

EIN UMSTRITTENER MACHER DER KIRCHE: ATHANASIUS DER GROSSE

Als Geburtsjahr des Athanasius wird allgemein das Jahr 295 akzeptiert. Über sein Elternhaus bestehen lediglich Vermutungen. Die erste Episode seines Lebens, die Entdeckung durch seinen späteren Gönner und Vorgesetzten, den Bischof Alexander von Alexandrien, trägt bereits zu viele Merkmale der nachträglichen christlichen Legendenbildung, als daß sie wörtlich genommen werden könnte.

Von den Zeitgenossen wird Athanasius als klein und schmächtig geschildert, so daß ihn Kaiser Julian als *homunculus* schmähen konnte. Den Unverbesserlichen unter den strengen Katholiken gilt er als »Vater der Rechtgläubigkeit«, den kritischeren Betrachtern der eigenen Kirchengeschichte eher als »Lehrer der Verbindung von Theologie und Politik«. Für viele aber ist Athanasius »ein Genie des Hasses«, »der starrsinnigste Gottesmann seines Jahrhunderts«, »der zäheste und skrupelloseste geistliche Führer«, der »brutale Gewalt gegen seine Gegner, an die er herankam, Mißhandlung, Prügel, Brandstiftung von Kirchen, sogar Mord« nicht ausließ, »menschlich gewinnender Züge gänzlich bar«, ja sogar als »abstoßend« bezeichnet wurde.

Tatsächlich wurde sein aktives Leben als Kirchenmann überschattet von zwei langwährenden Konflikten, dem für sein späteres Amt als Primas von Ägypten lästigen meletianischen Schisma und dem global tobenden Kirchenkampf zwischen Arianern und Orthodoxen, für die Athanasius einer der unbeugsamsten Vorkämpfer war.

Historisch ins Blickfeld rückt der Dreißigjährige als Diakon und Sekretär des Bischofs Alexander, als er diesen greis gewordenen Patriarchen von Alexandrien auf das erste große ökumenische Konzil der christlichen Welt in Nicaea begleitete und dort als Wortführer der Gegner des Arius auftrat. Schon der Verlauf des Konzils hatte gezeigt, daß es beim offiziellen Streit zwischen Arianern und Orthodoxen gar nicht primär um theologische Fragen ging. Die Arianer legten noch jahrzehntelang Bekenntnisformeln vor, die mit Formulierungen des Athanasius wörtlich übereinstimmten und später, bei veränderter politischer Situation, als »Ketzerei« gebrandmarkt wurden.

Den ersten Beweis seiner Skrupellosigkeit im Durchsetzen privater und vorgeschobener theologischer Ziele lieferte Athanasius drei Jahre nach Nicaea. Nach dem Tod des alten Patriarchen Alexander wählten von den vierunddreißig anwesenden die sieben nichtmeletianischen Bischöfe den erst dreiunddreißigjährigen Athanasius zu ihrem orthodoxen Bischof von Alexandrien. Die Wahl war also völlig unkorrekt abgelaufen, denn die Mehrheit der Bischöfe hatte Athanasius nicht gewählt. Dennoch meldete Athanasius sofort nach Konstantinopel, daß seine Wahl korrekt verlaufen sei, da die Mehrheit des Volkes ihn gewählt habe.

Alexandrien war die bedeutendste, volkreichste und mächtigste Stadt der Spätantike. Seine Bischöfe / Patriarchen nannten sich – wie heute noch – *Papa* (Papst) und strebten nach kirchlicher Vorherrschaft über alle Bistümer des Orients. Die unseligen und rüde geführten Bischofskonferenzen (Synoden) erregten bei ernsthaften Christen wie Gregor von Nazianz heftigen Unwillen: »Den Vorwand [für diese Synoden] bildete das Seelenheil, doch Herrschsucht war der Grund – daß ich nicht sage: Zins und Steuergeld.« Für viele Gläubige waren die eigentlichen Vorzeigechristen die Heiligen Väter der Wüste. Der offenkundige Kampf vieler Bischöfe um Macht und Ehren ekelte viele an, und Alexandrien war »jene Stadt, um die man weit mehr rang als um den Glauben« (Deschner).

Obwohl nicht korrekt gewählt, war Athanasius nun der mächtigste Bischof der Christenheit und verharrte auf diesem Posten trotz fünfmaliger Absetzung und fünfmaligen Exils. Hierin zeigt sich eine von vielen bewunderten Seiten an ihm: seine Hartnäckigkeit, seine Unbeugsamkeit, sein Durchhaltevermögen, sein politisches Talent. Seine häßlichen Seiten, zum Beispiel seine Unfähigkeit zur Aussöhnung mit den (theologischen) Kontrahenten, sein tiefer Haß, seine Skrupellosigkeit, zeigten sich gleich wenige Wochen nach seiner ungültigen Wahl.

Kaiser Konstantin, immer um Frieden bemüht, teilte dem neuen Patriarchen von Alexandrien mit, daß auch Arius inzwischen die nizänische Formel unterschrieben habe und dieser deshalb wieder in die Gemeinde der Gläubigen aufzunehmen sei. Des Athanasius erste Amtshandlung war ein striktes Nein. Vom Kaiser vorgeladen, konnte er diesen im persönlichen Gespräch von den Gründen seiner Unbeugsamkeit überzeugen. Doch der nächste Konflikt brach dem größenwahnsinnigen Jungpatriarchen das Genick, und das war kein theologischer Konflikt.

Wegen der skandalösen Umstände bei der Wahl des Athanasius war es erneut zu Straßenschlachten gekommen, vor allem, weil die innerkirchlichen Widersacher rechtmäßig und mit Mehrheit einen meletianischen Bischof als Gegenpatriarchen gewählt hatten. Athanasius und seine von ihm autorisierten bzw. ermutigten Anhänger gingen mit solcher Brutalität gegen die vom Konzil rehabilitierten Meletianer vor, daß der Vorfall zur Anzeige kam.

Der einflußreichste Gegenspieler von Athanasius zu dieser Zeit war Bischof Eusebius von Nikomedien. Dieser hatte Material gesammelt für eine Anklage gegen Athanasius: wegen Wahlmanipulation, ungerechter Besteuerung seiner Provinzen, Anstiftung zur Gewalttätigkeit, Störung des öffentlichen Friedens etc. Auf der ersten gegen Athanasius einberufenen Synode in Caesarea erschien der Beschuldigte einfach nicht. So kam noch als weiteres Delikt die Mißachtung der Synodalbeschlüsse hinzu. Doch als Athanasius die Arroganz bewies, sogar dem Kaiser zu drohen, falls dieser ihn nicht unterstützen sollte, war das Maß voll. Eusebius konnte Beweise vorlegen, daß Athanasius gedroht hatte, in Alexandrien einen Hafenarbeiterstreik zu organisieren, so daß die wichtigen Getreideausfuhren für Konstantinopel ausfallen würden.

Jetzt reichte es auch dem friedenswilligen Konstantin dem Großen. Die Reichssynode von Tyrus setzte am 10. September 335 gemäß der allgemein geltenden kirchenrechtlichen Tradition Athanasius ganz legal als Bischof ab. Kaiser Konstantin unterzeichnete das Urteil und schickte den unwürdigen Repräsentanten Alexandriens ins Exil nach Trier.

Sofort nach dem Tod Konstantins (gest. 337) kam Athanasius zurück und besetzte (erneut illegal) den Metropolitenstuhl von Alexandrien. Noch viermal wurde er abgesetzt oder vertrieben, und viermal kam er zurück.

Ich will hier keine weiteren biographischen Details anhäufen. Sie sind nachlesbar. Man muß kein erklärter Kirchengegner wie Deschner sein, um Distanz zu Athanasius »dem Großen« einzunehmen. Je länger man sich mit ihm beschäftigt, um so schwerer fällt es, menschliche, geschweige denn christliche Züge an diesem machtbesessenen Eiferer zu finden.

Für uns sind hier drei Fakten von Belang. Wahrscheinlich noch vor seiner »Wahl« zum Patriarchen hatte Athanasius verschiedene Inspektions- oder Studienreisen in die Wüste zu den dort entstehenden Mönchsgemeinden gemacht und sich dabei profunde Kenntnisse von der Entwicklung des ägyptischen Mönchtums vor Ort erworben.

Während seines dritten Exils von Februar 356 bis Ende 361 war Athanasius vor seinen Gegnern untergetaucht, wie es heißt in Ägypten. Die Rede ist vom Wadi el Natrun, von Oberägypten in den pachomianischen Klöstern oder bei den Mönchen der Oase Kharga. Außerdem soll er Freund und sogar Schüler von Antonius gewesen sein, wann auch immer letzteres gewesen sein mag. Sympathien für das Mönchtum und genaue Kenntnis davon können mindestens als gegeben angesehen werden. Dabei müssen Athanasius auch grundlegende Unterschiede zur und Unvereinbarkeiten mit der Gemeindekirche erkennbar geworden sein. Daß er diese Erkenntnisse als Vertreter der Amts-, sprich Bischofskirche einsetzte, mag ihm zustehen. Daß er diesmal auf gehässige Polemik verzichtete und statt mit dem Säbel mit dem Degen tötete, mag für ihn einnehmen. Aus Gründen der Machterhaltung zugunsten der Amtskirche, die er mit Leib und Seele vertrat, konnte er, obgleich Christ, allerdings nicht mit der Wahrheit arbeiten. Faktenverdrehung und Urkundenfälschung waren nun einmal eine seiner Spezialitäten.

SEIN ANTIPODE: DER HL. ANTONIUS

SEIN LEBEN: Befremdlich für heutige Ohren klingt es, wenn man die weltweite Reputation, die allgemeine Bekanntheit des hl. Antonius, mit den Beinamen der Große, der Ägypter oder der Eremit, sowie dessen Beliebtheit als Wundertäter bedenkt und dann erfahren muß, daß wir fast nichts Gesichertes über sein Leben wissen. Als einzig authentische Quellen sind lediglich sieben Briefe von des Heiligen eigener Hand und zwei Briefe über Antonius von Serapion, Schüler und Freund des »Mönchsvaters« und Bischof von Thmuis, zu nennen. Außerdem geben einige dem Antonius zugeschriebene Weisheiten aus den »Sprüchen der Väter« *(Apophthegmata Patrum)* zusätzliches Zeugnis von dessen Geisteshaltung.

Die wichtigsten biographischen Angaben verdanken wir der Antonius-Vita des Athanasius. Gerade diese *Vita Antonii* erweist sich jedoch als höchst fragwürdige Geschichtsquelle. Die anderen Quellenschriften zum frühen Mönchtum in Ägypten, die *Historia Monachorum* und die *Historia Lausiaca* (des Palladius), stehen, was die Person des Antonius anbelangt, doch schon zu sehr in Abhängigkeit von den Angaben in der *Vita Antonii*, als daß sie als eigenständig eingestuft werden könnten.

Das Todesjahr 356 des zu Lebzeiten hochgeschätzten Wüstenvaters ist gesichert. Aus der angeblichen Selbstangabe seines Sterbealters von einhundertfünf Jahren in der *Vita Antonii* wird das Geburtsjahr zurückgerechnet. Demnach wurde Antonius 251 in Kome (heute Keman) in Mittelägypten als einziger Sohn wohlhabender christlicher Eltern geboren. Er gehörte damit jener gehobenen und gebildeten Schicht der Kopten an, aus der sich das Gros der späteren Asketen, Mönchsführer und Klostergründer rekrutierte. Als Angehöriger dieser Schicht wird er eine angemessene Schul- und Ausbildung genossen haben, als Sohn christlicher Ägypter vielleicht sogar gezielt eine Ausbildung in einer Katechetenschule. Diese standen alle klar in Anlehnung an die berühmte Katechetenschule von Alexandrien, an der sich unter den großen Lehrern Clemens und Origenes griechische Philosophie, Gnosis und christliche Erlösungslehre aufs fruchtbarste durchdrangen.

Im Alter von zwanzig Jahren, das heißt als fertig ausgebildeter junger Mann, soll Antonius Vollwaise geworden sein. Diese Angabe bei Athanasius dürfte aber bereits ein Topos der Legendenbildung sein (vgl. die Lebensbeschreibung des hl. Menas). Kurz darauf soll er den Beschluß gefaßt haben, Asket zu werden. Zur diesbezüglichen Ausbildung ging er in der Nähe seines Heimatdorfes in die Lehre bei einem dort wohnenden Eremiten. Später besuchte er noch viele weitere, schon in der Askese geübte Anachoreten (Zivilisationsflüchtlinge). Diese erste Phase der asketischen Ausbildung soll an die siebzehn Jahre beansprucht haben.

Danach ging Antonius für weitere zirka zwanzig Jahre in die Libysche Wüste. Er gab dabei aber nie vollständig den Kontakt zu seinen Lehrern und Angehörigen im Geiste auf. Viele Bewunderer besuchten und versorgten ihn. Dabei scheint Antonius bereits Lehrmeister einzelner Schüler und Vater *(Abbas)* verschiedener Mönchsgemeinschaften gewesen zu sein. Als Berühmtheit dieser neuen antizivilisatorischen Bewegung ging Antonius 311, während der Christenverfolgung unter Maximus, nach Alexandrien zurück, um seinen Glaubensgenossen geistigen Beistand zu leisten.

Sein nächster Rückzug in die Einsamkeit der Wüste brachte ihm weitere Bewunderer und das verständliche Bedürfnis nach weiterer Flucht zum Zwecke der persönlichen Vervollkommnung durch Askese in der Ägyptischen Wüste am Roten Meer. Ein letztes Mal kehrte Antonius, diesmal zur Unterstützung der Orthodoxie gegen den Arianismus, um 337 oder 338 nach Alexandrien zurück. Seine letzten Lebensjahre verbrachte er auf dem Berg Kolzim, wo ihn nur wenige Auserwählte besuchen und um Rat fragen durften.

Als er 356 als Hundertfünfjähriger starb, umgab ihn bereits der Ruch der Heiligkeit. Viele hatten durch ihn Belehrung und Bekehrung erfahren. Seinem Charisma schrieb man auch zahlreiche wunderbare Heilungen, zum Schluß meist Fernheilungen, zu. Der Ruf des Antonius war längst übers Meer geeilt. In der Nitrischen und Sketischen Wüste entstanden zahllose Mönchsgemeinden nach seinem Vorbild.

Vermutlich nach seiner Predigertätigkeit gegen den Arianismus in Alexandrien entstand eine Reihe von Briefen an Fragesteller aus Mönchskreisen. Sieben davon sind, wenn auch nur in Übersetzungen und fragmentarisch, erhalten. Aus ihnen geht die Philosophie bzw. Theologie ihres Verfassers eindeutig hervor, aber auch der an sich zu erwartende Befund, daß Antonius eine profunde theologische Ausbildung hatte, selbstverständlich Griechisch konnte und auch in seinen Phasen der fast totalen Zurückgezogenheit genau informiert war über laufende religiöse Diskussionen und daraus resultierende Zwistigkeiten.

SEINE VORSTELLUNGEN: Aus den zentralen Gedanken in den Briefen des Antonius ergibt sich eine platonisch bestimmte Vorstellung vom Menschen, dessen ursprünglicher Herkunft und Bestimmung, die in das christliche Rahmenwerk eines Clemens von Alexandrien und Origenes verpackt war.

Das wichtigste Wort, dem wir in den Briefen des Antonius begegnen, ist Erkenntnis, Wissen *(gnósis)*. Das Wort Glaube *(pístis)* kommt darin kein einziges Mal vor. Mit Wissen bzw. Erkenntnis ist keineswegs das Anhäufen von wissenswerter Information oder akademische Vielwisserei gemeint, sondern Wissen im Sinne von (Er-)Kenntnis höherer Werte und Wesenheiten, ein Wissen von sich selbst und der eigenen Rettung (Heilserwartung); nicht »glauben, weil etwas nicht mit dem Verstand einsichtig ist« *(credere, quia absurdum)*, vielmehr Selbsterkenntnis, heute würde man sagen Selbsterfahrung. Für Antonius ist vernünftig, geistig *(logikós)* nur, wer sich selbst erkennt, und zwar gemäß seiner »geistigen Wesenheit«. Erst wer sich selbst, das heißt sein eigenes geistiges Wesen, erkannt hat, ist zur Gotteserkenntnis überhaupt fähig.

Antonius' Gnosis, die zu wahrer Einsicht und Erkenntnis übernatürlicher Wahrheiten führt, ist ein geistiges Stadium, ein Bewußtseinszustand, keine allein intellektuelle Fähigkeit des Verstandes. Dahinter steht aber auch ein Gedanke Platons, genauer dessen Darlegung von Sokrates' Vorstellung von Erziehung als Hebammenkunst; danach pflanzt der Erzieher nicht fremdes Wissen in den Kopf des Schülers, sondern hilft dabei, das im Schüler selbst angelegte bzw. verborgene Wissen ans Licht zu holen. Ins Christologische übersetzt heißt das, daß wir Gott nicht außerhalb von uns suchen müssen, daß wir Gott in uns tragen, selber göttlich sind. Nur wenn wir unseren wahren Ursprung, nämlich Gott in uns, finden, können wir Gott außerhalb von uns erkennen.

Oder mit Platon ausgedrückt: Unwissen ist nichts anderes, als sein eigenes inneres (göttliches) Ich vergessen zu haben. Wissen / Erkenntnis heißt, sich an das zu erinnern, was unsere Seele einst wußte. Dieser Gedanke ist auch fundamental für Origenes, den großen christlichen Denker der alexandrinischen Katechetenschule. Nach C. Schneider begann dieser seinen Unterricht mit dem Hinweis, daß man ohne Philosophie wie das Vieh lebe und daß rechte Gottesverehrung ohne Erkenntnis *(gnósis)* nicht möglich sei.

Aber Antonius mit seiner Selbsterkennungslehre steht nicht nur in der ungebrochen hellenistischen Traditionskette Platon, Justin, Philo, Plotin, Clemens von Alexandrien und Origenes, er findet seine Vorstellung auch bestärkt von den zeitgleichen Gnostikern. In einem Hauptwerk der Gnosis, der *Pistis Sophia*, fordert Jesus seine Nachfolger auf: »Lasset nicht nach, Tag und Nacht zu suchen.« Im gnostischen Thomas-Buch aus der Nag-Hammadi-Bibliothek sagt

Jesus zu Thomas: »Deshalb ergründe dich selbst und erkenne, wer du bist, wie du bist und wie du sein wirst! Weil du mein Bruder genannt wirst, darfst du nicht in Unkenntnis über dich selbst bleiben. Und ich weiß, daß du zu erkennen begonnen hast. Denn du hast schon erkannt, daß ich die Erkenntnis der Wahrheit bin … Wer aber sich selbst hat, der hat auch schon Erkenntnis über die Tiefe des Alls erlangt.«

Selbsterkenntnis ist nach Antonius auch eine der wirksamsten Waffen zum Beispiel im täglichen Kampf gegen die Dämonen der Versuchung. Der Geist des Menschen, der Seele und Körper in ein harmonisches Verhältnis zueinander bringen kann, ist das eigentliche Abbild Gottes. Alle Schöpfung ist geistiger Natur, und Rückkehr zu seinem eigenen geistigen Urzustand *(lógos)* ist das wahre Naturbestreben des Menschen. Alle Versuchungen und Eingebungen zum Bösen (Dämonen) sind ebenfalls geistiger Natur, unsichtbar und ein Leben lang wirksam. Askese ist die beste Reinigungsmethode von Körper und Seele, um beide wieder in Einklang mit dem Geist (Schöpfer, Gott) zu bringen.

Diesen gnostischen Hintergrund muß man kennen, um Rubensons Schlußfolgerung über Antonius zu verstehen: »Durch diese Einbindung in die vorherrschende Tradition wurde der Lehrer der Gnosis zum Star der Wüstenväter.« Auch für Bischof Serapion in dessen Brief (356) an die Schüler des Antonius hat dieser ihr Lehrer ganz und gar nichts Christologisches, vielmehr nehme er eine ganz »soteriologische Stellung zwischen Himmel und Erde« ein.

EINE GEFÄHRLICHE KONKURRENZ FÜR DIE JUNGE KIRCHE

Von historischen Quellen erwartet der kritische Leser, daß sie im günstigsten Falle zur Aufhellung einzelner konkreter vergangener Zustände, Veränderungen, Prozesse und Folgeerscheinungen beitragen. Naheliegenderweise erwartet der gleiche Leser dies auch von kirchlichen Quellen. Doch alle religiöse Literatur ist ihrer Natur nach zunächst Tendenzliteratur; sie vertritt eine erklärte Absicht und verhindert oft mehr die Aufklärung eines bestimmten Sachverhalts, als daß sie diese unterstützt. Besonders die »Quellenliteratur«

jener Religion, die von sich behauptet, die einzig wahre und besonders der Wahrheit verpflichtet zu sein, hat oft ein recht gebrochenes Verhältnis zur irdischen Wahrheit.

Aufbauend auf den das frühe Christentum betreffenden »Quellen«, vermittelt das in den Schulen noch immer verabreichte Unterrichtsmaterial den Eindruck, daß da ein christlich-römischer Kaiser namens Konstantin mit Hilfe christlicher Soldaten seine heidnischen Feinde in die Flucht geschlagen hätte und daß unter seinem Nachfolger Theodosius das gesamte römische Imperium nur noch aus Christen bestanden hätte, da dieser Herrscher das Christentum zur Staatsreligion erhoben hatte.

Komplizierte Schätzungen haben ergeben, daß zu Beginn des 4. Jahrhunderts, also zum Zeitpunkt des Regierungsantritts von Konstantin I., in Rom der Anteil der Christen an der Gesamtbevölkerung zwischen fünf und sieben Prozent lag. Dreißig Jahre später, beim Tod Konstantins, soll sich die Anzahl der bekennenden Christen etwa verdoppelt haben. Für die östliche Reichshälfte muß die Zahl etwas höher angesetzt werden, dürfte aber kaum die Zwanzig-Prozent-Marke überschritten haben. Noch einmal fünfzig Jahre später, als Theodosius I. das Christentum zur Staatsreligion erhob, bestand die Gesamtbevölkerung immer noch zum überwiegenden Teil aus Nicht-Christen.

Nun, dieser minoritäre Bevölkerungsteil von fünfzehn bis zwanzig Prozent war in der ersten Hälfte des 4. Jahrhunderts keineswegs eine homogene und geschlossene Meinungsgruppe. Für unseren vorliegenden Fall Ägypten lassen sich drei Hauptentwicklungen oder Glaubenstendenzen ausmachen:

a) eine administrative, durch den monarchischen Episkopat vertretene Welt- oder Gemeindekirche, i. e. die Masse der Christen;

b) eine kognitive, vom Wissen (*gnósis*: Gottwissen) ausgehende Gruppe, die am sinnfälligsten durch die Katechetenschulen in Alexandrien, Caesarea oder Antiochien repräsentiert wird;

c) eine emotiv-pneumatische Richtung (asketisches Mönchtum), die Selbstverwirklichung durch rigorose persönliche Gottsuche und Nachfolge Christi anstrebte.

Die Gemeindekirche wurde vertreten, gelenkt und organisiert von ursprünglich durch die Gläubigengemeinde gewählten, später von der Verwaltungshierarchie gestellten Bischöfen. Es entstand die groteske Situation, daß dem Vertreter der Masse der Gläubigen, die zugleich die unterste Verwirklichungsstufe des Glaubens repräsentierte, die meiste Macht zuwuchs. Die episkopale Kirche war städtisch ausgerichtet und nach reichsrömischem Vorbild aufgebaut.

Die Gemeindekirche, und damit ihre Vertreter, wurde spätestens seit dem 3. Jahrhundert durch Land-, Geld-, Sach-, Tier- und Sklavenschenkungen recht reich – auch an Einfluß. Schon Origenes beklagte den Umstand, daß sich wegen der materiellen und sozialen Vorteile viele für das Bischofsamt bewarben, die nicht die religiöse Eignung vorwiesen.

Als nach 313 die Christen nach dem römischen Sakralrecht als Glaubensgemeinde zugelassen waren, überdies kaiserliche Unterstützungszahlungen an die Kirche geleistet und die Bischöfe von der staatlichen Besteuerung ausgenommen wurden, war neben dem zunehmenden Prestige auch der Zuwachs an materiellen Gütern immens. Die von Origenes beklagte Situation verschärfte sich zwangsweise. Die inzwischen amtlich gewordene Theologie, daß das Imperium Romanum ein wesentlicher Teil der Heilsgeschichte sei, ermöglichte vielen Bischöfen, sich besonders schnell mit diesem Staat zu identifizieren, so zum Beispiel dem Verfasser der ersten Kirchengeschichte, Bischof Eusebius von Caesarea.

Nachvollziehbar ist folglich auch, daß nur die wenigsten Bischöfe die menschliche und moralische Größe besaßen, sich den sich feilbietenden Verlockungen von Reichtum und Macht zu entziehen. Als im Auftrag der Staatsräson die Kirchenvertreter gezwungen wurden, sich im Sinne des inneren Reichsfriedens gütlich zu einigen, auch in Glaubensfragen, da hub auf den Synoden unter den Glaubensrepräsentanten ein Hauen und Stechen an, daß sich viele angewidert vom Christentum abwandten. Ein Heide wie Amiamus Marcellinus konnte dazu bemerken: »Es gibt keine wilden Tiere, die so feindselig auf Menschen losgehen wie jene große Zahl finsterer Personen unter den Christen.« Und Hieronymus beklagte sich über seine Glaubensgenossen, »es sei leichter, unter wilden Tieren zu leben, als unter solchen Christen«.

Die zweite Gruppe von Christen, die oben kognitiv genannte, wurde seit Beginn des 3. Jahrhunderts vor allem von den Ideen des Origenes beherrscht. So angesehen waren die Lehrer der Katechetenschule von Alexandrien, daß sie eine Glaubensinstanz für sich waren, höher geschätzt als die Bischöfe. Was Origenes anbelangt, schrieb noch in der Mitte des 5. Jahrhunderts im fernen Gallien Vinzenz von Lerins: »Unzählige Gelehrte gingen aus seiner Lehre hervor, unzählige Priester, Bekenner und Märtyrer. Denn wer könnte beschreiben, wie groß bei allen die Bewunderung, wie groß sein Ruhm, wie groß seine Begnadung war. Wer flog nicht vom Ende der Welt zu ihm, wenn er auch nur ein wenig an der Religion interessiert war! Wer von den Christen verehrte ihn nicht fast wie einen Propheten?«

Die berechtigte Apostelnachfolge betreffend hatte eben dieser Origenes festgestellt, daß diese eine Wirkung des Geistes sei und deshalb am würdigsten und vollkommensten von den Geisterfüllten, den Pneumatikern, vertreten würde. Deshalb hätten diese Pneumatiker (zum Beispiel Antonius) eine Vorrangstellung vor den Amtsträgern der Kirche, die nur einen scheinbar höheren Rang einnähmen.

Kein Wunder, daß die Vertreter der Amtskirche zäh und zielstrebig daran arbeiteten, daß dieser großartige Theologe des frühen Christentums in der Ecke der Häretiker landete. Denn wer so etwas verkündete, der muß klar auf der Abschußliste der versammelten Bischöfe gestanden haben. Ebenso erklärlich ist aber auch, daß gerade jene, die explizit den Status der Geisterfüllten, der Pneumatiker, anstrebten, die Asketen, dem Origenes noch lange nach seiner offiziellen Verurteilung als Ketzer die Treue hielten. Damit sind wir bei der dritten Gruppe von Christen, den Mönchen, und den Problemen, die die Amtskirche automatisch mit diesen individuellen Gottsuchern haben mußte.

Die ab Mitte des 3. Jahrhunderts vermehrt zu registrierende Absonderung einzelner aus der spätantiken Stadtkultur in Richtung der zivilisatorischen Randgebiete, das in der zweiten Hälfte desselben Jahrhunderts historische Konturen gewinnende Verhalten dieser »Aussteiger« und der überwältigende Siegeszug dieser Bewegung in der ersten Hälfte des nachfolgenden Säkulums stellten die ebenfalls vor einer neuen historischen Situation stehende städtische Bischofskirche vor erhebliche, unerwartete Probleme. Entscheidend dafür war, daß bei diesen Stadt- und Zivilisationsflüchtlingen verschiedenster Herkunft und aus unterschiedlichsten Motiven jene Gruppe die Mehrheit gewann bzw. die Führung dieser Entwicklung übernahm, die ausschließlich religiös motiviert diesen Weg in die Wüste, in die Anti-Welt zur Stadt, unternahm, nämlich die Asketen auf dem Weg der Gottsuche und Christusnachfolge.

Allerdings hatte diese Bewegung nichts mit einer sozialen, politischen oder religiösen Revolution zu tun. Dazu fehlten die Zielgerichtetheit und der anvisierte Gegner, sei es in Form einer Person oder einer bestimmten Institution, den es abzulösen gegolten hätte. Bei den asketischen Gottsuchern handelte es sich nach einem ganz aktuellen Begriff um Aussteiger mit dem Ziel der religiösen Selbstverwirklichung. Das war etwas ganz unerhört Neues. Die Kritik an der bestehenden zivilisatorischen Ordnung oder Weltanschauung ergab sich erst indirekt aus dem Anwachsen dieser unkoordinierten Einzelaktionen zu einer Art Bewegung, die ohne die offizielle Kirchenführung auskam und in Sachen Gott selbstversorgend war.

Noch aus den erst im 5. Jahrhundert verfaßten *Apophthegmata Patrum* geht eindeutig als Movens des ersten Mönchtums die dreifache Abneigung gegen theologische Spekulation (antiintellektueller Aspekt), gegen weltgeistliche Würden (antikirchlicher Aspekt) und gegen städtisches Leben (antizivilisatorischer Aspekt) hervor. Schon sehr früh fanden die Vertreter der Gemeindekirche diese (Ab-)Sonderlinge aufreizend individualistisch (egoistisch) und separatistisch. Ganz schwer wog, was für Antonius aus zwei ihm zugeschriebenen »Weisheiten« hervorgeht:

Erstens, daß das Prinzip galt: »Wer Gott glaubt und liebt, braucht keinen Kultus«, und zweitens: die wahre Kirche sei etwas rein Geistiges, sie habe keine materielle Erscheinungs- oder Existenzform. Diese doppelte Leugnung der Kirche als Institution, nämlich als Monopolist für die Erteilung der Sakramente und als materielle Organisation, mußte die Eremiten antonitischer Prägung ins kirchliche Abseits führen bzw. zwangsweise dem Verdacht der Häresie aussetzen.

Andererseits vertraten diese Asketen, ob Eremiten oder Zönobiten, jene durch das Neue Testament belegbare höchste Form der Nachfolge Christi, gegen die theologisch nicht anzupredigen war. Hinzu kamen die große Beliebtheit der Vertreter dieser Bewegung bei immer mehr mit der episkopalen Kirche unzufriedenen Christen und das Ansehen, das diese asketisch lebenden Gottesmänner und -frauen bei der Gesamtbevölkerung, auch bei der nichtgetauften, besaßen. Immerhin waren jene Christen, die sich zur Askese und

18. (Oben) In den Kantabrischen Bergen, am Nordrand der Picos de Europa.

20. (Oben) Santa Maria de Lebeña.

21. (Rechts) S. Cristina de Lena (9. Jahrhundert).

22. (Links)
San Miguel de
Lillo, Oviedo
(9. Jahrhundert).

23. (Unten)
Innenraum von
S. Cristina de Lena.

24. (Oben) Santa Maria de Naranco, ehemaliger Palast von König Ramiro I.

25. (Rechts) Santa Maria de Naranco, ehemaliger Thronsaal (Mitte 9. Jahrhundert).

Folgende Seite:
26. (Oben links) Santa Maria de Naranco, Fassadendetail.

27. (Oben rechts) San Julian de los Prados, Apsisdetail.

28. (Unten) San Julian de los Prados, Oviedo (9. Jahrhundert).

Vorhergehende Seite:
29. (Oben) S. Miguel de Escalada bei León (10. Jahrhundert).

30. (Unten) Innenraum von S. Miguel de Escalada.

Diese Seite:
31. (Oben) Burgruine von Clavijo.

32. (Unten) San Millan de Cogolla (10. Jahrhundert), Beispiel für moz-arabische Kunst.

33. Landschaft am Fuße von Clavijo.

Weltflucht entschlossen, nicht die schwächsten Glieder der Gläubigengemeinde. Außerdem lieferten diese Asketen mit ihrem tadellosen, vorbildlichen und offenkundig sündenfreien Leben mengenweise Aspiranten und tatsächliche Amtsträger für das Bischofsamt.

Die Zahl der Bischöfe aus dem Mönchsstand im 4. und 5. Jahrhundert ist Legion. Die Nonne Egeria berichtet von einer Reihe von Bischöfen, die vorher Mönche waren. Andere berühmte Beispiele sind die Bischöfe Johannes von Jerusalem, Porphyrius von Gaza und Serapion von Thmuis, letzterer ein Schüler und Freund des Antonius. Auch im Abendland griff die Bevölkerung auf das Mönchsreservoir zurück, wenn man einen würdigen Vorstand einer Kirchengemeinde suchte, so wurden die Heiligen Martin von Tours, Honorat und Caesarius von Arles (beide vorher Abt von Lerins) angeblich gegen ihren erklärten Willen zum Bischofsamt gezwungen.

Die sogenannte Amtskirche wußte jedenfalls die Heiligkeit dieser Asketen zu schätzen und versuchte mit vielen Tricks, sich diese theologisch nicht zerstörbare Konkurrenz durch Einbindung und verordnete Korrekturen dienstbar zu machen. Synoden wie jene von Gangra (340) und Chalkedon (451) oder kaiserliche Gesetze, zum Beispiel unter Valentinian II. um 390, bemühten sich um die Lösung des wichtigen und für die Amtskirche leidigen Mönchsproblems. Doch die Mönche blieben resistent.

Der Provenzale Cassian, der selbst jahrelang die ägyptischen Klöster studiert hatte, rät noch Anfang des 5. Jahrhunderts den Mönchen, unbedingt zwei Dinge zu meiden: die Frauen und den Bischof. Und für die Umsetzung reiner Klosterkultur bedingt sich Anfang des 10. Jahrhunderts Berno von Baume bei der Gründung von Cluny neben der freien Abtswahl auch die Exemption von der Gerichtsbarkeit des zuständigen Bischofs aus. In der Mitte des 4. Jahrhunderts konnte man zwar gegen die Anhänger des Origenes vorgehen und deren Ächtung kirchenrechtlich erzwingen, doch gegen die Mönche als solche, gegen diese hochgeschätzten Gottesmänner, waren theologische, kirchenrechtliche oder disziplinarische Maßnahmen von vorneherein wirkungslos. Hier half nur eine List bzw. eine andere Form der Beeinflussung, die der Propaganda.

WIE MAN EINEN KETZER KATHOLISCH MACHT ODER: WIE MAN EINEN HEILIGEN AUFBAUT

EIN HÄRETISCHER HEILIGER: Nach der Anerkennung durch das römische Sakralrecht als *religio licita* und durch die offene Bevorzugung des neuen Glaubens gegenüber den angestammten Religionen wurde schnell der Weg des Christentums zur Staatsreligion erkennbar. Sofort entbrannte unter den Bischöfen als den selbsternannten Vertretern dieser neuen Religion der Kampf um die ersten Plätze. Der bislang unangefochten erste Platz gebührte dem Metropoliten von Alexandrien. Auf dessen Stuhl saß seit 328 der ehrgeizige und kämpferische Athanasius. Die Nachricht vom Tod des in ganz Ägypten hochverehrten Eremiten Antonius erreichte ihn, als er gerade das dritte Mal im Exil war. Wo, wissen wir bis heute nicht genau.

Durch diese Nachricht geriet der politische Exilant in einen Gewissenskonflikt. Einerseits war Athanasius aus persönlicher Neigung ein großer Freund und Kenner des ägyptischen Mönchtums. Sein augenblickliches Exil verbrachte er angeblich in einem Wüstenkloster. Außerdem waren seine theologischen Ansichten gemäß seiner alexandrinischen Ausbildung origenistisch getönt und damit denen des Verstorbenen nicht allzu fern.

Andererseits war ihm sicher durch seine leidvollen Erfahrungen als Metropolit und im Kampf gegen die Meletianer und Arianer nicht verborgen geblieben, daß der hochgeschätzte Wüstenvater Antonius ein Mönchtum vertrat, das in einer kommenden, hierarchisch gegliederten und einheitlichen Konfession, wie sie als Staatskirche anzustreben war, keinen Platz hatte, sondern im Gegenteil höchst störend sein würde.

Und schließlich wußte er um die religiös-charismatischen Kräfte dieses Mönchtums, die der Kirche auf keinen Fall entzogen werden sollten und konnten. Kurzum, das Mönchtum, das Antonius zeit seines Lebens vertreten hatte, war auf dem Höhepunkt seiner Entwicklung nicht kirchengeeignet, sondern im höchsten Maße häresieverdächtig. Athanasius stand also vor der Entscheidung, »zwei Seelen wohnten ach in seiner Brust«. Sollte er sich für ein von ihm geschätztes außerkirchliches Mönchtum oder für seine ihm von Amts wegen naheliegenden kirchenpolitischen Prioritäten entscheiden?

Im Exil hatte Athanasius hinreichend Muße, über das Problem nachzudenken. Offensichtlich recht schnell, noch im Folgejahr, hatte er es gelöst. Und wenn Athanasius mit seiner Tatkraft und seinem Ungestüm sich einmal für eine Sache entschieden hatte, dann kannte er in der Ausführung kein Zögern und keine Skrupel.

DAS MEDIUM: Zur klassischen Ausbildung in der römischen Antike gehörte das Trivium, bestehend aus Grammatik, Dialektik und Rhetorik. Dort hatte der aufmerksame Student Athanasius in Rhetorik gelernt, wie man als geschickter Advokat eine scheinbar verlorene Klage inhaltlich in ihr Gegenteil verkehren und ihr dadurch zum Siege verhelfen kann. Der physisch bereits verstorbene Antonius sollte, bevor er zum Helden einer Sache hochgefeiert wurde, die nicht zu halten war, auch geistig sterben. Dennoch sollte er weiterleben, aber für die gegnerische Seite – also als ein anderer, fiktiver Antonius, ein in die von Athanasius vertretene Richtung hin idealisierter Mönchsvater.

Dafür bot die klassische Rhetorikausbildung eine Reihe probater Stilmittel an, zum Beispiel das Lobgedicht *(enkómion)*, die Biographie im Sinne von Plutarchs Lebensbeschreibungen berühmter Persönlichkeiten etc. Aus der Angebotsliste wählte Athanasius die historischen Beispiele *(exempla)*, die alexandrinische Form des *bíos* (nach Art des Sueton), die zeitgenössische Philosophen-Vita (Vorbild: Pythagoras-Vita des Porphyrius), die jüdische Tradition der Darstellung biblischer Gottesmänner (zum Beispiel Elias) und die entstehende Form der Märtyrerlegenden. Aus all diesen nachweisbaren Ingredienzen schuf Athanasius mit seiner *Vita Antonii* das Urbild der christlichen Hagiographie.

Römische Exempla und alexandrinische Form der Lebensbeschreibung boten mit ihrer offenkundig paränetischen Zielsetzung genau die Darstellungsrichtung, die Athanasius mit seiner Antonius-Biographie zu verfolgen beabsichtigte. Die didaktische, das heißt (er)mahnende, zum Guten belehrende (paränetische) Absicht ermöglichte es dem Autor, »ein bestimmtes Verhalten aufgrund des implizierten Vergleichs mit einem Ereignis der Vergangenheit als richtig oder falsch auszuweisen, ohne nähere historische Details geben zu müssen« (Bartelink). Auch Bischof Gregor von Nazianz hat in seinem Enkomium auf Antonius den paränetischen Zweck der *Vita Antonii* schon im 4. Jahrhundert betont.

Mit anderen Worten, die Lebensgeschichte des Antonius beabsichtigte von Anfang an gar keine historisch korrekte Lebensbeschreibung des Verstorbenen. Dieser diente lediglich als Namensgeber für eine Sache, die er durch sein vom Autor erfundenes Leben exemplarisch als Ideal des christlichen Mönches vor Augen führte. Letztlich ging es um dem Athanasius genehme Inhalte und Glaubensformen.

DIE MANIPULATION: Der athanasianische Antonius sah dann so aus. Die Abstammung wird nebenbei bemerkt. Sie ist nicht wichtig, da das eigentliche Leben eines Christen mit dessen Taufe einsetzt. Ausbildung ist bedeutungslos, da alles vom Willen und der Gnade Gottes abhängt. Folglich verweigert Antonius als Kind die standesgemäße Schul- und Ausbildung. Er ist und bleibt der durch weltliche (philosophische) Bildung unberührte »thumbe Thor«, der nur nach der Eingebung Gottes lebt. Wichtig sind nur der Glaube *(pístis)*, die heiligen Bücher (Offenbarung) und die Erlösungstat Christi.

Nachdem sich Antonius mit zirka zwanzig Jahren entschlossen hat, Haus (verkauft) und Familie (Schwester in Jungfrauenhaus deponiert) zu verlassen, verläuft sein künftiges Leben nach einem festgelegten Plan, der sich im Aufbau des Werkes erschließt. Die verschiedenen örtlichen Veränderungen entsprechen einem vorgezeichneten Weg, der ein Aufstieg ist, ein Aufstieg zu Gott. Dem jeweiligen Fortschreiten auf diesem Weg nach oben entspricht ein anderer Landschaftstyp: vom Nildelta bzw. der Nähe zur menschlichen Zivilisation über die Wüste (Askese) zum Berg (Tod und Himmelfahrt).

Den drei Landschaftsformen, von unten nach oben, entsprechen die in der *Vita Antonii* gekennzeichneten Zustände bzw. Verwirklichungsformen des Weges: Asket, dann charismatischer Mann Gottes, schließlich Weisheitslehrer und Vollkommener (Verklärung auf dem Berg, vgl. Elias).

Aus den zeitgleich entstehenden Märtyrerakten hat Athanasius die Vorstellung übernommen, daß der Asket der gottgewollte Nachfolger des Märtyrers ist. Antonius wird also noch zum »unblutigen Märtyrer« überhöht *(martys ex voto)*. Die große Rede des Antonius an die Mönche greift bestehende Mönchstraditionen auf und suggeriert somit Authentizität. Gleichzeitig benutzt Athanasius die beiden großen Reden in der *Vita*, um dem Antonius seine eigenen Gedanken in den Mund zu legen.

Der neue Typus vom Mann Gottes ist vollständig abhängig von der Gnade seines Schöpfers, die sich durch die von Gott auf »seinen« Mann übertragenen Charismen ausdrückt, genauer in Form von Wundertaten (meist Heilungswunder). Die Fähigkeit, Wunder zu bewirken, dient also dem Nachweis für die Auserwähltheit des Heiligen (Gleichstellung mit den Propheten und Aposteln). Ein weiterer Topos wird künftig die Freundschaft mit Tieren (die unschuldige Kreatur, Natur), die wie im Paradies dem Heiligen zugetan sind und ihm helfen: Einklang mit der Schöpfung.

Die Behauptung, Antonius hätte in seiner Kindheit die Schulbildung abgelehnt und deshalb als Ägypter kein Griechisch gekonnt, ist klar als Affront gegen die philosophisch ausgerichtete griechische Kultur beabsichtigt. Außerdem wird dadurch einer Idee des Paulus, nämlich der des christlichen Narren (Kor 3,18), Leben verliehen. Und drastisch vor Augen geführt wird diese geistige Haltung in der fingierten Diskussion des Antonius mit den Philosophen, bei der letztlich der ungebildete, nur mit göttlichem Wissen ausgestattete Narr der eigentliche Weise ist.

Und schließlich, im ersten Lebensabschnitt des Antonius als Asket, widmet Athanasius fast vierzig Kapitel dem Kampf des Dulders Antonius mit den Dämonen. Bei Athanasius werden diese stets drängenden geistigen Mächte zu realen Spukgestalten, die man hören, sehen und riechen kann. Das Pandämonium mittelalterlicher Geister und Spukgestalten ist somit eine Schöpfung des Exilmetropoliten von Alexandrien. Man sieht gleichzeitig, vom historischen Antonius, so greifbar präsent in seinen Briefen, ist bei Athanasius nichts geblieben, auch nichts von Wissen und Erkenntnis, von Gott-Finden durch Selbsterkenntnis: Der athanasianische Vitenheld ist ein kirchengerechter Antonius geworden.

6. ERFOLG UND WIRKUNG EINER MONSTRÖSEN FÄLSCHUNG

ZWEI FLIEGEN MIT EINER KLAPPE SCHLAGEN

Launig könnte man bemerken, daß Athanasius, was seine schriftstellerische Tätigkeit anbelangt, ein Gelegenheitsdramatiker war. Auch im Falle der Antonius-Vita konnte er beim besten Willen weder sein drittes Exil voraussehen noch erwarten, daß in dieser Zeit der unfreiwilligen Muße der von ihm hochgeschätzte und allseits verehrte Eremit Antonius sterben würde. Bei dessen hundertfünf Lebensjahren hatte ohnehin niemand mehr damit gerechnet, daß er überhaupt sterben könnte, »er war wie ein Geschenk Gottes an Ägypten« (Athanasius).

Im Falle der fiktiven Lebensbeschreibung dieses schon zu Lebzeiten als heilig angesehenen Wüstenvaters konnte sich Athanasius sogar zwei langgehegte Wünsche erfüllen bzw. zwei in seinen Augen dringende Anliegen umsetzen.

Das erste Anliegen bestand darin, den Bitten seiner kirchlichen Freunde nach Einzelheiten aus dem Leben des schon legendären Eremiten nachzukommen. Die Bemerkung im Prolog: »Ihr habt mich aber auch um Auskunft gebeten über die Lebensführung des seligen Antonius«, scheint ausnahmsweise eine historisch korrekte Information zu beinhalten. Außerdem führt uns der einleitende Satz des Prologs in die Richtung der Fragesteller: »In einen guten Wettstreit seid ihr eingetreten gegen die Mönche in Ägypten«; das heißt, die Adressaten der *Vita Antonii* waren von Anfang an außerhalb Ägyptens beheimatet, wahrscheinlich im lateinischen Westen.

Tatsächlich war Athanasius der einzige ranghohe Kirchenmann seiner Zeit, der beide Reichshälften kannte bzw. in beiden gut bekannt war. Bei seinen ersten zwei Exilen von 335 bis 337 in Trier und von 339 bis 341 in Rom und Aquileia hatte der abgesetzte Metropolit von Alexandrien seine christlichen Gastgeber mit dem entstehenden Mönchtum in Ägypten bekannt gemacht, in Rom besonders die Frauen der Patrizierschicht, wie der Nutznießer davon, der hl. Hieronymus, später zu berichten weiß.

Das zweite Anliegen des Athanasius war weit prekärer. Dieser kannte wohl den historischen Antonius, und gerade deshalb wußte er um dessen Lebensformen und theologische Ansichten – und eben die korrespondierten um so weniger mit den seinen, je länger Athanasius Metropolit war. »Pietätvoll« wie Athanasius nun einmal war, nahm er den alten römischen Wahlspruch *de mortuis nihil nisi bene* allzu wörtlich und korrigierte den Heiligen nach seinem Dafürhalten zu einem für seine Kirchenpolitik opportunen Glaubenshelden.

In der *Vita Antonii* wird offenkundig, daß das dort erkennbare Ideal mehr den Vorstellungen des Autors als denen des Helden Antonius entsprach. Athanasius wollte seinen Adressaten einen idealen katholischen Heiligen präsentieren, dem sie in ihrem eigenen Mönchsleben nacheifern konnten. Eine kleine Blütenlese der damit befaßten jüngeren Literatur, die wiederzugeben ich mir hier erspare, bestätigt die heute allgemein akzeptierte propagandistische Absicht hinter der athanasianischen *Vita Antonii*.

DER BESTSELLER

Antonius starb 356 auf seinem Berg Kolzim. Bereits 357 hatte Athanasius wahrscheinlich den Text seiner Antonius-Vita fertig, konnte aber wegen der bevorstehenden Winterstürme sein Werk nicht mehr zustellen lassen. Frühestens im Spätfrühjahr 358 dürfte es aber seine Adressaten erreicht haben, vermutlich in Rom, das damals als wichtige Relaisstation für die östlichen Vorbilder fungierte (Prinz). Innerhalb kürzester Zeit wurde die *Vita Antonii* im ganzen Mittelmeerraum bekannt und gelesen. Bereits ab den sechziger Jahren gab es mindestens zwei lateinische Übersetzungen, und am Ende des Jahrhunderts war dieses athanasianische Fälschungswerk die nach den Evangelien am meisten gelesene christliche Schrift.

Wie aus einer Begebenheit in den *Bekenntnissen* des Augustinus hervorgeht, wurde sie von Mönchen in Trier bereits spätestens seit 380 gelesen und hatte damit als von Anfang an für den lateinischen Westen konzipierte »monastische Propagandaschrift« (Prinz) ihr angestrebtes Publikum erreicht.

Ob Ligugé, die erste im Jahr 360 bei Poitiers gegründete Niederlassung des hl. Martin, schon auf die athanasianische Propagandaschrift hin erfolgte, ist nach heutigem Wissensstand nicht eindeutig zu entscheiden. Doch dank der damals noch bestens funktionierenden Kommunikationssysteme des Römischen Reiches kann selbst dies nicht ausgeschlossen werden. Spätestens die lateinische Übersetzung der *Vita Antonii* veranlaßte in Rom Marcella zur Gründung ihrer quasi-monastischen Hausgemeinschaft.

Im östlichen Teil des Reiches zeigt die Rezeptionsgeschichte des athanasianischen Bestsellers ein besonders präzis nachvollziehbares Echo. Die Form der Paulus-Vita des Hieronymus läßt erkennen, daß dieser Autor spätestens seit 375 Kenntnis von der *Vita Antonii* hatte. Die beiden bereits erwähnten sogenannten Schriften zum Mönchtum, *Historia Monachorum* (um 400) und *Historia Lausiaca* (419/420), sind in ihrem Antonius-Bild eindeutig von Athanasius beeinflußt. Besonders auffällig ist die bei letzterer ausgeprägte »Tendenz zum Sagenhaften und Legendären«. Wer sich im Westen über das ägyptische Mönchtum informieren wollte, war auf die Lektüre der Antonius-Vita angewiesen und wurde in seinem Bild vom »Vater des Mönchtums« von der athanasianischen Lesart bestimmt.

Gattungsgeschichtlich hat Athanasius mit seiner Melange eine neue, nun unzweideutig vorbildlich orthodoxe Literaturgattung geschaffen, deren paränetischer Grundzug auf Kosten der historischen Korrektheit kanonisch für die christliche Literatur bleiben sollte. Nach dem heidnisch-antiken Vorbild des »Sterbens berühmter Männer« hielten die Christen ihre Märtyrer für überlieferungswert. »Das Ideal des ›Märtyrers ohne Blut‹ schuf sich dann ein eigenes Genus: die ›Vita‹. Nicht eine Biographie, sondern die Konzentration auf die verdienstlichen Leistungen vor Gott und auf die gnadenhafte Begabung, also eine Strukturierung nach dem Schema des Gottesmenschen.« (Angenendt) Selbst wenn Athanasius mit seiner *Vita Antonii* nicht der Schöpfer der christlichen Hagiographie sein sollte, so hätte er ihr zumindest mit dem Erfolg seiner Antonius-Version zum Durchbruch verholfen. Wie langlebig und wirksam dieser »Faszinationstyp Hagiographie« für christliche Propagandazwecke war, sollen zwei kritische Anmerkungen von Leclercq zeigen:

So »ist doch bekannt, mit welcher Vorsicht man hagiographische Texte besonders des Mittelalters verwerten muß... Viele Viten der Merowingerzeit sind erst lange nach dem Tod des betreffenden Heiligen geschrieben. Sie stellen weit eher Zeugnisse dar für die Zeit und das Milieu, in dem sie verfaßt wurden, als für die Persönlichkeiten, die sie beschreiben.«

»Bis zum 11. Jahrhundert bestehen die sogenannten ›Quellen‹ zum großen Teil aus hagiographischen Texten: nun, jeder weiß, mit welcher Zurückhaltung nur man sich diesen ›Heiligenleben‹, in denen Legende, literarischer Topos und Vorliebe für das Wunderbare und Phantasie so großen Platz einnehmen, nähern darf.«

Ein typisches Beispiel für das kräftige Nachwirken dieser athanasianischen Erfindung bietet die *Lebensgeschichte des hl. Kolumban* (*Vita Columbani*, 659) des Jonas von Bobbio. Auch hier erweist sich der Verfasser mehr als Hagiograph denn als historisch korrekter Biograph. Doch Jonas von Bobbio ist nur ein Sandkorn in der Wüste der Hagiographen. Aber man mag schon an dieser Stelle erkennen, warum Harnack die *Vita Antonii* des Athanasius als das »verhängnisvollste Buch, das je geschrieben wurde«, eingestuft hat.

Dennoch sollen für unser Vorhaben, die Vorgeschichte der späteren Jakobs-Legende angemessen zu begreifen, die zwei nachfolgenden Beispiele zeigen, welche konkrete Auswirkung die Antonius-Vita auf die Entstehung der christlichen Legendenbildung im Westen hatte.

DIE HEILIGEN MARTIN VON TOURS UND BENEDIKT VON NURSIA: ZWEI SPÄTE GESCHÖPFE DES ATHANASIUS?

DER ASKET AUF DEM BISCHOFSSTUHL: Nachdem Athanasius mit seiner *Vita Antonii* nun einmal das Muster für eine neue christliche Literaturgattung verbreitet hatte und dieses erste Exemplar der neuen Missionspropaganda gleich ein Welterfolg geworden war, war der Weg frei für Abertausende neue, zum Teil erfundene Heiligenleben. Das wichtigste davon für den lateinischen Westen, sowohl in unmittelbar zeitlicher als auch formaler Nachfolge, war gewiß die Martins-Vita des Sulpicius Severus.

Dieser hochbegabte südgallische Literat gehörte jener aristokratischen Schicht Aquitaniens an, die sich gegen Ende des 4. Jahrhunderts der internationalen Askesebewegung geöffnet hatte. Postumanius, der Freund des Sulpicius, war selbst zweimal als Pilger studienhalber im Vorderen Orient und in Ägypten gewesen, kannte also aus eigener Anschauung das mönchische Leben in der Nachfolgezeit des Antonius. Außerdem hatte Sulpicius Severus als Intellektueller gewiß den Bestseller seiner Zeit, eben die *Vita Antonii*, gelesen.

Das im Entstehen begriffene gallische oder abendländische Mönchtum hatte beim Tod des hl. Martin (397) gerade eine schwere Ansehenskrise wegen der Priscillian-Affäre durchstehen müssen, so daß sowohl der von seinem Vitenschreiber verehrte Heilige von Tours als auch die Gesamtheit aller Asketen ein wenig Propaganda dringend nötig hatten. Mit der Kombination der Begriffe Askese, Eremiten, Hagiographie, Wunder, Nationalheiliger und Priscillian bewegen wir uns thematisch bereits mitten in Santiago de Compostela, nicht nur wegen der Ausstrahlung, die der Ruf des hl. Martin besonders auf Nordspanien hatte.

Doch kehren wir zum hl. Martin von Tours zurück, der eindeutig ein Produkt seines Biographen ist. Übrigens, wie beim Vorbild der *Vita Antonii*, ist auch für Martin dieses »Kunst«-werk der *Vita Martini* weitgehend die einzige Quelle zum Leben des Heiligen. Der englische Kirchenhistoriker Chadwick sieht unvoreingenommen den propagandistischen Wert der Martins-Vita, wenn er meint:

»Die westlichen Christen wollten unter dem Eindruck der lateinischen Übersetzung der *Vita Antonii* und von Rufinus' *Historia Monachorum* ihren eigenen Heiligen haben. Sulpicius Severus hatte großen Erfolg mit einer größtenteils fiktiven Biographie des asketischen Bischofs Martin von Tours, die zeigen sollte, daß Gallien einen Heiligen hervorbringen konnte, der selbst den ägyptischen Asketen überlegen war.«

Daß Sulpicius Severus aus dem Stoff, d. h. dem Leben des Asketen und Bischofs von Tours, »etwas gemacht hat«, gesteht sogar K. S. Frank OSB ein. Auch der Verfasser der Vita selbst gibt in Abschnitt 6 unumwunden zu: »Daher meine ich, an ein nützliches Werk zu gehen, wenn ich das Leben des heiligen Mannes beschreibe, das bald anderen Vorbild sein soll. Es führt ja die Leser zur wahren Weisheit...« Außerdem gibt Sulpicius Severus, genau wie sein Vorbild Athanasius, an, seinen Texthelden persönlich gekannt zu haben.

Und ebenso wie das Vorbild Antonius ist Martin schon als Kind (vgl. auch Menas) von der Liebe zu Gott erfüllt und verliert auf symbolische Art seine Eltern, indem er mit fünfzehn Jahren (vgl. wiederum mit Menas) zu den Soldaten gesteckt wird. Dort bekennt er mit zirka zwanzig Jahren (vgl. Menas, Antonius) öffentlich seinen Vorgesetzten, daß er künftig nur noch *miles Christi* (Soldat Christi) sein will. In seine Zeit als Soldat fällt auch das berühmte Mantelwunder. Ebenfalls ein Wunder rettet dem Bekenner das Leben. Der geht anschließend auf Pilgerschaft (Wanderasket). Den frommen Anachoreten bedrängen Dämonen, die aber gegen die Glaubensfestung im Heiligen nichts auszurichten wissen (vgl. Antonius).

Natürlich vollbringt der auserwählte Martin auch Wunder. Sein erstes ist eine Totenerweckung. Darin ist er dem Vorbild Antonius sogar überlegen. Ebenso unfreiwillig, wie er Soldat geworden war, war er zum Bischof avanciert. Überhaupt war Martin ein solcher Ausbund an christlichen Tugenden, daß es fast gehässig erscheint, wenn man den heutigen Leser mit der Kunstfigur Martin konfrontiert:

»Er war der wahrhaft glückselige Mann, in dem kein Falsch war! Niemals richtete er, niemanden verurteilte er [Anspielung auf den Priscillian-Prozeß], niemals vergalt er Böses mit Bösem. Allem Unrecht gegenüber brachte er solche Geduld auf, daß er selbst als Bischof Beleidigungen von den niedrigsten Klerikern ungestraft hinnahm (26,5). Niemand sah ihn jemals zornig, aufgeregt, traurig oder lachen [Zustand der *apátheia*]. Stets blieb er sich gleich. Himmlische Freude trug er auf seinem Antlitz. Er schien über der menschlichen Natur zu stehen. In seinem Munde war nie etwas anderes als Christus. In seinem Herzen lebte nur Güte, nur Friede, nur Erbarmen (27,1).«

Liest man dazu, was Griffe oder Prinz über die zeitgenössischen Bischöfe schrieben, wird klar, daß nicht nur ein Mönchsideal, sondern gleichzeitig ein Bischofsideal beabsichtigt, daß der Martin des Sulpicius Severus sowohl eine Inkarnation der Bergpredigt als auch ein Gegenmodell zum vorherrschenden Typus des kirchlichen Würdenträgers war. Mit Blick auf die vorausgegangenen kirchenpolitischen Zustände – bischöfliche Intrige gegen den unbequemen Asketen ägyptischer Prägung, nämlich Priscillian, und seine politische Hinrichtung – war die Martins-Vita nicht nur eine Propagandaschrift zur Rehabilitierung der christlichen Asketen und Mönche, sondern gleichzeitig eine politische Kampfschrift gegen die weltliche Machtkonzentration in den Händen der Bischöfe. Kein Wunder, daß Sulpicius Severus bald nach seiner Martins-Vita in den Verdacht des Pelagianismus gerückt wurde und nichts mehr schrieb. Ob ein zu vermutendes Schreibverbot vorlag, ist allerdings nicht zu belegen.

Daneben ist die *Vita Martini* ein Beweis dafür, daß Sulpicius Severus sich kirchenpolitisch die Zielsetzung seines Vorbildes Athanasius zu eigen gemacht hatte, das Mönchtum in die Bischofskirche zu integrieren. Auch Cassian hatte nur wenige Jahre später diese Einstellung als normal übernommen. Dennoch, weil er aus eigener Anschauung in der Sketischen Wüste das vorathanasianische Mönchtum Ägyptens kannte, behielt Cassian für sich und seine Mönche etwas von der alten Reserviertheit gegenüber der städtischen Zivilisation und deren kirchlichen Vertretern, den Bischöfen: »Omnimodus monachum fugere debere mulieres et episcopos!« Cassian, der langjährige Schüler des Evagrius Ponticus in der Nitrischen Wüste, machte sich bekanntlich, ähnlich wie andere hochgebildete und belesene Mönche, über die Mirakel- und Spukgeschichten der *Vita Martini* lustig.

DER NEUERER VON MONTECASSINO: Wie sich die Bilder gleichen. Ob bei Antonius dem Eremiten, Martin von Tours oder Benedikt von Nursia, die historischen Fakten verdunkeln sich hinter einer undurchdringlichen Mauer aus Phantastik, Allgemeinplätzen der literarischen Gattung der Hagiographie und paränetisch-ideologischen Absichten des Verfassers. Der Autor ist jeweils eine angesehene Person aus dem zeitlichen Umfeld des Titelhelden. Authentizität und konkrete Kenntnis der tatsächlichen Lebensumstände wären also gegeben gewesen. Wie bei Antonius und Martin ist das zweite Buch der *Dialoge* Gregors des Großen die einzige zeitgenössische Quelle zum Leben des beschriebenen Heiligen. Dabei ist noch sehr umstritten, ob Papst Gregor *seinen* Heiligen überhaupt persönlich gekannt und dessen Regel ernsthaft studiert hatte, wie Hallinger argwöhnt.

Wiederum ist das Anliegen des Verfassers ein doppeltes. Nachdem andere christliche Länder wie das Byzantinische Reich, das koptische Ägypten, das nestorianische Syrien oder die neu christianisierten Abendländer Irland oder Gallien ihren Nationalheiligen hatten, brauchte auch Italien, der direkte Einflußbereich des Bischofs von Rom, einen Vorzeigeheiligen. Zum anderen sollte dieser erst zu schaffende Vorzeigeheilige einerseits an Heiligkeit und Auserwähltheit seinen östlichen Konkurrenten in nichts nachstehen, und andererseits sollte er wie diese nur Mittler der Gnade Gottes, nur Werkzeug der Heilsgeschichte sein, die allein von Gott ausgeht. Die Person selbst, zumindest die materiell-historische, war dabei nicht von Belang.

Das alte Leitthema ist der Weg als Aufstieg. Die Etappen dieses Aufstiegs vollziehen sich nach bekannten Schemata: »Es lebte ein verehrungswürdiger Mann. Er hieß Benedictus. Der Gnade und dem Namen nach war er ein Gesegneter. Schon von früher Jugend an hatte er das Herz eines reifen Mannes. Dem bösen Begehren gab er sich nicht hin… Er stammte aus angesehenem Geschlecht in der Gegend von Nursia. Zu Ausbildung und Studium wurde er nach Rom [Stadt, Symbol für Sündenpfuhl] geschickt. Dabei sah er viele in Abgründe des Lasters fallen… Damit nicht auch er von ihrer Lebensart angesteckt würde, wandte [er] sich also vom Studium der Wissenschaften ab [vgl. Antonius] und verließ das Haus und die Güter seines Vaters [vgl. Menas, Antonius, Martin].« (Dial II, 1)

Es folgen die Etappen: Aufbruch von Rom, Hinwendung zum Mönchtum, Einsamkeit in Effide (Flucht in die Wüste, Höhle), Wendung nach Subiaco (noch in der Ebene), erste Freunde und Schüler, Prüfungen, Rückkehr in die Einsamkeit (2. Anachorese), erste Klostergründungen, Wunder, Fortschreiten zum Höhepunkt (Montecassino, Berg), Weisheitslehrer, Regelgeber, Prophet, weitere Wunder und Visionen, Verklärung (Turm).

Als Gregor seine *Dialoge* zwischen Juli 593 und November 594 niederschrieb, hatte sich auch die mönchische Welt ganz im Sinne der athanasianischen Politik gewandelt. Das antonitische, sprich eremitisch-asketische Leben und das Wandermönchtum waren bis auf wenige Reliktzonen (zum Beispiel in Nordspanien und Irland) weitgehend im Rückgang begriffen. Die bevorzugte und von der Bischofskirche geförderte war die von Pachomius und Basilius dem Großen auf einen ersten Höhepunkt geführte Form des Zönobitentums.

Das ortsgebundene, die *vita communis* pflegende und nach einer vorgegebenen Regel lebende Mönchtum war inzwischen der Normalfall geworden. Für Gregor den Großen »ist das Mönchtum nicht mehr eine christlich-asketische Protestbewegung gegen die Welt, sondern der aktivste Träger christlichen Lebens in dieser Welt« (Prinz).

Mit der Gründung von Montecassino um 529 und der Niederschrift der Benedikts-Vita in den *Dialogen* des Papstes Gregor des Großen um 594 haben wir aber bereits einer glanzvollen Epoche der Menschheitsgeschichte, der Antike, den Rücken zugekehrt und uns ins sogenannte Mittelalter begeben. Doch es gab keinen Bruch, keine Zäsur. Der Zugriff der episkopalen, nun im lateinischen Westen päpstlichen Kirche auf das Mönchtum wurde immer stärker. Antonius und Origenes hatten verspielt. Unter Federführung der römischen Kurie hatte die römische Tugend der *disciplina* über die griechische *paideía* (bei Antonius) obsiegt. Für die griechisch-orthodoxe Kirche »ist das abendländische Mönchtum durch die Heranziehung zu direkter Reform und Seelsorge teilweise seiner eigentlichen Gelübde entfremdet und klerikalisiert worden« (Kötting).

Was die Erfindung oder Schöpfung eines je nach Situation notwendigen oder passenden Heiligen anbelangt, hatte das antike oder frühe Christentum jedoch perfekt vorgearbeitet. Es gab seit dem 4. Jahrhundert dafür zwei Möglichkeiten: das Auffinden (lat. *inventio*: Erfindung) des Grabes eines gesuchten oder gewünschten Heiligen / Märtyrers / Apostels zum Zwecke des Erwerbs von politisch oder wirtschaftlich notwendigen Reliquien oder die literarische, »quellenmäßige« Absicherung solcher Relikte oder Funde durch die Hagiographie – oder beides zusammen. Beide Wege sind gepflastert mit den wichtigsten »Beweisen« für die gottgewollte Richtigkeit, den Wundern, auch heilige Selbstzeugnisse der Reliquien genannt.

Was sich nun im 9. Jahrhundert in Galicien abspielt, ist nichts anderes; es ist nur ein neues Stück mit bekannten Requisiten, feststehender Dramaturgie und erprobten Darstellertypen. Das neue Stück auf der Schaubühne der mittelalterlichen Religion heißt »Santiago de Compostela«.

BUCH III

SANTIAGO, WIR KOMMEN!

1. EIN APOSTEL FÜR SPANIEN

DREI DARSTELLUNGEN

LIEBLING DER MASSEN *(LEGENDA AUREA)*: »Jacobus, der Apostel, des Zebedäus Sohn, predigte nach der Himmelfahrt des Herrn durch Judaea und Samaria, und ging darnach gen Spanien, das Wort Gottes auszusäen. Aber, da er sah, daß er nichts ausrichtete und nicht mehr denn neun Jünger daselbst erwarb, so ließ er zwei von ihnen daselbst zurück, um zu predigen, die anderen sieben nahm er mit sich und kehrte wieder gen Judaea. Meister Beleth schreibt sogar, daß er nur einen Menschen daselbst bekehrte. Da er nun in Judaea das Wort Gottes predigte, sandte ein Zauberer, Hermogenes mit Namen, seinen Jünger Philetus zu ihm mit etlichen Pharisäern, der sollte ihn vor allen Juden überführen, daß er Lügen predige. Aber der Apostel überwand ihn vor allem Volk mit Gründen der Vernunft und tat viele Wunder vor seinen Augen…

Abialhar aber, der Hohe Priester des Jahres, machte einen Aufstand unter dem Volk und ließ dem Jacobus ein Seil um den Hals legen und ihn vor Herodes Agrippa führen. Der gebot, daß man ihn enthaupten solle…

Es war aber am 25. März, daß Sanct Jacobus enthauptet ward, am Tag der Verkündigung des Herrn. Am 25. Juli ward er überführt nach Compostela, am 30. Dezember ward er bestattet… Nun erzählt Johannes Beleth, der diese Überführung mit Fleiß beschrieben hat, daß nach Jacobi Enthauptung seine Jünger den Leichnam aus Furcht vor den Juden heimlich bei Nacht wegnahmen, und taten ihn auf ein Schiff und empfahlen die Bestattung ganz und gar Gottes Weisheit; und stiegen dazu und steuerten nicht, sondern der Engel des Herrn geleitete sie gen Galicien, daselbst landeten sie in dem Reich der Lupa; denn es war in Hispanien eine Königin, also genannt mit Namen und von Verdienst ihres Lebens wegen; denn Lupa ist gesprochen eine Wölfin. Sie trugen den Leichnam aus dem Schiff und legten ihn auf einen großen Stein. Aber siehe, der Stein gab dem Leichnam nach wie Wachs und formte sich gar wunderbarlich zu einem Sarg. Die Jünger gingen aber hinein zu der Königin und sprachen: ›Unser Herr Jesus Christus sendet dir den Leichnam seines Jüngers, daß du ihn tot empfangest, den du lebendig nicht wolltest leiden.‹ Und erzählten ihr das Wunder, wie sie ohne Steuer zu dem Lande seien geführt, und baten um einen würdigen Ort, den Leichnam zu bestatten. Als die Königin das vernahm, sandte sie die Jünger … in großer Tücke zu einem gar grausamen Menschen, oder wie andere sagen, zu dem König von Hispanien, daß sie seinen Rat in der Sache hören möchten; der ließ sie greifen und ins Gefängnis werfen. Aber dieweilen er bei Tische saß, tat ihnen ein Engel des Herrn des Kerkers Tür auf und hieß sie frei von hinnen gehen. Als das der König vernahm, sandte er alsbald seine Kriegsknechte hinter ihnen drein, sie zu fangen. Aber da die Kriegsknechte über eine Brücke kamen, brach die Brücke, und sie ertranken alle in dem Fluß. Da kam Reue über den König, und er fürchtete für sich und die Seinen. Darum sandte er Boten zu ihnen und bat sie, daß sie möchten umkehren, er wollte ihnen alles geben, was sie begehrten. Also kamen sie wieder zu ihm und bekehrten das Volk der Stadt zum Christenglauben.

Da die Königin Lupa solches vernahm, betrübte sie sich sehr; und da die Jünger wieder zu ihr kamen und taten ihr des Königs Willen kund, sprach sie zu ihnen: ›Gehet hin und nehmet von meinen Rindern, die ich auf jenem Berge habe, und schirret damit den Wagen. So möget ihr den Leichnam eures Herren herführen, und ihm die Stätte bereiten, die ihr wolltet.‹ Das sagte die Wölfin mit wölfischer Tücke, denn sie wußte wohl, daß diese Rinder ungezähmte wilde Stiere waren, und dachte nicht anders, denn daß diese Stiere sich nicht würden lassen fangen noch anschirren, oder wann es geschähe, so würden sie mit Hin- und Widerrennen den Wagen zerbrechen, den Leichnam herabwerfen und die Jünger töten. Aber es vermag keine Klugheit wider den Herrn. Denn siehe, die Jünger gingen ohne Wissen um des Weibes List den Berg hinan; da fanden sie einen Drachen, der spie Feuer und fuhr wider sie. Sie aber machten das Kreuzeszeichen, da barst ihm sein Leib mitten durch. Auch über die Stiere machten sie das Kreuz: Da kamen sie herbei zahm wie die Lämmer; und die Jünger spannten sie an und legten den Leichnam mitsamt dem Stein, darauf er ruhte, auf den Wagen, und die Stiere zogen ihn von selbst ohn eines Menschen Führung mitten in den Palast der Lupa. Die erschrak, als sie das sah, und ward davon bekehrt und empfing Christenglauben. Und gab den Jüngern alles, was sie begehrten, weihte ihren Palast in Sanct Jacobi Kirche und begabte die Kirche gar köstlich; und beschloß ihr Leben in guten Werken.«

Die folgenden Wunder des hl. Jakob wollen uns an dieser Stelle weniger interessieren. Die *Legenda aurea* des Jacobus de Voragine, niedergeschrieben um 1260, also auf dem Höhepunkt der Jakobs-Wallfahrt, war eines der erfolgreichsten Erbauungsbücher des ausgehenden Mittelalters, und ihr Autor, der vormalige Dominikanerprediger und spätere Erzbischof von Genua, hatte sich in seiner Wiedergabe der spanischen Geschehnisse recht eng an die offiziellen Vorlagen in der *Historia Compostelana* und dem *Liber Sancti Jacobi (Codex Calixtinus)* gehalten.

DIE VERSION DER *HISTORIA COMPOSTELANA*: »Wie wir aus dem wahren Evangelium lernten, hat unser Herr und Erlöser, als er sich anschickte, vierzig Tage nach seiner Auferstehung in den Himmel zu fahren, seinen Jüngern geboten, daß sie das Evangelium im ganzen Erdkreis verkünden und die Bekehrten im Namen des einzig wahren Glaubens und des dreieinigen Gottes taufen sollten, gemäß den Worten: ›Geht hinaus in die ganze Welt und verkündet das Evangelium allen Geschöpfen ...‹ (Mk 16,15). Und so, während die anderen Jünger hinausgingen nach dem Gebot des Herrn in die verschiedenen Länder und Städte, blieb Jacobus, der Bruder des Johannes Ev., in Jerusalem, um das Wort des Herrn zu predigen, und dort erlitt er, weil er sich zu Christus und dem katholischen Glauben bekannt hatte, durch Enthauptung auf Befehl des Herodes als erster aller Apostel den Märtyrertod.

Denn es erzählt der Evangelist Lukas in der Apostelgeschichte: ›Um jene Zeit ließ der König Herodes einige aus der Gemeinde verhaften und mißhandeln. Jacobus, den Bruder des Johannes, ließ er mit dem Schwert hinrichten.‹ Und die Juden, von Bösartigkeit und Neid gelenkt, wollten den Leichnam des Apostels weder begraben noch seinen christlichen Mitbrüdern erlauben, ihn zu begraben. Im Gegenteil, wie Papst Leo in seinem Brief an die Spanier versichert ...: ›Sie warfen den ganzen Leichnam mitsamt seinem Kopf vor die Mauern der Stadt und überließen ihn den Hunden, Geiern und wilden Tieren, daß er gefressen und verschlungen würde.‹ Seine Jünger jedoch, denen er noch zu Lebzeiten geboten hatte, seinen Leichnam nach Spanien zu bringen und dort zu begraben, sammelten Körper und Kopf während der Nacht ein... und gelangten mit eiligen Schritten ans Ufer des Meeres, wo sie bei der Suche nach einem geeigneten Schiff für die Überfahrt nach Spanien ein bereits von Gott vorbereitetes Boot fanden, in dem sie sich von Freude erfüllt dem Meer überließen und Gott dankten für die Einschiffung des Leichnams. Nachdem sie die Gefahren von Skylla und Charybdis und die große Syrthe umschifft hatten und dem von Gott bestimmten Kurs folgten, gelangten sie an Bord des auserwählten Bootes zunächst zu dem Hafen von Iria Flavia und brachten dann den Leichnam an einen Ort, der danach Liberum Donum hieß und jetzt sich Compostela nennt, wo sie ihn dem kirchlichen Ritus gemäß unter einigen Marmorbögen begruben.«

Im Laufe der Christenverfolgungen und der arabischen Invasion sei dann das Grab in Vergessenheit geraten, bis es dem allmächtigen Gott gefiel, durch seinen Diener Theodemir, den Bischof von Iria (heute Padron), den Leichnam des Apostels wieder zu enthüllen.

Die *Historia Compostelana* wurde von Diego Gelmirez, dem mächtigsten Kirchenmann Spaniens seiner Zeit, in Auftrag gegeben, um die Taten und Geschichte seiner eigenen langjährigen Amtszeit der Nachwelt gebührend zu überliefern. Er war der kirchenpolitisch bedeutsamste Bischof auf der Kathedra von Compostela. Seit 1096 lenkte er inoffiziell die Geschäfte des Bistums. 1100 wurde er offiziell zum Bischof der Stadt gewählt. Fünf Jahre danach erhielt er das Pallium. Im zwanzigsten Amtsjahr erwirkte er bei seinem Freund Papst Calixtus II. die Ernennung zum Metropoliten. Die *Historia Compostelana*, zwischen 1108 und 1140 verfaßt, gilt als die erste offizielle Geschichtsdarstellung der Kathedrale von Compostela.

ZUM JUBELJAHR 1993: In einer Textaufbereitung von 1992 für das bevorstehende Jubeljahr heißt es sinngemäß: Jakobus d. Ä. wurde unter Herodes Agrippa I., dem Neffen von Herodes dem Großen, hingerichtet. Die Tötung durch das Schwert bedeutete Enthauptung. Diese fand statt am Osterfest des Jahres 44 zwischen März und April. Kurz nach der Enthauptung des Jakobus d. Ä. starb auch Herodes Agrippa selbst. Als Ort der Hinrichtung verehren die armenischen Orthodoxen ihre Kirche St. Jakob in Jerusalem (vordem

Menas-Kirche!). Weiter heißt es wörtlich: »In Ermangelung weiterer authentischer Daten müssen wir uns an die Überlieferung halten.«

Jakobus wurde außerhalb der Stadtmauer enthauptet. Obwohl es üblich war, die Leichname von amtlich Hingerichteten als warnendes Beispiel für die Lebenden vor Ort zu belassen, konnten die Anhänger des Jakobus den Leichnam bergen, um den letzten Willen des Märtyrers zu erfüllen. Es gab damals Möglichkeiten der Leichenkonservierung und Schiffsverbindungen bis zur entfernten Küste des Atlantiks. Die Identität eines Leichnams ist keine Glaubenssache, vielmehr ein historisches Faktum. Medizinische Untersuchungen des ausgehenden letzten Jahrhunderts konnten bestätigen, daß es sich bei den 1879 gefundenen Skelettresten um drei Leichname, also Jakobus und seine zwei Schüler Athanasius und Theodor, gehandelt hat. An einem der drei Leichname fehlten gerade jene Skeletteile, die man im 12. Jahrhundert an Pistoia verschenkt hatte.

Die Überlieferung spricht vom Grab des Apostels in oder bei »Archa Marmorica«, ein Ausdruck, der sowohl bedeuten kann: begraben »in einem Sarg aus Marmor« (philologisch sehr umstritten) als auch bloß eine heute nicht mehr identifizierbare Ortsangabe.

In der für Legende gehaltenen Geschichte von der Beerdigung des Apostels in Galicien taucht eine berühmte Frau auf, die sich Lupa nennt. Sie sei die Stifterin des Grabes gewesen, das nach römischer Sitte aus zwei Kammern bestand, und sie habe die Rinder für den Transport von Iria nach Compostela gestellt. Als historisch zu werten sei auch die Befreiung der Apostelschüler von den Nachstellungen und Tücken des kaiserlichen Gouverneurs Filotrus, der in Dugium seinen Amtssitz hatte. Auch die topographischen Angaben von der Steinbrücke und der Stierweide seien in der Umgebung von Compostela verifiziert worden: Puente Pias über den Tambre und Fuente del Franco bei Fonseca.

FRAGEN ÜBER FRAGEN

DIE SOGENANNTEN *TRADITIONES HISPANICAE*: Läßt man einmal von den drei auszugsweise zitierten Schriften zum hl. Jakob die des nachmaligen Genueser Erzbischofs Jacobus de Voragine mit seinen für die Erbauungsliteratur üblichen Ausschmückungen und Mirakelberichten beiseite, so vermitteln die beiden anderen offiziellen Darstellungen aus der *Historia Compostelana* und aus dem Arbeitsheft der Kommission für die Durchführung der Feierlichkeiten des Jubeljahres von 1993 in ihrer knappen und bewußt zurückhaltenden Form den Eindruck, historisch seriös, das heißt glaubwürdig zu sein. Beide, davon letzteres explizit, berufen sich neben bekannten Fakten auf die lokale und landesweite Überlieferung, die sogenannten *traditiones hispanicae*. Dazu gehören auch schriftliche Belege für die frühe Jakobs-Verehrung und vor allem die Missionstätigkeit des verehrten Apostels in Spanien.

Die diesbezüglich älteste zitierte Quelle ist die Schrift *De ortu orbitu Patrum* des Isidor von Sevilla, in der Fachwelt kurz »DooP« genannt. Dort heißt es, daß Jakob d. Ä. *(filius Zebedei, frater Ioannis)* in Spanien und den westlichen Gegenden *(atque Spaniae et occidentalium locorum)* das Evangelium gepredigt habe, von Herodes durch das Schwert hingerichtet und in »achaia marmarica« bestattet *(sepultus)* wurde.

Außerdem beschreibt der hl. Brauilo (Bischof von Saragossa, gest. 651) seinen hochverehrten Lehrer Isidor in seiner Rolle als Lehrer Spaniens als Nachfolger des Apostels Jakobus. Unglücklicherweise gilt die Jakobus betreffende Stelle in Isidors »DooP« als reichlich späte Interpolation (Einschiebung, nicht vor dem Ende des 8. Jahrhunderts), und die Bemerkung des hl. Brauilo wird auf keinen Fall älter als Ende 10. Jahrhundert datiert. Als verläßlicher Beleg für eine frühe spanische Tradition der Jakobs-Verehrung können beide Quellen nicht dienen.

Seit dem 6. Jahrhundert kursieren im griechischsprachigen östlichen Mittelmeerraum sogenannte Apostelkataloge, die in lateinischer Form *(Breviarium Apostolorum)* seit dem 7. Jahrhundert auch im Westen bekannt werden. Gemäß diesen Apostelkatalogen hat Jacobus Zebedäus vor seinem Märtyrertod in Jerusalem, in Judäa und Samaria missioniert.

Eine Version dieser lateinischen Apostelkataloge, deren Abfassung im südgallischen Raum vermutet wird, bringt eine Neuerung, die für Spanien von Bedeutung sein wird. Drei Apostel haben darin plötzlich ein neues Missionsgebiet zugeordnet bekommen: Matthäus Makedonien statt vorher Äthiopien, Philippus Gallien statt vorher Skythien und Jakobus d. Ä. Spanien *(Spaniae et occidentalia loca)* statt Palästina. Unverändert geblieben ist aber im Vergleich zu den älteren Versionen die durch die Apostelgeschichte des Lukas nicht leugbare Hinrichtung von Jakobus d. Ä. in Jerusalem und die Beerdigung in »achaia marmarica«.

Weil das südliche Gallien auf vielerlei Weisen engstens mit Spanien verbunden war und spätestens Julian, der Metropolit von Toledo, diese gallische Version des *Breviarium Apostolorum* offensichtlich gekannt hat, rechnet man sie zu den *traditiones hispanicae*. Wichtig erscheint mir aber, darauf hinzuweisen, daß die Formulierung »Spaniae et occidentalia loca« ein geläufiger Topos war für das Ende der Welt im Westen, und zwar nachweisbar schon seit pharaonischer und phönizischer Zeit. Noch die Araber verfuhren mit der Bezeichnung für westliches Ende der Welt in ähnlicher Weise: Der zum Atlantik hin orientierte, westlich von Cadiz (phönizisch Gadir) gelegene Teil der Iberischen Halbinsel hieß auf Arabisch Al Garbh (die heutige Algarve). »Spaniae et occidentalia loca« meint also mit Sicherheit nicht konkret irgendeine spanische Region, vielmehr eine bestimmte Weltgegend, die man ab dem 7. Jahrhundert dem Apostel Jakobus d. Ä. als Missionsgebiet angedichtet hat. Von einer spanischen Überlieferung kann also auch hier keine Rede sein.

Die nächste zweifelsfrei authentische und als spanisch zu bezeichnende Quelle ist der nach 766 entstandene Traktat, besser gesagt Kommentar zur Apokalypse, wohl fälschlich zu lange dem Beatus von Liebana zugeschrieben. Dort wird die südgallische Version des *Breviarium* übernommen. Die den diversen Ausgaben des Apokalypsenkommentars beigegebene Weltkarte *(mapa mundi)* zeigt an der zum westlichen Ozean hin gelegenen Weltgegend den Kopf des Apostels Jakobus d. Ä. Die vermutete große Verbreitung dieses Apokalypsenkommentars besonders im nordspanischen Raum dürfte die (Wunsch-)Vorstellung einer Mission direkt durch einen Jünger des Herrn begünstigt haben.

Ebenfalls noch im 8. Jahrhundert entstanden ist die zweite eindeutig spanische Quelle, die eine direkte Verbindung zwischen Jakob und der Iberischen Halbinsel herstellt, der Hymnus auf den asturischen Fürsten Mauregatus (783–788). Auch dieser sogenannte Hymnus »O Dei verbum« wurde allzulange und leichtfertig dem historisch bekannten Beatus zugeschrieben. In diesem Hymnus wird nicht nur der gelobte Mauregatus erstmals als König tituliert, sondern wieder der hl. Jakob, der Bruder des Johannes, mit Spanien in Beziehung gesetzt, und zwar in der zehnten Strophe als »Beschützer und Patron« *(tutorque nobis et patronus)*.

Was die *traditiones hispanicae* anbelangt, hatte schon Plötz 1982 so treffend bemerkt: »Vor dem 9. Jahrhundert existieren in der lateinischen Tradition der Kirche keine anderen Zeugnisse für eine Mission des Jakobus in Spanien als die Apostelakten.« Auch der gern zitierte Brief des Papstes Leo stammt, selbst wenn eine ältere Fassung schon im 9. Jahrhundert existiert haben sollte, in seiner bekannten Form aus der Zeit der Jahrtausendwende und gilt »als Propagandaschrift für die bereits das Heiligtum besuchenden Pilger« (Plötz).

IGNORANZ DER GELEHRTEN? ODER: VOM SELTSAMEN SCHWEIGEN DER WICHTIGSTEN ZEUGEN: In naiver Erzählfreude und Phantasie hatten sich die Volksfrömmigkeit und das apokryphe Schrifttum wohl seit dem 2. Jahrhundert, spätestens aber seit dem Aufkommen der allgemeinen Märtyrerverehrung im Laufe des 3. Jahrhunderts, der Aussendung der Apostel (Mt 28,16–20; Mk 16,15–16) und des Pfingstwunders, besser gesagt der Fähigkeit, in allen Sprachen der Welt sprechen zu können, bemächtigt und diese beiden Aspekte recht farbig ausgemalt. Daraus entstanden die sogenannten *sortes apostolicae*. Auf der Basis dieser apokryphen Apostelschicksale entstanden die schon bei Clemens von Alexandrien, Eusebius von Caesarea, Theodoret von Cyrus, Didymus dem Blinden und dessen Schüler Hieronymus erwähnten Hinweise auf die Missionsgebiete der einzelnen Jünger des Herrn, aber immer in sehr allgemeiner und symbolischer Form. Zeitgleich zur justinianschen Reconquista treten die ältesten bekannten griechischen Apostelkataloge auf. Von der im 7. Jahrhundert erfolgten latinisierten Version dieser Apostelkataloge war schon die Rede.

Bis zur Entstehung des *Breviariums* im südgallischen Raum war bei den bekanntesten Kirchenautoren nicht einmal eine vage Vorstellung von der Spanien-Mission des Apostels Jakobus vorhanden. Doch alle bereits genannten Autoren gehören dem byzantinischen Raum an und können nur sehr schlecht als »spanische« Überlieferung gelten. Gab es also bis zur arabischen Invasion keine namhaften und informierten christlichen Autoren im hispano-gallischen

Raum, die etwas über eine Missionierung Spaniens durch den Apostel Jakobus und einen irgendwie artikulierten Kult dieses Apostels hätten berichten können?

Doch, diese gab es sehr wohl: Aurelius Clemens Prudentius (gest. nach 405), Crosius (gest. nach 418), Hydatius (gest. um 474), Martin von Braga (gest. 558 im Nordwesten Spaniens), Gregor von Tours (gest. 594), Venantius Fortunatus (gest. 609) und Johannes Biclarensis (gest. 621 in den spanischen Pyrenäen). Ihre Befragung zeitigt jedoch ein sehr ernüchterndes Ergebnis für alle Jakobs-Anhänger.

Alle diese namhaften, fleißigen und wohlinformierten gallischen und hispanischen Autoren wissen weder etwas von einer Spanien-Mission des Apostels Jakobus noch von einer besonderen Verehrungstradition des Heiligen, geschweige denn von einem Grab in Spanien. Dieses wird noch 570 in Jerusalem gezeigt (Anonymos von Piacenza). Auch das 3. Konzil von Toledo, 589 von König Reccared einberufen, weiß nichts von irgendeiner apostolischen Tradition in ganz Spanien.

In die gleiche Phalanx der »Ignoranten« reiht sich nahtlos der letzte Polyhistor des Abendlandes und *doctor Hispaniae*, Isidor von Sevilla, ein. Weder in seinen enzyklopädischen *Etymologiae* noch in seinen *Chronica maiora* weiß er mehr Konkretes über Jakobus in Spanien als Hieronymus.

Als dann offensichtlich in der zweiten Hälfte des 7. Jahrhunderts von Südgallien aus das Gerücht von der Spanien-Mission des Apostels nach Spanien selbst dringt, wehrt sich Julian von Toledo, einer der letzten großen Metropoliten westgotischer Tradition, vehement gegen diese Legende und verweist auf die neutestamentlich bezeugte Missionstätigkeit des Zebedäussohns in Judäa.

Gleichzeitig mit der südgallischen Version des *Breviariums* entstand im Süden Spaniens, ebendort, von wo aus sich, über Nordafrika vermittelt, das Christentum über die Iberische Halbinsel ausgebreitet hatte, die Legende von den sieben Apostelschülern, die im Auftrag der römischen Apostel Petrus und Paulus Spanien das Christentum gebracht haben sollen. Insgesamt »berührt es seltsam, daß die spanische Kirche bis in das 7. Jahrhundert von einer speziellen Jakobs-Verehrung noch nichts weiß« (Plötz).

Nur außerhalb Spaniens wird die aus Südgallien stammende Geschichte von der Spanien-Mission des Jakobus schriftlich weitergesponnen, zum Beispiel Anfang des 8. Jahrhunderts in dem Gedicht »Carmen in duodecimus apostolorum aris« des Aldhelm von Malmesbury. Doch die dortigen Angaben reihen sich konsequent in die vage Zuordnung des Westens, für den symbolisch der Name Spanien steht, an Jakobus ein, also ohne genaue Angabe von Ort und Grab. Von einer *traditio hispanica* kann auch hier nicht die Rede sein. Gleiches gilt für die in bezug auf Jakobus ebenfalls stummen Festkalendarien der westgotischen Zeit.

DIE RÖMISCHE HALTUNG BIS INS 17. JAHRHUNDERT ODER: WIE MAN HISTORISCHE TATSACHEN SCHAFFT: Auch nach Auffindung des Jakobs-Grabes im ersten Drittel des 9. Jahrhunderts durch Bischof Theodemir herrschte sowohl in Spanien als auch im restlichen Abendland in Klerikerkreisen vorwiegend Skepsis bzw. Ablehnung bezüglich dieser Nachricht vor. Selbst Alfons III., der als asturischer König gezielt für Wallfahrt und Außenwirkung der galicischen Jakobs-Stadt große Anstrengungen unternahm, verhielt sich in eingeweihten Kreisen durchaus ambivalent.

In einem Brief an den Klerus von Tours, der zwar nur in einer Abschrift von Anfang des 12. Jahrhunderts erhalten ist, in seinem Inhalt aber durchaus Echtheit beanspruchen kann, wird die Missionstätigkeit des Apostels in Galicien nicht hervorgehoben. Alfons III., der engere Beziehungen zwischen den beiden Heiligtümern in Tours und Santiago herstellen will, betont mit Berufung auf Venantius Fortunatus, der einzige und echte Missionar Galiciens sei der Namensvetter des turonischen Heiligen, nämlich Martin von Braga, gewesen.

Auch bei einer Auseinandersetzung um den Metropolitenrang des Bischofs von Tarragona finden wir einen Hinweis auf die fehlende Anerkennung der Jakobs-Tradition für Santiago de Compostela. Nach der Rückeroberung des südlichen Katalonien wollte Abt Caesarius von Montferrat, der neue Bischof von Tarragona, die alte Metropolitanwürde seines Bistums wiederherstellen. Auf einer Synode, die Bischof Sisnandus von Compostela in Santiago einberufen hatte, wollte sich Bischof Caesarius seinen Metropolitanrang bestätigen lassen, was die anwesenden asturisch-leonesischen Kollegen auch gerne taten. Doch der für Katalonien zuständige Metropolit, der Erzbischof von Narbonne, und seine Suffraganbischöfe lehnten diese Entscheidung kategorisch ab mit dem Hinweis auf die fehlende Apostolizität des Versammlungsorts und die damit nicht bestehende Legitimation dessen Synodalleiters.

Als Papst Gregor VII. in seinem Schreiben des Jahres 1074 an König Alfons VI. (1072–1109) die leonesische Kirche aufforderte, die alte schismatische hispanische Liturgie aufzugeben und sich ins Universum der wahren (katholischen) Kirche einzugliedern, bezog er sich unmißverständlich auf die andere Tradition der sieben von Rom ausgesandten Apostelschüler.

Noch im 13. Jahrhundert behauptete die wiedereingesetzte toledanische Kirche, gestützt auf die Beschlüsse des IV. Vatikanischen Konzils von 1215, daß die Behauptung, Jakobus hätte Spanien missioniert, eine Gutenachtgeschichte für Nonnen sei.

Unter dem Eindruck der Angriffe des Humanismus auf den Wert von Wallfahrten und Ablässen und des Erfolgs der Reformation hatte Clemens VIII. 1592 im Geiste der Gegenreformation eine hochkarätig besetzte Kommission zur Korrektur und Durchforstung des traditionellen, erst 1568 von Pius V. abgesegneten *Breviarium Romanum* einberufen. Leiter der Kommission war der angesehene Kardinal Baronius.

Nach der Lektüre der 1593 veröffentlichten Sammlung spanischer Konzilsbeschlüsse *(Collectio conciliorum Hispaniae)* des Toledaner Kanonikus Giron Garcia de Loaysa veranlaßte Baronius eine Revision des Abschnittes über den hl. Jakobus. Unter Berufung auf den 1215 dem Laterankonzil vorgelegten Bericht des Bischofs Rodrigo Jimenez de Rada sollte die Spanien-Mission des Apostels Jakobus ganz aus dem *Breviarium Romanum* gestrichen werden. Bei Bekanntwerden dieser Absichten ließ Philipp III. sofort durch seinen Botschafter beim Heiligen Stuhl intervenieren. Aus verständlichen außen- und kirchenpolitischen Gründen ließ Papst Urban VIII. 1631 in einer erneuten Revision des *Breviarium Romanum* die spanische Darstellung der Mission des Apostels Jakobus auf der Iberischen Halbinsel als historischen Fakt sanktionieren. So einfach stellt man historische Tatsachen her.

»DENN ES GAB NOCH VIELE, DIE DEN NAMEN JACOBUS FÜHRTEN« (HEGESIPPOS)

In der dritten Ausgabe des bereits erwähnten Apokalypsenkommentars wurde die Liste der Missionsländer vervollständigt. Es standen nun Petrus für Rom (Italien), Andreas für Achaia (Griechenland), Thomas für Indien, Jacobus d. Ä. für Spanien (äußerster Westen), Johannes Ev. für Asien (Kleinasiatische Küste), Matthäus für Makedonien, Philippus für Gallien, Bartholomäus für Lykonien (Inneranatolien), Simon für Ägypten (statt Markus), Matthias für Judäa (statt Jacobus d. Ä.), Jacobus der Herrenbruder für Jerusalem und Paulus für alle restlichen Völker.

Interessant für uns ist die Aufsplittung in zwei verschiedene Jacobi, und zwar die Erweiterung um den einen nicht zum Kreis der zwölf Apostel zählenden Jacobus Adolphotheos (Herrenbruder). Die Bibel kennt tatsächlich viele Jacobi. Angefangen vom Patriarchen Jakob im Alten Testament bis zum Verfasser des sogenannten Jakobus-Briefes im Neuen Testament. Darüber hinaus sind besonders im östlichen Mittelmeerraum in nachösterlicher und frühchristlicher Zeit bis ins 6. Jahrhundert die Jacobi Legion. Uns interessieren hier eigentlich nur die neutestamentlichen Träger dieses Namens. Davon gibt es sechs (nach LThK und LCI):

1. Jakobus d. Ä. oder J. Major, der Sohn des Zebedäus und ältere Bruder des Johannes Evangelist. Simon Petrus, Jakobus d. Ä. und Johannes Evangelist gehörten zum engsten Kreis des Herrn und waren bei einer Reihe herausragender Begebenheiten allein von allen Zwölfen anwesend. Die Zebedäussöhne Jakobus und Johannes wurden auch Söhne des Donners (Bonaerges) genannt.

2. Jakobus Minor, der Sohn des Alphäus, der nur einmal (bei Markus) erwähnt wird.

3. Jakobus, der Bruder des Herrn. Neben Jakobus d. Ä. der quellenmäßig am besten belegte Jakob des NT (Josephus Flavius, Hegesippos, Eusebius von Caesarea).

4. Der Verfasser des Jakobus-Briefes, der unter die kanonischen Schriften des NT aufgenommen wurde.

5. Jakobus, der Vater des einen Judas.

6. Jakobus, der Sohn des Kleophas.

Weil bereits Hieronymus die beiden Jacobi 2. und 3. zu einer Person zusammengefaßt hatte, hat die römische Kirche im Gegensatz zur griechisch-orthodoxen diese »Vereinfachung« bis heute beibehalten. Außerdem hat die katholische Kirche auch noch den Verfasser des nach ihm benannten Briefes mit der synthetischen Figur des Jakobus Minor vereint.

Eigentlich, das heißt spätestens seit der theologischen Einigung zwischen Rom und Santiago unter Erzbischof Gelmirez (1100–1140), interessiert uns hier nur Jakobus d. Ä., der Sohn des Zebedäus und Johannes-Bruder. Nach seiner Enthauptung im Jahre 44, aktenkundig durch die Apostelgeschichte des Lukas (12,1–2), verliert sich seine Spur. Es gibt offensichtlich keine direkte Verehrungstradition wie zum Beispiel bei seinem Bruder Johannes.

Über einer Menas-Kirche des 5. Jahrhunderts errichteten Ende des 11. Jahrhunderts die Armenier eine Jakobs-Kirche in Jerusalem, angeblich am Ort seiner Bestattung. Den einzigen sonstigen Hinweis auf ein Jakobs-Grab, das nicht ausdrücklich als das des Herrenbruders ausgewiesen ist, liefert allein der Bericht des anonymen Pilgers aus Piacenza (570).

Außer Compostela berufen sich noch Angers, Ancona, Sancti Zibili bei Mailand, Konstantinopel, Rom und vor allem Toulouse auf ein Grab dieses Apostels bzw. dessen Gebeine. Noch 1515 hat der Tolosaner Humanist N. Bertrandus in seiner Stadtgeschichte *(Opus de Tolosanorum gestis ab urbe condita)* ernsthaft den Nachweis zu führen versucht, daß durch persönliche Schenkung Karls des Großen die Gebeine des Apostels Jakobus d. Ä. in Saint-Sernin zu Toulouse lägen. Der Verwunderungsausruf der Santiago-Pilger auf dem Weg nach Compostela: »Das kann doch nicht der wahre Jakob sein!« ist bis heute gängige Redensart geblieben.

Dies mag daran liegen, daß im Mittelalter noch nicht wie heute zwischen Jakobus d. Ä. und dem Kompositheiligen Jakobus Minor unterschieden wurde. Nur selten läßt sich, wie im Falle der Jakobs-Kirche in León oder der Pfalzkapelle in Roding am Regen, der verehrte Heilige eindeutig als Jakobus Minor identifizieren. In Jerusalem war immerhin noch zu Lebzeiten des Hegesippos (zweite Hälfte des 2. Jahrhunderts) das Grab des Herrenbruders bekannt; es lag am Platz des Tempels. Doch die Liste der nachweisbaren, zum Teil unabsichtlichen Verwechslungen bzw. wie im Falle von Compostela vorsätzlichen Gleichsetzungen von Jakobus d. Ä. und dem Herrenbruder wäre lang.

In seiner heute nicht mehr ernst genommenen Theorie vom galicischen Nachleben eines römischen Dioskurenkultes stellt Americo Castro die Verquickung der Brüderpaare Jakobus-Christus, Jakobus-Johannes und Jakobus-Jakobus in den Mittelpunkt »seiner« Jakobs-Legende. Und der Franzose Chocheyras meint das Rätsel um den wahren Jakob zu lösen, wenn es gelänge herauszufinden, welcher der beiden Jacobi am 25. März hingerichtet wurde. Ohne gleich Gefahr zu laufen, als böswillig gescholten zu werden, wird man wohl annehmen dürfen, daß den eigentlichen Schöpfern des galicischen Jakobs-Mythos diese Unschärfe in den Persönlichkeitskonturen der einzelnen Jacobi nicht ungelegen kam.

2. DAS VERMEINTLICHE APOSTELGRAB

DAS KETZERGRAB ODER: DER FALL PRISCILLIAN

»Doch gerade die übliche Religion ist's, die oft gottlose Taten erzeugt und Werke des Frevels.« (Lukrez)

In dem Standardwerk zur Geschichte Spaniens *Historia de España*, Bd. VII, schreibt der große spanische Historiker Claudio Sanchez Albornoz, daß Beatus von Liebana mit seiner persönlichen Jakobs-Verehrung im geistigen Umfeld seiner nordspanischen Zeitgenossen das psychologische Klima geschaffen habe, um beim zufälligen Fund eines alten Grabmales inmitten eines verlassenen Friedhofs den Glauben zu erwecken, bei diesem Grab handle es sich um das des Apostels Jakobus d. Ä. Und, so fährt er fort: »Es ist nicht ausgeschlossen, daß das geheimnisvolle im galicischen Buschwerk verborgene Grabmal das des Priscillian war.«

Auch Plötz und ganz explizit Falque Rey in der jüngsten kritischen Ausgabe der *Historia Compostelana* (1994) argwöhnen zugunsten der Hypothese, daß die sogenannte Auffindung in Wirklichkeit in einer Aufwertung eines bestimmten Ortes bestünde, dessen Verehrungstradition schon über Jahrhunderte zurückreiche.

Priscillian gehörte wie seine Zeitgenossen Sulpicius Severus, Prudentius, Paulinus von Nola oder Egeria jener hochgebildeten und sozial hochrangigen Schicht von Neu-Christen an, die sich im 4. Jahrhundert in Südgallien und Nordspanien herausgebildet hatte. Offensichtlich noch bevor die lateinische Übersetzung der *Vita Antonii* dort Verbreitung fand, war Priscillian durch direkte Kontakte über das nahe gelegene Nordafrika mit den asketischen Strömungen Ägyptens vertraut geworden und vertrat wie diese eine rigorose christlich-asketische Lebensweise, die von Einflüssen der Gnosis und des Manichäismus durchsetzt war. Um die Mitte des 4. Jahrhunderts war das noch nichts Ungewöhnliches oder Häretisches, bis auf den Umstand, daß diese frühe Form des Mönchtums eine kritische und erfolgreiche Konkurrenz für das entstehende episkopale System darstellte.

Als Priscillian großen Anhang fand, auch unter streng christlich lebenden Bischöfen, und auch noch, obwohl nicht ordiniert, zum Bischof von Avila gewählt wurde, trat die Konkurrenz in Gestalt der Bischöfe Hydatius von Merida und Ithacius von Ossonova in Aktion. Der Metropolit von Merida bewirkte, daß sich 380 ein Konzil in Saragossa mit dem Fall Priscillian beschäftigte, und als dieses nichts gegen die Beliebtheit des Priscillian ausrichtete, wandte sich Hydatius zunächst an Kaiser Gratian in Trier, dann an dessen Nachfolger Maximus. Bei letzterem setzte Hydatius, unter Zustimmung der Mehrheit der anwesenden gallischen Bischöfe, die Verurteilung und Hinrichtung des Priscillian als Ketzer durch; zusammen mit sechs weiteren Anhängern und Vertretern seiner Anschauungen wurde dieser im Januar 385 in Trier enthauptet.

Der bei der Versammlung anwesende Bischof von Tours, der hl. Martin, protestierte entschieden gegen diese »erste Christenverfolgung durch Christen« (Prinz). Auch der hl. Ambrosius von Mailand war empört über diese Übereignung einer Glaubenssache an ein weltliches Gericht. Martin und Ambrosius teilten somit die Erfahrung des Gregor von Nazianz, »daß ich jede Versammlung von Bischöfen meide, weil ich noch bei keiner Synode einen günstigen Ausgang erlebte; sie beseitigen keine Übel, sondern schaffen bloß neue… Es gibt auf ihnen nur Rivalität und Machtkämpfe.«

So war es auch 385 in Trier. Die Heiligen Martin und Ambrosius nahmen danach an keiner Kirchenversammlung mehr teil. Der Streit um die Lehre des Priscillian spaltete die spanische Christenheit für über zwei Jahrhunderte und beschäftigte noch eine Reihe von Konzilien. Prominentestes Beispiel ist der spanische Priester Orosius, der sich diesbezüglich 415 um Rat an den hl. Augustinus in Nordafrika wandte.

Anhänger sollen der Legende nach die Leichname des »Märtyrers« Priscillian und seiner »Mitmärtyrer« nach Spanien überführt, dort an einem uns unbekannt gebliebenen Ort begraben und noch lange verehrt haben, praktisch bis zur arabischen Invasion. Der Begräbnisort kann sinnvollerweise nur im äußersten Nordwesten Spaniens vermutet werden *(in ultimis hujus provinciae regionibus Gallaeciae)*, da dieser nach der Bekehrung der Sueben zum Katholizismus durch den hl. Martin von Braga den Anhängern des Priscillianismus als einziger noch sicherer Ort verblieben war.

Seit Msgr. Duchesne in seinem Artikel »St. Jakob in Galicien« (*Annales du Midi*, 1900, Nr. 12) den Verdacht ausgesprochen hatte, daß das in Compostela als Jakobs-Grab verehrte antike Mausoleum in Wirklichkeit das des ersten Ketzers Priscillian sein müsse, konnte sich fast niemand der Faszination dieser Vorstellung entziehen, ausgenommen die Macher und Organisatoren der Apostelstadt.

Für die Anwesenheit der originären Gebeine des Apostels Jakobus in Compostela kann kein einziges zwingendes historisches Argument plädieren. Doch auch für die These des Priscillian-Grabes fehlt letztlich jeglicher konkrete Beweis. Wenn denn einer von beiden je in diesem Grab geruht haben sollte, spräche tatsächlich mehr für den »Ketzer«. Doch eine solche Heiligenbeisetzung im heute noch verehrten Grab setzt erst einmal überhaupt ein antikes Mausoleum voraus, und zwar eines vom 1. oder 4. Jahrhundert. Doch bevor wir uns dieser Frage zuwenden, muß noch ein kleines Intermezzo erfolgen.

EIN DREISTER DIEBSTAHL UND DER KOPF DES APOSTELS

Nach der letzten römischen Reichsreform unter Diokletian (ab 285) bestand die Großdiözese Hispania aus sechs Provinzen, die nordwestlichste davon mit der Hauptstadt Bracara, heute Braga in Nordportugal, hieß Galaecia. Gemäß der seit konstantinischer Zeit eingebürgerten christlichen Tradition entstanden in den römischen Provinzhauptstädten zentrale Bistümer mit Metropolitanrecht. Kirchenrechtlich waren also alle nordwestspanischen Bistümer, sofern sie bis 711 bestanden, verwaltungsrechtlich abhängig vom Metropoliten in Bracara. Nach der arabischen Invasion war das kirchliche Verwaltungssystem völlig zusammengebrochen. Ende des 8. Jahrhunderts gab es kein einziges noch von einem Bischof besetztes Bistum in der ehemaligen römischen Provinz Galaecia.

Nach der erfolgreichen Rückeroberung der ganzen ehemaligen Provinz im 11. Jahrhundert dachten die neuen Könige von Galicien, Garcia (1065–1071) und Sancho der Starke (1071–1072), laut darüber nach, den alten bracarensischen Metropolitanverband unter Wiedereinsetzung des Metropoliten von Braga neu aufleben zu lassen.

Die inzwischen recht autonom geführten galicischen und asturischen Bistümer wie Lugo (seit dem 8. Jahrhundert provisorischer Rechtsnachfolger von Bracara), Orense und Astorga, vor allem aber Dumio-Mondoñedo, Oviedo und Iria-Compostela mußten dadurch erhebliche rechtliche und materielle Einbußen befürchten; ganz besonders Iria-Compostela, wo seit 1100 der dortige Bischof Gelmirez recht eigenständige und ehrgeizige Pläne verfolgte. Er wollte unter Berufung auf die apostolische Grundlage seines Bischofssitzes eine Vorrangstellung unter allen spanischen Metropoliten, auch über den von Toledo, erwirken.

Im zweiten Amtsjahr hatte Bischof Gelmirez deshalb beschlossen, die Konkurrenz in Braga für immer auszuschalten. Unter Beteiligung einiger besonders vertrauter Mitglieder des Compostelaner Domkapitels besuchte Gelmirez Anfang Dezember 1102 Braga unter dem Vorwand, seine Besitzungen um und in Braga inspizieren zu wollen. Er wurde freundschaftlich von seinem Amtskollegen Bischof Pedro empfangen und aufgenommen. Doch des Nachts stahlen Gelmirez und seine priesterlichen Komplizen die wichtigsten Reliquien des Erzbistums: die des hl. Fructuosus und der Märtyrer Cucufaz, Silvester und Susanna.

Einer der Mitarbeiter und späterer Mitverfasser der *Historia Compostelana*, Kanonikus Hugo, rühmt den Klau als »pium latrocinium« (fromme Entwendung). Die Reliquien wurden fortan in der Kathedrale von Compostela den Pilgern gezeigt. Braga selbst besaß durch diesen frommen Beutezug seines Amtskollegen keine wichtigen Reliquien mehr.

Der Bischof Mauritius von Coïmbra, später selbst Metropolit von Braga, machte sich deshalb 1104 auf eine mehrjährige Pilgerfahrt nach Byzanz und ins Heilige Land mit dem festen Ziel, dort neue wertvolle Reliquien zu erwerben. Das gelang ihm auch. Die wichtigsten Reliquien, die Mauritius aus Palästina mitbrachte, waren ein großes Stück vom Heiligen Kreuz und das Haupt des Apostels Jakobus d. Ä. In den Besitz letzterer hochbedeutsamer Reliquie war der Pilgersmann aus Coïmbra ebenfalls durch Betrug bzw. Diebstahl gekommen. Doch beide Reliquien brachten ihm nicht das erhoffte Glück. Wegen der politischen Wirren nach dem Tod von Alfons VI. im Jahre 1109 und neuer Gefahr aus dem maurischen Süden brachte Bischof Mauritius seine Kostbarkeiten weiter landeinwärts in Sicherheit, ausgerechnet im cluniazensischen und höchst königstreuen Kloster San Zoïlo vor Carrión de los Condes. Dort gelangten diese in die Hände der Königin Urraca, die sie 1116 aus innenpolitischen Gründen Bischof Gelmirez von Compostela zum Geschenk machte. Die kostbaren Reliquien waren also beim kirchenpolitischen Gegner gelandet.

Für uns ist an der Geschichte weniger die Erzählung vom Hergang des Diebstahls der Kopfreliquie bei Jerusalem von Belang, die detailliert ebenfalls in der *Historia Compostelana* geschildert wird, sondern der Umstand, daß selbst damals, das heißt zum Zeitpunkt der Redaktion der *Historia Compostelana*, eben die Echtheit des von Mauritius bei Jerusalem entwendeten Jakobus-Kopfes in keinem Moment in Zweifel gezogen wurde, obwohl man doch in Compostela stets behauptet hatte, den ganzen Leichnam des Apostels zu besitzen!

Dieser für uns heute kaum duldbare Widerspruch kann doch nur bedeuten: Die für den Jakobs-Kult in Compostela Verantwortlichen wußten sehr wohl, daß der Kopf »ihres« Apostels durchaus woanders die Zeiten überdauert haben mochte, da sie ihn auf jeden Fall nicht hatten!

GAB ES ÜBERHAUPT EIN GRAB?

DIE STERBLICHEN RESTE DES JAKOBUS UND IHR GEHEIMNIS: Unverrückbare Tatsache bleibt der Hinweis in der Apostelgeschichte, daß Jakobus d. Ä. im Jahre 44 als erster der zwölf Apostel in Jerusalem den Märtyrertod erlitt. Dann hören wir vier Jahrhunderte praktisch nichts mehr von diesem Lieblingsapostel des Herrn. Allgemein galt das Prinzip des Hieronymus, demzufolge jeder Apostel dort begraben liege, wo er den Märtyrertod erlitt. Im Rahmen der justinianschen Reconquista – oder zumindest im gleichen Zeitraum – findet für zumindest drei der Apostel eine offensichtlich aus ideologischen Gründen erfolgte Umbettung statt: für Matthäus, Philippus und Jakobus d. Ä.

In Spanien selbst greifen erst ab dem letzten Drittel des 8. Jahrhunderts zwei einheimische Texte, der Apokalypsenkommentar und der Hymnus auf Mauregatus, die Spanien-Mission des Jakobus auf und stellen zwischen dem vermeintlichen Verkünder des Christentums in Spanien und den verbliebenen spanischen Christen eine persönliche Beziehung her, allerdings noch ohne Erwähnung des Jakobs-Grabes.

Wie aus den wichtigsten Quellen zum Heiligen Land, angefangen mit dem *Onomastikon* des Eusebius bis zu den Pilgerberichten des 8. Jahrhunderts, zum Beispiel dem des hl. Willibald von Eichstätt, hervorgeht, gab es in Jerusalem selbst keine irgendwie geartete Jakobs-Verehrung oder ein dem Apostel mit Sicherheit zuschreibbares Grab.

Ab Mitte des 9. Jahrhunderts ist in französischen Quellen (Usuard von Saint-Germain-des-Prés, Florus von Lyon und Ado von Vienne) die Rede von den Gebeinen *(ossa)* des Apostels im äußersten Westen Spaniens und deren Verehrung durch die dortige Bevölkerung. Unter Bischof Sisnandus von Santiago (859–ca. 929) und König Alfons III. erfolgte dann eine gezielte Kulturpolitik auf der Basis des nun offiziell bekannten Apostelgrabes.

Zwischen dem Hymnus auf Mauregatus (783–788) und dem Martyriolog des Usuard von Saint-Germain-des-Prés (um 860) muß etwas mit den Gebeinen des hl. Jakobus geschehen sein. Wenn die zeitgenössischen Quellen stumm sind, bleibt nur ein Weg offen: »Die Wahrheit liegt im Boden« – sagen die Archäologen. Seit 1946 sind erstmals seriöse und fachgerecht ausgeführte Grabungen unter dem Boden der romanischen Kathedrale durchgeführt worden. Haben sie den erhofften Nachweis auf das Apostelgrab erbracht?

WAS DER BODEN PREISGAB: Die 1878/79 von Domkapitular Lopez Ferreiro durchgeführten Ausgrabungen unter dem Chor der romanischen Kathedrale von Santiago de Compostela galten nur den verschollenen Gebeinen des hl. Jakobus. Die im Umfeld der dabei wiederentdeckten Grabkammern gemachten Beobachtungen können aus heutiger Sicht nur sehr schwer als fachgerecht bezeichnet werden. Die von Ferreiro erstellten Ansichten des »römischen« Mausoleums haben sich als reines Phantasiegebilde herausgestellt. Die »wiedergefundenen« Gebeine des Apostels Jakobus und zweier seiner Jünger sind bestenfalls die Relikte, die man im 17. Jahrhundert als vermeintlich echte versteckt hatte. Doch über deren Echtheit, das heißt ihre Identifizierung mit denen des hl. Jakobus, sagt dieser Befund überhaupt nichts aus.

Eine aktuelle Darstellung der Fundausbeute der Ausgrabungen in den letzten fünfzig Jahren unter der Kathedrale und in deren direktem Umfeld gibt der derzeit verantwortliche Chefausgräber J. Suarez Otero in dem Ausstellungskatalog *Santiago – Al Andalus* (Santiago 1997). Daraus ergibt sich folgendes Bild:

Die romanische Kathedrale (Baubeginn 1077) steht genau über zwei zeitlich klar getrennten Nekropolen, einer aus der spätantik-frühmittelalterlichen Zeit (5. bis 7. Jahrhundert) und einer aus der hochmittelalterlichen, deren Nutzung vom 9. bis 12. Jahrhundert reichte. Im Bereich der spätantiken Nekropole sind noch Reste einer Bebauung vor der Nutzung als Friedhof erkennbar geworden, zum Beispiel zwei getrennte, im rechten Winkel zueinander stehende Gebäude, die zunächst für Thermen gehalten wurden, heute aber schlicht als Nutzbauten bezeichnet werden.

Außerdem konnten die Ausmaße der Jakobs-Kirche Alfons' III. eruiert werden, in deren Umfeld die Nekropole des hohen Mittelalters zahlreiche Bischofsgräber barg, darunter als wichtigsten Fund den steinernen Sargdeckel des Bischofs Theodemir mit Inschrift und Datum (847). Schließlich, und dies als das entscheidende Resultat, die Reste des sogenannten Jakobs-Mausoleums.

Die Interpretation der Funde zeigt an der Stelle des heutigen Compostela eine Ansiedlung aus spätrömischer Zeit. Sie lag an einer sekundären Straßenkreuzung Galiciens, nämlich an der Fernstraße XIX von Bracara nach Lucus Augusti (Lugo), an der Stelle, von der aus eine Stichstraße zum wichtigsten Hafen, nach Iria Flavia, und eine Ableitung nach Brigantium bei La Coruña abzweigte. Neuerdings identifizieren die Altertumskundler den Ort mit der *mansio* (Umspannstation der römischen Post) von Asseconia, die im Rahmen der Straßennetzerneuerung unter den flavischen Kaisern entstanden war.

Zu dieser römischen Niederlassung gehörte die ältere Nekropole an der Ausfallstraße nach Iria. Später, ab dem 7. Jahrhundert, hatte sich die Siedlung aus Sicherheitsgründen zunächst hangaufwärts verschoben und eventuell nach der islamischen Invasion ganz aufgehört zu existieren. Die verlassen liegende kleine Kirche San Felix de Solobio, Luftlinie zirka dreihundert Meter von der heutigen Plaza Quintana entfernt, bekundet für diesen Teil Galiciens eine ansatzweise Christianisierung zum Zeitpunkt der arabischen Invasion.

Das eigentliche Grabmal, die heutige Krypta, ein rechteckiger Bau von 6,40 Metern Länge und 4,70 Metern Breite mit einer äußeren und einer inneren Mauer, galt zunächst als römischer Bau. Inzwischen läßt aber selbst Suarez Otero zwei sehr unangenehme Fragen zu:

Erstens, warum erscheinen »römische« Mauern auf demselben Niveau wie die frühmittelalterlichen Bauten aus der Zeit Alfons' III.; und zweitens, was bedeuten die doppelten Mauern?

Schon wenige Jahre zuvor hatte Moralejo geargwöhnt, daß zumindest die äußere Umfassungsmauer dieses »Mausoleums« aus späterer Zeit stammen müsse als der Zeit der »Entdeckung«, also wieder ein deutlicher Hinweis auf eine Entstehungszeit unter Sisnandus und Alfons III. Und 1988, auf der Tagung »The *Codex Calixtinus* and the Shrine of Saint James« in Pittsburgh, hat der Archäologe Hauschild mutig festgestellt, daß das Mauerwerk der Krypta, eingeschlossen die Grabkammer des hl. Jakobus, zweifellos aus der asturischen Zeit um 900 stamme.

BILANZ EINER UNSUMME: Die fatale Quellensituation, die bis weit in die Regierungszeit von Alfons III. nichts von einem Apostelgrab weiß, könnte also eine archäologische Erklärung finden. In der Chronik von Sampiro ist davon die Rede, daß Alfons III. 872 die armselige erste Kirche »aus Lehm und Stein«, die angeblich noch Alfons II. über dem Grab habe errichten lassen, abreißen ließ, um die neue, in ihren Umrissen nun vollständig ergrabene vorromanische Jakobs-Kirche erstehen zu lassen.

In dem Bericht über die Einweihung dieser angeblich zweiten Jakobs-Kirche über dem Grab des Apostels ließ der König schreiben: »Wir haben dafür aus dem fernen, von Mauren besetzten Spanien, aus Aucca, Marmorsteine *(petras marmoreas)* herbeigeholt ...«

Das erste authentische asturische Dokument, das ein Grab des Apostels erwähnt, ist eine Stiftung für dieses offensichtlich schon im Bau befindliche Mausoleum aus dem Jahr 885. Noch einmal Hauschild: »Aus archäologischer Sicht bedeutet das, daß für den Platz, an dem die Kathedrale steht, wohl eine römische Ansiedlung nachgewiesen werden kann, auf keinen Fall aber ein monumentaler römischer Mausoleumsbau. Die Grabarchitektur muß in die Zeit Alfons' III. gelegt werden, als auch die Kirche und das zugehörige Baptisterium errichtet wurden.«

Das kann zweierlei bedeuten. Entweder hat man beim Bau der Jakobs-Kirche unter Alfons III. sorgfältig bis zum Felsenboden alles abgetragen, was an Vorgängerbauten ursprünglich vorhanden war, einschließlich des spätrömischen Grabmonuments mit den Gebeinen des Apostels – so daß jeglicher archäologische Nachweis seiner Existenz somit ausgeschlossen war –, oder es gab nie ein solches monumentales antikes Mausoleum.

Die Grab- und Translationslegende des 11. und 12. Jahrhunderts war von dem Vorhandensein des Grabes seit römischer Zeit ausgegangen und hatte den Bau Alfons' III. einfach als antik angesehen. Was sich seit zirka 830 herumgesprochen hatte, war lediglich das Gerücht, daß Jakobus d. Ä. in Compostela begraben liege.

Der unbestritten wichtigste archäologische Fund war sicher der Sarkophagdeckel des Theodemirus-Grabes. Durch ihn wird zumindest die etwas ungewöhnliche Wahl des Bischofs für seinen Bestattungsort bestätigt. Die möglichen Hintergründe dafür werden wir im nächsten Kapitel ansprechen müssen.

GEHEIMNISKRÄMEREI UND VERTUSCHUNGSVERSUCHE

Bischof Diego Gelmirez wußte durch seinen 1102 selbst organisierten und durchgeführten Reliquienraub in Braga einerseits und durch den nur wegen widriger Umstände fehlgeschlagenen Gegenschlag des Kollegen Mauritius von Coïmbra sehr gut, wie gefährdet und anfällig die vordergründige Basis seines Apostelgrabes inklusive der dort als Apostelgebeine ausgegebenen Reliquien war. 1138 ließ Gelmirez, nunmehr seit achtzehn Jahren Erzbischof und Metropolit, noch einmal das Grab öffnen, um dem Kopf des Apostels einen Knochensplitter als Geschenk für Bischof Atto von Pistoia zu entnehmen und es dann für immer zu verschließen. Aus dem 13. Jahrhundert wissen wir definitiv, daß der Zugang zum Apostelgrab nicht möglich war.

Als der rheinische Ritter Arnold von Harff vor Ort Zweifel an der Echtheit der Gebeine zum Ausdruck brachte und einen Beweis dafür erbat, wurden ihm ärgste Strafen für seine Ungläubigkeit in Aussicht gestellt: »Soe wer nyet gentzlich geleufft [glaubt] ... von stunt an moiste er unsynnich [verrückt] werden wie eyn raesen [rasender] hunt.«

Reichlich hundert Jahre nach den Zweifeln des Ritters von Harff, genau im Jahre 1599, ließ der damalige Erzbischof Juan Sanclemente das Mausoleum öffnen und die heiligen Knochen in einem Gefäß in einer Nische hinter dem Kryptenaltar einmauern, wo sie 1879 schließlich zum zweitenmal »wiederentdeckt« wurden.

Im benachbarten Kloster San Pelayo de Antealtares, das ja laut »Concordia« von Anbeginn, das heißt seit der *inventio*, die Betreuung des Grabes und seines Kultes innehatte, bewahrte man eine Marmortafel von beträchtlichen Abmessungen (88,7 mal 68,3 Zentimeter) auf. Marmor war in Galicien, einem Land aus Granit und Gneis, selten und deshalb kostbar. Die Marmorplatte wurde als Altartisch verwendet. Nach Angaben von Klosterangehörigen gegenüber Ambrosio de Morales für dessen *Crónica general de España* (1574) soll das Marmorfragment vom alten Grab in der Krypta stammen. Eine darauf befindliche Inschrift ließ Erzbischof Sanclemente 1601 entfernen. Als die Steinmetzen von einer umseitigen zweiten Inschrift berichteten, ließ der besorgte Glaubenshüter auch diese entfernen. Meine Vermutung: Wäre auf der Marmortafel ein Belegwort für Jakobus oder Apostel gestanden, hätte man die Inschrift wohl kaum entfernt oder unleserlich gemacht.

Eher verwirrend als aufklärend ist auch der Befund der Ausgrabungen von 1878/79. Dies bemängelt sogar Suarez Otero an den Ausgrabungsberichten seiner Vorgänger in bezug auf die Identifizierung des Apostelgrabes bei den letzten Ausgrabungen. Bei der persönlichen Führung, die Suarez Otero mir freundlicherweise in den Eingeweiden der Kathedrale angedeihen ließ, stellte ich abschließend die berühmte Gretchenfrage:

»Die 1879 geborgenen Gebeine, die als die des Apostels Jakobus ausgegeben werden, sind ja organische Substanz. Das Alter solcher Substanzen läßt sich mit modernen Meßverfahren bequem und einwandfrei bis auf zehn Jahre genau feststellen. Ein winzig kleiner Knochensplitter, kleiner als der, den man im 12. Jahrhundert dem Bischof von Pistoia zukommen ließ, würde dafür ausreichen. Wenn dieser in die erste Hälfte des ersten Jahrhunderts unserer Zeitrechnung datierbar wäre, bestünde die theoretische Möglichkeit einer chronologischen Zuschreibung an den Apostel. Jede andere Altersbestimmung aber würde klar belegen, daß die Gebeine, die in Santiago verehrt werden, auf keinen Fall die des hl. Jakobus sein können. Warum, wenn man sich der Identität dieser Gebeine so sicher ist, ordnet man nicht einfach eine solche unstrittige Altersbestimmung an?«

Die Antwort, diplomatisch seinem Arbeitgeber gegenüber, war in ihrer Art eindeutig: »Das ist nicht meine Entscheidung. Ich bin hier nur zuständig dafür, daß die Ausgrabungen, die unter meiner Verantwortung durchgeführt werden, sachgemäß und korrekt sind.«

3. EIN POLITISCHER HEILIGER

ASTURIEN IM 8. UND 9. JAHRHUNDERT

PRÄLIMINARIEN: EINE KRISENGEBURT: Lange, aus heutiger Sicht viel zu lange, hat sich sogar die seriöse Jakobs-Forschung irritieren lassen von einer Gestalt, die selbst ein Geschöpf des hohen Mittelalters war und dann bestimmend wurde für Spanien: Gemeint ist Jakob Matamoros, Jakob der Maurentöter. Gewiß war das noch embryonale Königreich Asturien ein Kind der Krise, ein Produkt der äußeren Bedrohung. Doch für die galicische Zeugung des Apostels Jakobus war ausgerechnet die islamische Gefahr der weniger wahrscheinliche Vater.

Gegen äußere Invasionsgefahren waren die Völker am Nordrand der kantabrischen Kordillere, die Basken, die Kantabrer und die Asturer, von jeher doppelt geschützt durch den schwer überwindbaren Gebirgswall der bis zu zweieinhalbtausend Meter aufragenden Picos de Europa und durch die relative Armut des Landes. Das einzige, was man sich dort holen konnte, waren blutige Köpfe. Und wenn der Aufwand größer war als die zu erwartende Beute, verlor selbst der schneidigste Eroberer die Lust an einer solch »undankbaren« Region.

Die eigentliche Gefahr im ausgehenden 8. Jahrhundert kam nicht so sehr von den Andersgläubigen als vielmehr von seiten der Glaubensbrüder, sofern man Asturien im 8. Jahrhundert überhaupt schon als christliches Land bezeichnen will. Der islamische Feind hatte gewissermaßen unfreiwillig zur Christianisierung der kantabrischen Völker entscheidend beigetragen. Denn groß war der Zuzug von hochrangigen und engagierten Christen, die auf der Flucht vor dem Islam Sicherheit in den unzugänglichen Bergen und nördlich davon suchten. Die zwei gefährlichsten Gegner der entstehenden christlichen Widerstandsstaaten am Fuße der Picos de Europa hießen aber Toledo und Aachen. Der Vorwand, unter dem diese Gegner auftraten, war der sogenannte Adoptianismusstreit. Schon vor zirka zwanzig Jahren hat Odilo Engels die Hintergründe dafür aufgedeckt.

Vom 7. November 680 bis zum 16. September 681 hatte das 6. Ökumenische Konzil in Konstantinopel zum Tagungsthema »Monotheletismus und Papst Honorius II.« eine Entscheidung gefällt. Aber auf diesem Konzil waren keine Vertreter der hispanisch-westgotischen Kirche anwesend. Das konnte man von westgotischer Seite aus nicht hinnehmen. Obwohl man in der Sache übereinstimmte, legte man Wert auf ein eigenes Urteil und eine eigene Zustimmung des spanischen Klerus.

Noch im gleichen Jahr wurde in der westgotischen Hauptstadt das 12. Konzil von Toledo einberufen. Dieses wurde aber von König Eurich zum Anlaß genommen, die Kirchenstruktur seines Reiches nach dem Vorbild von Byzanz neu zu regeln und von der Bischofsversammlung absegnen zu lassen. Wie der Patriarch von Konstantinopel war der Bischof von Toledo als Hofbischof des Königs zugleich der ranghöchste Kirchenvertreter des Westgotischen Reiches. Da der westgotische Primas aber diese Amtswürde nur seiner Hofstellung verdankte, also an diese gebunden war, wurde die sakrale Überhöhung des hispanischen Herrscherverständnisses praktisch sanktioniert. Der Ende 681 offiziell festgelegten Organisationsform der westgotischen Staatskirche war aber nur kurze Lebensdauer gegönnt.

Nach der aus arabischer Sicht erfolgreichen Invasion von 710/11 und dem damit verbundenen Zusammenbruch des Westgotischen Reiches erfolgte die weitere Ausbreitung der Mauren explosionsartig. Trotz ihrer Niederlage bei Tours und Poitiers (732) reichte die Maurenherrschaft noch über weite Teile Südfrankreichs. Die Iberische Halbinsel teilte sich künftig auf in zwei ungleiche Teile: einen übergroßen unter islamischer Herrschaft und einen winzigen Landstrich an der Nordküste, der zwar vorübergehend Córdoba tributpflichtig war, sich aber Dank der Unbeugsamkeit seiner Bewohner und eines geflüchteten westgotischen Höflings, des königlichen Gardisten Pelagius (Pelayo), schnell wieder vom afrikanischen Joch befreien konnte.

Seit 756 hatte sich die politische Struktur auch im islamisch besetzten Teil der Iberischen Halbinsel drastisch verändert. Im Jahre 750 endete in Damaskus in einem grausigen Blutbad die gesamte Familie der Umayyaden, der ersten Kalifendynastie. Nur einem Mitglied der Familie, Abd ar-Rahman ibn Mu'awiya, war es gelungen, der Blutorgie zu entkommen. Dieses damaszenische Geschehen könnte für Asturien und das Fränkische Reich ohne Belang sein, wenn es diesem letzten Umayyaden nicht gelungen wäre, sich nach Al Andalus durchzuschlagen und dort die Macht an sich zu bringen. Dort gründete er ein neues Emirat. Damit hatte der islamische Teil Spaniens ein neues politisches Zentrum gefunden.

Als wenig zuvor 739 der gewählte Kantabrer Alfons I. die Organisation des Widerstandes der spanischen Christen in die Hand nahm, war nördlich der kantabrischen Berge der Grundstein zu einer neuen Dynastie gelegt. Fast zur gleichen Zeit fand im benachbarten gallischen Raum ebenfalls ein grundlegender Machtwechsel statt. Zwischen 749 und 750 empfahl Papst Zacharias, seinerseits von den Langobarden bedrängt, den Noblen des Landes die Wahl des karolingischen Hausmeiers Pippin d. J., der dann auch zum neuen König der Franken gewählt wurde. Wie schon aus der Wahlempfehlung hervorgeht, stützten sich die Usurpatoren des fränkischen Thrones, die Karolinger, auf den Bischof von Rom. Dieser wiederum begründete seinen Primat über die anderen Bischöfe der Christenheit mit seiner direkten Nachfolge des Apostelfürsten Petrus.

Hinter diesem dreifachen Dynastiewechsel versteckt sich ein schier unentwirrbares Interessenknäuel. Ich will dieses in einer kurzen Skizze darzustellen versuchen.

WIEDER EINMAL CHRISTEN GEGEN CHRISTEN: Der zunächst spontane und dann überraschend erfolgreiche Widerstand kleiner Gruppen beherzter Freischärler nördlich der kantabrischen Bergkette hatte diese Region zum Sammelbecken der zum Widerstand bereiten nicht-islamischen Bevölkerung Spaniens gemacht. Die Vorrangstellung der in Personalunion von Alfons I. verbundenen Asturer und Kantabrer griff bald auf Galicien und das Baskenland aus. Der Widerstand der Galicier konnte aber erst 775 gebrochen werden.

Doch verstanden sich die asturisch-kantabrischen Heerführer gemäß der westgotischen, sprich germanischen Tradition nicht als gesalbte Könige, vielmehr als gewählte Herzöge oder Fürsten. Der rasche Wechsel der asturischen Fürsten nach dem Tod von Alfons I. ist typisch für diese erste Phase: Fruela 757–768, Aurelio 768–774, Silo 774–783, Mauregatus 783–788, Bermudo I. 788–791; erst danach konnte der Enkel des ersten Alfons und Sohn des Fruela als Alfons II. die Führung des jungen Staatsgebildes übernehmen.

Pelayo

Zwischen den so unterschiedlich großen und fast gleichaltrigen Staaten Asturien und Al Andalus herrschte weitgehend Waffenstillstand; beide Länder hatten ihre internen Probleme. So mußte auch Abd ar-Rahman I. seine Macht erst verteidigen und festigen und seinen neuen Staat organisieren. Nur in der Regierungszeit des Mauregatus erfolgte ein schwerer Angriff auf den unbotmäßigen Norden, den der asturische Herrscher nicht nur erfolgreich abwehren konnte, es gelang ihm sogar, die Mauren bis zum Minho zurückzudrängen. Durch diesen Erfolg galt Mauregatus als Verteidiger der Christenheit. Und eben diese Christenheit lief gerade während seiner Regierungszeit Gefahr, sich zu spalten.

Ohne es gewollt zu haben, wurden die jungen Herrscher Asturiens nicht nur in einer existentiell entscheidenden militärischen Situation zu Vorkämpfern eines christlichen Abendlandes, auch auf dem Feld des Glaubens – Christen gegen Christen, wie schon im Falle des Priscillian – wurden sie in einen theologischen Konflikt von europäischer Tragweite hineingezogen.

Genau hundert Jahre nach dem für die westgotische Kirche entscheidenden Konzil von Toledo (681) begann sich unter den spanischen Christen ein neues Christus-Bild immer größerer Beliebtheit zu erfreuen. Theologischer Wortführer dafür war Felix, der Bischof von Urgell in den Ostpyrenäen. Diese Form des Christus-Bildes nannte sich Adoptianismus:

»Unter Adoptianismus faßt man jene Formen des Christusverständnisses zusammen, die in Jesus von Nazareth einen nach Analogie der atl. Propheten mit Gottes Geist ausgestatteten oder nach Art der griechischen Apotheose zu Gott erhobenen Menschen sehen. Für den strengen A. ist Jesus ein ›bloßer Mensch‹, aber von Gott an Sohnes statt angenommen.« (LThK)

Bei seinem Amtsantritt im Jahre 783 fand Erzbischof Elipandus von Toledo zwei große kirchenpolitische Probleme vor. Zum einen bekleidete er als Primas der westgotischen Kirche ein Amt, das seit der islamischen Invasion seine Daseinsberechtigung verloren hatte: Es gab kein westgotisches Königshaus mehr, an das der Titel des Primas von Spanien gebunden war. Zum anderen hatte er über eine Schar von Gläubigen zu wachen, die in einem Land lebte, das von »Ungläubigen« beherrscht wurde. Diese Andersgläubigen, die Anhänger Mohammeds, glaubten zwar auch an Christus, aber nur als einen Propheten, nicht aber als Gottes leibhaftigen Sohn. Der Adoptianismus ging in eine vergleichbare Richtung und hätte das Zusammenleben von Christen und Moslems gewiß erheblich entkrampft.

Einerseits um die Eigenständigkeit der westgotischen Kirche und seine Richtlinienkompetenz in Glaubensfragen zu demonstrieren, andererseits aus Verantwortung für seine ihm anvertraute Herde entschied sich Erzbischof Elipandus für den Adoptianismus. Das 784 einberufene Konzil in Sevilla brachte hinsichtlich des Adoptianismusstreites keine Einigung und bereitete damit den Zerfall der westgotischen Kirche vor. Die Fundis unter den spanischen Christen sagten Erzbischof Elipandus den Kampf an. Die Leitfigur der Traditionalisten war ein gewisser Beatus.

Nach den ersten militärischen Erfolgen der asturischen Landesverteidiger wurden die kantabrischen Berge und das Land dahinter zum begehrten Fluchtort für glaubensstrenge Kleriker und Mönche aus Innerspanien. Viele Klostergründungen in Asturien gehen auf solche Glaubensflüchtlinge zurück. Man floh also nicht vor dem Islam, sondern vor den adoptianistischen Bischöfen des Landes. Allein im Tal von Liebana sind mindestens fünf solcher Gründungen aus dieser Zeit bekannt: Santa Maria de Lebeña, San Torribio de Liebana, San Salvador de Caldas, Santa Maria de Cosgaya und San Salvador de Belena. Hier war das geistige Zentrum mit entsprechenden Bibliotheken, in dem aller Wahrscheinlichkeit nach die dem Beatus zugeschriebene erste Fassung des Apokalypsenkommentars entstehen konnte.

Hierhin hatte sich auch ein hochangesehener Toledanischer Kleriker und Elipandus-Gegner unter dem Mönchsnamen Beatus zurückgezogen. Doch sein Wissen, sein offensichtlich bekannter kirchlicher Rang und seine kämpferische Haltung machten ihn schnell zu einer führenden Persönlichkeit im Umkreis des Hofes von Mauregatus. Zusammen mit seinem Freund und Schüler Eterius, Bischof von Osma, verfaßte er noch 785 eine Kampfschrift gegen Elipandus *(Adversus Elipandum)*. Im gleichen Jahr ist er persönlich anwesend, als Adosinda, die Witwe des Silo und Tante des späteren Alfons II., in das von ihrem Gatten gegründete Kloster Pravia eingewiesen wird. Beatus ist es auch, der durch seinen Briefwechsel mit Alkuin den diplomatischen Kontakt mit Aachen einfädelt. Zu seiner

Ideologie gehört es zudem, die siegreichen Fürsten von Asturien als rechtmäßige Nachfolger der westgotischen Könige aufzubauen. Und wie man einen solchen König legitimiert, dafür gab es damals nur einen bekannten Weg.

In den Geist dieser proasturischen und antitoledanischen und antiadoptianistischen Ideologie fügt sich auch der ebenfalls um 785 auf Mauregatus geschriebene Hymnus »O Dei verbum« nahtlos ein. Die in Asturien exilierte, aus Gegnern des Elipandus bestehende Kirchenprominenz fand sich konzentriert am Fürstenhof von Asturien wieder. Diese Vertreter der westgotischen Tradition betrieben künftig gezielt die ideologische Inthronisation der asturischen Fürsten als legitime Nachfolger der von den Mauren vernichteten westgotischen Könige. Und in diese Zielsetzung paßte exakt die außerspanische Nachricht von der persönlichen Mission des Apostels Jakobus in Spanien.

Wiederum zeitgleich dazu hatten die neuen politischen Partner karolingischer König und Bischof von Rom in Gestalt von Karl dem Großen und Papst Zacharias beschlossen, sich um die bedrohte Südflanke des Fränkischen Reiches zu kümmern. Der erste Anlauf dazu hatte 778 in einem militärischen Desaster vor Saragossa geendet (siehe Rolands-Lied). Aber die Bischofsstadt des Chefideologen des Adoptianismus, Urgell, gehörte zur spanischen Mark und damit zum Interessengebiet des fränkischen Herrschers. Über Urgell bot sich ein Pyrenäentor, um sich in die innerspanische kirchliche Auseinandersetzung einzumischen. Die asturischen Freiheitskämpfer waren dabei auf dem römisch-fränkischen Schachbrett bestenfalls Bauern.

Nachdem man auf fränkischer Seite aber sehr schnell gemerkt hatte, daß selbst der Metropolit in Toledo keinen Einfluß auf die frei gebliebenen Asturer, Galicier und Kantabrer hatte, ganz zu schweigen von den Basken, daß kein spanischer Bischof ein Interesse an der Übernahme der römischen Liturgie zeigte und seit 791 in Asturien ein Herrscher regierte, der sich als gesalbter König verstand, mußte man umdenken und das ehrgeizige Ziel einer Einbindung der spanischen Kirche in den Orbit Roms fallenlassen. Auf den Konzilien von Regensburg (792) und Frankfurt (794) werden Asturien und Restspanien als zwei verschiedene Kirchen geführt.

EIN NEUES KÖNIGSHAUS IM ABENDLAND ODER: DIE REFORM DES »KEUSCHEN« KÖNIGS: Erst mit dreiundzwanzig Jahren Verzögerung durch andere Führer aus der gleichen Familie wurde dem inzwischen neunundzwanzigjährigen Sohn des Fruela, nämlich Alfons II., genannt der Keusche, die Leitung des Landes in die Hand gegeben. Damit beginnt ein neues Kapitel der spanischen, wenn man so will der europäischen Geschichte. Dieser Alfons der Keusche eröffnet die Reihe der großen Könige, die während ihrer langen Amtszeit entschieden die Vereinigung Spaniens vorantreiben werden: Alfons III., Sancho der Große und Alfons VI.

Ob beeinflußt vom Klerikerkreis um Beatus oder nicht, dieser offensichtlich sehr zielstrebige neue Regent versteht sich von Anbeginn seiner Regierung als König von Asturien. Die ersten fünf Jahre seiner Amtszeit werden bestimmt von schweren Attacken der Mauren, bei denen 791 und 794 auch die künftige Hauptstadt Oviedo eingenommen und zerstört wird.

An der Stelle des späteren Oviedo hatte sich vermutlich in der Regierungszeit des Fruela, des Vaters von Alfons II., der aus Spanien geflohene Mönch Maximus niedergelassen und mit Förderung des asturischen Führers ein Kloster gegründet, in dessen Nachbarschaft sich Fruela selbst eine kleine Pfalz und eine dem Erlöser geweihte Kirche errichten ließ. Diese Pfalz seines Vaters bestimmte Alfons nun nach 795 zu seiner künftigen Residenzstadt. Viele Forscher haben wohl zu Recht angemerkt, daß es sicher kein Zufall war, daß der junge Herrscher von Asturien, Galicien und Kantabrien, kaum daß der letzte katastrophale Angriff der Mauren beendet war, seine Residenz zur Hauptstadt ausbauen ließ. Die ideellen Vorbilder für die entstehende neue Metropole waren ganz klar Aachen und Byzanz. Das direkte Vorbild aber war natürlich das einst königliche Toledo.

Als Fortsetzer der westgotischen Königstradition ließ Alfons II. 795, also genau ein Jahr nach dem Konzil von Frankfurt, das den Adoptianismus als Irrlehre verurteilt hatte, an seinem Hof die Toledaner Traditionen und Zeremonien wieder einführen (»Gotorum ordinum sicuti Toleto fuerat«, nach der Chronik von Albelda).

Militärisch ging Alfons II. nun sogar zur Gegenoffensive über und drang bis Lissabon vor. Der Duero wurde für zirka zwei Jahrhunderte zur taktischen Frontlinie nach Al Andalus hin. Als Bündnispartner sprach Alfons II. den fränkischen König Karl an. In

Aachen meldeten sich seine Unterhändler selbstbewußt als »Gesandte des Königs von Galicien und Asturien« an und kehrten 798 mit einem Beistandspakt nach Oviedo zurück. Alfons II. war mit dieser von Aachen gegengezeichneten Beistandsurkunde offiziell in den Kreis der christlich-abendländischen Herrscherhäuser aufgerückt.

Nach dem Vorbild von Toledo war die asturische Kirche eine palatinische, das heißt, alle Vertreter der Landeskirche, ob Priester, Mönche, Äbte oder Bischöfe, unterstanden direkt dem Landesherrn. Dies war ganz im Sinne der traditionsbewußten Spanien-Flüchtlinge am asturischen Hof. Man wollte lieber dem eigenen Landesherrn als dem fernen Bischof von Rom oder dem König der Franken unterstellt sein. Letztlich blieb auch den nordspanischen Christen durch ihre extreme Abtrennung und Isolation von Rom gar keine andere Wahl.

Alfons berief in seiner neuen Hauptstadt ein Konzil ein, auf dem vermutlich das Bistum Oviedo ins Leben gerufen wurde. Die vielen Religionsflüchtlinge aus dem restlichen Spanien hatten zahllose Reliquien mit in ihre neue Exilheimat gerettet, von denen viele in der königlichen Schatzkammer ihre Aufbewahrung fanden. Wichtig aber war hinter all diesen königlichen Maßnahmen, daß der Kampf gegen die Mauren nicht in erster Linie ein Kampf gegen Andersgläubige war, sondern – in Fortsetzung der westgotischen, 654 von Reccesvinth promulgierten *Liber iudiciorum* formulierten Reichsidee – eine Wiederherstellung der Monarchie über ganz Spanien *(totius Hispaniae)*.

Die Rückeroberung Spaniens unter eigenen Königen war also schon das erklärte politische Endziel von Alfons dem Keuschen. Alles, Krieg, Politik und Religion, war diesem Ziel der Reconquista untergeordnet. Zwar hatte Aachen grundsätzlich das asturische Königreich anerkannt, aber die eigentliche Legitimation, die Weihe sozusagen, fehlte dem jungen Staat bzw. der neuen Dynastie. Wie man sich eine solche unabhängig von Rom beschaffen konnte, dafür gab es hinlänglich Vorbilder. Die wichtigste Voraussetzung dafür war eine urchristliche Legitimation, am besten durch einen direkten Schüler von Jesus, einen Apostel.

TOTE HEILIGE ALS MACHTFAKTOR: Um die Mitte des 8. Jahrhunderts war in weiten Regionen, vor allem im gallischen und kernfränkischen Raum, die Christianisierung abgeschlossen. Die in frühkarolingischer Zeit entstandenen Klöster und Glaubenszentren hatten, wie schon erwähnt, einen ungeheuren Bedarf an Reliquien. Um die gleiche Zeit hatte sich der Langobardenkönig Aistulf (749–756) im besetzten Rom recht großzügig in den dortigen Katakomben bedient und sackweise Reliquien frühchristlicher Märtyrer nach Pavia geschleppt. Ein klassisches Beispiel einer politischen Translation war die der »unverwesten« Reste des hl. Hubertus von Lüttich nach Maastricht im Jahre 743. Für das neugegründete Kloster Tegernsee fehlten allein noch die nötigen Gebeine eines Heiligen. Also pilgerten die gräflichen Stifter von 765 bis 770 zwecks Reliquienbeschaffung gemeinsam nach Rom.

Die zweite Hälfte des 8. Jahrhunderts kennt bereits regelrechte Reliquienhamstereien und ein Ansteigen der Reliquienpreise nördlich der Alpen, wo der Bedarf seinem Höhepunkt entgegengeht. Besonders die neue Dynastie der Karolinger hatte großen Reliquienbedarf, um die Gottgewolltheit ihrer Herrschaft bei den vielen neuen Gläubigen unter Beweis zu stellen. Von den angesammelten Resten der frühchristlichen Glaubenshelden sollte etwas Glanz auf die neuen Glaubenshelden, die Karolinger, abfallen. Zeitgleich kam, die Wertschätzung der Reliquien noch erhöhend, der Bilderstreit in Byzanz hinzu.

Das zweite Konzil von Nicaea hatte 787 die Verehrung der Bilder zwar eingeschränkt, aber die Wunderwirksamkeit der Reliquien erneut bestätigt. Schenkung, Kauf, Erwerb durch Gütertausch oder Diebstahl von Reliquien, alles war erlaubt, Hauptsache, der Besitz von Reliquien war das Ergebnis. Daneben begannen die Karrieren des Mont-Saint-Michel und der wundertätigen Madonna von Montserrat als Pilgerzentren. Manchmal war es billiger und weniger aufwendig, statt zu kaufen oder zu stehlen, wichtige Reliquien zu »entdecken«, zum Beispiel in Mantua, wo Partikel des Heiligen Blutes gefunden wurden. Auch Staatsgeschenke konnten das nun »kaiserliche« Depot in Aachen anreichern. So schenkte genau im Jahre 800 die byzantinische Kaiserin Irene Karl dem Großen das Heilige Gewand Christi.

Gelegentlich wurde, um den Wert des eigenen Heiligen oder Märtyrers anzuheben, dieser mit einem homonymen älteren Märtyrer gleichgesetzt. So brachte 827 der Abt von Saint-Denis das Gerücht in Umlauf, der in seinem Kloster begrabene Heilige wäre identisch mit

Dionysius Areopagitus, dem Paulus-Schüler. Noch besser war es natürlich, wenn man sich einen kompletten Apostel »besorgte«, wie die junge Seehandelsrepublik Venedig, die 828/29 zuschlug und sich ihren Markus in Alexandria holte. 865 schlich sich der Mönch Ariviscus von Conques bei seinen Mitbrüdern in Agen ein und entwendete dort die Gebeine der hochverehrten Märtyrerin Fides (gest. 304). Danach ging es sprunghaft aufwärts mit der Wallfahrt nach Conques.

Auf diese und ähnliche Weise gewannen im 8. und 9. Jahrhundert viele Regionen, Länder und Städte ihren ganz eigenen Heiligen, ihren persönlichen Schutzpatron bzw. ihre Schutzpatronin. Ein Volk ohne seinen Nationalheiligen war ein vor Gott nicht bestehender Staat.

Spanien hatte nur zwei große, auf der ganzen Halbinsel verehrte Märtyrer, den hl. Vinzenz von Saragossa und die hl. Eulalia von Merida, beide 304 während der diokletianischen Christenverfolgung ums Leben gekommen. Hinzu kamen regionale Heilige wie S. Fructuosus und Martin von Braga, der hl. Felix von Gerona etc. Durch die Flucht zahlreicher Priester und Mönche nach Asturien war Oviedo zum größten Kirchenschatz zumindest Spaniens gekommen, aufbewahrt in der königlichen Schatzkammer, der *Camera Santa*.

Mit großem Pomp fand die Heimführung der hl. Eulalia von Merida nach Oviedo im Jahre 802 statt. Ebenfalls unter Alfons II. erfolgte 812 eine großherzige Stiftung für die Salvatorkirche in Oviedo. In der Stiftungsurkunde wird Bezug genommen auf einen Jakobus. Doch der ist eindeutig der Patriarch Jakob aus dem Alten Testament. Von einem Apostel Jakobus weiß man in Oviedo um 812 noch nichts!

DAS PROBLEM DER APOSTOLIZITÄT ODER: WIE LEGITIMIERT MAN EINEN KÖNIG?

»HERR UND GOTT« UND DOCH CHRIST – DAS VORBILD KONSTANTINS: Das innige und schier unentwirrbare Amalgam aus Politik und Religion, aus Staat und Kirche, das so sehr dem Mittelalter wesensgemäß scheint, war auch für die römische

Antike durchaus alltäglich, ja gelebte Normalität. Als sich die wortgewaltigen Verteidiger des »reinen« Christentums ab zirka 200 gegen heteromorphe und synkretistische Formen des praktischen Christenglaubens entschieden zur Wehr setzten, taten sie dies mit dem Hinweis auf die Auslegung des Nazareners, wie sie in den Gemeinden üblich war, die noch direkt von einem Christus-Schüler oder Zeitgenossen gegründet worden waren.

Als berufene Zeugen galten die Vorsitzenden der Christengemeinden in Ephesus, Philippi und Korinth. Antiochia (Petrus) und Alexandria (Markus) hatten innerhalb der Korona erlauchter Christengemeinden eine Sonderstellung errungen. Das *caput mundi* Rom hatte sich durch Aufgreifen eines Ende des zweiten Jahrhunderts in Korinth aufgekommenen Gerüchts, daß Petrus in Rom den Märtyrertod erlitten haben soll, zusammen mit dem nachweisbar in Rom hingerichteten Paulus, in den Kreis der apostolischen Bischofssitze eingereiht.

Eine zweite, ganz und gar unchristliche Tradition in der Herleitung von Vorrangstellungen unter Gleichen führte der erste christliche Herrscher auf dem Caesarenthron, Konstantin der Große, ein. Süffisant könnte man anmerken, daß die christliche Kirche in dem Augenblick, als sie die Möglichkeit hatte, mächtig zu werden, schwach geworden ist. Um aus einer zeitweise verfolgten, im Versteck lebenden zu einer staatlich anerkannten, ja bevorzugten Religion zu werden, wurden Konzessionen gemacht, die ganz und gar nicht im Sinne des Gründers waren. Und in Sachen römisches Sakralrecht hatte der Neuchrist Konstantin keine Kompromisse gemacht.

Nach dem Sieg über seinen Kontrahenten Maxentius an der Milvischen Brücke (312) hatte der neue Imperator Roms spontan gehandelt, sowohl als dankbarer Sieger gegenüber seinem neuen Gott und Retter (Salvator) als auch als handelnder Pontifex maximus des römischen Sakralrechts. Aus Rache verfolgte der Sieger Konstantin die treuesten Anhänger seines besiegten Gegners, die Elitetruppen des Maxentius, die sogenannten *equites singulares*. Diese hatten beim Palast der Laterani ihre Kaserne und ihre Familiengräber. Der amtierende *dominus et deus* bestrafte die Anhänger des Maxentius mit der *damnatio memoriae* (Auslöschung des Gedenkens), indem er Häuser und Gräber der *equites singulares* abreißen, das Gelände einebnen und auf der freigewordenen Fläche seinem Gott einen Tempel errichten ließ.

Diese Prunkbasilika weihte er kraft seines Konsekrationsrechts dem Retter (Salvator) und schenkte Kirche und Gelände der Laterani Silvester I., dem Bischof von Rom, als künftigen Amtssitz. Außerdem zeichnete Konstantin diese erste christliche Basilika Roms mit dem Titel »Basilica Constantiniana, omnium ecclesiarum Urbis et Orbis mater et caput« aus.

Die Kirche, genauer ihre führenden Vertreter, hatten in dieser für sie angenehmen Form der Ausübung des römischen Sakralrechts nichts gegen eine heidnische Rechtstradition einzuwenden, zumindest nicht mehrheitlich. Konstantin konnte 313, direkt nach der Erringung seiner imperialen Machtfülle, noch nicht ahnen, daß er gut zehn Jahre später als Alleinherrscher über das gesamte römische Weltreich dessen Hauptstadt an den Bosporus verlegen und damit seiner neuen Hauptstadt ein Legitimationsproblem aufbürden würde. Er hatte damals ebensowenig die recht unchristliche Eitelkeit der stadtrömischen Kirche in Fragen der Ranghöhe ahnen können.

Die Gleichsetzung seines von Jugend an verehrten und unbesiegten Sonnengottes *(sol invictus)* mit dem zum Himmel gefahrenen Christus Salvator mochte auch aus christlicher Sicht duldbar erscheinen. Die übliche Apotheose (Vergöttlichung) nach dem Tod des Kaisers konnte die Kirche ihm aber nicht in Aussicht stellen.

Konstantin in seiner genial pragmatischen Art fand auch dafür einen Ausweg. Wenn schon nicht als Gott, dann als Nachfolger Christi in Form eines Apostels, als dreizehnter Apostel sozusagen, ließ er sich dann konsequenterweise doch noch verewigen. Seine persönlich entworfene Grabeskirche in Konstantinopel weihte er den zwölf Aposteln. Inmitten von beidseitig sechs Apostelkenotaphen stand im Chor der konstantinischen Grabeskirche – ikonographische Anlehnungen an die Grabeskirche des Herrn in Jerusalem sind durchaus vorstellbar – der Sarkophag mit den sterblichen Resten des Heilskaisers, dem damit apostelgleichen *(isoapóstolos)* christlichen Herrscher.

Es spricht aus der Konzeption der zwölf Apostelsarkophage und der Denktradition des auf seine Art sicher christlichen Kaisers viel dafür, daß die Füllung der noch leeren Apostelsärge mit den originalen Resten durchaus geplant war, so daß Konstantin tatsächlich inmitten der Herrenjünger *(apud sanctos)* für immer geruht hätte. Daß es nicht zur Ausführung kam, lag gewiß an dem zu diesem Zeitpunkt nicht vorhersehbaren Tod des Kaisers.

Daß sich Konstantin als zweiter Christus sah, geht schon aus der Aufstellung der Helios-Statue aus Ilion (Troja) hervor, die seine Gesichtszüge trug. Am Sockel der tragenden Porphyrsäule stand zu lesen: »Konstantin, der leuchtet wie die Sonne«. Sein nicht erfüllter Wunsch, wie der Herr im Jordan getauft zu werden, und sein Tempel, in dem er als der dreizehnte Apostel (Christus selbst) ruhen sollte, sind deutliche Signale.

Dieser klar erkennbare Wunsch des verstorbenen Sonnenkaisers galt seinen unmittelbaren Nachfolgern noch als Auftrag. Am 3. März 357 trafen in Konstantinopel die ersten der zwölf ins Auge gefaßten Apostel ein, Andreas und Lukas (Ev.). In der *Vita Constantini* des Eusebius, des persönlichen Freundes und Beraters des Kaisers, heißt es: »Dies alles weihte der Kaiser, um für alle das Andenken der Apostel unseres Sotér zu verewigen. Er baute aber, indem er noch etwas anderes plante, [das] zum Schluß aber allen offenbar wurde.« Und der recht zuverlässige Kirchenhistoriker Sokrates (gest. 450) weiß noch, daß Konstantin seine Grabeskirche so baute, daß der Leib des Kaisers nicht von den Apostelreliquien getrennt werden könnte.

Dieser letzte Hinweis ist besonders interessant, weil er ausdrücklich von Apostel*reliquien* spricht. Konstantin als beabsichtigter dreizehnter Apostel (und gemeinter Christusgleicher) hatte gewiß nicht geplant, zwischen leeren Apostelsärgen (Kenotaphen) zu ruhen. Das wäre seiner nicht würdig gewesen. Der Ansatz zur Apostelbeschaffung ist ja denn auch historisch belegt. Wenn aber – und das ist für Galicien wichtig – Konstantin wirklich die Absicht hatte, inmitten der tatsächlichen Apostelleiber auf die Wiederkunft des Herrn zu warten, dann muß damals, zumindest in den Köpfen seiner engsten kirchlichen Ratgeber, eine Vorstellung vom Verweilort der einzelnen Apostelleiber bestanden haben, auch von dem des Jakobus!

Wie sehr der erste christliche Kaiser, der noch keine Heiligen- und Märtyrerkirchen errichten ließ – die waren damals noch nicht tempelwürdig –, seine religiösen Berater mit seiner Apostelkirche ausgetrickst hatte, formuliert der Byzantinist und Konstantin-Biograph Dörries genüßlich: »Vielleicht zeigt sich die Religionspolitik Konstantins nirgends schillernder, beziehungsreicher und ingeniöser als in dieser Christianisierung des triskaidékatos theós (13. Gott)... Daß er dabei auf dem Umweg über triskaidékatos apóstolos (13. Apostel) sich selbst einen Ersatz schaffen kann für die ihm versagte Ehre des divus, des triskaidékatos theós, das diente der Befriedigung des eigenen Ehrgeizes.«

Die Apostolizität spielte aber auch innerhalb der kirchlichen Hierarchie eine ganz wesentliche Rolle. Spätestens seit dem ersten ökumenischen Konzil in Nicaea war dem auf Einheit bedachten Imperator bewußt geworden, daß die Vertreter der Christen, die Bischöfe, alles andere als zahme Lämmer waren und für viele von ihnen Christi höchstes Gebot von der Nächstenliebe nur Schmuckstück an der meist kostbaren Robe war; Ehre, Rang und Ansehen waren auch diesen »christlichen« Würdenträgern vorrangig. Dies galt ganz besonders für den Bischof von Rom, Silvester I.

Zum großen Konzil war er selbst nicht angereist, er hatte nur zwei Legaten als Beobachter und Vertreter der römischen Belange entsandt. Als diese, in die Urbs zurückgekehrt, vom diplomatischen Ausgang mit der Formel »wesensgleich« berichteten, interessierte Silvester in erster Linie die Rangfolge der Bischöfe. Konstantin hatte ihm ja seine Salvatorkirche mit dem Titel »Haupt und Mutter aller Kirchen in Rom und auf der ganzen Welt« ausgestattet. Erst als der Kaiser dem römischen Bischof die Rangfolge Rom, Alexandria und Antiochia bestätigt hatte, war er bereit, das nizänische Bekenntnis zu unterschreiben.

Daß Konstantin dies so prompt und bereitwillig zusagen konnte, ist ein deutlicher Hinweis darauf, daß er 325 Rom noch als »seine« und des ganzen Reiches Hauptstadt ansah, ein Umzug an den Bosporus zu diesem Zeitpunkt also noch keine festen Konturen in seiner Reichsplanung angenommen hatte. Als dann fünf Jahre später das Neue Rom, das seinen Namen trug, eingeweiht wurde, hatte er aus christlicher Sicht nur noch eine »zweitrangige« Metropole. Rom berief sich in seiner vom Kaiser persönlich zugesicherten Vorrangstellung in Glaubensfragen vor allem auf seinen apostolischen Ursprung durch Petrus, den nach römischer Ansicht ranghöchsten Christus-Schüler.

JUSTINIAN UND DIE APOSTEL: Nach den ersten Erfahrungen im neuen Verhältnis zwischen Staat und Kirche (seit 381 Staatskirche) gab es ernsthaft warnende Stimmen. Man erinnere sich nur an den Fall Priscillian!

Schon kurz nach 400 wandte sich vor allem Augustinus von Nordafrika aus in seiner Schrift vom *Gottesstaat (De civitate Dei)* gegen den christlichen Rom-Gedanken eines Eusebius, ja gegen jede Form von politischer oder politisierender Religiosität. Doch der hl. Augustinus blieb ein Rufer in der Wüste. Vergeblich hatte er versucht, einen Damm zu errichten gegen eine Flut, die auf die junge Religion zutrieb und nicht mehr aufzuhalten war.

Eines der Beispiele dafür sind die Vorgänge beim Machtwechsel im Frankenreich und in Nordspanien nach der arabischen Invasion. Was dabei die Rolle des Apostels Jakobus angeht, so war bis zum Anfang des 9. Jahrhunderts davon nichts, aber auch gar nichts erkennbar.

Bleiben wir aber noch einen Augenblick beim großen Vorbild Konstantinopel. Dort war nach den Kaisern Konstantin I. und Theodosius I. seit 527 mit Justinian wieder eine bezwingende Gestalt im Blachernenpalast eingezogen. Zu seiner erfolgreichen Restaurationspolitik gehörte unter anderem die Stärkung der christlichen Religion bei gleichzeitiger rigoroser Verfolgung noch überlebender heidnischer Bräuche und Einrichtungen.

So ließ Justinian in seinem zweiten Regierungsjahr in Athen die dortige Philosophenschule schließen. Die Rückeroberung (Reconquista) verlorengegangener Reichsgebiete, zum Beispiel in Italien an die Ostgoten, in Spanien an die Westgoten und in Nordafrika an die Vandalen, wurde auch religiös begründet. Es würde sehr viel Naivität erfordern anzunehmen, daß das zeitliche Zusammenfallen von byzantinischer Reconquista und das Aufkommen der neuen griechischen Apostelkataloge mit der neuen Länderverteilung der Apostelmission purer Zufall sei. Ein innerer, gedanklicher Zusammenhang ist leicht herstellbar.

Daß das Aufkommen der neuen Apostelkataloge und der Zeitpunkt der justinianschen Restaurationspropaganda nicht zufällig zusammenfallen, wird noch erhärtet durch den Umstand, daß sich in der ersten Hälfte des 6. Jahrhunderts in Konstantinopel selbst die Legende vom Apostel Andreas als dem Erstberufenen aller Jünger ausbreitet. Durch diese Vorstellung vom eigenen Apostel, das heißt von dem Apostel, der Griechenland missioniert haben soll, dessen Leichnam man in Konstantinopel beherbergte und dessen Vorrangstellung unter den Zwölfen auf seine Erstberufung gestützt wurde, konnte man sich gegen den Primatsanspruch von Rom behaupten, das an seiner petrinischen Doktrin festhielt.

Auch Justinian verstand sich wie seine Amtsvorgänger nach Konstantin als apostelgleicher *(isoapóstolos)* Heilskaiser und Gesalbter *(basileios)*. Als solcher ließ er die alten konstantinischen Kirchenbauten verschönern und vergrößern, auch die Apostelkirche. Gerade durch die Erneuerung der Apostelkirche weiß sich Justinian bei seiner Restaurierung des Reiches und der angestrebten Wiederherstellung der alten Grenzen in der Reichsideologie des Zwölf-Apostel-Kultes beheimatet.

Nach der inneren Krise des Bilderstreits war auch Konstantinopel darum bemüht, mit Hilfe des Apostels Andreas seine Apostolizität erneut herauszustreichen. Gerade dieser Streit hat Alt- und Ostrom mehr auseinanderdividiert als theologische Glaubensunterschiede. Wer immer sich als eigenständige Kirche gegen den römischen Primatsanspruch behaupten wollte, mußte der petrinischen Tradition einen eigenen Apostel oder Weggefährten des Herrn entgegenstellen.

Zur Rechtfertigung der fränkischen Reichskirche reichte der hl. Martin von Tours als Landespatron nicht, aus ideologischen Gründen mußte der andere Landespatron, der Märtyrer Dionysius, in eins gesetzt werden mit dem namensgleichen Paulus-Schüler Dionysius Areopagitus. Dies geschah, wie wir hörten, im Jahre 827, gerade mal zwei Jahre vor der angeblichen Auffindung des Jakobs-Grabes in Galicien!

Nach der Zerschlagung des Langobardenreiches von Pavia durch Karl den Großen im Jahre 774 löste sich unter Arechis II. das Herzogtum Benevent aus dem langobardischen Reichsverband heraus und begann seine autonome Geschichte als Fürstentum. Eingeklemmt zwischen den großen Machtblöcken islamische Welt, Byzanz und Fränkisches Reich hatte auch die junge süditalienische Dynastie Legitimationssorgen, die aber nach der damals üblichen Verfahrensweise gelöst wurden.

Fürst Sico I. (818–832) entführte mit Waffengewalt aus Neapel den dortigen Stadtheiligen Januarius und brachte die Gebeine nach Benevent. Ähnliches unternahm sein Nachfolger Sicardus (832–839), der sich aus dem wehrlosen Lipari die Gebeine des Apostels Bartholomäus »besorgte«. Jetzt hatte das neue Fürstentum seinen repräsentativen Staatsheiligen. Außerdem hatten die Beneventaner Langobarden nach dem Vorbild von Konstantinopel ihre Hofkirche der hl. Weisheit (Hagia Sophia) geweiht.

DIE ASTURISCHE NOT: Den Apokalypsenkommentar mit seiner Missionszuweisung von Spanien an Jakobus und die Anrufung des Apostels als »Patronus vernulus« im Hymnus »O Dei verbum« an Mauregatus mögen die asturischen Herrscher bis einschließlich Alfons II. wohl gerne gehört haben. Dem Umstand, daß die gebildeten Flüchtlinge aus Innerspanien am asturischen Hof den Apostel als Patron sozusagen bereitstellten, war sicher ein fruchtbarer Boden bereitet. Doch diese beiden Hinweise auf Jakobus in spanischen Texten sind leider bis weit ins 9. Jahrhundert die einzigen geblieben.

Selbst in der Politik des neuen asturischen Königs Alfons II. mit seiner fünfzigjährigen Regierungszeit sind eine vom Jakobs-Kult geprägte Ausrichtung und eine apostolische Legitimation seiner Eigenkirche nicht zu erkennen. Die überschwengliche Feierlichkeit beim Transfer der Gebeine der hl. Eulalia nach Oviedo, die Einrichtung der *Camera Santa* in der asturischen Palastkapelle und die Patrozinien der neuen Kirchen in der asturischen Hauptstadt – deren Hauptkirche war dem Erlöser und den zwölf Aposteln geweiht – stehen für sich, ohne Verbindung zum späteren Nationalheiligen. Der ist konkret noch nicht in Sicht.

Die Erfahrungen im Verlauf des Adoptianismusstreits, der nach wie vor im Raum stehende Primatsanspruch von Toledo und der mit fränkischer Hilfe geplante, allerdings kläglich gescheiterte Versuch, die spanische Kirche unter römische Vormundschaft zu stellen, haben es für das junge asturische Königshaus und dessen Eigenkirche nach byzantinischem und westgotischem Vorbild sicher günstig erscheinen lassen, sich mit einem Apostel legitimieren zu können. Byzanz und Oviedo hatten gegenüber Rom ein Problem: Byzanz hatte einen Apostel, aber keinen Nachweis für dessen Mission in Griechenland, und Oviedo hatte zwar die Legende einer Spanien-Mission durch den Apostel Jakobus für sich zu verbuchen, aber nicht den zugehörigen Leichnam bzw. dessen Grab.

Beides mußte erst durch eine *inventio* (Erfindung) geschaffen werden. »Den außerrömischen Kirchen blieb infolgedessen um ihrer Selbstbehauptung willen keine andere Lösung, als sich um den Nachweis einer eigenen Apostolizität zu bemühen.« (Engels)

DER APOSTOLISCHE STUHL VON COMPOSTELA: Erst unter dem kirchenpolitisch äußerst aktiven Gespann Sisnandus, Bischof von Iria-Compostela, und Alfons III. (866–910) wurde, gezielt und auf propagandistische Außenwirkung bedacht, Compostela als Apostelstadt aufgebaut. Ab dem letzten Viertel des 9. Jahrhunderts erfahren wir, diesmal aus authentischen königlichen Briefen, Urkunden, Stiftungen etc., vom Grab des Apostels, der dort angeblich vom Vorgänger Alfons II. errichteten ersten bescheidenen Gedenkstätte, vom Neubau mehrerer Kirchen und von Pilgern zu diesem Grab des hl. Jakobus.

Das Vorbild dieser nun apostolischen Stadt war nach Diaz y Diaz der Lateran in Rom. Neben anderen Bauten entstand die Grabeskirche des Apostels mit seiner Krypta, die bis zur Zerstörung durch Almansur 997 bestand und deren Grundmauern bei den Grabungen der fünfziger Jahre sichergestellt wurden. Ab 1077 wurde dann unter Bischof Diego Pelaez der romanische Kathedralbau begonnen.

Der Bauherr der ersten monumentalen Jakobs-Kirche, Bischof Sisnandus, betonte ausdrücklich die Zusammenhänge zwischen Alfons III. und dem ersten christlichen Kaiser Konstantin einerseits und sich selbst und Papst Silvester I. andererseits. Mit großem Pomp und im Beisein zahlreicher kirchlicher und weltlicher Würdenträger wurde die neue Kirche am 6. Mai 899 eingeweiht.

Zum Zwecke der Konsekrierung hatte sich Alfons III. bei Papst Johannes IX. die Genehmigung zur Weihe eingeholt. Dabei ging es dem politisch klugen Alfons nicht um eine Unterordnung der asturischen Kirche unter den römischen Stuhl als vielmehr um die bei erfolgter Genehmigung indirekt ausgesprochene offizielle Anerkennung des Apostelgrabes auch von römischer Seite.

Seit der Einweihung der Jakobs-Kirche nannten sich denn auch konsequenterweise die Bischöfe von Iria-Compostela »episcopus sedis apostolicae«. König Ordono III. (951–956) erhöhte den Rang des Compostelaner Bischofs um den ebenfalls päpstlichen Titel

»Bischof dieses unseres Patrones und des ganzen Erdkreises« *(totius orbis)*. Bischof Rudesindus von Iria-Compostela unterzeichnete 974 mit dem vollen Titel des »Bischofs vom Apostolischen Stuhl«.

Noch 1049 läßt Papst Leo IX. auf dem Konzil von Reims den Compostelaner Bischof Cresconius exkommunizieren, weil er sich nach römischer Ansicht unrechtmäßig mit dem höchsten Titel »apostolisch« bezeichnet hatte. Bischof Cresconius scherte sich im fernen Galicien wenig um den päpstlichen Bannspruch und blieb ungerührt bis zu seinem Tod (1068) Bischof von Santiago de Compostela. Bereits fünf Jahre nach dem päpstlichen Bannstrahl hatte sich wieder alles geändert. Rom suchte nun den Ausgleich mit Santiago.

4. DER WAHRE JAKOB

DIE ERFINDUNG DES GRABES

»Der ehrlichste Anfang jeder Studie über die Anfänge des Jakobs-Kultes wäre, zuzugeben, daß wir gar nichts wissen.« (Kendrick)

DAS GROSSE SCHWEIGEN: Selten hat auf der Welt eine reale oder fiktive Tat, eine Entdeckung oder Erfindung, so weitreichende und profunde Auswirkungen gehabt wie die *inventio* des Jakobs-Grabes in Galicien. Und noch seltener hat ein solch folgenschweres Ereignis in historischer Zeit so lange so unbeachtet bleiben können. Damit sind wir schon beim Hauptproblem der Jakobs-Forschung.

In der letzten kritischen Studie zum *Codex Calixtinus (Liber Scti. Jacobi)* von Diaz y Diaz (1988) gesteht der renommierte spanische Gelehrte: »Uns interessiert heute, zu wissen …, wie und auf welcher Grundlage die Identifizierung [des Grabes] mit Jakobus stattgefunden hat; die Quellen wissen überhaupt nichts darüber.«

Schon Msg. Duchesne war Ende des 19. Jahrhunderts diese vollständige Quellenlücke unangenehm aufgestoßen. Von Sanchez Albornoz über Engels und Plötz reicht der Chorus der Klagelieder über die deplorable Forschungsausgangslage: »Obwohl das Ereignis der Entdeckung einen großen Widerhall im kleinen Königreich Asturien gehabt haben müßte, finden wir in den zeitgenössischen Chroniken nur wenige Hinweise. In den Chroniken des späten 9. Jahrhunderts mit halboffiziellem Charakter, der Chronik von Alfons' III. (Chronik des hl. Sebastian) und der Chronik Albeldense, finden wir nicht den geringsten Hinweis auf die Entdeckung oder die Entwicklung des Kultes«, resümiert Plötz. Alle Urkunden, die über Details angeblich mehr zu erzählen haben, sind Fälschungen des 11. und 12. Jahrhunderts. Zum Problem der gefälschten Quellen werden wir im nächsten Kapitel noch einige Sätze verlieren.

Nach dieser nicht sehr ermutigenden Blütenlese aus der jüngeren Jakobs-Forschung müssen wir, gewollt oder nicht, zum Grundproblem zurückkehren, nämlich zu dem Mißverhältnis zwischen Fundbedeutung und Beachtung durch die nordspanischen Zeitgenossen. Erinnern wir uns an die schon erwähnten Auffindungen oder Reliquientransfers, zum Beispiel an die Überführung der Gebeine des Märtyrers Babylas von Daphnis nach Antiochia im Jahre 353 oder, zwei Jahre später, an die Überführung der Gebeine des hl. Timotheus und im Jahre darauf der Gebeine von Lukas und Andreas nach Konstantinopel. Damit verbunden waren jeweils kaiserliche Staatsaktionen.

Als Ambrosius von Mailand infolge einer Traumvision am 17. Juni 386 die Gebeine der Märtyrer Protasius und Gervasius (er)findet, werden sie in feierlichem Prunkzug in die neue Basilika transferiert. Und als im Jahre 415 der hl. Augustinus im fernen Hippo von der Entdeckung des Grabes des Erzmärtyrers Stephanus in Kaptar Gamala bei Jerusalem erfährt, ist er so begeistert, daß er nicht nur über den Fortgang der Geschichte aufs genaueste informiert zu werden verlangt, sondern sich ein Partikel des Leichnams besorgt.

Im späten 8. und frühen 9. Jahrhundert hatten, wie wir hörten, der Reliquienhandel und die Reliquienverehrung ihren vorläufigen Höhepunkt im werdenden christlichen Abendland erreicht. Schon der unbekannteste Märtyrer löste Begeisterungsstürme und pompöse Feierlichkeiten aus. Die Überführung (Rettung) der Gebeine der hl. Eulalia von Merida nach Oviedo im Jahre 802 war eine Staatsaktion und diente dem weiteren Ansehen der neuen Hauptstadt.

Schließlich wird im nordwestlichsten Zipfel der Iberischen Halbinsel ein Heiliger bzw. dessen Grab gefunden, der alle anderen überragt, kein einfacher Märtyrer, kein bloßer Bekenner oder frommer Asket, nein, ein Apostel und einer der drei Lieblingsjünger des Herrn, Jakobus d. Ä., der Sohn des Zebedäus und Bruder von Johannes dem Evangelisten. Und die Entdeckung des Grabes dieses Apostels, des ersten Märtyrers unter den zwölf Aposteln, in dieser Zeit der Reliquienhochkonjunktur, bei der damaligen allgemeinen Bedeutung von Reliquien und bei der ganz mißlichen Lage des jungen Königreichs Asturien, dieser Fund soll nicht den geringsten Widerhall, keinerlei Resonanz bei den betroffenen Zeitgenossen ausgelöst haben?

Das Schweigen aller heranziehbaren historischen Quellen ist

peinlich für die Bewahrer der Legende von der Auffindung des Apostelgrabes. Hier ist etwas faul. Wir erinnern uns an einen vergleichbaren dreisten wie genialen Coup, der fast aufs Jahr ein halbes Millenium zurücklag: Zwischen 326 und 328 war die Mutter von Konstantin dem Großen, Augusta Helena, hochbetagt nach Jerusalem gereist, um die heiligen Stätten zu besuchen. Sie soll bei der Gelegenheit unter wundersamen Umständen das »wahre Kreuz« Christi gefunden haben. Erst 351, also lange nach dem Tod der wichtigsten Zeugin (330), berichtet der Bischof von Jerusalem von der Auffindung des Kreuzes durch die Kaisermutter. Auch hier wurde der angebliche Fund, genauer die Nachricht davon, so lange zurückgehalten, bis kein prominenter Zeuge mehr Gegenteiliges hätte aussagen können.

Im Fall des hl. Jakobus d. Ä. und dessen wunderbarer Grabauffindung durch Bischof Theodemir wird, wenn denn je eine solche *inventio* im Sinne einer Auffindung stattgefunden haben sollte, die Nachricht davon so lange zurückgehalten, bis wiederum eventuelle Zeitzeugen, zum Beispiel der Einsiedler Pelayo, nicht mehr zur Aufklärung der Sache beitragen konnten.

Eingedenk der für Historiker mißlichen Diskrepanz von Fundbedeutung und Reaktion darauf bei den Zeitgenossen, hat sich Sanchez Albornoz ein diplomatisches Bulletin zurechtgedichtet: »Nie werden wir erfahren, wie der angebliche wunderbare Grabfund stattgefunden hat. Ich glaube, daß fromme Legenden und Dichtungen des ausgehenden 8. Jahrhunderts im asturischen Raum die wunderbare Erfindung vorbereitet haben.«

Alle jüngeren Forscher haben sich dieser diplomatischen Formulierung in ähnlicher Weise angeschlossen, die es dem kritischen Leser erlaubt, sich seinen Teil zu denken, und dem gläubigen Jakobs-Verehrer oder -Pilger nicht verbaut, an die reale Existenz des Apostels in Galicien glauben zu können. Wir wollen uns diesem »spirituellen und psychologischen Klima« (Plötz) noch einmal zuwenden.

»PATRONUS VERNULUS«: Die seit der Regierungszeit von Alfons II. verstärkt einsetzende Emigration innerspanischer Kleriker und Mönche in den zunächst vor dem Islam und dann vor den

34. (Oben) Estella.

35. (Unten) Puente de la Reina.

Vorhergehende Seite:
36. (Oben links) Torres del Rio mit seinem romanischen Zentralbau.

37. (Oben rechts) Stadtmauer und San Isidor in León.

38. (Unten) Landschaft bei Estella.

Diese Seite:
39. (Oben) Hühnerkäfig in der Kathedrale Santo Domingo de la Calzada.

40. (Links) Die Kathedrale von Burgos.

41. (Oben) Schafherde bei Mansilla de las Mulas

42. (Unten) Ebene von Sahagún mit asturischen Bergen im Hintergrund

43. (Oben links) Gotische Kathedrale in León, Glasfenster in Chor und südlichem Querhaus.

44. (Oben rechts) S. Lorenzo in Sahagún romanische Kirche mi mudejarem Einfluß.

45. (Links) Astorga: Bischofspalast von Gaudí, römische Maue und Kathedrale.

Vorhergehende Seite:
46. (Oben) Die mittelalterliche Brücke von Hospital del Obrigo.

47. (Unten) Die Montes de León.

Diese Seite:
48. (Oben links) Manjarin am Paß von Acebo.

49. (Oben rechts) Castillo de los Polvazares.

50. (Unten) Las Medulas bei Ponferrada.

Folgende Seite:
51. (Oben links) Villa Franca del Bierzo.

52. (Oben rechts) Die Templerburg von Ponferrada.

53. (Unten) Am Paß von Cerbeiro.

Grabstein des Bischofs Theodemir in der Kathedrale von Santiago de Compostela.

Adoptianisten sicheren Norden und die dortige Herausbildung ganzer Klosterkolonien, wie zum Beispiel im Liebana-Tal, brachten offensichtlich auch eine Verlagerung der christlichen Literaturproduktion nach Asturien – oder in die Spanische Mark.

Die gebildeten Kleriker im Tal von Liebana kannten sicher durch die natürlichen und historischen Kontakte zu Südgallien in westgotischer Zeit die lateinischen Fassungen der Apostelkataloge. Bereits um 776 soll im Umkreis der Liebana-Flüchtlinge die erste Redaktion des Apokalypsenkommentars entstanden sein. Die dortige Erwähnung der Spanien-Mission des Jakobus steht noch in der völlig vagen Tradition des *Breviarium*. Eine gezielt antitoledanisch-politische Dimension kann hier vor der Zuspitzung des Adoptianismusstreites unter Erzbischof Elipandus nicht hineininterpretiert werden.

Ob der unbekannte Dichter des Hymnus »O Dei verbum« zu Ehren des Mauregatus schon mehr als die übliche Eloge eines Hofpoeten zugunsten seines Auftrags- und Exilgebers beabsichtigt hatte, muß offen bleiben. In der Aussage reiht sich auch der Hymnus in die Traditionskette ein, die vom *Breviarium* ausging. Bis weit ins 9. Jahrhundert bleiben diese beiden Texte, der Apokalypsenkommentar und der Hymnus, die einzigen literarischen Zeugnisse aus spanischer Autorenschaft.

Für die Vorstellung eines Jakobs-Grabes in Galicien war damals noch kein Raum, nicht nur wegen der in gebildeten Klerikerkreisen bekannten Tatsache des Märtyrertodes von Jakobus in Jerusalem. Außerdem war Jakobus d. Ä. laut Apostelkatalogen bekannterweise in oder bei »achaia marmarica« begraben. Und diesen Ort gab es in ganz Spanien nicht.

Die beiden oben genannten Schriftzeugnisse sind meines Erachtens ständig überinterpretiert worden. Der bis in die neunziger Jahre geltende Grundtenor der Forschung läßt sich wie folgt zusammenfassen: »Seit dem 8. Jahrhundert näherte sich die Figur des hl. Jakobus zunehmend der asturischen Welt. So gelangte man ins 9. Jahrhundert mit offenen Augen, darauf vorbereitet, die Zeichen zu entziffern. Das Signal traf in Form von Lichtern ein.« (Lopez Alsina) Schließlich hätte die schicksalhafte Schlacht von 816 die Notwendigkeit eines apostolischen Schutzengels gegen die starken Ungläubigen dringendst nötig gemacht.

Das einzige, was ich aus dem Hymnus »O Dei verbum« konkret herauslesen kann, ist der Umstand, daß es vor der Zeit des Mauregatus noch keine Jakobs-Verehrung, schon gar nicht als Landespatron, gegeben hat und daß eine solche erst im Entstehen begriffen war. Dieses in statu nascendi der Jakobs-Verehrung geht aus dem für die meisten Jakobus-Forscher bedeutsamen Adjektiv *vernulus* (einheimisch, heimatlich) hervor. Hier wird zum erstenmal konkret der Apostel als Landespatron angerufen!

EIN AKT DER PRESURA: Ein Zirkelschluß liegt dann vor, wenn das zu Beweisende zum Gegenstand der Voraussetzung gemacht wird. Im Fall der Begründung für die Entstehungsgeschichte der Jakobs-Verehrung und -Wallfahrt liegt ein geradezu klassischer Fall von Circulus vitiosus vor.

Weil die bisherige Jakobs-Forschung von der unbestreitbaren Tatsache ausging, daß die Jakobs-Pilgerschaft ab der zweiten Hälfte des 11. Jahrhunderts eine internationale Massenbewegung wurde und im ausgehenden Mittelalter gar zur größten Wallfahrt des christlichen Abendlandes erwuchs, mußte hinter ihrer Entstehung ein staatlicher oder kirchlicher, auf jeden Fall institutionell geplanter und organisierter Entstehungsakt gestanden haben: ein Entstehungsereignis, das, wenn schon nicht in allen Einzelheiten der Nachwelt vermittelt, zumindest aus den bekannt gewordenen begleitenden Umständen mit innerer Notwendigkeit rekonstruiert werden könnte. Das hieße aber, die erst im 11. Jahrhundert schriftlich fixierte Entstehungslegende beim Wort und als historisches Fakt ernst zu nehmen.

Für die Entstehung aus innerer Notwendigkeit werden drei Hauptmotive oder Anlässe in Anspruch genommen. Erstens habe sich seit dem letzten Drittel des 8. Jahrhunderts die Vorstellung einer Spanien-Mission des Apostels so verdichtet, daß sie Anfang des 9. Jahrhunderts schon zur allgemein verbreiteten Volksmeinung geworden sei.

Zweitens habe die Auffindung des Grabes selbst für diese Zeit ganz und gar nichts Ungewöhnliches oder Unglaubwürdiges gehabt bei der bekannten Reliquienhausse und der damit verbundenen Überzeugung von der Wunderwirksamkeit dieser heiligen Reste.

Und drittens ergebe sich aus der konkreten asturischen Situation, nämlich der militärischen Bedrohung durch den Glaubensfeind, der religiösen Konkurrenz in Toledo und der Rechtfertigungsnot der neuen Dynastie, von selbst eine Bereitschaft zum Glauben an den Grabesfund.

Eben dieses allgemein herrschende politisch-religiöse und psychologische Klima, auf das sich seit Sanchez Albornoz alle Jakobs-Forscher geeinigt haben, hätte also geradezu die von der Landesführung initiierte und inszenierte »wunderbare« Auffindung des Jakobs-Grabes erzwungen. Über den Zeitpunkt des Geschehens vermutet Engels: So »verweisen die Daten in allen Versionen dieser Nachricht in die erste Hälfte des 9. Jahrhunderts«. Und Moralejo formuliert es noch blumiger: »Irgend etwas Außergewöhnliches muß sich in Compostela zu einer Zeit vor dem Tod des Theodemir ereignet haben.«

Als Summe der Forschung zur Entstehung des Jakobs-Kultes nimmt sich ein solches Ergebnis recht dürftig aus. Tatsächlich werden dadurch, wie einige kritische Stimmen zugeben, die Kernfragen des Problems nicht beantwortet: warum gerade zu dieser Zeit an diesem gottverlassenen Ort ein altes Grab als das des Apostels Jakobus identifiziert wird.

Wenn zu solch einem sensationellen Ereignis völlig atypisch für die Auffindungszeit alle Quellen schweigen, könnte das doch darauf hindeuten, daß, ganz im Wesen einer Erfindung *(inventio)*, ein realer Grabfund gar nie stattgefunden hat. Doch bleiben wir bei den Fakten.

Auch im Bauprogramm zur Zeit Alfons' II. in Oviedo spielt der spätere Landespatron keinerlei Rolle. Keine Quelle erwähnt vor der Mitte des 9. Jahrhunderts ein Jakobs-Grab an seinem späteren Verehrungsort. Das Schweigen sämtlicher denkbaren Quellen schließt einen offiziellen Staatsakt aus.

Der vielleicht sensationellste Fund bei den Ausgrabungen der fünfziger Jahre war der Sarkophagdeckel des Bischofs Theodemir, der unter dem südlichen Querhaus der romanischen Kathedrale zutage trat. Dessen Inschrift besagt, daß in diesem Grab »Theodemirus, der Diener Gottes und Bischof von Iria« ruhe. Als Todestag finden wir den 20. Oktober 847 angegeben. Dadurch wird zumindest ein Teil der später in Umlauf gesetzten Auffindungslegende bestätigt, nämlich daß besagter Theodemir an dem Platz, an dem er das Apostelgrab entdeckt haben will, begraben war. Eine Türschwelle unter dem Niveau der 899 geweihten Jakobs-Kirche stammt von einem älteren Bau, welcher Art und Bestimmung auch immer.

Der zweite Nachfolger von Theodemir, Bischof Sisnandus, wurde an diesem dem hl. Jakobus geweihten Ort *(locus sancti Jacobi)* während einer dort abgehaltenen Synode zum Bischof gewählt. Auch andere spätere Bischöfe wurden in Compostela begraben. Der Titel »Hiriensis sedis episcopus« besagt nichts über den Residenzort des jeweiligen Bischofs.

Zu diesen allgemein anerkannten Fakten addiert sich eine Reihe von Ausschließungen hinzu, die wichtig werden für ein Gerüst zur Rekonstruktion dessen, was sich in der Amtszeit des Theodemir tatsächlich abgespielt haben könnte.

Selbst die jüngste Forschung geht davon aus, daß der Bischofssitz von Iria Flavia der einzige im spanischen Nordwesten war, der trotz und während der maurischen Inkursionen ohne Unterbrechung fortbestanden habe und deshalb »zu Beginn des 9. Jahrhunderts ein Symbol der Kontinuität mit seiner hispanischen Kirchenordnung« gewesen sei. Diese Ansicht ist aber inzwischen widerlegt.

Auf einem Kongreß in León im Juli 1989 hat Gonzales Garcia über Oviedo im 8. und 9. Jahrhundert referiert. Diese neue Metropole sei durch den Zuzug der zahlreichen innerspanischen Exilanten in den Besitz der größten Reliquiensammlung gelangt. Nach Oviedo, dem asturischen »Klein-Jerusalem«, kamen zahlreiche Pilger, um die frommen Schätze in der neuen Kathedrale und in der Schatzkammer zu verehren. Außerdem waren Oviedo und seine nähere Umgebung zur Zufluchtsstätte fast aller exilierten spanischen Bischöfe geworden, deren Städte zerstört oder in Händen der Ungläubigen waren, denn »Gott hatte das Land mit hohen Bergen geschützt« *(ponit montes firmissimos Dominus)*.

Wegen der zahlreichen bischöflichen Flüchtlinge wurde die asturische Hauptstadt im 9. Jahrhundert auch »Stadt der Bischöfe« genannt *(Ovetum dicitur Civitas Episcoporum)*. In den Kreisen dieser am Hof verkehrenden hochrangigen Exilanten war mit Sicherheit die Nachricht von der Missionsreise des Jakobus in Spanien im Umlauf.

Aus den Akten des Konzils von Santiago im Jahre 899 erfahren wir, welche Bischöfe im asturischen Exil lebten: Juan aus Oca, Dulcidius aus Salamanca, Jakob von Coria, Faustus von Coïmbra, Argimir von Lamego, Theodemir von Viseo, Guimar aus Porto, Argimir aus Braga und Eleca aus Saragossa. In anderen zeitgenössischen Listen ist der jeweilige Aufenthaltsort dieser auswärtigen Bischöfe angegeben. In der Stadt Tinana war demzufolge der geflüchtete Bischof von Iria untergebracht. Das heißt aber, daß vermutlich bis zu Bischof Theodemir, dem Entdecker des Apostelgrabes, auch die Bischöfe von Iria ihre Diözese vom Exil aus leiteten bzw. dort ihren Anspruch auf einen Bischofssitz über die Zeit retteten.

Es fällt schwer anzunehmen, daß ausgerechnet Iria Flavia, das so weit vom schützenden Oviedo entfernte Bistum, von den schweren Angriffen der neunziger Jahre des 8. Jahrhunderts verschont geblieben sein sollte. Das bedeutet aber, daß der Bischofssitz Iria, wie alle anderen auch, unter Alfons II. erst wiederbesetzt werden mußte. In welcher Form konnte dies Anfang des 9. Jahrhunderts geschehen?

Wenn der König mit seinem Heer eine Stadt zurückeroberte, konnte er dort kraft seiner Vollmachten einen Bischof einsetzen und damit den vorübergehend verwaisten Stuhl restituieren. Im Regelfall erfolgte die Wiederbesiedlung oder Wiederinbesitznahme vorübergehend an die Mauren verlorener Gebiete in der Form der *presura* oder *aprision*. Vones definiert diesen Rechtsakt wie folgt: »Diese Art des Rechtserwerbs an Landbesitz durch die Wiederbesiedlung verödeter Landzonen … erfuhr im Zuge der Reconquista eine Institutionalisierung.«

In der Praxis gab es zwei Formen der *presura*. Einmal eine Art offizieller Landnahme im Auftrag des Königs mit entsprechender Rechtsausstattung und bei der Ausführung festgelegten Modalitäten. Aus dem offiziellen königlichen Auftrag leiteten sich alle anderen Rechtstitel und -ansprüche ab. Die Träger oder Ausübenden dieser Form der Neubesiedlung von Land waren im Regelfall die Angehörigen des Adels.

Die zweite, inoffizielle, aber geduldete Form der Inbesitznahme verwaisten Landes erfolgte auf private Initiative hin, meist durch Bischöfe oder Klöster. Für diese nichtoffizielle Landnahme gab es keine schriftliche Bestätigung und verbindlichen Rechtstitel. Es bedurfte für diese Form der *presura* keiner vorgeschriebenen Formalitäten.

Bei den im asturischen Exil lebenden Bischöfen von Iria muß es sich um die Amtsvorgänger von Theodemir gehandelt haben. Nach dem Tod von Bischof Quendulfus (818), dem Vorgänger von Theodemir, wurde dieser im gleichen Jahr oder danach zum neuen Bischof von Iria gewählt, vermutlich noch im Exil. Es endete zu einem nicht näher bestimmbaren Zeitpunkt, wahrscheinlich aber erst nach der endgültigen Sicherung Galiciens im Herbst 825, als Alfons II. den letzten großen Doppelangriff der Mauren unter Abd ar-Rahmans II. Generälen Ubayd Allah und Al-Abbas erfolgreich zurückschlagen und zum Gegenangriff übergehen konnte. Danach war die gefährdete Südgrenze vorgeschoben bis zum Duero, und die Neubesiedlung der verwüsteten und entvölkerten Gebiete konnte ansatzweise beginnen. Vermutlich nach 825 ist also der Exilant Theodemir in seine Diözese zurückgekehrt, um den Bischofssitz dort zu rekuperieren.

Aber Theodemir ging nicht bis nach Iria, der flavischen Hafengründung, zurück, sondern nur bis zur alten Straßenkreuzung an der ehemaligen *mansio* Asseconia, knapp zwanzig Kilometer landeinwärts gelegen. Die verkehrsstrategisch günstige Lage und der Sicherheitsabstand zur nach wie vor gefährdeten Küste mögen ein Grund dafür gewesen sein. Theodemir »besetzte« also die alte Wegkreuzung in der Landnahmeform der *presura*.

Doch die Verlegung eines Bischofssitzes war kirchenrechtlich nicht so einfach. Rom hat bekanntlich dieser Verlegung von Iria nach Compostela erst 1095 unter Urban II. zugestimmt. Doch für den asturischen König war dank seiner Hoheitsstellung in seinem Reich auch in Kirchenfragen eine Zustimmung möglich. Allerdings mußte Theodemir auch zwingende religiöse Gründe für die Verlegung des Bischofssitzes vorbringen.

An der Stelle des alten Asseconia waren noch die Reste des alten Friedhofes an der einstigen Ausfallstraße nach Iria Flavia erhalten. Weiter hangaufwärts hatte die verstreute Landbevölkerung eine Fliehburg *(castrum)* errichtet, und zirka dreihundert Meter östlich davon gab es noch die kleine Kirche S. Felix von Solobio, vielleicht noch aus der Zeit vor der Invasion. In dem alten Friedhof hatte sich ein Einsiedler niedergelassen (vgl. Antonius, Paulinus von Nola u. a.). Bei der Hütte des Einsiedlers befand sich vielleicht doch ein älteres, prunkvolleres Grab als die anderen dort. Dieses eventuell antike Familienmausoleum erfüllte möglicherweise die Beschreibung »mit Marmorarkaden« *(arcas marmoreas)*.

Damit hatte Theodemir alles, was er für seine *inventio* oder *revelatio* brauchte. Ein Grab aus römischer, das heißt aus apostolischer Zeit in der Form von Marmorbögen, das klang zum Verwechseln ähnlich der Bestimmung des Jakobs-Grabes in den Breviarien *(achaia marmarica)*. Und dem König genügte der Bericht von den wunderbaren Umständen der Auffindung – damals anerkanntes Zeichen der Selbstoffenbarung von Heiligen –, um die Residenzwahl des Bischofs von Iria zu akzeptieren. An der Stelle des geoffenbarten Apostelgrabes entstand ein Altar oder eine kleine Kapelle. Anschließend wurde an der Stelle der dem Grab benachbarten Einsiedelei als Nachfolgebau ein Kloster errichtet. Außerdem brauchte auch der Bischof eine eigene Kirche mit Taufkapelle.

Um die Jakobs-Kapelle entstand der Nukleus einer bischöflichen Residenzstadt zu Ehren des hl. Jakobus. So hieß der Ort auch bis in die Mitte des 11. Jahrhunderts »locus Sancti Jacobi«. Daß die Verlegung des Bischofssitzes bereits unter Theodemir stattgefunden hat, bestätigt ausdrücklich die *Historia Compostelana*, in der (Libro I, II, 1) es heißt: »Und [König Alfons II.] verlegte den iriensischen Bischofsstuhl nach dem Ort, der sich Compostela nennt.«

Durch die Überbauung des alten Grabmales war dieses selbst der Einsicht der Gläubigen künftig entzogen. Beim Volk sprach sich herum, daß hier beim neuen Bischofssitz das Grab des hl. Jakobus verehrt würde. Bald stellten sich Pilger aus der Umgebung ein. Das Grab galt schon in kurzer Zeit als feste Gegebenheit. Der Kult konnte sich in der nächsten Generation ausbreiten.

Der Gründer der neuen bischöflichen Residenzstadt, Theodemir, verfügte sein Begräbnis beim Grabmal seiner »Entdeckung«. Seine

Amtsnachfolger taten das gleiche. Schon der übernächste Bischof, Sisnandus, wurde hier auf einer Synode gewählt. Zur Amtszeit des Sisnandus hatte sich die Nachricht vom Apostelgrab schon so verfestigt und verbreitet, daß größere Pilgerkontingente eintrafen. Sisnandus gelang es, König Alfons III. und dessen Frau Jimena für das Apostelheiligtum zu gewinnen und es in deren Kulturpolitik miteinzubeziehen. Mit dem Gespann Sisnandus und Alfons III. beginnt das eigentliche Kapitel von Jakobus und Compostela. Ebenfalls in dieser Zeit beginnen auch die ersten zuverlässigen und detaillierten Nachrichten und Quellen zu sprudeln.

DER GRABKRIMI

Neue Besen kehren gut: Ob Bischof Sisnandus oder König Alfons III. von dem göttlichen Gebot der Juden, einmal im Jahr zum Tempel nach Jerusalem zu pilgern, wußten, mag dahingestellt sein. Aber wenn »sich Tausende und Abertausende aus derselben Gesinnung heraus in Jerusalem trafen, so wurde das für die Teilnehmer ein gewaltiges Ereignis. Das nationale Selbstbewußtsein und das religiöse Überlegenheitsgefühl gewannen neue Nahrung« (Kötting). Schließlich stärkte ein solches Erlebnis das Zusammengehörigkeitsgefühl eines Volkes.

Wenn sich Alfons II. als erster gesalbter König der asturischen Dynastie verstand, dann lag seine Legitimation allein in dem vorausgehenden westgotischen Königtum, das fortzusetzen er in Anspruch nahm. Ein Apostel Jakobus spielte in dieser Herrschaftsideologie noch keine Rolle. Selbst in der ältesten authentischen Urkunde des asturischen Königshauses aus dem Jahre 867 – eine der ersten, die Alfons III. ausgestellt haben mag – war weder die Rede von einem Jakobs-Kult noch von einem Apostelgrab. Mit dem fortschreitend greifbaren Erfolg der Reconquista mochte nicht nur der Ruhm des tüchtigen Königs, sondern auch der des Landespatrons, sofern es bereits einen solchen gab, steigen. Ob es nun der für sein Heiligtum äußerst rührige Bischof war oder ob dem König selbst die Verbindung von Königserfolg und Landespatron als günstig einleuchtete, wir können ab zirka 870 nachvollziehen, daß Alfons III. gezielt eine Politik in diese Richtung hin betrieb: »Der gemeinsame Glaube treibt zu gemeinsamer Sichtbarmachung.«

Durch die Begegnungsstätte eines Volkes am Grab eines bestimmten Heiligen wächst dieser fast von selbst in die Rolle eines Nationalhelden. Alle späteren Erfolge des Königs, der den hl. Jakobus zum Nationalheiligen gemacht hatte, zum Beispiel die definitive Rückeroberung von Burgos (884) und die persönliche Gründung von Zamora am Duero (893), waren automatisch auch Erfolge des »tutor vel patronus hispaniae«.

Nach der Chronik des Sampiro soll Alfons III. bereits 872 den Abriß der Vorgängerbauten Theodemirs am Grab des Apostels angeordnet haben. Für die neue Kirche stifteten er und Königin Jimena zwei Jahre später ein wertvolles Kreuzreliquiar, das nach dem Vorbild der Staurothek in der *Camera Santa* in Oviedo gestaltet war. Das gesamte ehrgeizige Bauprogramm von Alfons III. »in loco scti. Jacobi« erinnert an den systematischen Ausbau regionaler Heil- und Pilgerstätten unter Konstantin (Jerusalem), Justinian (Abu Mina) oder Karl dem Großen (Aachen).

Neben den Ausbau der Jakobs-Kirche traten die Vergrößerung des inzwischen zum Kloster angewachsenen Mönchskonvents von Antealtares, die Gründung des Klosters von S. Maria a Corticela (gleichfalls auf der Ostseite der Jakobs-Kirche) als Compostelaner Pfalz der Könige und die Einrichtung einer Bruderschaft zu Ehren des hl. Jakobus, die *magna congregatio beati Jacobi*, in der alle ortsansässigen Stände und Institutionen vertreten waren. Dieses aufwendige Bauprogramm machte aus der bischöflichen Residenzstadt eine apostolische Stadt. Ab Sisnandus nannten sich auch alle Amtsträger am Apostelgrab »Bischöfe vom Apostolischen Stuhl«. Was aber war mit dem Grab?

Ein Grab verschwindet: Unsere kritische und ungläubige Einstellung gegenüber allen das Wunder betreffenden Erscheinungen entspricht einer in der Neuzeit, genauer seit der Aufklärung verbreiteten rationalen Glaubenshaltung. Für den unbelesenen, naiven Gläubigen des 9. Jahrhunderts galt die Aussage der religiösen, noch dazu vom König autorisierten Instanz des Bischofs als wahr und das Wunder als Ausdruck für den Wunsch des Heiligen, entdeckt zu werden. Die Selbstbestätigung des Heiligen galt spätestens seit dem 4. Jahrhundert als anerkanntes Beweismittel für die Echtheit einer Reliquie. Weitere »Beweise« brauchte die Masse der Gläubigen nicht. Und der hl. Jakobus hatte dem rechtschaffenen Diener des Herrn, dem Bischof Theodemir, durch Lichterzeichen geoffenbart, wo er begraben war.

Aus den zwei wichtigsten, relativ zuverlässigen Quellen, der Chronik des Sampiro und dem offiziellen Bericht des Königs von der Einweihung der Kirche im Jahre 899, erfahren wir, daß König Alfons III. an der Stelle einer älteren, angeblich auf Geheiß von Alfons II. errichteten Kirche, die aus primitivem Material (Bruchstein und Lehm) bestand, ein neues Gotteshaus *(domus Domini)* erbauen ließ. Alfons III., auch der Große genannt, soll das wertvolle Baumaterial *(petras marmoreas)* eigens aus dem von den Mauren besetzten Portugal von antiken Bauten mühsam herbeischleppen haben lassen.

Diese Formulierung ist ein Topos, welcher der im Mittelalter vielgelesenen Augustus-Biographie des Sueton entliehen ist. Dort sagt Octavian von sich: »Ich hinterlasse eine Stadt aus Marmor, wo ich eine Stadt aus Ziegelsteinen vorgefunden habe« *(invenisse latericium et relinquisse marmoream)*. Wir finden diese Formel auch in der Lebensbeschreibung des Benedikt von Aniane von Adon (um 840), später für den Neubau von Cluny unter Odilo (bei Jotsald, um 1050), für die Baumaßnahmen von Ferdinand I. in León, für Fleury unter Abt Gozelin oder in der Vita des Adam von Bremen. Dennoch beschreibt der Inhalt dieser Floskel in den asturischen Urkunden einen seit dem 8. Jahrhundert notorischen Tatbestand. Auch Benedikt von Aniane und Odilo von Cluny hatten wertvolle antike Spolien von weither holen lassen.

Aus den genannten beiden Quellen kann das tatsächliche Bauprogramm nicht genau erschlossen werden. Viel spricht für den Bau zweier getrennter Kirchen, einer für den Bischof, die dem Erlöser geweiht war, und einer kleinen bei oder über dem Grab des Apostels: »templum scti Salvatoris circa aulam beati Jacobi«.

In der Einweihungsakte, also dem einzigen zeitgenössischen Text, heißt es ausdrücklich, daß Alfons III. ein eigenes Gotteshaus und eine Kirche beim Grabmal des Apostels restaurieren ließ *(et restaurare templum ad tumulum sepulcri Apostoli)*. Vom Grabmal selbst bzw. der Krypta mit dem Grab erfahren wir in keiner einzigen Quelle etwas Konkretes.

Die älteste Quelle, die explizit über die Art des Grabes Auskunft gibt, ist die schon erwähnte *Narratio* (Erzählung, Legende), die der unter dem Einfluß von Alfons VI. zwischen Bischof Pelaez und dem

Abt Fagildus vom Kloster San Pelayo de Antealtares am 17. August 1077 geschlossenen *Concordia* beigefügt wurde. Diese beruft sich in ihrer Beschreibung wiederum auf einen Brief eines Papstes Leo; gemeint war wohl Papst Leo III. als vermeintlicher Zeitgenosse des zitierten Geschehens.

Doch dieser der *Concordia* zugrundeliegende Papstbrief ist mit Sicherheit eine Fälschung, die zeitlich nicht allzu fern von der *Concordia* selbst zu datieren ist. Der vorgebliche Verfasser des Briefes, Leo III., war 816 gestorben. Bis 818 aber lebte noch der Amtsvorgänger von Theodemir. Dieser ist also nicht vor diesem Datum Bischof von Iria gewesen. Die Rückkehr in die Diözese und die *inventio* sind kaum vor 825 vorstellbar. Papst Leo III., der einzige mit diesem Namen, der dem bescheinigten Vorfall zeitlich nahe gelebt hat, konnte also weder einen Bischof Theodemir kennen noch etwas von der Erfindung des Grabes wissen, ganz zu schweigen von der genauen Beschaffenheit des Grabes. In der *Concordia* ist aber die Rede von einem mit Marmorplatten gedeckten Grab des hl. Jakobus *(beati Jacobi sepulcrum marmoreis lapidibus contectum invenit)*.

Die zeitlich nächste und für die Zukunft einzige detaillierte Beschreibung des Apostelgrabes finden wir im sogenannten Pilgerführer, dem fünften Band des *Codex Calixtinus* (IX, 12: Über den Leichnam und den Altar des hl. Jakobus): »In dieser großartigen Basilika ruht unter dem Hauptaltar der Leichnam des hochverehrten hl. Jakobus. Er ruht, wie man sagt *(ut fertur)*, in einem Sarkophag aus Marmor, der überbaut ist von einem gar kunstvoll mit Arkaden ausgestatteten Grabmal.«

Weder die Beschreibung des Grabes in der *Concordia* noch die recht detaillierte Ausmalung im Pilgerführer konnte durch den Befund der letzten Ausgrabungen bestätigt werden. Wohin ist dieses prächtige, arkadengeschmückte Marmormausoleum verschwunden, so daß nicht einmal Reste davon gefunden werden konnten? Wer hat es, sofern es jemals existierte, entfernt?

Die Zerstörung durch Almansur scheidet aus, da alle Berichte bestätigen, daß der grimme Christenfeind zwar die Stadt verwüstet und die Glocken der Kathedrale im Triumphzug nach Córdoba entführt, das Grab des hier verehrten Apostels aber respektiert, das heißt unberührt gelassen habe. Es müßten schon die verantwortlichen Bischöfe von Compostela selbst gewesen sein, die das Grab hätten entfernen lassen, immer vorausgesetzt, es hätte denn überhaupt jemals eines gegeben. Wenn sie es aber getan hätten, warum sollten sie, die ja am meisten von der Existenz eines solchen ehrwürdigen Grabes profitierten, das tun?

Immer wenn die Schriftquellen schweigen, fragen wir am besten die für den Boden und seine Geheimnisse zuständigen Archäologen.

Archäologen als Kriminologen: Im Fundbericht von Kirschbaum (1961) heißt es über die Krypta unter dem Hauptaltar der romanischen Jakobs-Kirche: »Diese Krypta ist nichts anderes als der im vorigen Jahrhundert umgestaltete Unterbau eines römischen Mausoleums. Es ist ein aus schwarzen Granitquadern aufgeführtes Rechteck von 6,40 Metern Länge und 4,70 Metern Breite.« Die jüngere kritische Untersuchung von Hauschild (1988) kommt überzeugend zu dem Ergebnis, daß dieses Mauerwerk nicht römisch ist, sondern aus der Zeit der asturischen Frühromanik (9.–10. Jahrhundert) stammt. Das geht zusammen mit der Nachricht in dem Einweihungsbericht von 899: »aedificare domum Domini et restaurare templum ad tumulum sepulcri Apostoli«. Die Restaurierung der Grabeskirche unter Alfons III. und Bischof Sisnandus entsprach also einem völligen Neubau der tatsächlich unter Theodemir um ein denkbares antikes Mausoleum herum gebauten Kapelle.

Unter dem Bau des späten 9. Jahrhunderts ist blanker Fels, liegen auch keine Mauerreste eines älteren Mausoleums. In der Form dieser Krypta folgten die Architekten des asturischen Königs dem Schema der in karolingischer Zeit üblich gewordenen begehbaren Confessio. Zwei prominente Beispiele aus der Zeit unmittelbar vor dem Compostelaner Neubau unter Alfons III. mögen das belegen:

Als Alterssitz und Pfründe hatte Karl der Große seinem Spiritus rector der Hofakademie in Aachen, dem großen Alkuin, das Kloster St. Peter in Flavigny-sur-Ozerain geschenkt. Dort entstand beim Grab der hl. Regina eine begehbare Ringkrypta um das Grab der Heiligen.

Wenige Jahre später ließ Graf Robert von Burgund nach 841 die merowingische Grabanlage, die Königin Chlothilde für den hl. Germanus von Auxerre hatte errichten lassen, zu einer begehbaren Confessio oder Hangkrypta ausbauen. In diese Mode fügt sich das Vorgehen in Compostela gut ein. Was war aber mit dem eigentlichen Grab?

Im Bauschutt hatten die Ausgräber der fünfziger Jahre verräterische Kleinfunde gemacht: Reste einer Marmorverkleidung und farbige Steinchen *(tesserae)*, die nur von einem Mosaik herrühren können. Also doch ein wertvoll ausgestattetes römisches Mausoleum? Hatten es erst Sisnandus und Alfons III. anläßlich des Neubaus der jetzigen Krypta abreißen lassen oder schon Theodemir? Wiederum die Frage: Wenn man dieses geheimnisvolle antike Grabmal vernichten ließ, warum? Doch nicht, wenn da eindeutig und inschriftlich gesichert die Gebeine des hl. Jakobus gelegen hätten. Warum hat Alfons II. seine Königsideologie noch nicht auf den Apostel gegründet, was ihm doch unschätzbare Vorteile gebracht hätte? Warum hat man den Fund nicht seiner Bedeutung gemäß und, wie es damals üblich war, entsprechend gefeiert und hinausposaunt? Warum mußte man erst eine Generation lang warten mit dem Ausbau der neuen Bischofsstadt zum apostolischen Sitz?

Warum hat man noch 830, also direkt nach der *inventio* (Erfindung) oder *revelatio* (Offenbarung, Enthüllung) des Grabes oder beim Umbau (um 875) das ursprünglich spätantike Grab zerstören lassen? Warum hat nie jemand das Grab gesehen, nicht einmal die Verfasser der *Concordia* oder des Pilgerführers (um 1150)? Warum wurden noch Anfang des 17. Jahrhunderts Inschriften entfernt von Fragmenten, die angeblich vom ursprünglichen Grab stammen?

HEILIGE AUS DER RETORTE

DAS UNHEILIGE COMPOSTELA, ZENTRUM DER URKUNDENFÄLSCHER: Wir erinnern uns an den sogenannten Brief des Papstes Leo. Der konnte bequem aus inhaltlichen Gründen als Fälschung entlarvt werden. Die Propagandaschrift zur Förderung der Wallfahrt zum Apostelgrab in Galicien dürfte in Santiago selbst im 11. Jahrhundert entstanden sein. Doch auch sonst war schon gelegentlich von Fälschungen oder interpolierten Urkunden die Rede.

Tatsächlich sind die drei ältesten Santiago betreffenden Urkunden, jene von 829, 844 und 854, allesamt Fälschungen. Die dabei herausragende ist jene auf den 4. September 829 datierte *(dote del rey)*, eine Schenkungsurkunde, in welcher Alfons II. gleich nach dem sagenhaften »Grabfund« durch Theodemir dem Apostel eine

Landmarke im Umkreis von drei Meilen um das Grab für immer und ewig abtritt. Daher soll sich auch ein älterer Name für Compostela, nämlich Libredon *(liberum donum)*, herleiten. Diese apostolische Bannmeile ist später auf sechs Meilen ausgedehnt worden. Demnach würden heute alle Einwohner auf einem Grundstück wohnen, das besitzrechtlich dem Apostel Jakobus gehört. Glücklicherweise, müßte man aus der Sicht der Einwohner sagen, ist die zugrundeliegende Urkunde nachweislich gefälscht.

Den Höhepunkt der Fälscherei bildet schließlich das in den letzten Amtsjahren von Erzbischof Gelmirez (gest. 1140) angefertigte Diplom des Königs Ramiro I. (842–850). Der Nachfolger Alfons' I. soll zugunsten des Apostelgrabes dem Bischof von Santiago das Recht auf eine Steuererhebung in ganz Spanien eingeräumt haben. Diese Art Jakobs-Pfennig sollte in Form von Naturalien, sprich Getreidelieferungen, abgeleistet werden. Doch diese dreiste Beutelschneiderei im Namen des Apostels wurde von Alfons III. nicht akzeptiert.

Etwa seit Ende des 10. Jahrhunderts, spätestens aber nach der Jahrtausendwende, beginnt man in Compostela mit der Anfertigung von Urkunden, königlichen Privilegien, Stiftungen etc., die alle zur Begründung der Apostelverehrung vor Ort dienen sollen. Diese »Realitätsveränderung durch Fälschung« findet ihr Meisterstück in der von Bischof Gelmirez in Auftrag gegebenen *Historia Compostelana*. Darin sind nach Vones allein neunundachtzig Papsturkunden, Mandate und Kardinalsschreiben wörtlich zitiert, »von denen kein einziges mehr im Original erhalten und zum größten Teil nur an dieser Stelle überliefert ist«.

Die geistigen Väter dieser spanischen Fälscherei sollen nach Sanchez Albornoz die Cluniazenser Mönche gewesen sein. Warum aber ausgerechnet im späten 11. und ganzen 12. Jahrhundert Santiago das wichtigste Zentrum für Urkundenfälscherei in Spanien werden konnte, das hat andere Gründe.

URKUNDENFÄLSCHUNG ALS LÖSUNG VON RECHTSSTREITIGKEITEN: Der bekannteste Rechtsstreit im Bereich des Jakobs-Heiligtums war der schon geschilderte zwischen Bischof Pelaez und der Mönchsgemeinde von Antealtares. Die Einigung in Form einer schriftlichen *Concordia* hätte nichts Ungewöhnliches an sich, wenn dieser gütlichen Übereinkunft nicht ein ebenfalls schriftlicher Bericht *(narratio)* beigefügt worden wäre, der die Hintergründe oder Ursachen für den Rechtsanspruch des Klosters auf das Grundstück neben dem Apostelgrab aufklären sollte. Selbst wenn die Geschichte erst im Jahre 1077 niedergeschrieben wurde, haben einige Details darin durchaus historisch plausiblen Charakter: Daß an dieser Stelle ein im 8. Jahrhundert verlassener Friedhof lag, ist ergraben, und die Gewohnheit von Eremiten, sich in oder bei alten Friedhöfen niederzulassen, ist durch prominente Beispiele wie Antonius, Paulinus von Nola etc. hinreichend bekannt.

Daß man die ganze Geschichte in Compostela 1077 niederschreiben und der *Concordia* beifügen mußte, ist ein klarer Hinweis darauf, daß für die Rechtsansprüche des Klosters von Antealtares kein anderes schriftliches Dokument vorlag und man sich auf die »Tradition«, das heißt auf eine mündliche Überlassung durch Alfons II. berief. Dies entspricht ganz und gar der schon beschriebenen Gepflogenheit der zweiten Form der *presura*, der privaten Landnahme, die an keine Rechtstitel gebunden war. Da auch der Bischof seinerseits keine schriftliche Bestätigung seines Anspruchs vorlegen konnte, zeigt dies auch, daß selbst der ortszuständige Bischof keine andere Rechtsgrundlage besaß und daß die Besetzung der alten Wegkreuzung durch Theodemir eine *presura* war.

Der *narratio* zufolge war es der Eremit Pelagius (Pelayo), der als erster von dem Grab des Apostels erfahren haben soll. Da ein einsam lebender Asket keine Nachkommen besitzt, hat er nach der *inventio* oder *revelatio* seinem Rechtsanspruch auf das Nachbargrundstück durch die ihm zugestandene Gründung eines Klosters Dauer verliehen. Außerdem war es von Anfang aller christlichen Heiligenverehrung an üblich, daß sich heilige Männer oder Frauen, also in der Regel Mönche oder Nonnen, der Pflege des Grabes und der Betreuung des Anbetungszentrums annahmen. Selbst der Ablauf des Geschehens fügt sich nahtlos in die Tradition solch wunderbarer Auffindungen (vgl. Abu Mina, Monte Santangelo etc.) ein, wie wir noch genauer sehen werden.

Außerdem hatte die Streitsache Bischof gegen Kloster noch eine ganz andere Dimension. In der künftigen Wallfahrts- und Diözesanpolitik ging es den Bischöfen um Entscheidungen, bei denen sie die Mönche von Antealtares gerne ausgeschlossen hätten, zum Beispiel bei der Frage um die Romanisierung der hispanischen Liturgie. Auch deshalb legten die Mönche von Antealtares soviel Wert auf ihr Urheberrecht am Apostel.

Im übrigen war die Beilage einer solchen »Erzählung«, die mündlich tradierte Rechtsgrundlagen von Ansprüchen erläuterte, durchaus gang und gäbe. Im *Liber Fidei*, der Akten- und Urkundensammlung der Erzdiözese von Braga, war der Anspruch der Bischöfe auf die dortigen Gebiete in und um Braga, die auch Compostela für sich beanspruchte, ebenfalls durch eine beigefügte *narratio* untermauert. Mit diesem Anspruch, der, wie wir hörten, zu dem Diebstahlsplan des Gelmirez im Dezember 1102 geführt hatte, sind wir beim eigentlichen Hintergrund für die massenhafte Urkundenfälscherei in Compostela angelangt. Es ging dabei um mehr, am wenigsten allerdings um den Apostel selbst.

Durch die erfolgreiche Reconquista unter »Kaiser« Alfons VI. wurde nicht nur die alte Kirchenmetropole Braga endgültig der Christenheit zurückgegeben, im Jahre 1085 folgte mit der Rückeroberung von Toledo der Hauptsitz der ehemaligen westgotischen Kirche. Wegen Braga mußten zunächst vor allem Lugo und Compostela Einbußen befürchten, wegen Toledo mußten Mondoñedo, die eigentlich irische Gründung Britonia, und das neue Bistum Oviedo bangen. Beide Bistümer waren in der westgotischen Kirchenordnung nicht existent. Compostela hatte wenigstens 1095 die Verlegung des Bischofssitzes von Iria nach Compostela bei Urban II. erwirkt. Im Streit mit Braga um die dortigen Besitzungen hatte sich der portugiesische Metropolit an Rom gewandt. Da Rom mit den galicischen Verhältnissen nicht vertraut war, brauchte man Unterlagen. Beide Parteien beriefen sich auf den Rechtsbrauch der *presura*. Doch Rom verlangte schriftliche Belege für eine Entscheidung.

Da gemäß der Duldung von privatem Besitzerwerb nach der Reconquista solche nicht vorlagen, mußte man sie sich sozusagen erst anfertigen, so daß wiederum Vones befinden konnte: »Die meisten Verfälschungen der dafür ausschlaggebenden Urkunden sind im Zusammenhang mit dem Reliquienraub von 1102 und seinen rechtlichen Vorbedingungen zu sehen.« Und da man schon einmal dabei war zu fälschen und darin eine gewisse Kunstfertigkeit erreicht hatte, wurden auch andere Rechtsansprüche und neue kirchenpolitische Ziele »neu« dokumentiert oder für die aktuellen Absichten ungenügende Urkunden interpoliert.

Wohl angeregt vom Bragaer Beispiel ließ dann Bischof Diego Gelmirez ab 1108 »seine« *Historia Compostelana* anfertigen. Auch das jüngste, erst durch Alfons II. eingerichtete Bistum Oviedo legte unter Bischof Pelagius das *Libro de los Testamentos* an. Darin werden zum Beispiel die Akten eines angeblich in Oviedo abgehaltenen Konzils wiedergegeben. Auf diesem Konzil soll ebenfalls König Alfons II. persönlich die Metropolitanwürde von Braga auf seine Hauptstadt übertragen und diese als das neue Toledo vorgestellt haben.

Diego Gelmirez seinerseits beabsichtigte mit Berufung auf seinen apostolischen Titel, Toledo zu beerben und Primas von ganz Spanien zu werden. Doch da spielten weder sein ehemaliges Mündel Alfons VII. noch das sonst recht entgegenkommende Rom mit. Beruhigt kann man zu diesem unschönen Kapitel von Kirchenpolitik feststellen, daß nicht jede Fälschung ihr Ziel erreicht hat.

Während die *Historia Compostelana* in erster Linie die Eitelkeit ihres Auftraggebers befriedigte, war der wohl noch in den letzten Regierungsjahren von Gelmirez begonnene *Codex Calixtinus* oder besser *Liber Sancti Jacobi* auf Außenwirkung bedacht. Hier ist die politische Absicht eindeutig die, dem Jakobs-Kult einen historischen Hintergrund zu verleihen, ohne die päpstliche Politik und die Vorrangstellung von Rom zu unterlaufen. Auch zu diesem Zweck wurde so manche *pia fraus* (fromme Lüge) aufgeboten, angefangen von der falschen Zuweisung an den Papst Calixtus II. über die vielen Wunder, die auch von anderen Heiligen und Heiligtümern in gleicher Weise erzählt wurden, bis hin zur Erfindung der Chronik des Turpin. Selbst der sonst sehr präzis informierende Pilgerführer flunkert im Falle der vorgetäuschten detaillierten Beschreibung des Apostelgrabes, das der Autor offenbar nie zu Gesicht bekommen hat.

BAUSTEINE, STRUKTUREN, FORMELN – MECHANISMEN DER LEGENDENBILDUNG: In der Einleitung zu diesem Buch wurde an einem für jedermann bequem verfolgbaren Fall geschildert, wie ein – in diesem Fall profaner – Pilgerort entsteht. Ein volksweit verbreitetes Verehrungsbedürfnis für eine auf tragische Weise ums Leben gekommene Person, die sogenannte »Königin der Herzen«, und eine privatwirtschaftliche Interessenkonstellation tragen zusammen dazu bei, daß sich fast von selbst ein neues Verehrungszentrum organisiert. Ergänzt wurde die Einführung durch einen Rückblick auf die drei bedeutendsten frühchristlichen Verehrungszentren Jerusalem, Abu Mina und Monte Santangelo, die ersten beiden noch aus konstantinischer Zeit, das dritte vom Ende des 5. Jahrhunderts, also an der Wende zum Mittelalter gelegen.

Im zweiten Teil dieser Arbeit galt das Interesse der Personengruppe der Mönche und deren innerer Verwandtschaft zur christlichen Lebens- und Existenzform der Pilgerschaft als Nachfolge Christi. In diesem nicht jedermann sofort einsichtigen Kontext war auch die Rede von einer bestimmten Form der christlichen Propagandaliteratur, die wesentlich dazu beitrug, daß Heiligenverehrung und Pilgerfahrt eine »orthodoxe« Form der Verwirklichung bekamen. Mit diesem Medium der Hagiographie konnte, immer in bester Absicht für die wahre und einzige Religion, sehr viel an historischer Realität ausgegrenzt oder passend gemacht werden. Am Beispiel der Antonius-Vita des Athanasius konnte dies einsichtig nachvollzogen werden. Vor allem an den späteren Lebensbeschreibungen des hl. Martin von Tours von Sulpicius Severus und der Benedikts-Vita Gregors I. konnte die Vorbildfunktion der *Vita Antonii* erkennbar werden.

Dennoch, und trotz der Erläuterungen meiner Interessen an diesem Stoff im Vorwort, kann ich mir gut vorstellen, daß der eine oder andere Leser dieses weite Ausholen, dieses ständige Zurückfahren in die ersten Anfänge des Christentums als Volksreligion, in seinem konkreten Bezug zum »wahren Jakob« noch nicht so ganz nachvollziehen konnte.

Doch mein Interesse geht einzig in Richtung kulturhistorischer Betrachtung religiöser und ritueller Bräuche im Zusammenhang mit christlicher Wallfahrt allgemein und der größten Wallfahrt des Mittelalters speziell. Es wird im nachfolgenden Text ganz offenkundig, daß kulturhistorisches Forschen die Weite einer epochen- und länderübergreifenden Betrachtung grundsätzlich braucht, um Zusammenhänge über längere Zeiträume und Traditionsketten, die ja zugleich Denkstrukturen meinen, beobachten und aufzeigen zu können. Meine grundsätzliche wissenschaftliche Neugier in bezug auf Handlungsmechanismen, Denkstrukturen und Traditionsketten steht religiösen Entscheidungen für oder gegen eine Wallfahrt – aus welchen Motiven auch immer – ziemlich unbeteiligt gegenüber und wird umgekehrt kaum die ganz persönliche Entscheidung eines Pilgers oder Wallfahrers beeinflussen.

In bezug auf Jakobus d. Ä. und seine große Wallfahrt stehen genaugenommen vier Aspekte für sich:

erstens das Leben und Sterben des Heiligen *(vita et passio)*,

zweitens die Überführung der Reste des Heiligen vom Sterbe- zum Anbetungsort, wenn diese nicht zusammenfallen *(translatio)*,

drittens die im Bedarfsfall notwendige (Wieder-)Auffindung der Gebeine / Reste am Verehrungsort *(inventio, revelatio)*,

viertens die Geschichte der Wunder an der Verehrungsstätte.

Zum ersten Teilaspekt *(vita et passio)* sind wir durch die Apostelgeschichte des Lukas über die verschiedenen Apostelkataloge bis zum Apokalypsenkommentar (des Beatus) bestens unterrichtet. Im Falle des vierten Punktes, der Wunder, die am Ort des Heiligen geschahen, finden wir zweiundzwanzig davon zusammengefaßt im zweiten Buch des *Codex Calixtinus*. »Die geistige und gesellschaftliche Macht eines Heiligtums hängt direkt davon ab, wieviel und welche Art Wunder der verehrte Heilige zu bewirken imstande ist« (Diaz y Diaz). Der *Codex Calixtinus* folgt mit der Redaktion der Wunder des hl. Jakob in Compostela einer allgemein spätestens seit Beginn des 11. Jahrhunderts einsetzenden Tradition der Codifizierung der wichtigsten am jeweiligen Standort bewirkten Wunder.

Eines der ersten bekannten Mirakelbücher ist der von Magister Bertrand aus Angers ab 1013 zusammengestellte *Liber miraculorum sancte Fidis* für das immer beliebter werdende Pilgerzentrum Conques in der Rouergue. Noch vor dem *Codex Calixtinus* hatte sogar Abt Petrus Venerabilis von Cluny ein Mirakelbuch *(De miraculis)* kompiliert.

Seit Anbeginn war das Wunder, das heißt das Eingreifen Gottes in die Abläufe des irdischen Geschehens, ein wesentlicher Bestandteil des christlichen Glaubens. Allerdings war es im Neuen Testament ausschließlich Christus selbst vorbehalten, Wunder zu wirken. Seine Jünger und Apostel besaßen diese Kraft nur dank der Übertragung der göttlichen Charismen auf sie durch Christus. Obwohl die Kirche nie aufgehört hat zu betonen, daß die eigentliche Kraft, Wunder zu wirken, allein bei Gott liege und seine Vertreter auf Erden nur durch Anrufen Gottes und durch ihn auch Wunder wirken können, war absehbar, daß diese spitzfindige Definition nie Allgemeingut der Volksfrömmigkeit werden würde. Dort wird nach wie vor der Heilige um Hilfe angerufen, und im Falle der Erhörung bzw. Erfüllung ist er der Wundertäter – nicht Gott.

Neben den aktiven Formen des Wunders wie Krankenheilung, Bewahrung vor Notsituationen oder Rettung aus Gefahr gab es eine andere, abstraktere Form des Wunderbaren, des Sich-mitteilens Gottes an seine Bezugspersonen: die Offenbarung. Sie kann über den Traum erfolgen, das wäre der sogenannte direkte Draht zwischen Gottesbeauftragtem und Gott, oder indirekt über Medien der Vermittlung. Solche Vermittlermedien können bevorzugt sein: Engel oder (sünden)reine, das heißt unschuldige Menschen wie Kinder, asketisch lebende Eremiten, Schäfer, selbst Tiere (der Stier des Gargano, die Kamele des Abu Minas etc.). Aber auch ungewöhnliche Zeichen, meist Lichtphänomene, können des Menschen Aufmerksamkeit auf bestimmte göttliche Absichten lenken.

Nehmen wir uns drei berühmte Fälle für die Offenbarung göttlichen Willens im Traum aus frühchristlicher Zeit als Beispiel:

Der Urvater des christlichen Herrschers schlechthin, Kaiser Konstantin, legte großen Wert darauf zu versichern, daß alle seine wichtigen Entscheidungen, zum Beispiel vor der Schlacht an der Milvischen Brücke, auf göttlichen Eingebungen beruhten, auch die Ortswahl von Konstantinopel. Obwohl Konstantin bereits Ilion, das alte Troja, als Standort für seine neue Hauptstadt vorgesehen hatte, unterbrach er dort 326 die bereits begonnenen Arbeiten und ließ noch im selben Jahr in Byzanz mit den notwendigen Bauvorbereitungen beginnen. Gott habe es ihm im Traum so befohlen. Bei der Vermessung der künftigen Stadtmauer, deren Verlauf der Kaiser persönlich mit einem Speer vorzeichnete, soll er auf die Frage, wie weit er noch gehen wolle, geantwortet haben: »Bis der stehenbleibt, der vor mir geht.«

Obwohl noch nicht einmal zum Priester ordiniert, wurde der hl. Ambrosius bereits 374 zum Bischof gewählt. Sein größtes Anliegen war, das überwiegend heidnische Mediolanum in eine rein christliche Metropole umzuwandeln. Dazu mußten Kirchen gebaut werden, und dafür wiederum brauchte er neue, wenn möglich einheimische Märtyrer, das heißt Gebeine von solchen. Für die geplante Märtyrerkirche auf dem Gebiet des ehemaligen Friedhofs vor dem Vercelli-Tor fand er rechtzeitig für die Einweihung am 17. Juni 386 unter der Kirche SS. Felix und Nabor die Gebeine der Märtyrer Protasius und Gervasius. Die beiden waren zwar in der lokalen Tradition selbst nicht als Märtyrer bekannt, aber Gott hatte es Ambrosius im Traum versichert, also waren es Märtyrer.

Patriarch Theophilus (385–412) von Alexandrien hatte im benachbarten Menuthis das alte Isis-Orakel schließen und an seiner Stelle eine Kirche zu Ehren des Evangelisten Markus weihen lassen. Doch die ehemaligen Pilger blieben jetzt aus. Also beschloß der Nachfolger Kyrill (412–444), die Evangelistenkirche attraktiver zu machen, indem er ihr zwei aus dem Ärmel gezauberte Märtyrer schenkte. Was auch prompt Früchte trug. Bei der Einweihung der Kirche unter den neuen Patrozinien Kyros und Johannes (Soldat) erzählte Kyrill den neugierigen Kirchengästen, daß ihm Gott im Traum die beiden Märtyrer geoffenbart hätte.

Merke: Wunder oder Offenbarungen sind nur gut, wenn sie zum richtigen Zeitpunkt und am richtigen Ort geschehen. Das Selbstzeugnis der Reliquien durch Wunder galt seit allen Zeiten als der glaubwürdigste Echtheitsbeweis dieser heiligen Reste.

Die wunderbare Reise des toten Jakobus nach Galicien: Solange die Pilgerfahrt zum Apostelgrab in Galicien eine regionale, das heißt überwiegend nordspanische Angelegenheit war, bedurfte es, über die Offenbarung des Theodemir hinausgehend, keiner weiteren Begründung für die Existenz des Grabes am westlichen Ende der Welt. Als aber mit fortschreitendem 11. Jahrhundert, vor allem nach 1070, die Wallfahrt nach Santiago de Compostela immer mehr den Charakter einer abendländischen Bewegung annahm, bestand gegenüber ausländischen Pilgern ein gewisser Erklärungsbedarf.

Unsere wichtigste Quelle für die wunderbare Translation des vollständigen Leichnams des in Jerusalem enthaupteten Jakobus d. Ä. sind die schon erwähnten Kurzfassungen in der *Concordia de Antealtares* (1077) und im Brief des Papstes Leo (älteste erhaltene Niederschrift vom Ende des 11. Jahrhunderts) sowie die erweiterte und ausgeschmückte Version im dritten Buch des *Codex Calixtinus* (zwischen 1130 und 1150) und die bereits zu Beginn von Buch III zitierte *Legenda aurea* (siehe S. 193 ff.).

Um die Compostelaner Legende von der Überführung des kompletten Leichnams des hl. Jakobus in ihre Bestandteile aufzuschlüsseln wie literarische Topoi, Versatzstücke aus anderen Legenden, Zitate und originale Teile, zieht man am besten andere Translationslegenden hinzu.

Die *Legenda Jacobea* beginnt gleich nach dem Martyrium mit dem ersten Wunder. Der komplette Leichnam wird von den Jüngern des Jakobus mit Gottes Hilfe in aller Eile ans Meer gebracht. Beim hl. Menas kommt noch erschwerend hinzu, daß der geteilte Leichnam (ebenfalls enthauptet) von den Schergen ins Feuer geworfen wird, aus dem er unversehrt von den Freunden (Jüngern) gerettet wird (erstes Wunder der Corpus-Reliquie).

Als die Jünger des Jakobus ratlos am Meeresufer stehen und nicht wissen, wie es weitergehen soll, geschieht das nächste Wunder: Ein abreisefertiges Schiff mit einem Engel des Herrn an Bord wartet bereits darauf, den Leichnam weitertransportieren zu können. Gleich folgt das nächste Wunder. Die Verfasser der Jakobs Legende verzichten bei der anschließenden Überfahrt auf die bei dieser Gelegenheit besonders beliebten Wundertaten, die der Leichnam gegen bedrohliche Seeungeheuer bewirkt. Von der Überfahrt des hl. Menas bis zur Überfahrt des hl. Germanus von Auxerre nach England und der Seefahrt des Brendan ist die Legendenliteratur förmlich vollgestopft mit diesem Typ der Meereswunder, die der Leichnam vollbringt. Das Vorbild dafür war natürlich Jesus Christus mit seinem Wunder auf dem See Genezareth. Der Verzagtheit des Petrus und der anderen Jünger begegnet Christus mit der Aufforderung zu mehr Gottvertrauen.

Weiter in der Legende: Die Jünger des Jakobus beherzigen den Rat des Herrn. Sie vertrauen erst den Leichnam ihres Lehrers, dann ihr eigenes Leben dem Boot bzw. der Führung des Engels an. Die Siebenzahl der Jünger greift offensichtlich die andere südspanische, schon im 7. Jahrhundert aufgekommene Version der sieben von Petrus und Paulus nach Spanien geschickten Jünger auf.

Ebenfalls als metaphorisch erweist sich die Reisedauer von sieben Tagen. Diese Reise vom Mittelpunkt der Erde (Jerusalem, genauer Golgatha nach Hieronymus) zum Ende der Welt (*finis terrae* an der galicischen Küste) dauert genau eine Weltschöpfungswoche. Am Ende der Fahrt wird für die dortigen Bewohner die Welt neu geschaffen, zunächst durch die Mission des Apostels, schließlich durch sein Grab.

Der Name der dortigen Königin Lupa dürfte ein originäres Element bewahren. Ich werde in Buch V darauf zurückkommen. Am von Gott vorgesehenen Bestimmungsort wirkt der Leichnam sein erstes Wunder. Der Stein, auf den man ihn legt, formt sich zu einem Sarkophag, das heißt, der Heilige sagt selbst, daß er hier begraben sein will. Die Einkerkerung der Jünger durch den bösen (heidnischen) König und ihre Befreiung durch einen Engel ist ein gängiger Topos seit der Apostelgeschichte (Petrus).

Die Entleihung des Rote-Meer-Wunders aus dem Alten Testament in der Lesart der zusammenbrechenden Brücke und des Wassertodes der Verfolger ist offensichtlich. Die Bekehrung des Königs und seines Volkes durch die erfahrenen Wunder ist ebenfalls Gemeingut. Herrscher und Volk sind bekehrt, nur der Vertreter der heidnischen Religion (Priester, Druide, Magier) muß gesondert bekehrt werden. Den Part des Zauberers übernimmt im galicischen Fall die Königin Lupa. Ihre Tricks und Kunststückchen vermögen nichts gegen das heilige Kreuzeszeichen. »Mit diesem Zeichen siegen« (vgl. Konstantin der Große) die Jünger des Jakobus. Auch über den Drachen auf dem heiligen Berg (bei einer Kulthöhle). Und dieses Zeichen besänftigt auch die wilden Stiere der Lupa ebenda auf dem heiligen Berg. Die Untiere lassen sich lammfromm vor den Wagen spannen und ziehen ohne Einfluß der menschlichen Treiber (Jünger) die wertvolle Fracht des Leichnams des hl. Jakobus an seinen Bestimmungsort im Palast der bösen Fee (Lupa). Auch hier ist das direkte literarische Vorbild nachlesbar, nämlich bei Augustinus (*De civitate Dei*, X, 17):

»Wie aber war erst die Rückgabe [der Bundeslade]. Sie setzten die Lade auf einen Lastkarren, spannten junge Kühe davor, denen man die Milchkälber genommen hatte, und ließen sie ziehen, wohin sie wollten, denn man wollte auch darin die göttliche Kraft ausfindig machen. Und ohne Führung und Leitung eines Menschen nahmen die Kühe unverzüglich den Weg zu den Hebräern und brachten so das große Heiligtum der Treue zu seinen Verehrern zurück.«

Doch die Episode birgt mehr als ein geläufiges Zitat. Wenn Stiere, Kühe oder Horntiere, welcher Art auch immer, die durch ein Eingreifen des Christengottes gezähmt werden, auftreten, sind diese ein Hinweis auf eine besondere Form des heidnischen Glaubens vor der Ankunft des Christentums. In Italien leiten die Italiker ihren Namen von *vitalis* (Jungstier) ab. Im Brauch des *ver sacrum* hatte der Jungstier Totemfunktion. Auch auf dem Gargano hatte sich in Ablösung eines Äskulapheiligtums der Mithraskult eingewurzelt.

Die Legende der Besitznahme des Erzengels Michael von seinem späteren Heiligtum hat ebenfalls ein Stierwunder im Mittelpunkt. Den Megalithvölkern, und dazu gehörten in erster Linie auch die am Atlantik gelegenen Völker Nord- und Westspaniens, war der Stier heilig. Schließlich stehen, weit im Landesinneren der Iberischen Halbinsel, noch frei im Gelände zahlreiche offenbar kultisch gemeinte monumentale Horntierreihen aus dem Megalithikum oder der Bronzezeit herum.

Ausdrücklich besteht die Jakobs-Legende darauf, daß sich schließlich auch die bösartige Königin (Priesterin, Fee, Isis etc.) Lupa bekehrt und ihren Palast (Heiligtum, Mausoleum) für ein Jakobs-Heiligtum zur Verfügung stellt. Auch zu diesem Aspekt müssen wir später noch einmal zurückkehren.

Während die christlichen Passagen der Translatio kaum mehr als schablonenhaft Bekanntes zu einem neuen hagiographischen Text zusammenkomponieren und deshalb auch wenig Rückschlüsse auf ein realhistorisches Ereignis zulassen, sind jene Einschlüsse, die ganz offenkundig vorchristliches, das heißt älteres Erzählgut wiedergeben, doch recht aufschlußreich. Dieser Sachverhalt trifft ganz explizit auf den Teil der Jakobs-Legende zu, der die Erfindung des Apostelgrabes zum Inhalt hat.

Die Erfindung (inventio) oder Offenbarung (revelatio) des Apostelgrabes: In den beiden zuständigen Quellen, in der *narratio* und der *Historia Compostelana*, wird die Entdeckung des Grabes durch Bischof Theodemir mit dem lateinischen Verb *invenire (Jacobi sepulcrum marmoreis lapidibus contectum invenit)* angezeigt. In der Chronik von Iria ist die Rede von *revelare* (offenbaren). Beide Vokabeln entsprechen nicht zu allererst unserer naturwissenschaftlich geprägten Vorstellung von »entdecken«, vielmehr steckt der klassische Wortsinn von *invenire* in finden und erfinden. Eine *inventio* ist also ursprünglich eher eine Entdeckung im Sinne einer Erfindung, ein mentaler mehr denn ein materieller Akt.

Noch mehr trifft dies auf *revelare* (offenbaren, aufzeigen, enthüllen) zu. Wenn Bischof Theodemir um 830 in seiner neuen Residenz an der alten Wegkreuzung Asseconia ein Apostelgrab erfindet, ruft das nur im Denken eines Europäers der jüngeren Neuzeit moralische Entrüstung hervor. Für den Gläubigen des frühen 9. Jahrhunderts hatte dieser Akt der Erfindung oder Offenbarung eines fiktiven Sachverhalts nichts Anrüchiges oder Unehrenhaftes an sich. Um so weniger in einem kaum oder erst vor kurzem christianisierten Land wie Galicien oder Asturien. Wir dürfen also in der Einschätzung des vermutlich tatsächlichen Geschehens keinen vordergründig kriminellen Akt erkennen. Dies wäre mit den Maßstäben des 20. Jahrhunderts gemessen.

Diese Bewußtseinshaltung vorausgesetzt, müssen wir an die hagiographischen und anderen frommen Texte der Spätantike und des frühen Christentums mit geläuterten, weniger wertenden Augen herangehen.

In der späten (14. Jahrhundert) erhaltenen Abschrift der *narratio* zur *Concordia de Antealtares* heißt es über die Auffindung des Apostelgrabes sinngemäß: Weil aber das Licht nicht in der Finsternis verborgen bleiben kann, hat es die gütige Vorsehung des Herrn in der Regierungszeit des keuschen Königs Alfons gefügt, daß einem gewissen Anachoreten namens Pelagius, der bei dem Grab des Apostels wohnte, zuerst durch Engelsgesänge das Grab geoffenbart wurde *(revelatum esse)*. Dann waren auch den Gläubigen der benachbarten Kirchengemeinde von Solobio die heiligen Lichter aufgefallen. Diese wandten sich um Rat an den für die Diözese Iria zuständigen Bischof Theodemir und erzählten ihm ihre seltsamen Beobachtungen. Dieser ordnete ein dreitägiges Fasten an und fand danach an der von den Gläubigen angegebenen Stelle das mit Marmorplatten gedeckte Grab des hl. Jakobus.

In der *Historia Compostelana* wird, verständlich durch die Auftragssituation durch Bischof Gelmirez, der in der *Concordia* wichtige Eremit Pelagius herausgenommen und durch hochstehende Kirchenleute ersetzt, so daß die Auffindung nunmehr allein die Sache des Bischofs war. Statt eines Kommentars zur Auffindung (Erfindung) des Apostelgrabes in Galicien sollen hier drei vergleichbare Fälle von anderen Auffindungen in Erinnerung gebracht werden:

Der berühmteste und gewichtigste aller Reliquienfunde war gewiß der des Kreuzes Christi. Aus Vergleichsgründen wählen wir wieder den Text der *Legenda aurea*:

»Da bewegte sich alsbald die Erde, und ein Rauch breitete sich umher von köstlichem Geschmack. Es war aber an demselben Orte ein Tempel der Venus, den hatte der Kaiser Hadrian daselbst gebaut; darum ging niemand mehr zu der Stätte und ward sie ganz vergessen [...] und fand zwanzig Schritt unter der Erde drei Kreuze liegen. Nun mochten sie aber das Kreuz Christi von den Kreuzen der Schächer nicht unterscheiden; darum legten sie die Kreuze mitten in die Stadt und warteten, ob der Herr seine Macht erzeige. Und siehe, um die neunte Stunde trug man einen toten Jüngling vorüber [...], da man das dritte Kreuz auf ihn legte, ward der Tote alsbald lebendig.«

Dazu eine kurze historische Anmerkung: Jerusalem war zweimal von den Römern zerstört worden. Die auf Geheiß von Hadrian auf dem Tempelberg errichtete Stadt Aelia Capitolina war nur von Palästinensern, Griechen, Römern etc. besiedelt; Juden hatten Zugangsverbot. Die Stadt wurde nie ein wichtiges städtisches Zentrum. Nach dem Religionsfrieden von 312 zogen zunächst sehr viele Juden zurück in »ihre« Stadt. Bischof Makarius von Jerusalem und sein Vorgesetzter, der Metropolit Eusebius von Caesarea, taten alles, um im Wettlauf mit den rücksiedelnden Diasporajuden aus Jerusalem eine nun christliche Stadt für Pilger aus dem ganzen Imperium zu machen. Und Konstantin der Große hatte mit dem Bau der großen Epiphaniekirchen im Heiligen Land diese Politik der Christianisierung Palästinas, vor allem der heiligen Stätten, bevorzugt unterstützt.

Die Augusta Helena war 330 gestorben; der Pilger aus Bordeaux (333) weiß nichts von einem Heiligen Kreuz oder seiner Verehrung vor Ort. Der zuständige Metropolit und Verfasser der ersten Kirchengeschichte, Eusebius (gest. 339), weiß ebenfalls in seinen Schriften nichts von einer Auffindung des wahren Kreuzes. Aber 351 berichtet Bischof Kyrill von Jerusalem in seinem Schreiben an Kaiser Constantius II. von der bereits verbreiteten Verehrung der Kreuzreliquie.

Noch einmal Abu Mina nach Kaufmann, Version 1: »Als der Herr den Körper wieder zum Vorschein kommen lassen wollte, begab es sich, daß ein Schäfer in jene Wüste kam; eines Tages betrat ein räudiges, elendes Schaf diese Gegend und wälzte sich an der Stelle; da wurde es sofort gesund. Als der Hirt das Wunder sah, erstaunte er und fing an, etwas Erde zu nehmen und damit alle räudigen Schafe zu bestreichen; da wurden sie sofort gesund. Dies hörte der Kaiser von Konstantinopel. Er hatte eine kranke Tochter. Sie schlief eine

Nacht an dem Orte; da sah sie im Traum den hl. Menas. Der sprach zu ihr: ›Wenn du morgen früh aufwachst, so grabe an dieser Stelle, da wirst du meinen Körper finden, dann wirst du geheilt werden.‹ Nach der Heilung seiner Tochter ließ der Kaiser über dem heiligen Körper eine Kirche errichten.«

Zweite Version: »Da wollte Gott diese Wunder und die Macht des Leichnams des hl. Menas offenbaren. Und der lahme Sohn eines gewissen Mannes aus der Gegend kam vorbei und sah einen Lichtschein über der Grabstätte. Der Vater suchte nach seinem Sohn, und als er ihn dort fand, schlug er ihn; und der Junge sprang auf und rannte davon, und sein Fuß war geheilt. Das Volk staunte, und Gott öffnete ihm die Augen, und sie sahen die Lampen brennen und glaubten und errichteten über dem Grab eine Kirche in Form eines Zeltes.«

Auch der Fall von Saint-Maximin und der hl. Maria Magdalena weist interessante Parallelen auf:

»Es war aber zu der Zeit, als unser Herr gen Himmel war gefahren, mit den Aposteln der selige Maximinus, einer von den 72 Jüngern des Herrn, in des Hut hatte Sanct Peter Maria Magdalena empfohlen. Da nun die Jünger zerstreut wurden, geschah es, daß Sanct Maximinus, Maria Magdalena, Lazarus, ihr Bruder, Martha, ihre Schwester, samt ihrer treuen Dienerin Martilla und der selige Sidonius, welcher blind geboren, aber vom Herrn geheilt worden, mit vielen anderen Christen auf ein Schiff gesetzt und ohne Steuer ins Meer wurden hinausgestoßen, auf daß sie allesamt untergingen. Aber durch Gottes Fügung geschah es, daß sie gen Marsilia kamen ...«

So war also die Bethanische Gruppe, und mit ihr Maria Magdalena, in die Provence gelangt, wo letztere noch heute Landespatronin ist. Um 1027 kam im Herzen von Burgund das Gerücht auf, ihre Gebeine ruhten in Vézelay; im 9. Jahrhundert seien sie von Girard von Vienne dorthin vor den Sarazenen in Sicherheit gebracht worden. Zwei Translationsberichten zufolge sollen die Gebeine ursprünglich in Saint-Maximin geruht haben.

Als der Prinz von Salerno, ältester Sohn von Karl von Anjou und dessen designierter Nachfolger, im Jahre 1279 gezielte »Ausgrabungen« in Saint-Maximin durchführen ließ und prompt fand, was er zu finden beabsichtigte, nämlich die Gebeine der hl. Maria Magdalena, war dies an sich gar nicht möglich, da deren Reliquien in Vézelay verehrt wurden. Vézelay war einer der wichtigsten Pilgerorte des Abendlandes und aufs engste verbunden mit Santiago de Compostela.

Sechzehn Jahre nach »Auffindung« der wichtigen Reliquien konnte Karl II. von Anjou – seit 1285 selbst König von Neapel und Jerusalem – dann aber mit dem Bau des neuen Pilgerzentrums in Saint-Maximin beginnen, höchst ökonomisch an der alten Verkehrsader der Via Aurelia gelegen. Der eben erst inthronisierte Papst Bonifaz VIII., der sich im Süden des Kirchenstaates keinen Gegner wünschen konnte, entschied den Reliquienstreit zwischen Vézelay und Saint-Maximin zugunsten der von Anjou gewünschten Neugründung, nachdem Karl versichert hatte, daß die Heilige ihm persönlich im Traum erschienen wäre und ausdrücklich den Bau ihrer Kirche an dieser Stelle befohlen hätte.

Der für die Entstehung der neuen Pilgerkirche wichtigste Bauteil ist die sogenannte Krypta. Dabei handelt es sich um einen niedrigen, 4,25 auf 4,48 Meter messenden, tonnengewölbten Raum, der gegen Ende des 4. Jahrhunderts als Grabgruft einer Landvilla konvertierter reicher Römer entstanden sein dürfte. In dieser (verwaisten?) Villa rustica sollen cassianitische Mönche von Saint-Victor in Marseille im 5. Jahrhundert ein Kloster gegründet haben. Wenn die Reste der römischen Villa tatsächlich identisch waren mit der cassianitischen Niederlassung, mußten die Gruft und ihre frühchristlichen Sarkophage bei der Neugründung eines Benediktinerpriorats im 11. Jahrhundert noch erhalten und bekannt gewesen sein. Durch Vorzeigen der Sarkophage konnte das Vorhandensein der Gebeine der Heiligen Sidonius und Maximinus den mittelalterlichen Menschen augenscheinlich bewiesen werden. Da die von Vézelay ausgehende Legendenbildung die Reliquien der hl. Maria Magdalena direkt mit Saint-Maximin in Verbindung brachte, war es also für Karl II. von Anjou ein leichtes, bei seiner Suche nach würdigen Reliquien die »wahren« Gebeine der Maria Magdalena zu »finden«.

Übrigens, kein einziger der in Saint-Maximin aufgefundenen und vorgezeigten frühchristlichen Sarkophage zeigt im Tesserum einen der drei Namen.

Die vier etwas näher beschriebenen Pilgerziele Jerusalem, Abu Mina, Santiago de Compostela und Saint-Maximin haben eine Reihe von auffälligen Gemeinsamkeiten:

Alle liegen strategisch günstig an wichtigen Verkehrswegen oder Kreuzungen. Alle vorangehenden Besiedlungen waren vorübergehend verlassen. Überall waren ein Friedhof oder ein opulentes Grab vorhanden und Kristallisationspunkt für die Neubelebung des Ortes als Pilgerort. Bei allen vorliegenden Fällen lag von seiten der zuständigen weltlichen und kirchlichen Obrigkeiten ein gemeinsames Interesse an der Wiederbelebung des verlassenen Ortes vor. Beide Kräfte sind jeweils bei der Geburt bzw. Wiederentdeckung maßgeblich beteiligt – so die Legenden. Wo kein verkehrstechnischer Vorzug gegeben war, wie im Falle von Monte Santangelo, wurde ein strategisch wichtiges älteres Heiligtum neu besetzt.

5. KARRIERE EINES TOTEN

SPANIEN WIRD PÄPSTLICH

DIE POLITISCHE GROSSWETTERLAGE

Die Jahrtausendwende: Nachdem über einen Zeitraum von zirka zwei Jahrhunderten aus einer Erfindung oder Fiktion für die damaligen Gläubigen ein historisches Faktum geworden war, war die darauf folgende Karriere dieser erfundenen Leiche noch um so erstaunlicher. Die Frage, die eigentlich alle bewegt, ist doch letztlich die, wie es geschehen konnte, daß ausgerechnet die Wallfahrt nach Galicien zur bedeutendsten des hohen und späten Mittelalters werden konnte. Auch diese Frage kann, genaugenommen, nicht beantwortet werden.

Betrachtet man ganz unvoreingenommen, sozusagen betriebsgeschichtlich, den ganzen Fall, müßte man konstatieren: Der Jakobus von Compostela ist eine Konstruktion, ein frühmittelalterliches Produkt. Und noch keinem Hersteller, egal welchen Produktes, ist es je gelungen zu garantieren, daß dessen Verkauf ein Erfolg, ja daß es ein Bestseller würde, trotz Propaganda / Werbung, geschickter Verkaufsstrategien, Marktforschung, Verbesserung der Verkaufsstrukturen etc. Man kann bestenfalls eine Indiziensammlung, eine Auflistung aller verkaufsfördernden Faktoren erstellen, und genau das wollen die nachfolgenden Gedanken leisten.

Fast alle Autoren zum Thema Jakobs-Wallfahrt sind sich in einem Punkt einig: Die große Wallfahrt des Abendlandes steckt mit ihren Routen präzis das geographische Umfeld des christlichen Abendlandes ab, und ihr Entstehungsprozeß als internationales Phänomen läuft zeitlich parallel zur Entstehung des sogenannten lateinischen Westens.

Für die Zeit unmittelbar nach dem Jahr 1000 beschreibt der burgundische Cluniazensermönch Rodulfus Glaber (gest. 1047 / 48) das neue Gesicht des Abendlandes als »überzogen mit einem weißen Kleid neuer Kirchen«. Dahinter steckte aber mehr als die private Bauwut einiger Kleriker. Dieses »weiße Kleid neuer Kirchen« steht für eine Wende in der Geschichte Europas, für einen zweiten Anlauf zu einer kulturellen Einheit.

Die Kulturmorphologie der Alten Welt wurde bis zum Jahr 1000 bestimmt von zwei großen Kulturkreisen: der von Konstantinopel aus gelenkten griechischen und der heterogen organisierten islamischen Welt. Die Jahrtausendwende markiert für Europa den Anfang einer eigenen Welt, der des lateinischen Westens, mit einer eigenständigen Religions- und Rechtstradition und einer eigenen Sprache der Gelehrten, dem Latein. Das nach dem Zusammenbruch des karolingischen Großreichs wieder völlig isolierte christliche Spanien ist ab dem Jahr 1000 wesentlicher Bestandteil dieses europäischen Werdens. Die Jakobs-Wallfahrt ist sozusagen der Sauerteig in diesem Gärungsprozeß.

Der Niedergang der Großmacht Córdoba: Beim Tode von Kalif Abd al-Hakam II. im Jahre 976 war der Kronprinz erst elf Jahre alt und damit noch nicht regierungsfähig. Zum Vormund und Reichsverweser hatte der sterbende Kalif den erfahrenen Yafar al-Mushafi eingesetzt. Doch der lebenslustigen Witwe Subh (die Morgenröte) gefiel der junge, erfolgreiche und ehrgeizige Reiteroffizier Abu Amir weit besser. Bereits zwei Jahre nach al-Hakams Tod hatte Subh besagten Abu Amir zum Majordomus und damit zum mächtigsten Mann im Kalifat gemacht.

Damit der rechtmäßige Erbprinz nicht gefährlich werden konnte, verlegte Abu Amir den Regierungssitz in einen neuen Palast vor den Toren Córdobas, wo der nunmehr achtzehnjährige und damit offiziell volljährige Prinz von allen Regierungsgeschäften ferngehalten wurde. Abu Amir regierte mit starker Hand über Al Andalus und brachte den nordspanischen Polytheisten (wegen ihres Dreifaltigkeitsglaubens von den Moslems so genannt) zahlreiche Niederlagen bei, darunter die Eroberung und Plünderung von Santiago de Compostela im Jahre 997, weshalb er sich den Beinamen al-Mansur, der Siegreiche, zulegte.

Nach dem Tod Almansurs im Jahre 1002 sollte endlich der rechtmäßige Prinz Hisham II. den Staat lenken. Doch der war nicht fähig dazu. 1010 brannte der Kalifenpalast von Medina Azahra. Der unfähige Hisham II. mußte mehrfach fliehen. 1031 wurde von einer Fürstenversammlung das Kalifat formell aufgehoben. Die entstehenden Teilreiche (Taifas) hatten dem erstarkten christlichen Norden nicht mehr viel entgegenzusetzen. Die Reconquista konnte in ihre entscheidende Phase treten.

Anbindung an Europa: Seit dem Jahr 1003 herrschte in Navarra König Sanchez der Große. Ihm gelang es, die östlichen Königreiche Navarra und Aragón sowie die Grafschaft Kastilien unter seiner Krone zu vereinen und großen Einfluß auf Asturien-León zu gewinnen. Die Schwäche des sterbenden Kalifats ausnutzend, eroberte er für immer die Rioja zurück. Gleichzeitig betrieb er eine Öffnungspolitik nach dem benachbarten Gebiet des ehemaligen Fränkischen Reiches.

Die Einweihungsfeier des Johannes-Kultes in Saint-Jean-d'Angely anläßlich der Auffindung des Kopfes von Johannes dem Täufer ebendort im Jahre 1010 nutzte Sanchez der Große zu einem Treffen mit den benachbarten Herrschern. Anwesend bei diesem inoffiziellen Gipfel waren Herzog Sanchez Wilhelm von der Gascogne, Herzog Wilhelm der Große von Aquitanien und König Robert der Fromme von Frankreich.

Ein wesentlicher Bestandteil dieser Öffnung zur Mitte Europas hin bestand in der Kontaktaufnahme mit dem großen monastischen Reformzentrum Cluny in Burgund. Seinen drei Söhnen impfte Sanchez diese Nachbarschaftspolitik förmlich ein. Deren Heiratspolitik war für die nächste Generation nach Frankreich ausgerichtet, besonders nach Burgund.

Außerdem hatte Sanchez der Große klar den ökonomischen Vorteil der Pilgerei für sein ausgeblutetes Land erkannt. Durch zielstrebigen Ausbau der Infrastruktur in Navarra und der Rioja lenkte er künftig den Hauptstrom der Santiago-Pilger von der baskischen Küste, der älteren und sichereren Route, über die Inlandsroute durch die Rioja. Damit war die verkehrstechnische Voraussetzung für den späteren *Camino Frances* geschaffen. Die Regierungszeit von Sanchez dem Großen (1000–1035) läuft genau synchron zum Niedergang von Córdoba.

Es kann wieder gepilgert werden: Nachdem die großen Bedrohungen des 9. und 10. Jahrhunderts, die Europa erneut in chaotische Verhältnisse gestürzt hatten, nämlich die Normannen vom Atlantik, die Sarazenen vom Süden und die Ungarn vom Osten her, abgewehrt waren und die Neuverteilung der Territorien weitgehend gesichert war, konnten sich allgemein und auf allen Gebieten die zur Ruhe gekommenen Kräfte konsolidieren, und das Erstarken Europas setzte ein. Das »weiße Kleid von neuen Kirchen«, von dem Rodulfus Glaber schrieb, war Ausdruck davon.

Auch Fernwallfahrten waren wieder möglich. Wie geschickt Sanchez der Große die an Beliebtheit zunehmende Jakobs-Pilgerfahrt unterstützte und für den Ausbau seiner Territorien nutzte, haben wir gehört. Bereits im 10. Jahrhundert sind vereinzelte Santiago-Pilger namentlich bekannt. Sie gehören alle noch der gehobenen Schicht, dem Klerus oder Mönchsstande an, zum Beispiel der berühmte süddeutsche Kleriker (930), der Bischof Godescalc von Le Puy (950) oder Abt Caesarius von Montserrat (959). Aber auch andere renommierte und frequentierte Pilgerorte entstehen neu oder leben wieder auf: Saint-Jean-d'Angely, Vézelay, Gargano, Montserrat etc. Erst langsam, im Laufe des 11. Jahrhunderts, wird das Pilgern zu einer Massenbewegung. Doch die erste große Pilgerwelle war bereits angerollt.

DAS GROSSE SCHISMA: Gleich im Jahr nach der Niederlage der päpstlichen Truppen bei Civitate (1053) und einem glücklosen Vertrag zwischen Rom und Byzanz sterben die beiden Vertragspartner Papst Leo IX. und Kaiser Konstantin IX. Der Stuhl Petri ist vorübergehend vakant, und in der Kurie haben sich die Progressiven, das heißt die militanten Kräfte der Reform, durchgesetzt.

Genau drei Monate nach dem Tod des gemäßigten Leo IX. legte Kardinal Humbert mit unversöhnlichem Pathos die Bannbulle für den Konstantinopler Patriarchen Kerullarios auf dem Altar der Hagia Sophia nieder. Natürlich war der Anlaß dazu nicht das berühmte »filioque« des Glaubensbekenntnisses. Dieser endgültige Bruch zwischen Byzanz und Rom, zwischen griechischen und lateinischen Christen, war vielleicht das verhängnisvollste und nachhaltigste Ereignis des ganzen 11. Jahrhunderts. Mit einem dramatischen und bühnenreifen Akt beginnt ein neues Kapitel der abendländischen Geschichte: der Investiturstreit, das sich gegenseitige Aufreiben der beiden Universalgewalten.

Wir erinnern uns: Noch 1049 hatte Papst Leo IX. auf dem Konzil von Reims den Bischof Cresconius von Compostela in den Kirchenbann geworfen, weil dieser sich den angeblich Rom allein zustehenden Titel »vom Apostolischen Stuhl« angemaßt habe. Jetzt, nur fünf Jahre später, sieht alles ganz anders aus. Rom ist dabei, sich seine eigene, westliche Hemisphäre auszubauen und zu sichern.

Nun kann man auch über das Apostelgrab und den apostolischen Titel reden, vorausgesetzt, der Primat Roms wird formal anerkannt und Spanien fügt sich ins Universum der römischen Welt, indem es seine eigene westgotische Liturgie aufgibt. Die Mächtekonstellation Cluny/Burgund, Santiago/Spanien und Rom tritt in Aktion. Spanien ist nun in das Konzert der Mächte des lateinischen Westens voll einbezogen. In diesem Harmonisierungsprozeß spielt auch die Wallfahrt ans Ende der (lateinischen) Welt eine wichtige Integrationsrolle. Dieser Prozeß der Romanisierung der spanischen Kirche und Harmonisierung der abendländischen Kultur tritt für Santiago in den fünfzig Jahren von 1070 bis 1120 in seine formgebende Phase.

DIE ENTSCHEIDENDEN JAHRE: War für Spanien allgemein das Jahr 1054 mit der Konzentration der römisch-päpstlichen Politik auf den lateinischen Westen ausschlaggebend, so war das Jahr 1071 für Santiago de Compostela als Ziel der größten binnenabendländischen Fernwallfahrt nicht minder ausschlaggebend.

In diesem Jahr hatte im August in der heutigen Osttürkei bei Mantzikert am Vansee der seldschukische Sultan Alp Arslan den byzantinischen Kaiser Romanos Diogenes vernichtend geschlagen. Ganz Kleinasien fiel durch diese katastrophale Niederlage in die Hände der aufstrebenden Macht der Seldschuken. Konstantinopel hatte mit dieser Niederlage zugleich aufgehört, der Schutzschild der Christen gegen den Islam zu sein. Der Untergang des Byzantinischen Reiches war nur noch eine Frage der Zeit.

Im Vorjahr hatte ein Vasall des Alp Arslan, der Reiterführer Atsyz ibn-Abaq, praktisch ohne nennenswerte Gegenwehr Jerusalem, die Heilige Stadt der Juden, Christen und Mohammedaner, eingenommen und, entgegen der bislang geübten Toleranz, die Christen vertrieben. Damit war die heiligste aller christlichen Wallfahrtsstätten ausgefallen, und Byzanz konnte nichts zu ihrer Rückeroberung leisten.

Das war die Stunde von Santiago in Galicien, dem Apostelgrab am anderen Ende der lateinischen Christenheit. Der Wegfall von Jerusalem als Fernwallfahrt mit dem höchsten Maß an Sündennachlaß hat sicher viel zur Attraktivität von Santiago de Compostela beigetragen.

Auf der anderen Seite zeigte die Zusammenarbeit von Santiago und Burgund ihre Wirkung. Die Burgund-Connection wurde aktiv. Unter den Bischöfen Pelaez und Gelmirez wurden viele entscheidende Fragen zugunsten von Santiago gelöst. Die engen familiären Bande zwischen dem Königshaus von Kastilien-León einerseits und dem Grafenhaus von Burgund andererseits erwiesen sich als sehr hilfreich für die Kirchenpolitik Santiagos und seine Wallfahrt.

1080 verordnete Alfons VI. allen Kirchen seines Reiches die römische Liturgie. Nach der Einnahme von Toledo im Jahre 1085 wurde der Landweg nach Santiago noch sicherer. Von der toledanischen Kriegsbeute schickte Alfons VI. einen Teil nach Cluny, wo man mit diesem Betrag den Neubau der dortigen Klosterkirche (Cluny III), der größten romanischen Kirche des Abendlandes, begann. Die ehemaligen Cluniazensermönche auf dem Papststuhl, Urban II. und Calixtus II., waren denn auch für alle Compostelaner Wünsche sehr aufgeschlossen.

Urban II. erkannte 1095 offiziell die Verlegung des Bischofssitzes von Iria nach Compostela an, und Calixtus II. kam dem Wunsch seines Freundes Diego Gelmirez nach, indem er dessen Bistum zum Erzbistum aufwertete und ihn selbst zum päpstlichen Legaten für Kirchenfragen in Nordspanien ernannte. Der höchste Ausdruck dieser gemeinsamen Politik zwischen Rom und Santiago drückt sich inhaltlich am deutlichsten in dem noch unter Gelmirez begonnenen *Codex Calixtinus* aus. Der Propaganda-Apparat der gesamten abendländischen Kirche stand nun im Dienst des Apostels Jakobus.

GESICHTSWANDEL ODER: ROLLENTAUSCH IM THEATRUM SACRUM

»Überdies könne dem Versagen, in theistischen Begriffen zu denken, ein genauer sozialer *locus* gegeben werden – das ›einfache Volk‹.« (Hume)

JAKOBUS DER PILGER: Die Kirche hat ihre Theologie, das Volk hat seine Götter. Auch im Christentum. Für viele Mediävisten oder Religionsforscher beginnt mit dem Aufschwung des Jakobs-Kultes als Massenphänomen auch ein »Wendepunkt in der Geschichte der christlichen peregrinatio« (Plötz), weil im Mittelpunkt dieses Kultes nicht mehr Christus selbst oder die Herrenreliquien, wie zum Beispiel das Kreuz, auch nicht die alles seligmachende Mutter Kirche stehen, sondern ein Apostel, der zugleich Patron der Pilger und selber Pilger ist.

Das liefert einen völlig neuen Identifikationsfaktor für den einfachen Mann, der das zunächst theologisch harmlose Motiv zu seinen Gunsten umkehrt. Wer sich zum hl. Jakobus aufmacht, der wird selbst zum Apostel, zu Gott. Jakobus der Pilger bietet dem Pilger in seinem Namen, dem Gleichgesinnten, brüderlich die Hand, der fromme Wandersmann und der Heilige werden eins.

Und wieder, wie schon das Grab bzw. der vollständige Leichnam des Apostels, ist diese Revolution eine Erfindung *(inventio)* der Organisatoren und Manager des Unternehmens Santiago de Compostela. Im zweiten Buch des *Liber Sancti Jacobi*, dem Buch der Wunder, begegnet uns der Heilige nicht nur wunderwirkend in seinem Heiligtum in Galicien oder entmaterialisiert durch Anrufung (Fernheilung), sondern auf der Fahrt bei Schneetreiben, Regenguß und flirrendem Mittagsglast. Das Identifikationsmuster lieferte wieder einmal mehr das Neue Testament.

Es ist kein Zufall, daß ab dem späten 11. Jahrhundert, vor allem aber im 12. Jahrhundert in der romanischen Kunst das Motiv der Emmaus-Jünger Verbreitung findet. So wie Christus nach der Auferstehung sich den Emmaus-Jüngern als frommer Wanderer oder Pilgersmann anschließt und unter ihnen weilt, so mischt sich der hl.

Jakobus, der Patron der Pilger, unter seine Verehrer. Ich bin überzeugt, daß neben dem Wegfall von Jerusalem als höchstrangigem christlichem Pilgerziel diese Umdeutung des Patrons der Pilger zum Pilger selbst zur großen Beliebtheit der Jakobs-Wallfahrt beigetragen hat, weniger die Wunder, denn die konnten ja andere Pilgerorte auch für sich reklamieren.

Das Mirakelbuch im *Liber Sancti Jacobi* wurde aller Wahrscheinlichkeit nach noch in der Amtszeit des Gelmirez verfaßt. Das Pilgerwesen in seiner heutigen Form fand erst im 13. Jahrhundert seine Ausprägung. Erst in diesem Jahrhundert erfolgte die Einstufung von Jerusalem, Rom und Santiago de Compostela als Hauptwallfahrtsorte *(peregrinationes maiores)*.

EIN MÖRDERISCHER HEILIGER

Rückfall in Vorzeiten: 1509 hatte Raffael von Papst Julius II. den gigantischen Auftrag erhalten, die neuen Gemächer im Vatikan auszumalen. In einem der Lünettenfelder in der Stanza d'Eliodoro sehen wir die legendäre Begebenheit, wie Papst Leo der Große den Hunnenkönig Attila davon abhält, Rom einzunehmen und zu plündern. Rechtsexzentrisch von der Bildmitte wendet sich Attila auf seinem Pferd vor einer Erscheinung ab. Im freien Feld des Himmels über dem Papst schweben mit grimmem Blick und martialischen Gebärden schwertschwingend zwei Gestalten herab. Es sind dies die bewaffnet eingreifenden Schutzpatrone der Ewigen Stadt, Petrus und Paulus.

Die Episode war keine Erfindung Raffaels. Schon in der *Legenda aurea* lesen wir: »Also zog [Leo I.] dem Attila entgegen; als der den Papst sah, sprang er von seinem Roß, fiel ihm zu Füßen und bat ihn, er möchte begehren, was er wollte, des sollte er gewährt sein. Da bat ihn der Papst, daß er aus Italien wollte ziehen und die Gefangenen ledig lassen. Darnach ward Attila von den Seinen getadelt, daß er, der Überwinder der Welt, von einem Priester sich habe besiegen lassen. Da antwortete er und sprach: ›Das hab' ich mir und euch zugute getan, denn ich sah zu seiner Rechten einen schrecklichen Ritter stehen mit bloßem Schwert, der sprach zu mir: ›Gehorchest du diesem nicht, so mußt du mit allem deinem Volk verderben.‹«

Schon Konstantin der Große hatte seinen Sieg über Maxentius

nicht dem Zeichen des Herrn auf den Schilden seiner Soldaten zugeschrieben, sondern dem höchst persönlichen Eingreifen seines Retters (Erlösers: Salvator). Die Tradition ist alt, uralt sogar. Im Alten Testament scheut sich Jahve nicht, persönlich für den Sieg seines Auserwählten Volkes ins Schlachtgetümmel einzugreifen, nicht weniger die Olympischen Götter im Kampf um Troja.

Das Eingreifen der Götter zugunsten ihrer Schützlinge ist so alt wie die Götter selbst. Diese atavistische Vorstellung konnte auch das Christentum nicht auslöschen. Im Gegenteil: Vom Heerführer der himmlischen Heerscharen, dem Erzengel Michael, über die Heiligen Georg, Theodor, Demetrius oder Mercurius, der Himmel der Ostkirche strotzt von Soldatenheiligen.

Doch auch im lateinischen Westen bleiben die Soldatenheiligen nicht außen vor, und die kräftig dreinschlagende Hilfe Gottes wird auch von den Germanenchristen nicht verschmäht. So soll der Frankenkönig Chlodwig auf dem Höhepunkt der Schlacht gegen die Alemannen 496 bei Zülpich Christus auf den Knien um seinen Beistand angefleht haben. Und Americo Castro will gar für den militanten Jakobs-Kult das Fortleben eines antiken Dioskurenkultes als direkten Vorläufer ausgemacht haben. Nur schade, daß für Nordspanien im 8. Jahrhundert kein solcher Dioskurenkult nachgewiesen werden kann.

Blutige und unblutige Soldaten Christi: Aber verbal zumindest haben die frühen christlichen Autoren einer militanten Sicht des Apostels Jakobus vorgearbeitet, wenn auch unfreiwillig und völlig anders gemeint. Doch von der paramilitärischen Wortwahl zur martialischen Sehweise ist es nur ein kleiner (Gedanken-)Sprung. So predigt Paulus im Epheserbrief: »Zieht die Rüstung Gottes an [...]. Gürtet euch mit Wahrheit, zieht als Panzer die Gerechtigkeit an [...], greift zum Schild des Glaubens! [...] Nehmt den Helm des Heils und das Schwert des Geistes.«

Tertullian wurde bereits zitiert. Auch Origenes spricht davon, daß »das Heer Christi eine kleine Elite von Kampftruppen besitze«. In der Vita des hl. Martin von Tours, in den Schriften des Cassian *(De institutionis)* und in der Benediktsregel ist die Rede vom »miles Christi«, dem Streiter Christi, und von anderen soldatischen Tugenden des Mönchs. Auch der hl. Willibald von Eichstätt hatte sich für den »himmlischen Kriegsdienst« *(ad caelestis militiae servitium)* entschieden.

Schreckliche Wirklichkeit wurde diese Vorstellung im 11. Jahrhundert im Zusammenhang mit der Reconquista und den Kreuzzügen. Bereits 1065 hatte Papst Alexander II. für den Kampf gegen die Mauren mit einer Vergebung der Sünden *(remissio peccatorum)* geworben. Damit war eine verhängnisvolle Fehlentwicklung der mittelalterlichen Christenheit geboren. Nachlaß der Sünden bzw. der Sündenstrafen war ja auch eines der Hauptanliegen und der Belohnungen für eine Wallfahrt. Wenn man für einen Kriegszug gegen die Andersgläubigen eine *remissio peccatorum* erlangen konnte wie bei einer Wallfahrt, war der Weg frei für die bewaffnete Wallfahrt, die sogenannten Kreuzzüge. Urban II. versprach 1089 den christlichen Kämpfern in Katalonien einen Generalablaß, ein Angebot, das er 1095 in Clermont-Ferrand für die Teilnehmer an dem gepredigten Kreuzzug nach Jerusalem erneuerte.

Mit anderen Worten, wer im Kampf gegen die bösen Heiden fiel, kam sofort in den Himmel, wie ein Märtyrer. Diese doppelte Gewinnmöglichkeit machte die Kreuzzüge für viele spätere Teilnehmer ungeheuer attraktiv. Zum einen konnten sie bei siegreichem Ausgang sich materielle Entlohnung, zum Beispiel ein Stück Land in Palästina, erwarten, zum anderen, bei tödlichem Ausgang, war ihnen der Himmel sicher.

Dabei richteten die Kreuzfahrer oft wahre Blutorgien an. Wilhelm von Tyrus, der wichtigste Chronist des Ersten Kreuzzugs, berichtet von der Einnahme Jerusalems: »Man konnte nicht ohne Entsetzen diese Menge von Toten sehen, und der Anblick der Sieger, die von Kopf bis Fuß mit Blut bedeckt waren, war nicht minder entsetzlich.«

Ein anderer Zeuge dichtete aus diesem Anlaß:

»Von Blut viel Ströme fließen,
in dem wir ohn' Verdrießen
das Volk des Irrtums spießen.
Jerusalem, frohlocke!
Des Tempels Pflastersteine
bedeckt sind vom Gebeine

der Toten allgemeine.
Jerusalem, frohlocke!«

Doch man begnügte sich nicht mit dem Niedermetzeln der Andersgläubigen im fremden Land. Auch im Kampf gegen die sogenannten Ketzer im christlichen Abendland, zum Beispiel die Albigenser, war man nicht zimperlich. Wilhelm von Tudela schrieb in seinem »Gesang vom Albigenserkreuzzug« zur Eroberung von Béziers im Jahre 1209 (zirka zwanzigtausend Tote): »Man richtete in Béziers ein exemplarisches Blutbad an: Kein einziger Überlebender. Wer war Ketzer, wer rechtgläubig? Ein Schlachthaus! Das Blut bespritzte die frommen Fresken. Das Kreuz hielt die Schlächter nicht ab: Priester, Frauen, Kinder und Greise, alle hingemordet, sage ich.«

EINE BERÜHMTE SCHLACHT, DIE NIE GESCHLAGEN WURDE: Die Geschichte der Iberischen Halbinsel ist seit Menschengedenken die Geschichte Tausender großer und kleiner Kriege. In dieser Sättigung an kriegerischen Auseinandersetzungen liege einer der Schlüssel zur spanischen Geschichte, meint Sanchez Albornoz. Seit 718, dem Tag von Covadonga, bedeutet spanische Geschichte fast achthundert Jahre permanenten Glaubenskrieg. Kein Wunder, wenn irgendwann der für die Siege angeflehte und verantwortliche Nationalheilige etwas von dem verspritzten Blut abbekommt. Wieder unter Erzbischof Gelmirez war es soweit.

Zunächst war der hl. Jakobus nichts anderes als der erste legendäre Missionar der Iberischen Halbinsel und als solcher auch als Landespatron seit dem 9. Jahrhundert eingebürgert. Als Missionar und Apostel war Jakobus Prediger und Lehrer des Evangeliums. So wird er auch bis ins frühe 12. Jahrhundert dargestellt. Für die Anfänge seiner neuen Rolle als *miles Christi*, dann *Matamoros* gibt es zwei Erklärungsversuche.

Der erste bringt Jakobus mit der Einnahme der nordportugiesischen Stadt Coïmbra am 9. Juli 1068 in Verbindung. Als 1080 auf Drängen von Papst Gregor VII. König Alfons VI. der Übernahme der römischen Liturgie zustimmte, war damit auch der römische Heiligenkalender verbunden. Nach dem römischen Kalender fiel aber der 9. Juli auf den 25. desselben Monats. Das war zufällig der Festtag des hl. Jakobus. Als man Jahrzehnte später, in der Zeit des Bischofs Gelmirez, nicht mehr in den Kategorien des hispanischen Kalenders dachte, konstruierte man aus dem Zusammenfallen der beiden Daten einen Zusammenhang zwischen Jakobus und der Einnahme von Coïmbra in der Form eines persönlichen Eingreifens des spanischen Patrons in den Kampf. Jakobus galt fortan als der erste *miles Christi* der Reconquista.

Zweiter Erklärungsversuch: Nach dem Tod von Königin Urraca 1126 wurde der nun zwanzigjährige Alfons Raymundez als Alfons VII. König von Galicien, León, Kastilien und Toledo (Neukastilien). Alfons VII. entsprang der ersten Ehe von Urraca mit Graf Raymund von Burgund, der sehr jung starb. Der Bruder von Raymund von Burgund, Guido, hatte die geistliche Laufbahn eingeschlagen und über das Metropolitenamt von Vienne 1119 als Papst Calixtus II. reüssiert.

Papst Calixtus II., nach dem fälschlich der Compostelaner *Codex Calixtinus* benannt ist, war also der Onkel des späteren Alfons VII. Dieser wiederum war während seiner Minderjährigkeit von Urraca dem Bischof Gelmirez von Santiago als Mündel anvertraut worden. Allein an diesem Beispiel mag man erkennen, wie eng die Burgund-Connection tatsächlich geknüpft war.

Um den zukünftigen König von León-Kastilien stärker an die Kathedrale des Apostels zu binden, hatte Gelmirez sein Mündel zum Domkanonikus ernannt, zuständig für Beschaffungs- und Finanzfragen. Da der spätere Alfons VII. zwar ständig in Geldnot war und daher nicht direkt zur Kasse von Santiago beizutragen vermochte, konnte er sich aber doch honorig und spendabel erweisen, indem er dank seiner königlichen Vollmachten »seiner« Kathedrale so manche Vergünstigung zukommen ließ.

In diesem Sinne gedachte der listige Gelmirez, seinem einstigen Mündel das Privileg für eine Art Jakobs-Steuer abzuluchsen. Zu diesem Zweck wurde wieder seine florierende Fälscherwerkstatt in Betrieb gesetzt. Das Ergebnis war das angebliche Diplom Ramiros' I. Um aber dieses »uralte« Privileg glaubhaft zu begründen, wurde als Anlaß dafür die Geschichte vom Eingreifen des heiligen Jakobus auf einem weißen Pferd in der Schlacht von Clavijo erzählt (vgl. die Funktion der *narratio* in der *Concordia de Antealtares*). Diese Schlacht habe 844 stattgefunden und das Eingreifen des Apostels

Ramiro I. einen entscheidenden Sieg über die Mauren eingetragen. Aus Dankbarkeit dafür habe dann König Ramiro I. (844–850) das Recht auf eine außerordentliche Kollekte zugunsten der Kirche des Apostels, das sogenannte *voto de Santiago*, eingeräumt.

Brüsk und vehement wehrt sich der beste Kenner der frühmittelalterlichen Geschichte Spaniens, Sanchez Albornoz, gegen diesen Schwindel: »Ramiro hat nie in oder bei Clavijo eine Schlacht geschlagen.« Weder die asturischen noch die maurischen Quellen wissen etwas davon. Unglücklicherweise hatte der so lange als friedfertig geltende Apostel den Ruf des Schlachtenreiters und Maurentöters für alle Zukunft weg. Im 16. Jahrhundert wurde aus dem Maurenallerdings ein Indioschlächter in Lateinamerika, wo goldhungrige Konquistadoren mit dem Ruf »Santiago« Hunderttausende unschuldiger und steinzeitlich bewaffneter Eingeborener niedermetzelten. Als dann Spanien ab Mitte des 16. Jahrhunderts die kriegerische Speerspitze der Gegenreformation wurde, lebte der militante Heilige erneut in Europa als Reformatorentöter auf. Die meisten Abbildungen von Jakobus als Maurentöter stammen aus dieser späten Zeit.

BUCH IV

DER STERNENWEG

1. DAS ENTBLÖSSTE MYSTERIUM

DER FLUCH DES JAKOBUS

»In manchen Fällen ging es so weit, daß man architektonisch eindeutige Tatsachen einfach nicht zur Kenntnis genommen hat, weil ihr Verständnis mit einem regelrechten Tabu belegt war. Psychoanalytisch gesprochen hat man einen Teil der Realität schlichtweg ›verdrängt‹, indem man sich auf vermeintlich wissenschaftlich fundierte Urteile stützte.« (H. Stierlin)

Im Vorwort und in »Santiago, wir kommen!« habe ich mein vornehmlich kulturhistorisches Interesse am Thema dieses Buches ausdrücklich betont: Kontinuität von religiösen Vorstellungen, Ritualen, Kultformen und heiligen Stätten. Wir haben in einem konkreten Fall, nämlich der Pilgerfahrt des rheinischen Ritters von Harff, erfahren müssen, daß man in Compostela dem Zweifler an der Richtigkeit der dort verbreiteten Legende mit harten Strafen drohte.

Arnold von Harff berichtet 1498, daß er versucht habe, »mit viel Trinkgeld« den Leichnam des hl. Jakobus zu sehen. Doch man hätte ihn daraufhin beschieden, daß, wer an der leibhaftigen Präsenz des Apostels zweifle, wahnsinnig würde wie ein rasender Hund oder, gelinder ausgedrückt, in geistige Umnachtung verfallen würde beim Anblick des »wahren Jakob«.

Genauso ergeht es heute dem, der sich mit rationalen Argumenten und Vorstellungen dem Phänomen des »wahren Jakob« nähern will. Dazu reichen offensichtlich nicht Theologie, Heiligengeschichte und allgemeine Historie aus. Nur mit extremem interdisziplinärem Aufwand besteht eine Chance, sich dem Geheimnis der Jakobs-Wallfahrt zu nähern. Angesichts der zu konsultierenden Wissenschaftsbereiche und -disziplinen wie Paläontologie, Anthropologie, Archäologie, Architekturgeschichte, Geometrie, Kosmologie, Astronomie, Astrologie, Vermessungstechnik, Religionswissenschaft, Mythologie, Maß- und Zahlenkunde, Klimaforschung, Ethnologie, Volkskunde etc. wird etwas deutlich von der Verwirrung, mit der Jakobus d. Ä. den Zweifler, der nicht einfach glaubt, bestraft.

Doch die beiläufige und keineswegs vollständige Aufzählung von universitär etablierten Wegen der Forschung ist lange noch nicht ausreichend. Hinzu kommen heute jüngere Disziplinen, die ihr Stigma der Grenzwissenschaften längst abgelegt haben und ebenfalls als seriös arbeitende Forschungszweige akkreditiert sind wie: Astroarchäologie, Geobiologie, Ätiologie, Historische Metrologie, Biologische Architektur, Geomantie, Chronobiologie, Paläolinguistik, Radiästhesie etc.

Außerdem können neue und präzise Meßmethoden wie Pollenanalyse, Dendrochronologie, Eisbohrkerne, Thermoluminiszenzverfahren etc. gesicherte Angaben über lange umstrittene Datierungen für die Menschheitsgeschichte liefern. Es bedarf also eines neuen Ariadnefadens, um sich in diesem Labyrinth der Wissenschaften, in das Jakobus den Zweifler stößt, zurechtzufinden bzw. dem Geheimnis des »wahren Jakob« auf die Spur zu kommen.

Eklatant drastischer wird die Verwirrung ausgerechnet für einen Zeitraum, in dem der hl. Jakobus eine dominierende Stellung einnimmt, nämlich das Mittelalter. Humanismus und Aufklärung verdanken wir eine Periodisierung der Geschichte bzw. deren einzelner Geschehensabläufe. Diese Periodisierung liefert Schablonen und Kategorien, die keineswegs jeweils der Realsituation entsprechen und ihrerseits als historisch anzusehen sind. Für viele Mediävisten ist das Wort Mittelalter ein ausgesprochener Schwammbegriff. Keineswegs soll damit geleugnet werden, daß großartige Schöpfungen in Architektur (benediktinisches Klosterschema, gotische Kathedrale), Skulptur, Glasmalerei oder Buchkunst als eindeutig genuin »mittelalterlich« erkannt werden können. Aber der nun fast hundertjährige Streit um ein »kurzes« oder »langes« Mittelalter mutet doch recht bescheiden an im Vergleich zu den Zeiträumen, die für die kulturgeschichtliche Betrachtung von Bedeutung sind. Kulturgeschichtlich mahlen Gottes Mühlen langsam, sehr langsam sogar. Es geht hier um Jahrtausende, von der jüngeren Altsteinzeit bis zum ausgehenden 15. Jahrhundert.

Es geht auch um die Frage nach den Volkskulturen, der mündlichen Überlieferung und deren Resistenz gegenüber den von der Geschichtswissenschaft lange Zeit bevorzugten schriftlichen Elitekulturen. Das Ausmaß des Fortlebens vorchristlicher Bräuche, Rituale und Vorstellungen führt zu der anderen Frage, der nach dem

Grad der tatsächlichen Christianisierung der Masse der Bevölkerung (zirka neunzig Prozent). Ein recht einprägsames Beispiel dafür liefert Prinz: »In der Diözese Utrecht antwortete ein Dorfältester auf die Mahnung des Priesters, zur Kommunion zu gehen, ihm sei ein Krug voll Bier lieber als der Kelch des Herrn; offenbar war dies auch die Meinung der übrigen Dorfbewohner.«

EIN QUERDENKER RÜHRT AN EIN TABU

Um die vom hl. Jakobus verhängte Verwirrung noch zu vergrößern, hat 1971 der französische Journalist und Enigmatiker Louis Charpentier mit seinem Buch *Les Jacques et le mystère de Compostelle* in ein Wespennest gestochen – mit Erfolg, wie sich herausstellen sollte. Seit Ende der sechziger Jahre hatte der unbequeme Querdenker mit seinen Büchern über die Basken, die Geheimnisse der Kathedrale von Chartres und die Templer eine Reihe von Themen aufgegriffen, die einerseits recht populär waren, andererseits von seiten der zuständigen orthodoxen Wissenschaften wie Archäologie, allgemeine Geschichtswissenschaften und Architektur-, Kunst- und Religionsgeschichte als nicht gelöst bzw. nicht lösbar galten.

Mit seinen Publikationen wurde Charpentier eine Art französischer Däniken. Der Erfolg der Bücher dieses Außenseiters rief, wie sollte es anders sein, das geballte Echo einer sich angegriffen fühlenden und für unfehlbar haltenden Zunft hervor. Man warf Charpentier, zum Teil mit gutem Recht, methodische Mängel, gehäufte Detailfehler und unzulässige Schlußfolgerungen vor.

Die Reaktion der Wissenschaft war ihrerseits alles andere als wissenschaftlich und korrekt. Sie schüttete das Kind mit dem Bade aus. Statt die damals als verwegen geltenden Theorien von Charpentier mit besserer Sachkenntnis bzw. mit klassischen Methoden auf ihre Haltbarkeit oder zumindest Berechtigung hin zu überprüfen, wurden diese zusammen mit den nicht immer mängelfreien Verfahren des Provokateurs vollständig als falsch abgetan. Doch es kam wie so oft, der methodisch falsch liegende und deshalb geschmähte Außenseiter wurde von neuen Wegen der etablierten Forschung in seinen Kernaussagen bestätigt.

DIE THEORIE DES LOUIS CHARPENTIER

»Jeder Mathematiker kann uns sagen, daß es eine willkürliche Handlung ist, vier Punkte auf eine gerade Linie zu verlegen. Die Chance, daß der Zufall sie anordnet, ist verschwindend gering.« (L. Charpentier)

Im vierten Buch des *Liber Sancti Jacobi* (*Codex Calixtinus*), dem sogenannten Pseudo-Turpin, wird aus propagandistischen Motiven die galicische Jakobs-Tradition zusammengeschlossen mit den fränkischen Karls-Sagen. Dort wird berichtet, daß Christus Karl dem Großen im Traum erschienen sei und ihn aufgefordert habe, zum Grab des Apostels Jakobus nach Galicien am Ende der Welt zu ziehen. Den Weg dorthin werde ihm eine hell leuchtende Sternenstraße weisen. Noch auf dem Karlsschrein in Aachen (1200–1215) ist dieses Himmelszeichen als doppelte Sternenstraße gekennzeichnet.

Charpentier benutzte dies als Hinweis für eine real existente Sternenstraße. Als Ausgangspunkt nahm er die geographische Breite von Compostela. In Detailkarten von Nordspanien fand er nach akribischer Suche eine auffällige doppelte Reihe von Toponymen, die eindeutig entweder in baskisch oder romanisierter Form das Wort Stern in ihrem Namen trugen. Beide gedachten Linien dieser Doppelreihe durchzogen, von Ost nach West verlaufend, eine Wegdistanz von zirka tausend Kilometern, die, beginnend in den Ostpyrenäen (Roussillon), schließlich geringfügig südlich von Compostela an der galicischen Westküste auf der Höhe von Padron bzw. Noya endeten. Die nördliche der beiden Linien lief exakt entlang der Breite von 42° 46 / 47' und die südliche auf 42° 30'.

Am westlichen Ende (oder Anfang?) dieser von Charpentier als Sternenstraße identifizierten Doppellinie häufen sich auffällig Megalithen. Gleichzeitig notierte Charpentier entlang dieser im freien Gelände gezogenen Linie eine ebenfalls auffällige und deshalb ungewöhnliche Häufung von Orten, die dem keltischen Gott Lug geweiht waren. Die heute noch wichtigsten, als blühende Städte überlebenden Lug-Orte sind Lugo (Lucus Asturii), Oviedo (Lugones), Logroño und Saint-Bertrand-de-Comminges (Lugdunum Convenarum).

So wie Lug der höchste aller keltischen Götter war, so dominant war das heilige Tier der Ligurer und Kelten, die Gans (bei anderen Völkern der Schwan, der Pelikan etc.). Diese Gans taucht in ihren zwei sprachlichen Erscheinungsformen *oca* oder *hamsa* gehäuft als Toponym längs dieser ideellen Straße auf. Die Gans als Bote aus der anderen Welt begleitet sozusagen auffällig den Lug-Weg: Valle del Anso, Rioja (Rio Oca), Montes de Oca, Pico della Piedraja, Valdueza b. Ponferrada, Paso de Oca südlich von Santiago, Oca am Rio Tambre, um nur einige der geläufigsten aufzuführen.

Bis ins hohe Mittelalter taucht ebenfalls in offenkundiger Häufung das Zeichen der Gans, ihr stilisierter Fuß, der sogenannte Gansfuß, als Steinmetzzeichen vor allem an den romanischen Kirchen längs des Pilgerweges auf. Alles zusammen also Indizien genug dafür, daß hier entlang des mittelalterlichen Pilgerweges nach Santiago ganz offenkundig vorchristliche Erinnerungen gehäuft auftreten, so daß Charpentier daraus folgern kann: »Jeder Geograph kann uns gleichfalls darüber aufklären, daß Menschen, die nicht über exakte Karten und präzise Meßinstrumente verfügen, kaum dazu in der Lage sind, vier Punkte auf demselben Breitenkreis auszuwählen, die von ihm auf tausend Kilometer Entfernung nur um wenige Minuten abweichen.« Außerdem sei diese »Straße viel älter als das Christentum. Es handelt sich allem Anschein nach um eine Strecke, die schon seit fernen Zeiten benutzt wird. Als Sternenweg lebt sie unbestimmt in der Erinnerung fort.«

Im übrigen weist Charpentier darauf hin, daß die Santiago-Route nicht der einzige Sternenweg aus vorgeschichtlicher Zeit sei. Zwei weitere Sternenstraßen dieser Art seien bekannt. Die eine davon verlaufe etwas nördlich vom 51. Breitengrad und verbinde Glastonbury, Westbury, Stonehenge, Amesbury, Canterbury und setze sich auf dem Festland fort: Brügge, St. Odilienberg bei Roermond, Wormbach, Eschwege, Naumburg etc. bis Breslau (Kaminski).

Die zweite bekannte Sternenstraße folge etwas nördlich des 48. Breitengrades, genauer zwischen 48° 27' und 48° 50'. Sie beginne an der Nordküste der Bretagne und verlaufe über Chartres und Vaudeville (Wotanstadt) nach Saint-Odile in den Vogesen. Alle drei hier genannten Sternenstraßen zeichnen sich an ihrem Westende durch eine einzigartige Dichte an Megalithbauten aus und berühren in ihrem Verlauf landeinwärts wichtige megalithische, keltische und christliche Heiligtümer.

2. EIN DELIKATER FALL FÜR HISTORIKER

DAS »KATHOLISCHE« SPANIEN

Für Mitteleuropäer gilt Spanien neben Italien als das Land des Katholizismus schlechthin. Mit diesem Begriff hatte man seit der Aufklärung besonders Ketzerurteile, Hexenverbrennungen, Inquisition, Bücherverbote, feierliche und pompöse Wallfahrten und sonst allerlei mittelalterlichen Spuk vor Augen. Daß Spanien zu dieser Rolle gekommen war, verdankt es dem leidenschaftlichen Einsatz der spanischen Habsburger für die Gegenreformation, deren Speerspitze sie bilden sollten und für die spanische Soldaten auf allen Schlachtfeldern Europas verbluteten. Der Spanier verteidigte eben seit den ersten Erfolgen der Reconquista seinen Glauben zunächst mit dem Schwert.

Doch dieselben Spanier, die bewaffnete Phalanx der römischen Päpste, waren erst spät katholisch und vorher recht spät christlich geworden, genauer gesagt ein Teil der Spanier. Die Katholischen Könige *(los reyes catolicos)* Ferdinand und Isabella hatten diesen Titel 1496 von Papst Alexander VI. verliehen bekommen. Doch selbst dieses Etikett vermochte nicht das energische Königspaar dazu zu bringen, auch nur ein Jota von seinen angestammten königlichen Rechten zugunsten des Heiligen Stuhls preiszugeben. Überhaupt, katholisch war Spanien ja erst 1085 geworden. Und christlich? Das ist schwerer zu beantworten.

Ab dem 4. Jahrhundert gab es zumindest im südlichen, westlichen und östlichen Teil der Iberischen Halbinsel Christengemeinden mit eigenen Bischöfen – und Mönche. Ausgerechnet der Bevölkerungsteil, dem ab der Mitte des 8. Jahrhunderts die Hauptlast der Reconquista zufiel, war zum Zeitpunkt der islamischen Invasion noch gar nicht christianisiert. Im Rahmen der besonderen Situation auf der Iberischen Halbinsel nahm das dortige Christentum sehr schnell eine militante Form an. Gleichzeitig damit vertiefte sich die Abhängigkeit des Klerus von der Königsgewalt.

ZUM VERGESSEN VERDAMMT (*DAMNATIO MEMORIAE*)

Der später militanten Haltung des Christentums Andersgläubigen gegenüber und dem Schriftmonopol eben dieser christlichen Elite verdanken wir zum überwiegenden Teil die schlechte Quellensituation zu Nordspanien und dem religiösen Leben dort auf dem Lande. Allgemein wird dafür eine Rechtspraxis verantwortlich gemacht, die zunächst keine christliche Erfindung, aber sehr schnell von der Amtskirche dem römischen Staat abgeschaut worden war: die *damnatio memoriae* (Verurteilung zum Vergessen).

Caesar hatte damit inoffiziell die Druiden belegt, der römische Senat hatte nach dessen erzwungenem Freitod Kaiser Nero per offiziellem Beschluß mit der *damnatio memoriae* der Vergessenheit überantwortet, Diokletian hatte gegen die Christen im Jahre 303 davon Gebrauch gemacht, indem er deren Gotteshäuser und Schriften verbrennen ließ, und das Ergebnis der von Konstantin dem Großen gegen die treuesten Anhänger des Maxentius verhängten Maßnahmen im Rahmen der *damnatio memoriae* war ja der erste Amtssitz des römischen Bischofs im Lateran.

Und die Christen hatten schnell gelernt. Kaum daß ihre Religion anerkannt und vom Kaiser begünstigt wurde, mußten die jeweils in der theologischen Debatte unterlegenen Glaubensbrüder dieses urrömische Verfahren über sich ergehen lassen: erst die Gnostiker, dann die Vertreter einzelner Häresien wie Arius, Origenes, Priscillian, Pelagius, später im Mittelalter die Katharer u. a. Im 9. Jahrhundert soll Ludwig der Fromme ganze Klosterbibliotheken vernichten haben lassen. Doch diese Meldung scheint mir apokryph. Der im Zusammenhang mit dem 4. Laterankonzil schon erwähnte Kardinal Rodrigo Jimenez de Rada (1170–1247) hatte eigenverantwortlich Hunderttausende islamischer Schriften aus maurischen Bibliotheken vernichten lassen. Trotzdem glaube ich nicht, daß dieses von der katholischen Kirche durchaus angewandte Mittel der *damnatio memoriae* allein verantwortlich für die schlechte Quellensituation für Nordspanien ist.

In abgewandelter Form, wie in Ägypten, haben wir im Falle der spanischen Atlantikanrainer – das trifft auch für die nordgallische, irische und britannische Situation zu – ein Durchdringungs- bzw. Ablöseproblem dreier kultureller Gegensätze vor uns:

Buch- gegen Erzählkultur = schriftliche gegen mündliche Tradition;

Stadt- gegen Landkultur = mittelmeerische *polis*-Tradition gegen agrarisch-strukturierte Lebensform;

Christliches gegen Heidnisches = neue Religion gegen alteingesessene Religionsvorstellungen und -praktiken.

Offensichtlich liefen diese Möglichkeiten der Weltaneignung und Lebensbewältigung lange nebeneinander her. Wenn man eine jahrtausendealte mündliche Tradition durch generationenlange Verbote und Behinderungen ausklammert und schließlich irgendwann kein Wortzeuge mehr am Leben ist, dann ist auch ganz automatisch die schriftlich dokumentierte »Geschichte« in den Augen einer Wissenschaft, die ihrerseits nur schriftliche Quellen akzeptiert, im Vorteil. Im äußersten Norden Spaniens, bei den autochthonen Völkern der Galicier, Asturer, Kantabrer und Basken, liegt ganz eklatant ein solcher Fall vor.

Die mündliche Kultur ist mit Sicherheit die ältere Form. Wie exakt und zuverlässig sie sein kann, dafür liefert uns das Baskische, die älteste heute noch gesprochene Sprache der Welt, ein überzeugendes Beispiel. Noch bei den Kelten wurden die wichtigsten Erkenntnisse über Gott und die Welt mündlich und direkt, das heißt vom Lehrer (Meister, Eingeweihter, Druide etc.) dem Schüler weitergegeben. Auch die ältere ägyptische Mönchstradition kannte noch dieses System.

Die berühmten *Apophtegmata Patrum* (Weisheiten der Väter) wurden zunächst vertrauensvoll vom Meister (Abbas) dem Schüler (Mönch) weitergegeben. Ihre schriftliche Aufzeichnung fand erst später, nicht vor dem 5. Jahrhundert, statt. Selbst der Schöpfer des Christentums, Jesus von Nazareth, hatte nichts schriftlich fixiert. Seine beliebteste Redewendung war: »Es steht geschrieben …, ich aber sage euch …«

Schon Bachofen hatte 1861 in seinem *Mutterrecht* erkannt, daß die mythische Überlieferung »der getreue Ausdruck des Lebensgesetzes jener fernen Zeit« war. Eine Religion aber, die nach den Strukturen des römischen Staates organisiert und in ihren Inhalten schriftlich kodifiziert war, hatte erhebliche Probleme, sich in andersgearteten Systemen zu enkulturieren. Das frühe Mönchtum dagegen, wie es sich in Ägypten herausbildete, hatte die angemesseneren Voraussetzungen für Akzeptanz. Angenendt hat es auf den Punkt gebracht:

»Aber in den fast gänzlich agrarischen Gesellschaften fehlten zentrale Riten zur Bewältigung all jener kosmischen Kräfte, denen man sich täglich ausgesetzt wußte. Offiziell negierte freilich die christliche Doktrin alle in der Natur wirksamen Kräfte.« So zerfiel die »christliche« Bevölkerung in eine Elite und das sogenannte Volk, »die Pfaffen und die Laien der mittelalterlichen Quellen« (Dinzelbacher).

Damit sind wir aber beim eigentlichen Forschungsproblem jeder Beschäftigung mit der Jakobs-Wallfahrt, die über das Jahr 1000 hinaus rückwärts schreiten will. Denn die Frage, die sich bei der Annahme einer noch im späten Mittelalter genutzten neo- oder vorneolithischen Sternenstraße als erste aufdrängt, ist doch die nach der Wahrscheinlichkeit einer jahrtausendelang nicht unterbrochenen mündlichen Weitergabe solcher Vorstellungen. Können sich religiöse Bilder, Rituale und Verhaltensweisen über Jahrtausende hinweg lebendig erhalten, und wenn ja, in welchem Ausmaß?

EX OCCIDENTE LUX?

HOMERIDEN UND BIBELTEXTER: Die Grundlage der abendländischen Kultur beruft sich, verkürzt und bildhaft dargestellt, auf zwei Schriftwerke, die der sogenannten Homeriden (8.–7. Jahrhundert v. Chr.) und die des Alten Testaments (6.–5. Jahrhundert v. Chr.). Die Wiege der menschlichen Hochkulturen liege im östlichen Mittelmeer und im Vorderen Orient. Aus dem Osten kam das Licht *(ex oriente lux)*. Über Kreta wurde dem restlichen Europa beigebracht, was Kultur ist. Wer kennt nicht die rührselige Geschichte, in der Zeus persönlich in Stiergestalt die kretische Königstochter Europa entführt und nach dem Westen bringt, der forthin ihren Namen trägt.

Generationen von Archäologen, von Schliemann bis heute, haben mit eindrucksvollen Funden die Welt Homers und der Bibel vor unseren Augen auferstehen lassen und deren Wahrheitsgehalt bestätigt. Man erinnere sich nur an Werner Kellers Welterfolg *Und die Bibel hat doch recht*. Zwar gab es immer schon genügend Fakten und Hinweise, die für das kulturlose, barbarische Land im Westen und Norden Gegenteiliges belegen konnten, doch Generationen von orientfixierten Altertumsforschern haben vorsätzlich oder betriebsblind darüber hinweggeforscht. Westlich von Italien und nördlich der Alpen, da war einfach nichts, basta.

Die seit Ende des letzten Jahrhunderts bekannten steinzeitlichen Höhlenmalereien waren so betrachtet nur ein zu vernachlässigender Betriebsunfall der Menschheitsgeschichte. Die im ersten Drittel unseres Jahrhunderts schon recht fortgeschrittene Nordlandforschung ist bekannterweise durch die unglückselige und verhängnisvolle Ausschlachtung ihrer Ergebnisse durch eine menschenverachtende rassistische Ideologie vom arischen Herrenmenschen vorübergehend diskreditiert worden. Die klassische Archäologie mit ihrem *ex oriente lux* hatte Schonzeit. Doch allein die sensationellen Forschungsergebnisse der letzten gut zwanzig Jahre können unwiderlegbar beweisen, daß die Bibel doch nicht recht hatte.

DAS NEUE BILD DER ALTEUROPÄISCHEN WELT: Die folgenschwersten Funde oder Forschungsergebnisse, die zur Korrektur des vor- und frühgeschichtlichen Bildes von Europa zwingen, sind meines Erachtens:

– die gigantischen megalithischen Städte von Büdelsdorf, Zambujal und Los Millares;

– die Datierung der ältesten bretonischen Megalithen auf ein Alter von sechstausendfünfhundert Jahren; hinzu kommen bautechnische Vorläufer, die sogenannten Megadendren von Jütland;

– die ältesten monumentalen (bis zu 90 Meter Durchmesser) Sonnenkalender der Welt in Niederbayern, zirka siebentausendfünfhundert Jahre alt;

– der »Ötzi« mit genau feststellbarem Alter von fünftausenddreihundert Jahren;

– zwei neue Ensembles großartiger Höhlenmalereien in Südfrankreich, zwanzig- bis fünfzehntausend Jahre alt;

– die Entdeckung des *homo antecessor* (Vorläufer des Neandertalers) nördlich von Burgos, zirka achthunderttausend Jahre;

– ein Höhlenfund in Andalusien, der ebenfalls eine Sensation andeutet. Da er noch nicht wissenschaftlich ausgewertet ist, wird hier auf seine Namensnennung verzichtet.

In summa bedeuten diese hervorgehobenen, im Chor mit tausend anderen Funden und Fakten der europäischen Frühgeschichte, daß seit der Endphase der Würmeiszeiten und dem zeitlich damit verknüpften Auftreten unseres direkten Vorfahren, des Cro-Magnon, in dem am Atlantik gelegenen Teil unseres Kontinents von Dänemark bis Marokko eine seit zirka dreißigtausend Jahren bestehende Menschheitsentwicklung kontinuierlich und praktisch lückenlos nachvollziehbar stattfand, deren drei wichtigste Etappen sich lange vor den ersten Kontakten mit der Mittelmeerwelt eigenständig ausgebildet haben:

Erste Atlantische Zivilisation bis zum Ende der letzten Eiszeit bzw. zum Beginn der jetzigen Warmzeit;

Zweite Atlantische Zivilisation, geprägt von der Megalithkultur, und

Dritte Atlantische Zivilisation, sogenannte Nordische Bronzezeit bis zirka 900 v. Chr.

Für unseren Kontext, das atlantische Nordspanien, scheint hier nur von Belang, daß die Bewohner des Atlantiksaums einer einheitlichen und autochthonen Kultur zugehörten. Bis zum Ende der Bronzezeit ist kein irgendwie gearteter Einfluß des östlichen Mittelmeerraums festzustellen. Bis 700 v. Chr. dauerte die Nordische Bronzezeit bis nach Portugal hinein an. Bindeglied für den Mittelmeerhandel mit Bronze, seit Anfang des ersten Jahrtausends v. Chr. unter phönizischer Kontrolle, war Tartessos (Südspanien).

DAS KELTEN-PROBLEM: Paläolithische und neolithische Zivilisation mögen inzwischen als bekannter Teil der europäischen Frühgeschichte akzeptiert sein, doch für die Beantwortung der Frage nach der Wahrscheinlichkeit einer direkten Kulttradition vom Megalithikum bis zum frühen Mittelalter stellt sich ein ganz und gar nicht bescheidenes Hindernis in den Weg, jener jüngere Geschichtsabschnitt von der mittleren Bronzezeit bis zum Ende der Römerherrschaft in Spanien. Mit Namen versehen heißt das Problem: Ligurer-Kelten-Druiden.

Das geheimnisvolle Volk der Ligurer ist schwerlich als eigene Ethnie zu fassen. Der Umstand, daß diese bronzezeitliche Urbevölkerung Alteuropas in Nordfrankreich, Oberitalien und Westspanien angesiedelt wird, macht sie schwer faßbar. Handelt es sich dabei um eine nachneolithische Urbevölkerung, aus der als deren Fortsetzer die sogenannten Kelten hervorgegangen sind?

Viele lange Zeit als keltisch ausgegebene Orts-, Fluß- oder Bergnamen sind tatsächlich vorkeltisch, zum Beispiel eine Flußbezeichnung, die im gesamten Alpenbereich häufig anzutreffen ist: Isar, Isère, Isarca (Eisack). Ein weiteres Beispiel für die enge Verwandtschaft von ligurischem und keltischem Idiom liefert die gemeinsame Wurzel der Städtenamen Genf (Geneva) und Genua (Genova). Beide bezeichnen dieselbe orographische Situation, eine Ansiedlung (Fischerdorf) an einer geschwungenen Bucht. Da Genua älter ist als die Expansion der La-Tène-Zeit und die Kelten selber nie bis Genua gekommen sind, ist die Bezeichnung für Genf also eher ligurisch als keltisch! Die Beispiele ließen sich fortsetzen.

Die Texte zu den beiden Ausstellungen »Die Kelten in Mitteleuropa«, Hallein 1980, und »Das keltische Jahrtausend«, München 1993, spiegeln etwas von der prekären Situation, die sich ergibt, wenn man die Bevölkerung Alteuropas mit speziellen Volksnamen belegen will. Eines scheint sicher, nämlich daß die nachmegalithische Urbevölkerung des Atlantiksaums sich in der folgenden Bronze- und Eisenzeit mit neuen kontinentalen Bevölkerungsgruppen vermischt hat. Für die Zeit ab 600 v. Chr. haben wir zwei klassische Fälle vorliegen, die sogenannten Keltoligurer der Provence im Hinterland der griechisch besetzten Küste und die sogenannten Keltiberer am Mittel- und Oberlauf des Ebro und zum Teil in der Meseta.

Wie weit aber die Neuankömmlinge, sobald sie Altsiedlungsland betraten, ihre religiösen Vorstellungen und Praktiken, das vorgefundene Milieu verändernd, einbrachten oder wie weit das ortsansässige Substrat lebendig weiterwirkte, ist mangels eindeutiger Quellen im Detail nicht zu entscheiden. Vieles spricht im überwiegenden Umfang für den zweiten Fall. Die Frage wird aber für uns besonders brisant für eine bestimmte religiöse und soziale Einrichtung der am Atlantik expandierenden Kelten, nämlich die Institution der Druiden.

Kendrick hat schon 1927 besorgt festgestellt, daß wir über die »keltische« Einrichtung der Druiden nur im westlichen Teil (Irland, England, Gallien und Nordspanien) genau Bescheid wissen, und vom gut informierten Caesar erfahren wir, daß die Druiden ihre Heimat in Britannien hätten. Wenn die beiden Beobachtungen historisch Zutreffendes wiedergeben, dann wäre offensichtlich die Autorität der Druiden beschränkt auf den atlantischen Teil der »keltischen« Welt und ihre lokale Herkunft von dort, das heißt ihre vorkeltische, sprich megalithische Abstammung, gesichert.

KELTIBERER, DRUIDEN UND RÖMER: Eine ligurische Wanderung hat es nicht gegeben, zumindest keine große Völkerwanderung, auch keine militärische Expansion. Die Ligurer waren wie die eingesessene Bevölkerung Ackerbauern. Dennoch tauchen Ligurer auch im äußersten Südwesten Europas auf. Ihre Wanderung war wohl mehr eine sogenannte Sickerbewegung. Was zog sie nach Westen, welchen Wegen folgten sie? Was für die nach wie vor geheimnisvollen Vorläufer der Kelten gilt, hat auch Geltung für letztere, zumindest bis zur La-Tène-Zeit.

Als die Römer aus taktischen Gründen im Laufe des späten 3. vorchristlichen Jahrhunderts (2. Punischer Krieg) ihr Augenmerk auf die Iberische Halbinsel richteten und sukzessive Ost- und Südspanien (*Hispania Citerior* und *Alterior*) besetzten, berichteten sie von den benachbarten iberischen Stämmen, zum Beispiel den Lusitaniern im Westen und den Keltiberern im angrenzenden Norden ihres Einzugsgebietes.

Die historische Darstellung der Iberer im Katalog der Iberer-Ausstellung in Bonn (1998) verzichtet fast vollständig auf eine Darstellung der sogenannten Keltiberer. Warum? Waren die Keltiberer eine römische Erfindung? Auch dieses namentlich nur durch lateinische Autoren bekannte »Volk« bereitet den Archäologen und Frühgeschichtlern Sorgen. Erst 1986 fand in Saragossa der erste wissenschaftliche Kongreß über die Keltiberer statt. Von der einst vorherrschenden Invasionstheorie keltischer Stämme nach Zentralspanien ist diese jüngere Forschung entschieden abgerückt.

Wie im Falle der britischen Inseln fand auch jenseits der Pyrenäen keine massenweise Überschwemmung durch keltische Völker statt. Es erfolgte vielmehr der Prozeß einer Assimilierung keltischer Elemente, und die eventuelle Einbindung kleinerer Menschengruppen fand langsam über Jahrhunderte hinweg statt. Für den Osten, den Süden und den Norden Spaniens ist eine solche »Keltisierung« nicht nachweisbar.

Damit rühren wir an ein zentrales Problem der iberischen Geschichte. Für uns erscheint das spanische Landquadrat, säuberlich vom restlichen Kontinent abgetrennt durch die Pyrenäen, als ein erratischer und einheitlicher Block. Doch dieser europäische Subkontinent ist alles andere als einheitlich. Die späte politische Einigung, zeitweise sogar unter Einschluß Portugals, täuscht nur oberflächliche Betrachter. Die endgültige Abtrennung von Portugal im 17. Jahrhundert, die Erringung der teilweisen Autonomie Kataloniens 1975 und der fortwährende Freiheitskampf der Basken sind aufschlußreiche Indikatoren für die Zerrissenheit der spanischen Völker und deren Einzelgeschichte.

Dies trifft besonders auf die angebliche Kulturscheide der Kantabrischen Berge zu. Daß für die Römer zwischen Keltiberern und Galiciern – damit meinten sie wohl alle nördlichen, der Römerherrschaft am längsten resistenten Völker oder Stämme – ein großer kultureller Unterschied bestand, bestätigt schon Strabo, der feststellt, daß die Galicier »gottlos« *(átheos)* seien, während dies für die »keltiberischen« Stämme nicht zuträfe. Das läßt vermuten, die nördlichen Stämme der Galaeci, Cantabri, Asturi und Vascones (Basken) hätten eine andere, den Römern nicht durchschaubare Religion gehabt. Nördlich der Heeresstraße von Saragossa nach Lugo war aus römischer Sicht politisch uninteressantes Territorium.

Ob der Name Galaeci für den wichtigsten Volksstamm im nordwestlichen Zipfel der Iberischen Halbinsel, den wir nur aus römischen Quellen kennen, sich wirklich auf gallische Einwanderer bezieht oder nur einen zufälligen Gleichklang eines lokalen Familiennamens mit den von den Römern Galli genannten Kelten wiedergibt, ist nicht gesichert. Sollte es sich bei der südlichen Bevölkerung Galiciens (heute Nordportugal) tatsächlich um versprengte Einschlüsse einer »permanenten Kleinwanderung« handeln, stellt sich hier die doppelte Frage: Was suchten diese »keltischen« Kleingruppen dort im äußersten Westen des Kontinents, und warum wählten sie gerade diesen Weg südlich der Kantabrischen Kordillere?

Bis zur maurischen Invasion erfahren wir so gut wie nichts über diese nordspanischen Völker oder Stämme, sie leben im Dunkel der Geschichte, sie sind in der europäischen Geschichte praktisch nicht präsent. Konsequenterweise wissen wir auch nichts über die dortige Alltagskultur bzw. das religiöse Leben.

Jeder Versuch, vor Ort oder in spanischen Quellen darüber etwas zu erfahren, ist nahezu zum Scheitern verurteilt. Archäologie, vergleichende Religionswissenschaft und Ethnologie, Mythologie, Märchenkunde oder Paläolinguistik können nur schwaches Licht ins Dunkel bringen. Am weitesten führt die Befragung eines Landes, das ähnliche klimatische, kulturhistorische und frühmittelalterliche Charakteristika aufzuweisen hat und schriftlich besser dokumentiert ist.

3. DAS BEISPIEL IRLAND

HEILIGE STEINE, BÄUME, QUELLEN UND DRUIDEN

Das Beispiel Irland ist für uns deshalb von so besonderer Bedeutung, weil dort nachhaltig bis ins frühe Mittelalter eine keltisierte megalithische Zivilisation vital weiterlebte und durch die engen Verbindungen von irischem Mönchtum und der ortsansässigen Druidenklasse sehr früh, noch rechtzeitig vor der endgültigen Romanisierung der irischen Kirche im 8. und 9. Jahrhundert, schriftlich aufgezeichnet wurde. Die Vorstellung, daß der hl. Patrick, der Nationalheilige Irlands, das Christentum dort als erster gepredigt und im Volksglauben verankert hätte, ist längst in mehrfacher Hinsicht als irrig erwiesen.

Irland kennt keine paläolithische Besiedlung. Erst lange nach dem Ende der letzten Eiszeit vor zirka achttausend Jahren ist eine Landnahme archäologisch nachvollziehbar. Zum Zeitpunkt des nördlichen Klimaoptimums vor zirka sechstausend Jahren bildet Irland bereits einen herausragenden Bestandteil der atlantischen Megalithkultur. Erste Kontakte zur frühkeltischen Welt der Eisenzeit auf dem Kontinent sind nicht vor 800 v. Chr. bekannt.

Die eigentliche Vermischung mit keltisch-kontinentalen Einflüssen wird ab 500 v. Chr. erkennbar. Auch hier stellt sich wieder die Frage nach Kulturanteilen der vorkeltischen und der keltischen Welt. Da Irland nicht Gegenstand einer abrupten keltischen »Invasion« war, dürfte auch hier die eingewanderte (?) ethnische Minderheit wohl eher megalithisiert worden sein. Auf jeden Fall hat die vorkeltische Tradition noch lange entscheidend diese Gesellschaft geprägt, zum Beispiel in der bekannten Kultortkontinuität.

Das berühmteste Beispiel bietet der Hügel von Tara, der spätere Sitz der irischen Hochkönige, wo eine megalithische Kultstätte eine zentrale Bedeutung hatte. Heilige Steine *(omphaloi)* spielten noch lange eine wichtige Rolle bei feierlichen Zeremonien in bereits christlicher Zeit. Bei Cookstown in der Grafschaft Tyrone liegt der mit Baumringen bestandene Hügel von Tullaghoge. Er war der Krönungsort der O'Neills. Gleichzeitig war der Hügel Amtssitz der

O'Hagans, der obersten Richter von Irland. Noch 1593 wurde dort Hugh O'Neill, der letzte König Irlands, gekrönt. Außerdem hatten heilige Bäume und Quellen auch in christlicher Zeit weiter eine wichtige Funktion im religiösen Alltagsleben.

Im Gegensatz zu England bis zum Piktenwall wurde Irland nie Bestandteil des römischen Weltreiches und insofern auch nie in seinen gesellschaftlichen Strukturen und religiösen Traditionen romanisiert, auch wenn seit dem 4. Jahrhundert engere Kontakte zu Südengland entstanden. Die irische Bevölkerung lebte von Fischfang, Tierhaltung und Landwirtschaft, war also rein agrarisch begründet.

Die Gesellschaft setzte sich zusammen aus über hundertfünfzig Sippenverbänden, den sogenannten Clans (Kinder). Die tragenden Einheiten waren die Großfamilie *(fine)* und der Sippenverband *(tuath)*. Jeder Sippenverband wurde repräsentiert von einem *ri* (König), der im Frieden allein die Funktion eines Repräsentanten wahrnahm, im Kriegsfalle aber die Rolle des militärischen Befehlshabers innehatte. Er hatte keinerlei Rechtsvollmachten. Es gab in spätkeltischer Zeit auch einen König der Könige *(ri ruirech)*.

Für die religiösen, geistigen, medizinischen und rechtlichen Belange bestand eine abgestufte Hierarchie von eigens dafür ausgebildeten Spezialisten, deren Spitze der Druide der Sippe bildete. In der sozialen Rangordnung stand der Druide über dem König. Selbst bei der jährlichen Königsversammlung durfte der Hochkönig nicht das Wort vor dem Druiden ergreifen. In druidischen Händen lagen alle Schlüsselgewalten des Clans: das Rechtswesen, die Religion, das alte tradierte Geheimwissen in Astronomie, Astrologie, Medizin, Zukunftsweisung, Geomantie etc.

Dieses Wissen wurde nur persönlich und mündlich weitergegeben. Nach Caesars Darstellung konnte eine solche »Lehre« bis zu zwanzig Jahre dauern, bevor die Initiation zum Druidenrang erlangt wurde. Auch wenn das wichtige Wissen in mnemotechnischer Weise weitergegeben wurde, konnten die Druiden sehr wohl lesen und schreiben, in Griechisch!

In Gallien, wo Caesar die Druiden wegen ihres Ansehens und öffentlichen Einflusses nicht vollständig verbieten oder auslöschen konnte, erhielten sie sozusagen Berufsverbot. Damit waren sie zwar ihrer offiziellen Stellung enthoben, verloren aber nicht ihre sozialen und priesterlichen Funktionen. Sie gingen in den Untergrund, besser gesagt dorthin, wo sie ohnehin ihre Zeremonien abhielten, in den Wald oder ihre Einsiedelei (Eremitage). In Irland war dieser Schritt nicht notwendig.

Das Druidentum bildet »in der Tat den Schlüssel zum Verständnis der keltischen Gesellschaft: Die Druiden waren wirklich im Besitz der ›keltischen Geheimnisse‹, sie waren der Angelpunkt, um den sich Leben und Handeln jener Völker drehte, die man heute mangels genauerer Kenntnis ›keltisch‹ nennt. Mit diesem Begriff bezeichnet man ein Konglomerat von Menschen verschiedenster Abstammung, die durch den Rahmen einer einzigartigen Zivilisation zusammengehalten wurden… Wie anfangs der gesamte Klerus indoeuropäischer Struktur, so hatte auch die Priesterklasse der Druiden die Aufgabe, sowohl die göttlichen als auch die menschlichen Angelegenheiten zu ordnen… Irland bietet eine reichhaltige wesentliche Ergänzung unserer Information über die Druiden dank der wertvollen mittelalterlichen Handschriften… In Irland wurden die Druiden zuerst christianisiert, so daß die Informationen, die uns die christlichen Mönche liefern, aus allererster Quelle stammen.« (Markale)

Und Caesar vermerkt: »In ganz Gallien gibt es nur zwei Klassen von Menschen, die Geltung und Ansehen genießen… Die eine Klasse ist die der Druiden… Die Druiden versehen den Gottesdienst, besorgen die öffentlichen und privaten Opfer und legen die religiösen Bestimmungen aus. Bei ihnen finden wir viele junge Männer, die Unterweisung suchen, und sie genießen hohes Ansehen, denn sie entscheiden bei fast allen öffentlichen und privaten Streitigkeiten. Sie sprechen das Urteil, wenn ein Verbrechen begangen wurde, ein Mord geschah, Erbschafts- oder Grenzstreitigkeiten ausbrachen; sie setzen Belohnung und Strafe fest. Fügt sich ein einzelner oder ein Volksstamm ihrer Entscheidung nicht, so schließen sie die Betroffenen vom Götterdienst aus. Dies stellt bei den Galliern offenbar die härteste Strafe dar.«

Das seriös informierende und bemerkenswerte Buch *Die Druiden* von Jean Markale hat wie die ganze Keltenforschung ein grundlegendes Manko. Beide gehen von einem Ist-Bestand aus, das heißt, das »Keltentum« wird, sobald es sich historisch als Besonderheit abhebt, für sich und ab diesem Moment behandelt. Doch auch die Kelten lebten nicht in einem leeren Geschichtsraum und trafen bei ihrer Expansion nicht auf menschenleere Landschaften.

Die entscheidende Frage lautet hier: Haben die »keltischen« Druiden »ihre« Weisheit selbst erfunden, ist diese also genuin keltisch, oder gab es schon in vorkeltischer Zeit ein sehr hohes Wissen, das mündlich, das heißt hermetisch, als Geheimwissen einer besonderen Kaste (Priester, Druiden etc.) weitergegeben wurde?

Der Umstand, daß die seit der mittleren Bronzezeit erkennbar werdende Sickerbewegung zentralkontinentaler Bevölkerungsgruppen in die atlantischen Randzonen der Megalithkultur mit ihrem erstaunlich hohen Wissensstand in Astronomie, Mathematik, Medizin, Steinbearbeitung, Landvermessung, Schiffahrt etc. langsam stattfand, läßt nur eine Entwicklungsrichtung zu: So wie bekannterweise die erobernden Römer sich im östlichen Mittelmeerraum immer mehr gräzisierten und später die ins Römische Reich einbrechenden Germanenstämme sich bei Seßhaftwerdung romanisierten, werden wohl diese innereuropäischen, nach Westen vorstoßenden Wandergruppen bei ihrem Seßhaftwerden die dort vorfindliche autochthone Kultur der Megalithiker und deren Einrichtungen übernommen haben.

Das bedeutet aber, die Neuankömmlinge haben wohl nicht die Megalithiker keltisiert oder ausgelöscht, eher umgekehrt wurden sie megalithisiert. Das schon für die keltische Zeit nachweisbare Phänomen der Kultortkontinuität bestätigt diese Schlußfolgerung. Der Beitrag der Neuankömmlinge war dennoch groß genug: ethnisch (Mentalitätsverschiebung), technisch (Eisenverarbeitung), künstlerisch (Formenschatz) und sprachlich (Keltisierung).

ANTONIUS IN IRLAND ODER: DRUIDEN ALS CHRISTLICHE MISSIONARE

»Der außerordentlich schnelle Übergang Irlands vom Heidentum zum Christentum beweist, daß sich schließlich die gesamte Druidenklasse zum Christentum bekannte; die anderen Gesellschaftsklassen folgten ihrem Beispiel.« (J. Markale)

Der Nationalheilige der Grünen Insel ist St. Patrick (Patricius). Schon der Name verrät, daß es sich dabei mehr um einen Titel als um einen Eigennamen handelt. Patrick ist ein im höchsten Maße seltsamer Heiliger. Wenn er denn tatsächlich eine historische Person sein sollte – selbst das ist umstritten –, dann war er weder der erste, der das Christentum nach Irland gebracht hatte, noch war er erfolgreich (vgl. hl. Jakobus). Mit Sicherheit war er einer der ersten, die versucht haben, das nunmehr römische, vom städtisch-episkopalen System geprägte Christentum in Irland einzuführen. Doch dieser Versuch scheiterte gründlich. Vielleicht gerade deswegen hat ihn die bereits romanisierte Hagiographie des 7. Jahrhunderts so hochgelobt – oder erfunden (vgl. hl. Antonius).

Der Weg der Christianisierung verlief völlig anders als üblich. Als ältestes schriftliches Zeugnis für die frühe Missionierung Irlands gilt der Bericht des gallischen Geschichtsschreibers Prosper von Aquitanien, der besagt, daß Papst Coelestin I. 431 einen gewissen Diakon Patricius Palladius als ersten Bischof zu den Christen in Irland gesandt hätte. Vielleicht hat man später diesen Patricius (Patrick) mit dem hl. Patrick gleichgesetzt.

Wichtig jedenfalls ist der Hinweis, daß dieser Diakon Palladius »zu den Christen Irlands« gesandt wurde. Das heißt doch nichts anderes, als daß es dort schon Christen gab, die nur noch nicht episkopal organisiert waren, also Christen, die dem sich langsam selbst als Pontifex maximus verstehenden Bischof von Rom gar nicht genehm waren. Den Beweis dafür liefert eine andere Irland-Mission drei Jahre vor der des Diakon Palladius, nämlich die des hl. Germanus von Auxerre. Seine Mission galt möglicherweise der ideologischen Schadensbegrenzung im Falle des sich in Irland ausbreitenden Pelagianismus.

Bereits um 400 taucht besagter Pelagius in Rom auf, wo er elf Jahre predigt und wirkt. Er bezeichnet sich als vom Mönchsstande, ist aber nicht ordiniert, ist also Laie. Seine Person wird als »sittenrein und hochgebildet« beschrieben, und sein Herkunftsland ist nach zuverlässiger Aussage des Hieronymus Irland. In seinen Lehren leugnet Pelagius die Erbsünde und kritisiert u.a. die Kindertaufe. Das kommt uns bekannt vor.

Da er bereits um 400 in Rom auftaucht, muß seine Christianisierung weiter zurückliegen. Die Beschreibung seiner Person als »sittenrein und hochgebildet« (vermutlich Latein- und Griechischkenntnisse) läßt auf eine druidische Ausbildung schließen, der Inhalt seiner Lehre (Origenes) und die strenge Askeseforderung (orien-

54. (Oben) Spätgotischer Kreuzgang von
Santa Maria la Real in Najera.

55. (Unten) Kloster Irache bei Estella.

Vorhergehende Seite:
56. (Oben) Burgos, Zisterzienserinnenkloster Las Huelgas Reales.

57. (Unten) Kloster S. Pedro de Cardeña, bei Burgos, mit dem Grab von »El Cid«.

Diese Seite:
58. (Oben) Kloster Santo Domingo de Silos.

59. (Unten links) Kloster Santo Domingo de Silos, Klosteranlage mit Kreuzgang.

60. (Unten rechts) Kloster Santo Domingo de Silos, Kapitelle des Kreuzgangs.

61. (Rechts) Kloster Santo Domingo de Silos, Auferstehungsrelief im Kreuzgang.

62. (Unten) Fromista, älteste romanische Kirche Spaniens, um 1070.

63. (Oben) Fromista, Konsolfiguren am Westportal.

64. (Links) Carrión de los Condes, Portaldetail an der Kirche Santiago.

65. (Oben links) Fromista, antikisierendes Kapitell am Choreingang.

66.-68. (Oben Mitte, rechts und folgende Seite oben links) Romanische Kapitelle im Kloster San Zoïlo.

69. (Unten) San Esteban Ribas de Sil.

70. (Oben rechts) Santiago de Compostela, romanischer Kreuzgang von Santa Maria del Sar.

71. (Unten links) Zisterzienserkloster Oseira.

72. (Unten rechts) Der Kapitelsaal im Zisterzienserkloster Oseira.

Folgende Seite:
73. (Oben links) Santiago de Compostela, Hospedal de los Reyes Catolicos.

74. (Oben rechts) Santiago de Compostela, Seminario Fonseca.

75. (Unten) Im Kloster S. Payo bei Pontevedra.

talisches Mönchtum) geben zwingende Hinweise auf Herkunft und Idealvorstellungen seines Christentums: Ägypten!

Sein spanischer Zeitgenosse Priscillian wurde wenige Jahre zuvor wegen einer ähnlichen Lehre angeklagt und in Trier zum Tode verurteilt. Pelagius entging zwar dem Richtschwert, doch Papst Zosimus ließ 414 die unerwünschte Version des irischen Mönchs als häretisch verurteilen, und Kaiser Honorius verbannte den theologisch unbequemen Mann ins Heilige Land, wo ihn Hieronymus kennenlernte. Die schnelle Ausbreitung des Pelagianismus in Irland und des Priscillianismus in Nordspanien sind Hinweise genug dafür, daß spätestens ab der zweiten Hälfte des 4. Jahrhunderts von einer einsetzenden Christianisierung der am Atlantik wohnenden Völker gesprochen werden kann, vielleicht sogar schon gleichzeitig mit dem romanisierten Südengland. Von dort waren bereits 314 drei Bischöfe (von York, London, Lincoln) auf der Synode von Arles anwesend.

Die Christianisierung Irlands erfolgte also sehr früh und von Ägypten aus, den direkten alten Weg der Megalithiker über Spanien und Nordafrika nehmend, nicht über Gallien und England, die beide römisch geprägt waren. Vermittler zwischen Irland/Spanien und Ägypten war bis 430 Karthago/Hippo. Die kleinteilige Stammes- und Sippenordnung und der alles überschattende Einfluß der Druiden in religiösen Belangen ließen ein frühes Christentum entstehen, das doppelt gekennzeichnet war durch ein Mönchtum, dessen Vorbilder in Ägypten zu Hause waren, und zwar sowohl das eremitische als auch das zönobitische, und durch die jahrtausendealte Institution der Druidenklasse. Das ägyptische Mönchtum stand der agrarisch geprägten Sozialstruktur Irlands und der esoterischen Sonnenreligion der Druiden näher und war den Umständen angepaßter als das städtisch organisierte römische Episkopalsystem.

Der irische Name für Mönche *(manach)* zeigt klar seine sprachliche Herkunft vom griechischen *monacos*. Die sogenannten Klöster waren im Regelfall Eigen- oder Familienklöster. Der Sippen- oder Clanführer *(ri)* gründete ein Kloster auf seinem Territorium. Entweder er selbst oder einer seiner engsten Verwandten wurde Klostervorsteher. Dieser Kloster-»häuptling« wurde gelegentlich auf irisch auch *comarba* (Erbe) genannt. Der Abt war Führer einer christlichen *familia* oder *paruchia* und ausgestattet mit vollständiger Autonomie. Ein großer Teil der Insassen dieser Klöster bestand aus einer weltlichen Bevölkerung, ähnlich wie bei den pachomianischen Klöstern. Der Abt bzw. die Äbtissin hatte als Gründer einer klösterlichen Gemeinschaft eine ganz andere Stellung als der Vorsteher eines lateinischen Klosters. Der Bischof hatte ausschließlich priesterliche Aufgaben (Beerdigung, Sakramentenspendung etc.) und war in jedem Fall dem Abt unterstellt, war also eine Art Klosterbischof.

DAS DRUIDISCHE ERBE

Das Fortwirken megalithischer Traditionen und des druidischen Einflusses in den autonomen »klösterlichen Protostädten« Altirlands zeigt sich in vielfacher Art. Nach dem Scheitern der legendären Patrick-Mission erfolgte im 6. Jahrhundert eine zweite, kaum überschaubare Welle neuer Klostergründungen. Die bekannteste Mönchsgestalt war diesmal Kolumban d. Ä. (gest. 593), ein Verwandter der Cenel Conaill und des Hochkönigs von Tara.

Seine erste Klostergründung 545 im Norden der Insel war Derry, vom irischen Daire Calgaich, was soviel heißt wie Eichenhain. Auch eine andere, spätere Gründung Kolumbans, nämlich Durrow (von Dairmag), bedeutet Eichenfeld. Das ist verräterisch genug. Das waren genau die Plätze, die den Druiden für ihre Zeremonien reserviert waren. In der Art der Weitergabe des Wissens folgten die neuen Klostergründer / Äbte ebenfalls dem druidischen Vorbild.

Das Verhältnis von Abt (Vater) zu seinen Schülern / Mönchen folgte dem Prinzip uralter Mysterienerziehung: strenge und langjährige Bindung des Schülers an den Meister, der persönlich und mündlich den Adepten reif machte für die Initiation zum Druidenamt. Auch die Weitergabe der Kenntnisse der griechischen Sprache in Wort und Schrift gehörte offensichtlich zur Aufgabe der Klostererziehung im alten Irland. Dort wurden die östlichen Kirchenväter im Original, also in Griechisch, gelesen. Von Norwegen bis Aquitanien konnte einzig die Druidenklasse Griechisch.

Als Karl der Große für seine Aachener Hofakademie Gelehrte suchte, die des Griechischen mächtig waren, fand er diese allein bei den Vertretern der schottischen (irischen) Mission. So übersetzte zum Beispiel Scotus Eruegena die Schriften des für die fränkische

Königsabtei Saint-Denis so wichtigen Dionysius Areopagitus, des angeblichen Paulus-Schülers.

Eine andere Besonderheit des irischen Mönchtums war die Vorstellung vom *locus resurrectionis*, dem Ort der persönlichen geistigen Auferstehung, offensichtlich eine spätere christliche Umschreibung der endgültigen Initiation zum höchsten Stand der erwerbbaren Weisheit. Vom hl. Cirianus, einem der ganz frühen Klostergründer, sagt die Legende: Von Rom kommend, begegnet der hl. Patrick dem hl. Cirian und gibt ihm die Weisung mit auf den Weg, vor ihm nach Irland zu gehen und dort an einer bestimmten Quelle ein Kloster (Weissagungszentrum?) zu errichten; dort sei der Ort seiner Auferstehung. Der Hinweis auf eine bestimmte Quelle in einem bestimmten Landesteil läßt den Geomanten sofort hellhörig werden. Da schwingt ein durch und durch »unchristliches« Wissen mit, das auf keinen Fall »römisch-katholisch« ist.

PEREGRINATIO ALS ASKESE

Viele Autoren, die sich mit dem frühen irischen Mönchtum beschäftigt haben, betonen die zahllosen Tatbestände, die auf sehr alte Verbindungen mit dem christlichen Orient hinweisen, besonders auf Ägypten (zum Beispiel Loos). Da ist die auffällige stilistische Verwandtschaft der frühen irischen Buchmalerei mit Werken der koptischen Kunst in Figur und Ornament. Bei der Einrichtung der irischen Hochkreuze sieht man zunächst direkte Vorläufer in den anikonischen Stelen vorchristlicher Zeit. Die Form und Ikonographie früher Hochkreuze zeigt wieder ägyptische Auffälligkeiten: Tau-Form und ägyptische Mönchsheroen wie Paulus und Antonius. In der eigentlich inhaltlichen Aussage verewigen sich vorchristliche Sonnenkultpraktiken. Auch die Tradition der von Rom unabhängigen Bestimmung des jeweiligen Ostertermins erinnert an ägyptische Vorbilder. Und daß die irischen Mönche ihre Regeln nicht vom Festlande (welche auch?) bezogen, sondern direkt von ihren Vorbildern, den Wüstenvätern Ägyptens, belegt wörtlich der Hymnus der Mönche von Bangor auf ihre Klosterregel, in dem es heißt: »Weinstock du auch, der wahre, aus Ägypten gekommen«. In Bangor erhielten u. a. Kolumban d. J. und der hl. Gallus ihre »Ausbildung«.

Als bereits erwähnter Kolumban d. Ä. 563 sein Stammkloster verließ und auf der England zugekehrten Insel Iona ein neues Klosterzentrum gründete, verließ er den Bereich seines Sippenverbands, ging sozusagen freiwillig ins Exil. Damit gab er ein berühmtes Beispiel ab für eine ganz besondere Art des irischen Mönchtums, das das kontinentale Europa entscheidend verändern sollte.

Als sich ab dem 5. Jahrhundert ganze Clans dem Christentum zuwandten, mochten sich ihre »Könige« auch wirtschaftliche Impulse von solch einer *vita communis* versprochen haben. Doch die aus der gebildeten Druidenschicht stammenden eigentlichen Klöstergründer des 6. Jahrhunderts besaßen eine andere, höhere Spiritualität. Sie hatten aus Überzeugung ihre Sonnenreligion für eine verheißungsvollere Erlösungslehre eingetauscht und machten da keine Kompromisse.

In vorchristlicher Zeit, als die Druiden noch Richter ihrer *tuath* waren, hatten sie als höchste zu vergebende Strafe die Verbannung aus dem Sippenverband inklusive des Ausschlusses vom Gottesdienst verhängt. Anlaß dafür waren zum Beispiel Inzest oder Elternmord. Als Christen nahmen sie nun nach dem orientalischen Vorbild diese Höchststrafe freiwillig als Ausdruck für härteste Askese *(religio arctior)* auf sich. Das alte Vorbild Abrahams und die Vorstellung des Paulus vom Leben als Pilgerfahrt zum Himmlischen Jerusalem erlebten eine irische Version: die *peregrinatio pro Christo.* Zum ungewissen Weg, nur mit einem grenzenlosen Gottvertrauen ausgestattet, gehörte der Weg in die Ferne, am besten dorthin, wo noch keine Christen waren, zum Beispiel aufs Festland. Die irische Mission war ein ursprünglich nicht angestrebtes Nebenprodukt dieser *peregrinatio pro Christo.*

Entscheidender für das frühmittelalterliche Europa aber war, daß die irischen Mönche mit ihrer Form der *peregrinatio* nicht nur höchste christliche Idealvorstellungen verbreiten halfen, sondern darüber hinaus ältere keltische bzw. vorkeltische religiöse Initiationspilgerfahrten in christlichem Kleid populär und am Leben erhielten. Es gehörte namentlich zur Ausbildung der Druiden oder Eingeweihten, Reisen zu bestimmten heiligen Orten zum Zwecke der Vervollkommnung und stufenweisen Initiation auf sich zu nehmen. Vor allem aber gelangten über die irischen Wandermönche ägyptisch und vorkeltisch geprägte Christentumsformen ins römisch geprägte Gallien.

Welche Schwierigkeiten der jüngere Kolumban mit den merowingischen Bischöfen hatte, ist bekannt. Und mit welcher religiösen Entrüstung er sogar die römischen Bischöfe Gregor den Großen und Bonifaz IV. im Glauben zurechtwies, ist heute noch erfrischend zu lesen.

Eine andere Form der *peregrinatio* ins Ungewisse war die Immrama, die Seefahrt hinein ins unbekannte und endlose Meer. Die berühmte »Wunderbare Seefahrt des hl. Brandan« ist nur eine davon. Die irischen Mönche hatten aber nicht nur engste Kontakte mit der direkt gegenüberliegenden bretonischen Küste, sondern von alters her mit allen Atlantikanrainern, auch den nordspanischen. Dies ist der Augenblick, der uns von unserem irischen Exkurs zurückbringt zu den Galaeci, Asturi und Cantabri.

4. DAS FRÜHE IBERISCHE MÖNCHTUM

DIE SPANISCHE NORM

Hispanien war schon früh ansatzweise christianisiert. Dies lag nicht zuletzt an seiner langen und tiefgehenden Romanisierung. Selbst nördlich des Duero sind vereinzelte Bischofssitze spätestens ab 250 schriftlich belegt. Gleiches gilt für die Ausbreitung des Mönchtums (zunächst wohl nach dem ägyptischen Vorbild isolierte Asketen). Die Gesamtheit der hispanischen Bischöfe war durch die ihrer Organisation widersprechenden Asketen irritiert. Schon das älteste bekannte Konzil auf spanischem Boden, das von Illiberis (bei Granada?) im Jahre 300, befaßte sich mit diesem Problem.

Mit dem Fall Priscillian beschäftigte sich das bekanntere Konzil von Saragossa. Priscillians großer Widerhall und Anklang bestätigt zumindest ein großes Umfeld von Mönchen und Asketen. Der bereits 380 wegen Anhängerschaft angeklagte Mönch Bachiarius ging zur eigenen Verteidigung persönlich 383 / 84 nach Rom. Seine Schriften sind eindeutig origenistisch beeinflußt.

Zur selben Zeit, als Priscillian in Trier den Ketzertod erleidet, befindet sich Schwester Egeria auf Studienpilgerfahrt im Orient. Sie entstammt einem nordspanischen, eventuell sogar südgallischen Kloster. Dieses dürfte nach dem Modell der Zeit ein Familienkloster privater Gründung gewesen sein.

Nach Priscillians Ketzertod schwelt der Konflikt zwischen Mönchtum und Bischofskirche weiter. Papst Zölestin I. (422–432) verfügt gegen die lästige Konkurrenz, daß künftig keine Mönche mehr als Bischöfe zugelassen werden sollen. Doch die Mönche setzen umgekehrt, gegen die massiven Versuche, die Klöster unter amtskirchlichen Einfluß zu bringen, auf dem Konzil von Arles (454) die Exemption und freie Abtswahl durch. Auch die Konzile von Tarragona (516, can.11) und Barcelona (540, can.10) beschäftigen sich mit dem leidigen Mönchsproblem.

Die Herkunft bzw. das Vorbild für das erste spanische Mönchtum liegt klar auf der Hand: die Heiligen Väter der ägyptischen Wüsteneien. Natürlicher Vermittler dieser Ideen war, auf halbem Landweg gelegen, Karthago/Hippo. Wie groß der Einfluß dieser nordafrikanischen Christenmetropole bis 430 war, geht aus einer Reihe von Fakten hervor, zum Beispiel: Offensichtlich auf Anfrage hin klärt Bischof Cyprian von Karthago in einem Brief seinen Kollegen in León über theologische Entscheidungen auf. Im Streitfall Priscillian wendet sich der junge Presbyter Paulus Orosius um Rat nach Karthago. Er überreicht 414 eigenhändig seine Schrift *Commonitorium de errore Priscillianistarum et Origenistarum* dem Bischof von Hippo, der zu diesem Zeitpunkt kein anderer ist als der hl. Augustinus. Dann reist er auf dessen Empfehlung hin selbst nach Bethlehem zum hl. Hieronymus. Im nächsten Jahr tritt er als Ankläger des irischen »Ketzers« Pelagius auf. Auch die folgenden Klostergründer der westgotischen Zeit wie der hl. Emilianus von Berceo (San Millan de Cogolla) oder der hl. Martin von Dumio (bei Braga) stehen in ideeller Abhängigkeit der ägyptischen Anachoreten.

Noch im 7. Jahrhundert beklagt Isidor von Sevilla im Vorwort seiner Regel, daß die spanischen Mönche nach einer Unzahl von Richtlinien und Vorschriften leben. Vorbilder für Isidors Regel waren Pachomius, Augustinus und Cassian. Das Prinzip des Pachomius lautete: »Der Obere bewahrt die Klosterregel dadurch, daß er sich an die überlieferte Form hält.«

Diese »überlieferte Form« ist die der Heiligen Wüstenväter, auf die Isidor ausdrücklich hinweist. Auch für seinen Zeitgenossen, den hl. Fructuosus, Erneuerer des nordspanischen, besonders des südgalicischen und südasturischen (Bierzo) Mönchtums, der für den uns interessierenden Teil Spaniens von Bedeutung war, galt wie auch für seinen Schüler, den hl. Valerian, noch die *norma orientis*. Das war, kurz gefaßt, die Situation bis zum Einbruch der Katastrophe im Jahre 711.

DIE ERBEN DER MEGALITHIKER

Die am Beispiel des Mönchtums geschilderte Gesamtkirchensituation in Spanien bestätigt zwar die Abhängigkeit der dortigen Asketen und Klostergemeinschaften von ägyptischen Vorbildern und deren Antagonismus zum gleichfalls hochentwickelten episkopalen System, doch erscheint gerade wegen der nach römischer Art organisierten Kirchensprengel der Exkurs zum frühen irischen Mönchtum auf den ersten Blick wenig sinnvoll. Die alten vorrömischen Traditionen galten als zu lange unterbrochen und damit ausgestorben. Zwei große spanische Historiker dieses Jahrhunderts scheinen dies zu bestätigen.

Castro läßt in seinem Werk *Spanien – Vision und Wirklichkeit* die spanische Geschichte erst mit der Zeit der Westgotenherrschaft beginnen, wobei er nicht vergißt, darauf hinzuweisen, daß dieses Volk noch nicht spanisch war. Und sein Widersacher Sanchez Albornoz vergißt in seinem Werk *Origenes de la Nación Española. El Reino de Asturias* zwar die Megalithbauten von Galicien bis zum Baskenland nicht, mißt ihnen aber für den Fortgang der regionalen Geschichte Asturiens keinerlei Bedeutung bei.

Dieses vereinfachte, gewissermaßen verjüngte Geschichtsbild täuscht, zumindest in kulturhistorischer Perspektive. Es schließt eine längst bekannte Besonderheit der Iberischen Halbinsel nicht ein, nämlich die Tatsache ihrer inneren Zerrissenheit und ethnischen Vielfalt mit ihren zum Teil recht unterschiedlichen Traditionen und Eigenentwicklungen. Die nur unvollständige Romanisierung umfaßte nicht den kompletten Subkontinent.

Die schon in megalithischen Zeiten mit dem Rücken zum spanischen Festland lebenden Völker oder Stämme der Nordküste waren nie Gegenstand der vollständigen Unterwerfung und Romanisierung. Zwar konnte unter Augustus der letzte militärische Widerstand der Asturer und Kantabrer gebrochen werden, doch ernsthaft interessiert waren die Römer nur an den südlich der Kordillere gelegenen Gebieten, an deren altem Verkehrsweg, den sie nun systematisch zu einer der Hauptverkehrsadern Iberiens ausbauten. An dieser uralten Verbindungsstraße errichteten sie ihre wichtigsten Kolonien, und von ihr aus konnten sie die Ausbeute der reichen Erzminen, ihr Hauptinteresse an der Region, bequem abtransportieren. Der Ausbau des römischen Verkehrsnetzes spiegelt dieses primär militärische und wirtschaftliche Interesse der Römer an der Iberischen Halbinsel genau wider.

Die nordspanische Gebirgskette war aber ebensowenig wie die Pyrenäen oder die Alpen eine Völker- oder Kulturscheide. Der territoriale und kulturelle Einfluß der atlantikorientierten Stämme der Galicier, Asturer, Kantabrer und Basken reichte auch auf die südliche Bergseite. Der Raum zwischen Duero und Kordillere war die eigentliche Kontaktzone der verschiedenen Zivilisationen – schon in keltiberischer Zeit. Die ab der Mitte des letzten vorchristlichen Jahrtausends an Duero und Mittellauf des Ebro beheimateten Keltiberer wurden schon, wie wir hörten, von den römischen Neuankömmlingen als völlig andere Völker als die eigentlichen nordspanischen Stämme angesehen. Sie hatten zwar alles in allem einen keltisch beeinflußten Götterhimmel, aber um Genaueres über deren religiöse Bräuche auszusagen, müßte man die Aufzeichnungen der irischen und gälischen Mönche befragen. Das war jedenfalls der Tenor der ersten Keltiberer-Konferenz in Saragossa (1986). Über Religion und Götter der Keltiberer kann neuerdings bei Lorrio nachgelesen werden. Doch die nördlich an die Keltiberer angrenzende atlantische Welt war, so Strabo, gottlos, das heißt, sie hatte eine andere als die keltische Religion. Aber welche?

In dieser Kontaktzone längs der alten Verkehrsachse, der späteren Römerstraße von Pamplona nach Lugo, hatte sich auch das Christentum, vor allem in seinen mönchischen Formen, ausgebreitet. Vorherrschend waren Privatklöster, oft als Doppelklöster für Frauen und Männer zugleich angelegt (Orlandis). Auf dem 2. Konzil von Braga 572 beklagte der hl. Martin von Braga diese Privatgründungen, deren Abtstitel innerhalb der Gründerfamilie vererbbar war (vgl. Irland). Diese Pseudoklöster waren eher Mönchssiedlungen, in denen neben Laien (vgl. Ägypten) auch Sklaven beschäftigt waren.

Die einzige zeitgenössische Quelle für Galicien, die Kirchenchronik des Hydatius (380–410), nennt kein einziges Kloster. Vielleicht hat der Verfasser die später vom hl. Martin von Braga beklagten Familienklöster nicht als »richtige« Klöster angesehen. Jedenfalls kennen wir für das direkt zum Atlantik blickende Gebiet so gut wie kein einziges frühes christliches Kloster. Es gab dort auch bis zum Beginn des 9. Jahrhunderts keinen einzigen Bischof. Eine Ausnahme bildete die irische Klostergründung Britonia bei Mondoñedo aus der Mitte des 6. Jahrhunderts.

Die irischen Mönche hatten ihren eigenen Klosterbischof, doch der entsprach in Amt und Würden nicht der lateinischen Form des Bischofs. Die einzigen Quellen für eine sporadische Christianisierung der nördlichen Atlantikküste, die über das religiöse Leben in Galicien Aufschluß geben könnten, die sieben Bücher der *Historiae adversus paganos* des Orosius (417/18) und *De correctione rusticorum* des Martin von Braga, sind meines Wissens diesbezüglich noch nicht ernsthaft genug befragt worden. Sollten beide Quellen aber wirklich keine Hinweise enthalten, wäre dies nur ein *testimonium ex silentio* für die Tatsache, daß der äußerste Norden der Halbinsel bis zum Einbruch des Arabersturmes so gut wie nicht christianisiert war.

Da die Bevölkerung aber gewiß nicht »gottlos« war, wie Strabo aufgrund seiner Informationen glauben machen will, ist eine altertümliche, den Römern und frühen Christen nicht verständliche Religion anzunehmen. Mit anderen Worten, die nordspanischen Atlantikanrainer waren weder keltisiert oder romanisiert noch christianisiert, sie lebten noch im 8. Jahrhundert in vorkeltischen religiösen Traditionen, die auch den Stammesbrüdern südlich der asturischen Kordillere sicher vertraut waren.

Während im schriftlich gut dokumentierten Irland megalithische, keltische und koptisch-christliche Lebenswelten zu einem originären frühen abendländischen Christentum führten, das bis ins 8. Jahrhundert fortbestand, überlebte ganz im Norden der spanischen Halbinsel eine weitgehend originale vorkeltische Religion. Die Möglichkeit der Weitergabe megalithischer Traditionen mit Sonnenkult, Sternenstraße, Druiden und Initiationsriten für eine hermetische Klasse von Eingeweihten ist nicht nur vorstellbar, sie ist in höchstem Maße wahrscheinlich.

Vieles, was die irischen Mönche aufgrund eigener noch mündlich fortlebender Frühgeschichte ab dem 8. Jahrhundert aufzeichneten, lebte an der spanischen Nordküste mehr oder minder unverfälscht weiter. Was für die Basken als erwiesen gilt, muß man für die Galicier, Asturier und Kantabrer folgern. Die Katastrophe von 711 löschte nicht nur die römische Tradition der westgotischen Herrschaft vollständig aus, sie veränderte auch schlagartig die atlantische Welt der nördlichsten »Spanier«, die in wenigen Jahrzehnten von einem nun militanten und an das Königshaus gebundenen Christentum eingeholt wurden.

Aber ohne keltischen und römischen Umweg brachten sie in den neuen Glauben alteuropäische Religionstraditionen mit herüber, die offensichtlich bis ins 12. Jahrhundert in verschiedenster Form nachlebten. Schon Plötz hatte – ohne dabei das nördlichste Spanien explizit im Blickfeld zu haben – davor gewarnt, sich der Illusion hinzugeben, »daß das Abendland vor 1000 schon einen homogenen Charakter besessen hätte und in seiner Gesamtheit christianisiert gewesen wäre«. In das jetzt christlich werdende Nordspanien wirkten auch die alten atlantischen Beziehungen hinein, wie zumindest aus der Buchillustration einiger früher Apokalypsenkommentare erkennbar ist.

5. DAS FORTLEBEN MEGALITHISCHER SYMBOLE UND FORMEN IN DER MITTELALTERLICHEN KUNST

DIE SPIRALE

Der Unterlauf des Boyne in Ostirland war den Megalithikern offenbar eine besonders heilige Zone. Hier entstanden in unmittelbarer Nachbarschaft schon ab der ersten Hälfte des 4. Jahrtausends v. Chr. eine Reihe der ältesten und großartigsten neolithischen Großsteinanlagen in Knowth, Dowth und New Grange. Die Doppelanlage von Knowth ist neben vergleichbaren Anlagen im Norden der Insel (Grafschaft Sligo) der älteste irische Megalithbau. Bereits gegen Ende des 4. Jahrtausends entstand eine der beeindruckendsten und kompliziertesten Megalithanlagen, die von New Grange.

Die Anlage gehört zum Typus der sogenannten Ganggräber. Der alles bedeckende Hügel ist elf Meter hoch und hat einen mittleren Durchmesser von fünfundachtzig Metern. Der Eingang zum Inneren des Hügels liegt im Osten und wird durch einen quergelegten monolithen Block von zirka drei Metern Breite und einem Meter Höhe geschützt. Über dem Portal ist eine Art Sopraporte konstruiert, von der man seit den Restaurierungsarbeiten in den Jahren 1962/63 weiß, daß sie als Blende einer Camera obscura fungiert. Der 1,50 Meter hohe, 0,90 Meter breite und etwas gewundene 19 Meter lange Gang mündet in einen kreuzförmigen Zentralbau, in dessen Vierung ein Altar steht. Vom Gangende bis zur Wand der westlichen Endnische sind es noch einmal zirka sechs Meter. Über der Vierung türmt sich eine Art Kuppel, die das älteste bislang bekannte Modell eines Kraggewölbes darstellt.

Genau am Tag der Wintersonnenwende um 8.58 Uhr dringt ein Sonnenstrahl durch den Lichtkasten über dem Portal bis in den Altarraum und auf die Rückwand der Endnische. Der Sonnenstrahl braucht zirka siebzehn Minuten, bis seine Wanderung durch den Altarraum beendet ist. Alle Stellen, die er auf seiner gut viertelstündigen Wanderung berührt, sind mit Steingravierungen versehen. Das Hauptmotiv bilden Spiralen: Einfach-, Doppel- und Dreifachspiralen. Auch die Monolithen der Gangdecke und der erratische Eingangsblock sind mit Spiralmustern überzogen.

Das sogenannte Ganggrab von New Grange ist zunächst nichts anderes als die steinerne Camera obscura für eine Momentaufnahme des Sonnenjahres. Seine Anordnung in Eingangssperre, Prozessionsweg, kreuzförmiges Heiligtum mit Altar und Vierungskuppel, der bauliche Aufwand, die eindeutige Ausrichtung nach präzise nachvollziehbaren astralen Aspekten und die vorgesehene Periodisierung eines bestimmten Vorgangs, nämlich der »Erleuchtung« des Heiligtums durch die Sonne selbst an einem wichtigen Fixpunkt des Sonnenjahres, dem Beginn des neuen Sonnenjahres (des Lebens), lassen keine andere Deutung zu, als daß die Anlage von New Grange ein Sonnenheiligtum war. Das häufigste dort anzutreffende Zeichen, die Spirale, hatte sicher etwas mit dem dort vollzogenen Kult zu tun, war eine Glyphe weniger für die Sonne selbst als vielmehr für Leben.

Die Spirale als Formzeichen gewinnt man sehr leicht mittels der beiden primitivsten Möglichkeiten der Gestirnsbeobachtung. Erstens braucht man einen aufgestellten Stein oder in den Boden gerammten Pflock. Markiert man nur einen Tag lang in beliebigen Zeitabständen jeweils den Endpunkt des Schattens im Sand, ergibt die Verbindung der einzelnen Punkte eine Kreislinie, die je nach Jahreszeit flach, halbkreisförmig oder hoch ausfällt. Zieht man zweitens auf einer beliebigen Wand (Felswand oder aufgestelltem Flachstein) einen waagerechten Strich und trägt dort jeden Tag mit Hilfe eines festen Visurpflocks den Aufgangspunkt der Sonne ein, erhält man eine Meßlatte. Aus der Verbindung der beiden Beobachtungen, Sonnenbogen während des Tages und Aufgangspunkt auf der Visurlinie, und durch Ergänzung des Tagesbogens mit dem angenommenen nächtlichen Rücklaufbogen der Sonne ergibt sich nach mehreren Tagen das Bild einer enggezogenen Spirale, da der Sonnenaufgangspunkt auf der Visurlinie wandert. Nach einem halben Jahr kehrt sich die Spirale um und wandert zurück, so daß das Sonnenjahr zweidimensional abgebildet eine sich überlappende Doppelspirale ergibt. Die Spirale bildet also glyphenhaft nicht die Sonne selbst ab, sondern ihren Verlauf als Untergang (Tod) und Wiederkehr (Neugeburt), also das Lebensprinzip schlechthin.

Da New Grange als Sonnentempel seinen durch die Architektur

gefaßten Jahreshöhepunkt genau um die Tage der längsten Nacht und des wieder neu beginnenden Sonnenjahres mit zunehmender Tageslänge markiert, dürfte die religiöse Zeremonie, für die dieser grandiose Megalithbau errichtet wurde, ein Initiationsritual gewesen sein, eine Initiation in das Wissen von Leben, Tod und Wiedergeburt, ein Charakteristikum, das allen Initiationsmysterien zu allen Zeiten bei allen Völkern gemeinsam war.

Das binäre Prinzip von Nichts und Etwas, das ja auch dem Computer zugrunde liegt, ist auch das Bauprinzip der Natur. Es ist aber gleichzeitig ein ästhetisches Prinzip. Daß die Höhenmaße des Parthenon nach dem Goldenen Schnitt entworfen worden sind, gilt als bekannt. Die dem Goldenen Schnitt zugrundeliegende Teilungszahl ergibt sich geometrisch aus der Fünfteilung des Kreises. Erfolgt die biologische Entwicklung einer Form wie der Spirale nach dem Prinzip der Fibonacci-Reihe (die nächstfolgende Zahl ist jeweils die Summe aus den beiden vorangegangenen), nähert sich ab einer bestimmten Entfernung vom Ausgangspunkt das Entfernungsverhältnis zweier benachbarter Spirallinien dem Goldenen Schnitt. Solche Spiralgebilde werden als besonders »schön« oder harmonisch empfunden. Paradebeispiele dafür sind bestimmte Schneckengehäuse (Nautilus), Pflanzen (Farne) oder Hornbildungen (Widder).

Das für uns heutige Menschen kaum Faßbare und tatsächlich Wunderbare an der Entwicklung der Spirale als Lebensglyphe liegt schlichtweg darin, daß die gegenwärtig vertraute Kenntnis der Spirale als Lebensprinzip, vom Makrokosmos (Galaxien als Spiralnebel) bis zum Mikrokosmos (DNS als Basisorganisation unserer Gene, ebenfalls eine Doppelhelix), bereits vor fünftausenddreihundert Jahren von unseren megalithischen Vorfahren erkannt worden ist.

Die Vorstellung des Anaxagoras, daß die wirbelnden Spiralbewegungen unseres Geistes die ursprünglich chaotische Welt in einen Zustand stabiler Ordnung überführen, deckt sich mit den Erkenntnissen der fraktalen Mathematik, deren Diagramme aus lauter Spiralen bestehen. Die Anlage der Nuraghen in Sardinien, das Symbol des ägyptischen Luft- und Lebensgottes Ammon (Widderhörner) oder das Emblem des griechischen Heilgottes Asklepios, lateinisch Äskulap (sogenannter Äskulapstab mit spiralförmig gewundenem Schlangenpaar) verdinglichen eindrücklich diese Formfindung der Megalithiker.

Daß die Steinritzungen von New Grange kein Einzelfall waren, belegen die ebenfalls mit Sicherheit noch neolithischen Petroglyphen Irlands, Nordspaniens und der Kanaren. Wie die Lebensglyphe »Spirale« über die klassische Antike in die christliche Symbolwelt Eingang gefunden hat, zeigt die Umwandlung der dekorativ angeordneten Spiralfolgen der Blattranken an Tempeln in die christliche Weinranke, die ebenfalls für Leben und Auferstehung steht.

Im ehemals keltischen Raum finden wir das Motiv wieder, zum Beispiel in Irland in der Buchmalerei und ganz ausgeprägt auf den bereits erwähnten Hochkreuzen. Da die irischen Hochkreuze einerseits nie Grabkreuze waren und andererseits das Sonnenkreuzmotiv mit dem Lebenszeichen der Spirale häufig verbanden, scheinen sie doch mehr der ferne Abglanz vorchristlicher Vorstellungen: Erinnerungsstelen für eine erfolgreiche Initiation, vielleicht in christlicher Zeit aus Anlaß der Taufe.

Auch an romanischen Kirchen tritt das Motiv, wenn man dafür sensibilisierte Augen hat, häufig auf. Ein ganz einprägsames Beispiel benennt Schröder in Chartres, nämlich am linken Giebel des Südportals. In *The Pattern of the Past* hat Underwood seine Beobachtung beschrieben, er habe mit der Wünschelrute festgestellt, daß die Hochaltäre vieler Kirchen über magnetischen Spirallinien liegen.

DAS LABYRINTH

»Im allgemeinen ist aber das Labyrinth kein Irrgartensystem, sondern bis an die Schwelle der Neuzeit und darüber hinaus eine geometrische Figur, die nur einen einzigen Weg aufweist, also keine Verirrungsmöglichkeit enthält.« (Jaskolski)

Als klassisch Gebildeter beginnt Jaskolski sein materialreiches Buch über *Das Labyrinth* mit Ägypten. Aller Anfang lag ja angeblich im Osten. Das älteste bekannte Labyrinth soll demnach in Ägypten gestanden haben und aus dem 19. Jahrhundert v. Chr. stammen. Von Herodot gibt es noch eine Beschreibung vor seiner Zerstörung. Es soll rechteckig gewesen sein und vier Eingänge gehabt haben.

Das gewiß bekannteste Labyrinth ist das von Knossos auf Kreta.

Wer kennt nicht die spannende Geschichte von Theseus, Ariadne und dem Minotaurus, dem menschenverschlingenden Zwitter aus Mensch und Stier. Daß in Wirklichkeit ein Gestirnskult dahinterstand, wird schnell erkennbar, wenn man die Genealogie der damit verbundenen mythischen Personen heranzieht. Pasiphaë, »die allen leuchtende« Mutter des Minotaurus, war die Tochter des Sonnengottes Helios und der Mondgöttin Perseïs. Eine kretische Münze von zirka 1200 v. Chr. zeigt das minoische Labyrinth in seiner klassischen Urform als sieben kreisförmig verlaufende, stets um hundertachtzig Grad umkehrende und schließlich in der Mitte mündende Gänge. Die Verbindung zur Spirale beweist eine jüngere kretische Münze aus dem 5. Jahrhundert v. Chr.

Die älteste halbwegs sicher datierbare Darstellung des Labyrinths liefert aber eine sardische Felsritzung aus dem dritten Jahrtausend v. Chr. Dieses »Grab des Labyrinths« bei Lozzana gehört eindeutig zur megalithischen Welt und zeigt schon die Anordnung, die auf der älteren kretischen Münze abgebildet ist. Andere Petroglyphen der Megalithiker bestätigen die atlantische Verbreitung des Motivs in neolithischer Zeit. Zeitlich haben wir uns mit dem Labyrinth von Lozzana der Entstehungszeit des Sonnentempels von New Grange genähert. Spirale und Labyrinth entstammen der gleichen Vorstellungswelt.

Die Spirale bezeichnet das Leben und die Weltharmonie bzw. genau den Ort, an dem die Initiation zu diesen Geheimnissen des Lebens stattfindet. Während also die Spirale einen geistigen oder realen Ort markiert, symbolisiert das Labyrinth den Weg dorthin: Initiations- bzw. Pilgerweg im ursprünglichen Sinn. Der Weg führt von außen nach innen, von der äußeren Welt zur Erkenntnis.

Zu den ältesten monumentalen Weganlagen in Form eines Labyrinths zählt eine Reihe von sogenannten Rasenlabyrinthen auf den britischen Inseln. Ihr Alter wird in die Bronzezeit verlegt. Pennick meint aber, sie könnten genausogut auch älter, das heißt megalithisch sein. Glastonbury ist einer der ehrwürdigsten und heiligsten Orte Englands seit Menschengedenken. Er vereint eine wunderwirkende Quelle (Chalice Well, sogenannter Gralsbrunnen) mit einem heiligen Berg (Glastonbury Tor). Über heilige Berge braucht nicht eigens referiert zu werden (Olymp, Ida, Monte Bego, Sinai, Fujijama etc.). Von jeher galten sie als Sitz der Götter, als Orte der Gottesschau oder der Entrückung (Empedokles, Elias, Jesus).

Eingang und querliegender Eingangsstein von New Grange.

Um die Bergwallfahrt zum Glastonbury Tor zu christianisieren, hat die Kirche schon im frühen 8. Jahrhundert dort eine Michaelskirche installiert (vgl. Le Puy, Mont-Saint-Michel, Gargano, Skellig Michel oder Saint-Michel bei Carnac). Erst 1968 hat man in Glastonbury an den Hängen des heiligen Berges des Gwynn ap Nudd einen uralten Weg entdeckt, der in Form eines Labyrinths angelegt war. Die Pilger zum Gipfel des Glastonbury Tors mußten sich also singend und betend über einen sich viele Kilometer hinwindenden Weg dem Ziel nähern.

Auch der heilige Berg bei Burrowbridge Mump weist Spuren eines solchen labyrinthisch angelegten Pilgerpfades auf. Das Großlabyrinth von Glastonbury wird heute wieder als Pilgerweg genutzt. Andere frühgeschichtliche Graslabyrinthe sind noch in Pinperne (England), Stolp (Pommern), Seigra (ebenfalls Ostdeutschland) und auf der Insel Wier im Botnischen Meerbusen erhalten.

Das megalithische Labyrinth wurde wie kein anderes vorchristliches Motiv vom Christentum als Symbol und Initiationsweg übernommen. Zahlreich sind die Beispiele dafür in mittelalterlichen Domen oder Wallfahrtskirchen, nur einige davon seien genannt: Thornton, Leicestershire, Amiens, Reims, Pontremoli und Lucca. Sicher gab es wesentlich mehr solcher Bodenlabyrinthe in christlichen Kirchen, als wir heute kennen. Der lückenhafte Denkmälerbestand läßt aber eine eindeutige Zuordnung solcher Motivübernahmen bevorzugt durch Pilgerkirchen nicht mehr zu. Die bekanntesten erhaltenen Labyrinthe finden sich allerdings ausschließlich in Gotteshäusern, die selber Pilgerkirchen waren oder an einem bekannten Pilgerweg lagen.

Das berühmteste aller mittelalterlichen Labyrinthe in einer Pilgerkirche ist gewiß jenes von Chartres. Dieses ist gleichzeitig das historisch, typologisch, ikonologisch, radiästhetisch etc. am intensivsten untersuchte. Auch die Kathedrale von Chartres ist eines der ehrwürdigsten und ältesten Pilgerziele unseres Kontinents. Als solches ist sie in erster Linie Pilgerkirche, das heißt eine Kirche, die mit ihrer Architektur einen bestimmten Prozessionsweg vorzeichnet. Am Anfang dieses Prozessionsweges im westlichen Langhaus, genau zwischen dem zweiten und dritten Joch, ist im Fußboden das Labyrinth eingelassen. Es mißt im Durchschnitt zirka 12,5 Meter.

Eine Kurzbeschreibung davon entnehme ich Schröder: »Es entsteht der Eindruck eines auf die Kreisfläche gezeichneten griechischen Kreuzes, dem Bild des megalithischen Sonnenkreuzes, das auch am Nordportal in der Hand von Jeremias zu sehen ist… Es wird deutlich, daß es sich bei dem Labyrinth um einen Mysterienweg handelt, einen Weg, auf dem bestimmte Erfahrungen geistiger Art gemacht werden konnten, die etwas mit der Entwicklung des Menschen auf dieser Erde zu tun haben. Die Überlieferung der Kathedrale berichtet, daß an bestimmten hohen Festtagen der Bischof mit Pilgern dieses Labyrinth in einer Art Tanzrhythmus durchschritt. Später konnte eine Pilgerfahrt nach Jerusalem dadurch ersetzt werden, daß man auf Knien durch das Labyrinth rutschte.«

Eine Pilger- oder Initiationsfahrt beabsichtigte eine Veränderung des Pilgers oder Initianden. Das Labyrinth, ob als Rasenlabyrinth der Megalithzeit oder ritualisierte Verdichtungsformel des Initiationsweges en miniature, mußte diese Erfahrung widerspiegeln – und tat dies auch. Der Weg zur Mitte, das Ziel, ist oft zum Greifen nahe, doch das Labyrinth als Symbol des Lebensweges zur Läuterung oder Erhöhung als neuer Mensch führt immer wieder in entgegengesetzte Richtung. Erst nach vielen Umwegen gelangt man endlich geläutert oder reif geworden ans Ziel.

Der in der Mitte neu geborene Mensch setzt den Tod des Initianden voraus, natürlich nur den rituellen. Der Weg ins Labyrinth des Lebens ist eine ständige Bewährung. Der rituelle Tod des alten, vorherigen Menschen wird oft verbunden mit der Vorstellung von Finsternis, Nacht oder mütterlichem Schoß. Viele wollten in der frühen Form des Labyrinths eine stilisierte Darstellung des Uterus sehen. Doch diese Interpreten haben wohl zuviel Freud oder Jung gelesen.

Das Durchtanzen des stilisierten Initiationsweges im klassischen Labyrinth ist durch die Jahrtausende nie ganz aufgegeben worden, wie die Beispiele des sogenannten Kranichtanzes des Theseus auf Delos oder das Trojaspiel der jungen Römer zum Ostertanz nahelegen. Bei der mittelalterlichen Übernahme der ritualisierten Pilgerfahrt im Kirchenlabyrinth fand eine Symbolveränderung statt. Den vorchristlichen Religionen war offensichtlich die Zahl Acht das zu erstrebende Ziel. Die vorchristlichen Labyrinthe haben alle sieben Wegringe. Das Ziel, die Mitte, ist immer die Acht. Die christlichen Labyrinthe sind erweitert auf elf Wegringe. Mit der Mitte erreicht man die Zwölfzahl (Apostel etc.).

Jaskolski gibt eine interessante Deutung: »Über die elf konzentrischen Kreise ist das Zeichen des Kreuzes gelegt, und dieses organisiert die Figur so, daß der Weg an den Kreuzesachsen umkehren muß und so ein Kreuzweg wird. Auf jeden Fall, wer zugelassen war, das Labyrinth von Chartres zu durchtanzen oder auf den Knien zu durchrutschen, der hatte auch physisch etwas geleistet, bevor er zur Mitte kam. James hat die Gesamtlänge aller Windungen nachgemessen und kam auf die nicht unbeträchtliche Weglänge von 261,5 Metern.«

SELTSAME TROPHÄEN

Im keltoligurischen Hinterland von Marseille wurden von Benoît, dem großen französischen Archäologen, zwei autochthone Heiligtümer freigelegt, das eine in der Hauptstadt Entremont über Aix-en-Provence, das andere nördlich des Etang de Berre, Roquepertuse. Der Eingang zu beiden Kultstätten war zusammengefügt aus mächtigen monolithen Türbalken, auf denen Kopfreliefs skulptiert oder Nischen für darin unterzubringende Schädel eingegraben waren. Außerdem waren da noch sitzende Bestien, die eine ihrer Pranken auf einem oder mehreren Schädeln liegen hatten, und andere seltsame, im Schneidersitz thronende Götterfiguren. Die Negativberichte der Römer sollte man nicht überbewerten, sie schrieben ja über zu besiegende Feinde, deren kulturelle Einrichtungen denunziert werden sollten. Nach wie vor stellt dieser »keltische« Schädelkult für die Frühgeschichtler eines der ungelösten Geheimnisse dar, und die Thesen, die zur Klärung dieses Mysteriums bisher angeboten wurden, sind alles andere als überzeugend.

Als die im Rahmen der frühen Reconquista zwangschristianisierten Nordspanier ab der Mitte des 11. Jahrhunderts zu Trägern einer neuen christlichen Architektur und Skulptur wurden, tauchte plötzlich das Motiv der isoliert am Bau angebrachten Köpfe wieder auf, und zwar massiert, zum Beispiel an der um 1060 entstandenen und direkt am Pilgerweg gelegenen Kirche S. Martin in Fromista. Andere in Galicien und im nordspanischen Raum gelegene Kirchen zogen mit. Bevorzugte Anbringungsorte dieser Kopftrophäen am Außenbau waren zunächst das Portal, die Eingangszone (vgl. Entremont und Roquepertuse) und die Konsol- und Kragsteine an der Dachtraufe. Christlich ikonographisch motiviert waren diese Kopfkonsolen gewiß nicht. Die Baumeister bzw. Bildhauer dieser Schöpfungen waren aber mit Sicherheit einheimische Kräfte.

Bis ins 12. Jahrhundert feierte diese Mode wahre Triumphe. Ein prägnantes Beispiel für ein solchermaßen gestaltetes Portal mit isolierten Köpfen in Einzelnischen im Giebelfeld findet sich an der Kathedrale von Clonfert (Irland, 13. Jahrhundert). Ein älteres Beispiel eines solchen Giebelfeldes hat sich noch in der alten Pfarrkirche von Azay-le-Rideau an der Loire erhalten. Die kleine romanische Kirche von Belsen bei Tübingen bewahrt noch eine komplette Schauwand, deren Skulpturenprogramm zusammengemischt ist aus keltischen und christlichen Symbolfiguren. An der Kathedrale Notre-Dame von Dijon empfängt den Kirchenbesucher eine beängstigende Heerschar solcher apotropäischer Köpfe und Spukgestalten. Doch das Portal und sein Giebelfeld (Tympanon) wurden recht schnell christianisiert. Der Ort, an dem die Köpfe in Legion ein Fortleben führten, waren die Dachkonsolen. Myriaden von isolierten Köpfen blicken, spucken, lästern, drohen, lachen auf den Betrachter herab. Man gerät schwer in Versuchung, die These Charpentiers über die Baumeister der Jakobs-Straße zu akzeptieren.

Die drei Beispiele Spirale, Labyrinth und Schädelkult mögen genügen, um das materielle und ideelle Nachleben weit zurückreichender religiöser Traditionen im mittelalterlichen Christentum zu belegen. Es gibt aber noch weit komplexere Traditionen, deren Anfänge sicher noch in megalithischer Zeit zu suchen sind und deren Fortleben en masse bis ins 17. Jahrhundert und in Einzelfällen bis in die Jetztzeit nachweisbar sind.

Dieses Gebiet galt der modernen Naturwissenschaft lange Zeit als Grenzbereich, doch die jüngere Forschung hat recht aufwendig seine ernstzunehmenden praktischen Erfahrungen bestätigt. Dieser Bereich der Geomantie, der für die Betrachtung religiöser Einrichtungen und sakraler Architektur inzwischen unverzichtbar geworden ist, soll nun auch für Santiago de Compostela eingebracht werden.

6. ZWISCHEN WISSEN UND WISSENSCHAFT

»Die vorgeschichtlichen Kulturen vertraten einst allgemein die Auffassung, daß die Erde ein lebendes Wesen mit eigener Existenzberechtigung sei.« (N. Pennick)

DREI BEISPIELE ZUR WARNUNG VORAB

Es grassiert die Esoterikwelle. Verlage und Buchhändler haben alles, was mit Geomantie zu tun hat, unter dieser Sparte einsortiert. So verkaufe sich Literatur zum Thema Geomantie eben besser. Daß man dabei auf einem alten Vorurteil herumreitet, stört bei guten Verkaufszahlen niemanden ernsthaft. Doch Geomantie hat mit Esoterik nichts gemein. Weil aber Okkultes *in* ist, kursiert leider eine Überzahl an Titeln zum Thema Geomantie, die nicht nachvollziehbar und seriös begründet sind. Deshalb sollen hier drei warnende Beispiele vorangestellt werden.

UMBERTO ECO: Umberto Eco ironisiert im *Foucaultschen Pendel* das Prinzip der historischen Metrologie:

»›Sehen Sie jenen Kiosk dort‹, sagte er. ›Ich lade Sie ein, nachher hinzugehen und ihn zu vermessen. Sie werden sehen, daß die Breite des Bodens 149 Zentimeter beträgt, also ein Hundertmilliardstel der Entfernung von der Erde zur Sonne. Die Höhe der Rückwand geteilt durch die Breite des Fensters ergibt 176:56 = 3,14, die Zahl Pi. Die vordere Höhe beträgt 19 Dezimeter, soviel wie die Zahl der Jahre des griechischen Mondzyklus. Die Summe der Höhen der beiden hinteren Kanten macht 190 mal 2 plus 176 mal 2 gleich 732, das Datum der Schlacht von Poitiers. Die Dicke des Bodens beträgt 3,10 Zentimeter und die Breite des Fensterrahmens 8,80 Zentimeter; ersetzt man die Zahlen vor dem Komma durch die entsprechenden

Buchstaben des Alphabets, so erhält man $C_{10}H_8$, die Formel des Naphthalins.‹

›Phantastisch‹, sagte ich, ›haben Sie das gemessen?‹

›Nein‹, sagte Aglie. ›Das hat ein gewisser Jean-Pierre Adam an einem anderen Kiosk getan. Ich nehme an, daß alle Kioske der Staatlichen Lotterie mehr oder minder dieselben Maße haben. Mit den Zahlen kann man machen, was man will. Wenn ich die heilige Zahl 9 habe und will auf 1314 kommen, das Datum des Märtyrertodes von Jacques de Molay…, was tue ich dann? Ich multipliziere mit 146, dem Schicksalsdatum der Zerstörung von Karthago. Wie bin ich zu dem Ergebnis gekommen? Ganz einfach, ich habe 1314 durch 2, durch drei und so weiter geteilt, bis ich auf ein befriedigendes Datum gestoßen bin. Ich hätte 1314 durch 6,28 teilen können, das Doppelte von 3,14 und wäre auf 209 gekommen. Und was ist 209? Das Jahr der entscheidenden Wende des Zweiten Punischen Krieges. Zufrieden?‹«

DIE »VERMESSENE« KATHEDRALE VON CHARTRES: In einer Monographie über diese Ikone der mittelalterlichen Architektur las ich unter anderem, daß der Abstand zwischen Chorboden und Wasserspiegel des alten wunderwirksamen Druidenbrunnens siebenunddreißig Meter betrage. Außerdem sei der Abstand vom Chorboden bis zum abschließenden Gewölbescheitel wiederum genau siebenunddreißig Meter. Das kann doch kein Zufall sein. Beim Aufklingen der besonderen Zahl Siebenunddreißig spuckte mein interner Datenspeicher im Kopf reihenweise kabbalistische und andere Zahlenkombinationen aus. Die Sonderstellung der Siebenunddreißig besteht u. a. darin, daß sie als Primzahl die Basis für eine Reihe anderer sogenannter bedeutsamer bzw. heiliger Zahlen ist. Multipliziert mit drei ergibt das einhundertelf, die Zahl der Ausdehnung. Die Anzahl der Außennischen am Labyrinth von Chartres beträgt zum Beispiel einhundertelf. Diese einhundertelf wiederum multipliziert mit sechs ergibt sechshundertsechsundsechzig, die Zahl des Tieres (der Apokalypse), und multipliziert mit acht macht das achthundertachtundachtzig, die Zahl der Ausbreitung des Heils. Diese wiederum multipliziert mit der Zahl Pi führt zu 2792, der in Metern ausgedrückten »Sakralen Einheit« im Maßsystem von Jauch.

Ich war tief beeindruckt von mir und den umsichtigen Baumeistern von Chartres. Doch kurz danach erfolgte der brutale Aufprall auf der Erde. Mir fiel siedendheiß ein, daß die so klugen Baumeister des hohen Mittelalters gar nicht in Metern gemessen haben. Nichts war es also mit der so weisen Zahlenmystik der gotischen Baumeister. Gemessen in römischen Fuß blieb zwar der Befund gleicher Abstände zwischen Chorboden und Druidenbrunnen bzw. Chorboden und Gewölbescheitel, doch eine irgendwie ergiebige Zahlenmystik ergab sich dann nicht mehr.

Genau diesen Fehler hatte aber auch die so gelehrt schreibende Schröder *(Das Mysterium von Chartres)* begangen. Aus der Angabe des Durchmessers des Chartreser Labyrinths mit 12,87 Metern folgerte sie zwingend: »Das Wichtigste bleibt, daß sich der Durchmesser im Bereich der Zahl 12 abspielt, oder anders ausgedrückt, auf dem Weg zur 13 ist, der ›Regentin‹ der 12, der Zahl des kosmischen Raumes.« Aber auch beim Labyrinth hat man leider nicht in Metern, sondern in Fuß gemessen. Mit den Zahlen 12 und 13 war es also nichts.

Und Charpentier? Um einige seiner Hypothesen beweisen zu können, hat er kurzerhand die römische Elle abgeändert und eine passende sogenannte Elle von Chartres eingeführt. Eco läßt grüßen.

DAS PROBLEM VON QUANTITÄT UND QUALITÄT: Viele kennen vielleicht das Phänomen, daß ein Künstler sich selber nicht kopieren kann. Populistisch könnte man diese Tatsache zu erklären versuchen mit dem Bild vom Apfelbaum, der zugleich Hunderte von Äpfeln gleichzeitig produziert, aber keiner davon ist formidentisch mit irgendeinem anderen; dennoch haben alle die gleiche Qualität, es sind Äpfel. Begrifflich etwas höher angesiedelt geht es schlicht und einfach um den Unterschied von Quantität und Qualität. Er ist vielleicht, um wieder ein einfaches Bild zu bemühen, am besten zu veranschaulichen am Prinzip der Vergrößerung oder Multiplikation.

Ein Künstler erhält einen Auftrag für ein monumentales Wandgemälde. Er wird nicht sofort auf die Wand malen. Zunächst erfolgt eine Reihe vorbereitender Skizzen und Entwürfe. Ein Entwurf ist schließlich so geraten, daß er als Vorlage für das große Werk geeignet erscheint. Das fertige Monumentalwerk ist aber in keinem einzigen Fall nur eine maßstabsgetreue Vergrößerung des Entwurfs. Vor-

Das Labyrinth von Chartres: Der Weg auf dem Fußboden führt nach innen.

lage und endgültige Umsetzung sind zwei völlig unterschiedliche Qualitäten. Außerdem kann man aus keinem fertigen Werk der Malerei, der Musik, der Dichtkunst etc. einfach einen Teil wieder wegnehmen, ohne damit gleichzeitig seine Qualität zu verändern.

Viele definieren für sich Wissenschaft als etwas Reales, etwas Konkretes, insofern als alles, was zum Ergebnis führt, zähl- und meßbar ist, das Endresultat selbst eingeschlossen. Es gibt aber Energiemengen, die so klein sind, daß herkömmliche Meßgeräte deren Existenz in geringen Dosen nicht erfassen können. Das beweist keineswegs ihre Nichtexistenz. Höhere Organismen können sehr wohl auf diese Minimaldosen reagieren, sie tun es auch, sehr empfindlich und mit bestem Erfolg. Das bei Tieren festgestellte Vermögen der Rückkehr zu einem bestimmten, weit entfernten Ausgangspunkt beruht auf der Ortung von Magnetstrahlen. In einem vielbeachteten Versuch mit seinen Studenten an der Universität Manchester hat Baker diese Veranlagung auch bei Menschen nachgewiesen.

Ein anderes Beispiel bietet die für Menschen der Frühzeit überlebensnotwendige Fähigkeit, verborgene Wasseradern zu orten und damit verfügbar zu machen. Zu den Techniken, die diese Befähigung unterstützen, gehört die Mutung mit Hilfe von Wünschelruten. Bei ihrer Anwendung wirkt der menschliche Organismus als Verstärker aufgespürter Strahlen, sozusagen als Indikator. In bestimmten Zweigen der modernen Medizin ist das Arbeiten mit vorhandenen Erdstrahlen und Magnetfeldern Mittelpunkt der Anamnese und der Behandlung. Mit großem Erfolg übrigens.

Damit sind wir beim Stichwort dieses Kapitels: Geomantie. Es handelt sich dabei um eine auf großer Erfahrung aufbauende Kunst zwischen Wissen und Wissenschaft, wie alle Kunst. Dazu gehören von seiten des Ausübenden Begabung, sprich Veranlagung, und langjährige Schulung (plus Training). In Europa war Geomantie bis ins 18. Jahrhundert eine hochangesehene Kunst, zum Teil wird sie noch heute in einigen Klöstern hoch gehalten und bei Bedarf weitervermittelt. Dahinter stehen Beobachtungen, Erfahrungen von Generationen und Erprobung spätestens seit dem Neolithikum.

Im 16. Jahrhundert waren ernsthafte Befürworter und Anwender dieser Kunst Leonardo da Vinci und der deutsche Geologe und Naturwissenschaftler Georg Bauer (Agricola). Seit den zwanziger Jahren unseres Jahrhunderts wurde die Geomantie mit »wissenschaftlichen« Methoden wiederentdeckt und damit rehabilitiert, sowohl in ihrer Zielsetzung als auch mit ihren Erfolgen.

DIE SPUR DER DRACHEN

Wörtlich übersetzt heißt Geomantie »Weissagung aus der Erde«. Darunter versteht man nach Purner »die alte Kunst und Wissenschaft, natürliche Energieströme und Energiezentren auf der Erdoberfläche auszumachen und in landschaftsverändernde und -gestaltende Maßnahmen einzubeziehen, um positive, harmonisierende Kräfte und Energiefelder zu verstärken und negative abzuschwächen... Diese Erdkräfte dringen nicht sporadisch und beliebig an die Erdoberfläche vor, sondern ordnen sich in nachweisbaren Gitterstrukturen, senkrechte und horizontale.« Die Hauptlinien verlaufen nach Hartmann in Nordsüd- und Ostwestrichtung. Der Arzt Curry will auch ein diagonales Gitternetz ausgemacht haben.

Die Aufgabe der Geomantie besteht also darin, solche georteten oder gemuteten Kräftepunkte oder -linien durch Baumaßnahmen so zu beeinflussen, daß ihre Organisation gelenkt, das heißt vom Menschen fixiert, verstärkt oder harmonisiert wird. Dabei genügt oft die richtige Plazierung eines einzigen Steines (Menhir), um ein »gestörtes« System wieder in Ausgleich zu bringen. Gemäß der Ortung solcher Erdkräfte ist Geomantie immer verbunden mit einem bestimmten Standort.

Durch radiästhetische und andere Messungen konnte belegt werden, daß die jeweils strahlungsgünstigste Lage von megalithischen Steinreihen, Menhiren, Dolmen, Gestirnsobservatorien, Initiationstempeln oder Labyrinthen und später die Position von Tempeln und Kirchen vorher geomantisch festgelegt worden war. Wichtigste Strahlungsquelle sind unterirdische Wasser. Solche von unsichtbaren Quellen *(blind springs)* ausgelösten Erdstrahlen wurden in allen Teilen dieser Erde von den Menschen als Schlange oder Drache bildlich dargestellt.

Die Geomantie war keine auf Alteuropa begrenzte Kunst. Sie ist in allen Erdteilen bekannt, bei den Inkas in Südamerika, bei den Sikidy auf Madagaskar, bei den Indern und Ägyptern sowie bei den Chinesen. Bei letzteren war eine Form der Geomantie bekannt als

Feng Shui, was soviel heißt wie »Wind und Wasser«. Dort wird von einem unsichtbaren »Feld der Geister« ausgegangen, das in der sichtbaren Landschaft als lebendiges Kräfteprinzip wirkt.

Der Legende nach soll schon der Kaiser Kung-Jü (2300 v. Chr.) die Einhaltung des *Feng Shui* beim Bau von Häusern vorgeschrieben haben. Historisch belegt ist die Anwendung des *Feng Shui* erst tausend Jahre später. Laut *Encyclopedia Sinica* bedeutet *Feng Shui* »die Kunst, unter Berücksichtigung der natürlichen Gegebenheiten eines Ortes die Behausungen der Lebenden und der Toten so anzulegen, daß sie mit den örtlichen Strömungen des kosmischen Atems in Einklang stehen«.

Mit dem Vordringen europäisch-rationalistischer Vorstellungen galt auch im Reich der Mitte die jahrtausendealte Kunst nichts mehr. Noch 1870 wurde eine ins Landesinnere geplante Eisenbahn schließlich doch nicht gebaut, weil führende Vertreter des *Feng Shui* davon abrieten. Bereits 1898 hatte Sun Yat-sen, der Führer der republikanischen Revolution von 1911, den alten Humbug widerlegen wollen, indem er den Eingang zum Haus seiner Mutter genau entgegengesetzt zu den Anweisungen der Feng-Shui-Experten anlegen ließ.

Was in den letzten Jahren im marxistischen Rotchina und im kapitalistischen Hongkong gebaut wurde, entstand sicher nicht nach den Weisungen des *Feng Shui*. Doch ausgerechnet beim Bau der am meisten kapitalistischen Einrichtung, des Hauptgebäudes der Bank of Hongkong (eingeweiht 1983), legte man wieder, soweit dies technisch einhaltbar war, großen Wert auf positive Daten des *Feng Shui*.

ORTE DER KRAFT UND DAS GESETZ DER KULTORT-KONTINUITÄT

»Der Eifer, mit dem Religionen sich solche Stätten aneignen, zeigt an, daß diese Stätten eine Kraft besitzen, die über den traditionellen Gebrauch hinausgeht … Die Kontrolle über den feinstofflichen Charakter der Erde gibt dem Beherrscher des Ortes offensichtlich psychische Macht über die dort lebenden Menschen.« (N. Pennick)

Orte der Kraft sind Plätze auf der Erdoberfläche mit besonders energiereichen Strömen und Kraftfeldern, die eine positive Auswirkung auf die darüber lebenden Organismen haben. Die noch erdabhängigen und -verbundenen Menschen unserer Frühgeschichte wußten diese Stellen ohne Hilfsmittel, nur durch ihre intakte Wahrnehmung aufzuspüren und für sich zu nutzen, zum Beispiel durch Errichtung ihrer heiligen Stätten an solchen Orten. Die positive Strahlung dieser Orte bewirkt auch Heilungen physischer wie psychischer Art.

Die in der Antike bekannte Methode des Heilschlafs an solchen Stätten wurde zum Teil auch an späteren christlichen Pilgerorten weitergepflegt (Chartres, Abu Mina, Gargano, Compostela). Besonders an Quellen mit sichtbarem Heilwasser entstanden große Pilgerzentren und Heiligtümer: Chalice Well in Glastonbury, Conques, Chartres, Glanum, Glasgow Cathedral, Köln, Lourdes, Monte Santangelo, Nemausus-Quelle, Seine-Quelle, Skellig Michel u. v. m.

Ein besonders eindrucksvolles Beispiel für das Fortleben heidnischer Traditionen in später christlichen Kirchen bietet die Anlage des Altares von St. Trillo in Landrilloyn-Rhos (Nordwales). Nach Pennick soll das Grabmal Edwards des Bekenners in Westminster Abbey über einer besonders kraftvollen blinden Quelle *(blind spring)* angelegt worden sein. Noch für die Anlage der Kings College Chappel in Cambridge 1446 auf Geheiß von König Heinrich VI. mußten geomantische Vorgaben berücksichtigt werden. Mit der überwiegenden Zahl der genannten Beispiele berühren wir nicht nur die seit dem Megalithikum bekannte Kunst der Geomantie, gleichzeitig stoßen wir dabei auf eines der folgenreichsten kulturhistorischen Phänomene: das der Kultortkontinuität.

Für berühmte Stätten wie Delphi oder Jerusalem ist diese Erscheinung der Kultortkontinuität besonders gut dokumentiert. Der delphische *Omphalos* (Mittelpunkt der Erde) zeigte ursprünglich die Orakelstätte einer chthonischen Muttergottheit, der Erdgöttin, an. Unter dem alten *Omphalos* läge die Python, eine Tochter der Mutter Erde, ein Schlangen- oder Drachenwesen (Schlange: Wasser, Quelle, Brunnen). Im Mythos heißt es weiter, Apollon, der strahlende männliche Sonnengott, hätte dann diese Vertreterin der alten Erdreligion überwältigt und unter dem *Omphalos* gefangengehalten. Somit saß der patriarchalische Gott Apollon auf dem Grabe seiner matriarchalischen Vorgängerin vor Ort. Der Mythos gibt nichts anderes wieder, als daß die Dorer nach ihrer Besetzung der südlichen Balkanhalbinsel den Mittelpunkt der Erde, den Orakelsitz der Vorgängervölker, in Besitz genommen hatten.

Lassen wir nachgewiesene Kultortübernahmen wie in Damaskus oder Mekka außer Betracht, und wenden wir uns der christlichen Form der Kultortübernahme zu. Hier ist zunächst das Heilige Land beispielgebend.

Alle in konstantinischer Zeit errichteten Epiphaniekirchen wurden direkt über alten Kulthöhlen erbaut, die vordem als Adonis-Heiligtümer gedient hatten. Mit dem Adonis-Kult war ein vorderasiatisches Auferstehungsritual (Initiationstempel!) verbunden. Schriftliche Belege dafür liefern Eusebius, Konstantin der Große, Hieronymus, der Mönch Alexander und für Bethlehem noch Origenes. Die jüngere Archäologie hat diese frühchristlichen Aussagen bestätigt. Auch die Basilika neben der Mamre-Eiche bei Hebron überdeckt einen alten kanaanitischen *témenos*. Später war der Bezirk der Mamre-Eiche den Juden, Christen und Moslems ein gleichermaßen wichtiger Wallfahrtsort.

Das nächste wichtige Beispiel bietet uns Rom, wo eine der ältesten Kirchen der Ewigen Stadt, San Clemente, direkt über einem sechzehn Meter tiefer liegenden Mithras-Heiligtum errichtet wurde. Dort unten im Mithräum hatte Purner beim Versuch einer Ausmutung sein erschütterndstes Erlebnis. Die dort freiliegenden Ströme oder Kraftfelder waren so unerträglich stark, daß er fast ohnmächtig wurde und völlig »zerstört« wieder nach oben taumelte.

Auch der Petersdom dürfte über einem ehemaligen Kraftort erster Ordnung liegen. Denn auf dem Mons Vaticanus befand sich noch zu Konstantins Zeiten das reich frequentierte Sonnenkultzentrum des antiken Rom mit einem Tempel des *Sol invictus*, einem Kybele-Heiligtum und ebenfalls einem Mithräum. Die Peterskirche dürfte demnach auf keinen Fall, wie oft behauptet, noch unter Konstantin begonnen worden sein, da nachweisbar im Jahre 374 an dieser Stelle ein Taurobolium stattgefunden hat. Alle Frühdatierungen der Peterskirche in konstantinische Zeit dürften demnach wohl auch nur fromme Lügen sein.

Die Religionspolitik der Kirche war auf die Übernahme solcher vorchristlichen Heiligtümer, nicht auf deren Zerstörung ausgerichtet. Den Beweis für diese offizielle römisch-katholische Politik der Kultortkontinuität liefert ein Brief aus dem Jahre 604, den Gregor der Große in seinem letzten Pontifikatsjahr an seinen gerade in England tätigen Missionar Mellitius richtete:

»Ich habe nach reiflicher Überlegung der englischen Angelegenheit beschlossen, daß die Götzentempel dieses Volkes auf keinen Fall zerstört werden sollen. Laßt vielmehr die in ihnen aufgestellten Götzen zerstören..., laßt Altäre errichten und Reliquien hineintragen...«

Die römische Kirche war also bis zum 12. Jahrhundert keineswegs in allen Ländern und zu allen Zeiten intolerant anderen Vorstellungen gegenüber. Im Schatten der allseits erfolgten Kultortkontinuität konnten sich somit auch bis ins hohe Mittelalter beim Volk vorchristliche Kulte und Traditionen halten. Weitere Beispiele für diese römische Religionspolitik bieten in unseren Breiten Altötting (877), Köln (4. Jahrhundert) oder St. Gallen (Anfang 7. Jahrhundert) und für die ehemalige Gallia der Mont-Saint-Michel (704), Le Puy (4. Jahrhundert) und Chartres (876). Gerade letzteres liefert den Schlüssel für das Geheimnis um den »wahren Jakob«. Deshalb wollen wir uns, sozusagen kurz vor Compostela stehend, noch einmal der Wallfahrtskirche der Lieben Frau von Chartres zuwenden, diesmal ausschließlich unter geomantischen Aspekten.

CHARTRES GEOBIOLOGISCH GESEHEN

GEOBIOLOGISCHE MESSUNGEN: Geobiologie ist eine zeitgemäße Form der Geomantie. Sie arbeitet mit Methoden und Techniken, die nicht länger als unwissenschaftlich denunziert werden können. Eines der Zentren für Geobiologie ist das *Institut de Recherches en Géobiologie* in Chardonne (Schweiz). Leitende Mitarbeiterin dort ist Blanche Merz. Nach Merz ist unsere Mutter Erde ein lebendiger Körper (vgl. auch Lovelock), dessen Topographie man auch auf den menschlichen Körper übertragen könne. Ein Beispiel dafür ist die Akupunktur. Die Geobiologie »befaßt sich mit dem Einfluß der Erde auf alles, was lebt: auf den Menschen, das Tier und die Pflanze« (Merz). Dabei zeigt die moderne Geomantie »anschaulich den Zusammenhang zwischen dem Verhalten, dem Gesundheitszustand des Menschen und dem Ort, wo er lebt«. Oberstes Ziel ist, »in Harmonie mit dem Universum und allen Lebewesen der Erde zu leben«. Bei negativen Wirkungen des geomorphologischen Umfeldes auf lebende Organismen spricht die Geobiologie von »geopathologischer« Durchdringung der Zellen. Ein herausragendes Augenmerk gilt auch der besonderen Wirkung von Heiligtümern auf die menschliche Natur.

Die Strahlendosis sowohl der kosmischen Strahlen auf die Erde als auch derjenigen, die von der Erde ausgehen, liegt im Mikrobereich, und die Schwingungen liegen im Bereich von Gigahertz-Einheiten (ein Gigahertz entspricht einer Milliarde Schwingungen pro Sekunde). Zum Repertoire der Meßgeräte zählen Hochfrequenzdetektor, Oszillograph, UKW-Empfänger mit Feldstärkenanzeiger, Protoresonanz-Magnetometer, Ohm-Meter, Geiger-Müller-Zähler, Elektrofiltrationsapparat, Scintillationszähler und Infrarotspektrometer. Wo es sich als nützlich erweist, wird auf alte Verfahren wie Rutenindikation zurückgegriffen.

Für diskrete Messungen an heiligen Stätten eignen sich am besten Geiger-Müller-Zähler und Wünschelrute (diverse Formen). Weil die gemessenen Werte im Bereich von Ångströmeinheiten und Gigahertz liegen, wurde zwecks Vereinfachung und Vergleichbarkeit die Boris-Einheit, kurz Einheit (E) genannt, eingeführt.

Der Bereich der Messungen in Einheiten ergibt nach Merz folgende Skala:

Sektor 1: das »Physische«, von 0 bis 10 000 Einheiten, gibt die Intensität der Strahlung des Ortes an sowie die Vibration, die physisch erfühlt wird und Auswirkungen auf den Menschen hat;

Sektor 2: der Biometer, umfaßt hier den Bereich des energetischen oder ätherischen Körpers von 10 000 bis 13 500 Einheiten;

Sektor 3: der Biometer, erfaßt den Bereich des Spirituellen – an heiligen Stätten bis zu dem seltenen Punkt der Initiation – von 13 500 bis 18 000 Einheiten.

Zur Eichung dieser Skala wurde eine heilige Stätte ausgewählt, von der man annahm, daß sie ein besonders energiereicher Ort der Kraft sein müsse: Chartres.

DER KRAFTORT CHARTRES: An kaum einem anderen Ort dieser Erde sind geomantische Situation und Kultortkontinuität so lückenlos dokumentiert wie in Chartres. Auch dieser Ort besaß seinen *omphalós*, einen Stein, der den Mittelpunkt der Welt festlegte, und eine wunderwirksame heilige Quelle, die der Erdmutter geweiht war. Die Weisen oder Eingeweihten, die den heiligen Stein betreuten und bewachten, waren die »Carnuten«, das heißt soviel wie »Hüter des Steines«. Noch für die Römer hieß die Beauce, das Land um Chartres, das Land der Carnuten.

Ein Stein als Mittelpunkt der Erde, eine an einer Quelle verehrte Muttergottheit und eine zugehörige Priesterschaft, die sich »Hüter des Steines« nannte, belegen unzweideutig, daß das Heiligtum von Chartres eine steinzeitliche, sprich megalithische Vergangenheit hat und nicht erst keltisch ist. Der Umstand, daß sich noch in keltischer Zeit die Druiden einmal im Jahr im Land der Carnuten trafen und wohl bei dieser Gelegenheit Initiationsriten für neue Druiden abhielten, ist der längst überfällige Beweis dafür, daß die Institution der Weisen oder Eingeweihten, vulgo Druiden genannt, ebenfalls neolithischer Abstammung ist.

In keltischer Zeit wurde die Tradition der Druideninitiation ebenso beibehalten wie die Verehrung der Muttergottheit des Megalithikums, die nun zur *Virgo paritura* wurde – eine Muttergottheit, die aus sich selbst heraus, das heißt jungfräulich, gebiert. Für die christliche Nutzung ist nicht unbedeutend, daß in der Krypta kein Grab ist und keine Märtyrerverehrung stattfand.

In spätkarolingischer Zeit wurde das Heiligtum der Grande Mère bzw. *Virgo paritura*, die gleichzeitig Unterweltsgöttin *(Dame soubs terre)* war, zum Wohnsitz der Himmelskönigin. Zu diesem Zweck hatte man sich 876 aus dem berühmtesten Marienheiligtum der Christenheit, aus Ephesus, eine wertvolle Reliquie, nämlich eine Hälfte des Schleiers, den Maria bei der Geburt Christi getragen haben soll, nach Chartres geholt. Die andere Hälfte des Schleiers ging später nach Kiew, wo ein weiteres Marienverehrungszentrum entstand. In Ephesus hatte Maria ja schon den Kultort der im ganzen östlichen Mittelmeerraum hochverehrten Artemis von Ephesus besetzt.

Begehen wir die gotische Kathedrale in der Reihenfolge, in der sich auch der normale Pilger dem Mysterium von Chartres näherte, also von oben durch die dreitorige Porte Royale. In Fortsetzung des Prozessionsweges durch das Langhaus finden wir im Boden eingelassen das schon beschriebene Labyrinth. Merz berichtet dazu aus Sicht der geobiologischen Meßdaten: »Der umwegreiche Pfad hat die Aufgabe, die Ankunft im Zentrum stark zu verzögern. Der Eintritt in das Zentrum als Abschluß eines Einweisungsweges sollte jenen verschlossen sein, die hierfür noch nicht ausreichend vorbereitet waren... Für das Abschreiten des Labyrinths galten bestimmte rituelle Vorschriften, bestimmte Abschnitte wurden barfuß im Tanzschritt zurückgelegt.«

Die Messungen im Labyrinth haben ergeben:

6500 E in der Umgebung des L.;

8000 E am Anfang des Weges;

13 500 E kurz vor der Mitte;

2000 E unmittelbar vor dem Ziel;

18 000 E im Zentrum (Ziel); in Ägypten entsprach dieser außerordentlich hohe Wert dem Initiationswert des Pharao.

Ausgewertet heißt das: Das Labyrinth von Chartres weist alle belegbaren Merkmale eines Initiationsweges auf.

Zwei weitere Konzentrationspunkte für energetisch geladene Felder finden sich am Eck, an dem sich nördliches Querhaus und Chorumgang treffen, und in der Mitte des nur den Priestern zugänglichen Chores. An besagtem Eck steht die sogenannte Vièrge du Pilier. Schon deren Umgebung weist den deutlich erhöhten Wert von 9000 E auf. Unmittelbar vor der Statue fällt, wie schon beim Labyrinth, der Wert auf 2000 E ab. Die Madonna selbst steht unter Hochspannung. Es ist gefährlich, sich ihr zu stark zu nähern, man »verbrennt«, die Hand wird braun (nach Merz).

Das Geheimnis von Chartres, der eigentliche Ort der Kraft, liegt tief unterhalb des gotischen Kirchenniveaus. Dort fließt in siebenunddreißig Metern Tiefe ein unterirdischer Wasserlauf, dessen Laufschlinge genau unter Vierung und Chormitte verläuft. Die räumlichen Verhältnisse im Unterleib der Kirche sind nicht für große Pilgermassen geeignet. Doch die Strahlungswirkung nimmt mit zunehmender Entfernung von ihrem Ausgangspunkt stark ab. Die gotische Pilgerkathedrale war aber von Anfang an für große Pilgerströme angelegt. Um die in der Oberkirche nur noch schwache Strahlung für die Pilger spürbar zu machen, erfand man ein technisches Kabinettstück.

Der Chor der neuen Kirche wurde mit einem System von jeweils sieben an der Chorachse gespiegelten Wasserkanälen unterzogen, offensichtlich, um dadurch die geringer werdende Strahlungswirkung wieder zu bündeln und zu verstärken. Nach welchem Prinzip dieses System physikalisch funktioniert, ist selbst mit modernsten wissenschaftlichen Methoden bis heute nicht geklärt. Es ist (noch) das Geheimnis der Erbauer der Kathedrale von Chartres geblieben. Die unglaublich hohe Verdichtung der Strahlung im Chor, im Labyrinth und an der Vièrge du Pilier beweist aber, daß es funktioniert. Der Verlauf des unterirdischen Baches ähnelt in seiner Form einer Schlange, der *wuivre*. Die *wuivre* ist am Westportal unter den Füßen des Beau Christ zweifach abgebildet.

Steigt man in die Eingeweide der Kirche hinunter, kommt man zunächst in die weiträumigste Krypta Frankreichs, eigentlich mehr eine komplette Unterkirche, die ursprüngliche Wohnung der *Dame soubs terre* der vorchristlichen Zeit. Ein gotischer Freskenzyklus zeigt die wichtigsten Heiligen der katholischen Kirche auf ihrem Pilgerweg zum himmlischen Jerusalem, darunter auch den hl. Jakobus d. Ä. Unter dem nördlichen Querhaus war schon im 11. Jahrhundert die Kapelle der *Notre Dame soubs terre*, der *Virgo paritura*, eingerichtet worden. Die lag genau über dem Verlauf des unterirdischen Baches. Dort hatte man dann im 12. Jahrhundert das Hospital für heilungsuchende Pilger untergebracht. Diese mußten dort eine Novene (neun Tage) in völliger Bettruhe verbringen. Viele wurden geheilt, andere verließen zumindest psychisch gestärkt diese megalithische Kur des Tempelschlafs.

DIE HIMMLISCHE SEITE

»Unbestritten dagegen ist, daß die geraden Linien der Megalithiker einerseits mit Astronomie und andererseits mit dem Totenkult zu tun hatten.« (Magin)

DIE SOGENANNTEN STERNENSTRASSEN DER VORZEIT: Ein fundamentaler Unterschied zwischen der fernöstlichen und der alteuropäischen Geomantie bestand darin, daß sich *Feng Shui* ausschließlich mit Wasser und Wind, also mit den Erdkräften, befaßte. Die megalithische Geomantie verfuhr nach unserem Wissensstand von Anfang an zweispurig. Zumindest bei heiligen Stätten, religiösen Einrichtungen und Observatorien spielte neben der durch die Erdströme bestimmten Ortswahl die Ausrichtung dieser Werke nach astralen Gesichtspunkten eine wesentliche Rolle.

Dies setzte aber bemerkenswerte und für uns heute immer wieder kaum glaubliche astronomische Kenntnisse und rechnerische Fähigkeiten voraus. Der Grund für diesen Aufwand lag ursprünglich vielleicht in der bekannten Tatsache, daß in mittel- und westeuropäischen Breiten die Tageslängen, die Tageshelligkeiten und die Jahreszeiten ausgeprägter sind als zum Beispiel in Nordafrika oder im Orient. Gerade die Sonne, ihre jeweilige Stärke und Verweildauer am Himmel waren für die frühen Ackerbaukulturen aber von größter Wichtigkeit.

Aus festgestellten Häufigkeiten bestimmter Visurlinien an Megalithanlagen konnten für den Nachthimmel vor sechs- bis viertausend Jahren drei besonders wichtige Orientierungssterne errechnet werden: Capella, Castor und Sirius. Auch die Gräber der sogenannten Bandkeramiker waren besonders oft nach dem für das bloße Auge hellsten Stern am Nachthimmel, dem Sirius, ausgerichtet. Für den Taghimmel blieb natürlich die Sonne einziger Beobachtungs- und Markierungspunkt. Die bot aber ein Beobachtungsproblem. Ihr genauer Südpunkt kann nur mit einer Unschärfe von plus / minus 5°, das entspricht in absoluten Zahlen 10°, fixiert werden.

Ganz offenkundig verfügten die Astronomen der europäischen Jungsteinzeit über zusätzliche Techniken, diese Unschärfe auszugleichen, denn ihre Südpunkte entsprechen einer Zielgenauigkeit von nur plus / minus 2°. Man arbeitete zum Beispiel mit dem leichter und genauer zu bestimmenden Morgenerst (erstes Erscheinen eines Sternes am Osthimmel), wie übrigens nachweislich auch in Ägypten, wo vor fünftausend Jahren der Morgenerst des Sirius zeitlich genau und damit vorhersagbar mit der Sommersonnenwende und dem Beginn der Nilschwemme zusammenfiel.

Natürlich waren komplexe Berechnungen und ausgedehnte bauliche Anlagen wie in Avesbury, Stonehenge, Carnac oder Wallerfing-Ramsdorf (lange Achse neunzig Meter) nicht ausführbar ohne ein exaktes Maßsystem mit verbindlichen Maßeinheiten. Für die englischen Anlagen haben Thom und Hawkins ein sogenanntes megalithisches Yard von 82,905 Zentimeter errechnet. Dieses Maß ist nach Becker mit geringen Abweichungen in Spanien und Bayern bis ins 19. Jahrhundert gültig geblieben. Dieses Grundmaß steht außerdem in einem ganzzahligen Verhältnis zum Erdumfang! Auch die Parameterzahlen Pi und Phi waren vertraut. Soweit zu den astronomischen Voraussetzungen der Megalithbaukunst. Länger umstritten waren dagegen die astral angelegten Wegsysteme der Vorzeit.

ENTRÄTSELTE LINIEN: Die schon länger bekannten neolithischen Ansiedlungen Alteuropas verraten in ihrer topographischen Anordnung keine irgendwie ablesbare systematische Verteilung. Dies gilt auch für die erst in den neunziger Jahren sichergestellten neolithischen Siedlungen bei Linz und Hexheim (beide siebentausend Jahre alt) und auf der Roseninsel im Starnberger See (fünftausendsiebenhundert Jahre).

Ganz anders verhält es sich mit den religiösen oder sakralen Anlagen. Der Versuch, zwischen solchen neolithischen Heiligtümern gerade Verbindungslinien herzustellen, erlebte einen gewaltigen Aufschwung, nachdem Watkins 1921 in seinem Erfolgsbuch *The Old Straight Track* seine Vision von solchen heiligen Straßen der Vorzeit publiziert hatte. Gewiß gab es schon in Assyrien solche sakralen Wege. Auch bei den Hellenen waren Straßen geheiligter, den Göttern geweihter Boden. Apoll und Hermes galten als die Schutzherren der Straßen und Wege. Hermes entspricht dem römischen Merkur, und diesen wiederum hatten die Römer dem keltischen Lug assoziiert.

Die letzte bekannte Karte von solchen geomantischen Straßen hatte im 16. Jahrhundert Humelius von der Dresdner Heide angefertigt. 1904, also schon vor Watkins, hatte der Brite Bennett festgestellt, daß sich bestimmte megalithische Bauten in der Grafschaft Kent genau auf einer gemeinsamen Nordsüdlinie befänden.

Der Versuch liegt nahe, die aus der jüngeren geomantischen Forschung der Erdgitter (Hartmann, Curry) bekannten Strukturen als Planvorlage für heilige Straßen anzunehmen. Und natürlich muß auch hier große Skepsis walten, wenn zum Beispiel auf der Landkarte wichtige Heiligtümer oder Bauten, die zufällig auf einer Linie liegen, sofort in einen geheimen Zusammenhang gebracht werden, wie dies im Falle von Chartres, Castel del Monte und Jerusalem geschehen ist. Die Spezialdisziplin, die sich seit Jahren mit dem Problem der astronomischen Ausrichtung von Sakralbauten einerseits und der eventuellen Vernetzung all dieser Einzelbauten durch Gitterstrukturen auf der Basis bestimmter geomorphologischer Gegebenheiten andererseits beschäftigt, ist die Astroarchäologie.

Die ersten, von Watkins *ley lines* genannten Verbindungslinien ordneten sich bald im Bewußtsein der Geomantieforscher, Archäologen, historischen Metrologen und Astroarchäologen zu einer als real erachteten südenglischen Hauptroute. Der zur Zeit namhafteste, weil medienbewußteste deutschsprachige Vertreter dieses neuen Steckenpferdes historisch interessierter Astronomen ist Kaminski. Er folgert: »Diese megalithischen Kultstätten lassen sich noch heute als bedeutende christliche Zentren in Orten mit einer überregionalen Marien- oder Michaelsverehrung, Bischofssitzen und in der Weiterentwicklung bis hin zu den heutigen Großstädten wiederfinden. Die heutige Ordnung West- und Mitteleuropas gründet sich auf diese megalithischen Vordenker.«

Auf den Spuren des französischen Mythologieforschers Dontenville hat er weitere sogenannte Kultstraßen eruiert und das Netz dieser gedachten oder realen Wege in Nordsüd- und Ostwestrichtung zu einem Netz von Sternenstraßen erster und zweiter Ordnung verdichtet. Uns interessieren hier nur die vier sogenannten Sternenstraßen erster Ordnung in Ostwesterstreckung. Diese sind nach allgemeiner Akzeptanz folgende:

a) Die nördlichste auf der Breite von 51° 18'. Dieser angeblich bereits neolithische Weg beginnt auf den Lindy-Inseln vor Bristol und verläuft über Glastonbury, Westbury, Stonehenge, Old Sarum, Amesbury und Canterbury. Er endet nicht am Kanal, sondern setzt sich auf dem Festland fort über Brügge, St. Odilienberg bei Roermond, Benrath, Wormbach, Oesterholz bei Detmold, Hoher Meißner, Quenstadt, Naumburg, Meissen, Bautzen, Görlitz und Breslau. Weil diese nördlichste Sternenstraße erster Ordnung eine andere nordsüdliche Sternenstraße erster Ordnung in Wormbach schneidet, nennt Kaminski sein vorzeitliches Straßensystem Stonehenge-Wormbach-System (SWS).

b) Die 3° südlich davon verlaufende Sternenstraße (48° 41'), ausgehend von der Nordküste der Bretagne, berührt auf ihrem Weg landeinwärts Chartres, Vaudemont (Wotansberg) und Saint-Odile im Elsaß. Diese Sternenstraße wird uns im folgenden Abschnitt am meisten interessieren.

c) Eine durch Heiligtümer nur noch schwach dokumentierte dritte Sternenstraße wird auf dem Breitengrad plus / minus 45° 60' angenommen. An dieser möglicherweise die Westalpen überquerenden Route liegt Le Puy.

d) Schließlich folgt wiederum zirka 3° südlich davon die für uns wichtigste Sternenstraße von den Ostpyrenäen nach Galicien. Sie ist identisch mit der von Charpentier gefundenen doppelten Sternenstraße nach Compostela.

DIE NIEDERBAYERISCHE SENSATION: Neue Besen kehren gut, sagt man. Wenn einer etablierten Wissenschaft, die mit ihren erprobten Methoden etwas auf der Stelle tritt, neue Such-, Darstellungs- und Datierungsmöglichkeiten zugleich zu Hilfe kommen, ist meist mit einem Schritt nach vorn, das heißt in diesem Falle nach rückwärts in der Zeit, zu rechnen.

So geschehen zwischen 1977 und 1985 in Niederbayern. Dort war 1977 gerade die Luftbildarchäologie eingeführt worden, als Suchflieger Christlein die Entdeckung der größten niederbayerischen Kreisanlage von Künzing-Unterberg bei Vilshofen glückte. Bis 1980 folgte per Flugzeug die Entdeckung weiterer fünf benachbarter Anlagen gleichen Typs. Doch die Auswertung der Luftbilder für präzise Aussagen über Struktur und Alter dieser zunächst als »keltisch« eingestuften Kreisanlagen war begrenzt. Das ebenfalls gerade rechtzeitig entwickelte Verfahren der magnetischen Prospektion bot Hilfe. Mit der geodätischen Auswertung wurde Professor Becker von der TU in München betraut. Dessen Ergebnis lag 1988 vor. Es war eine Sensation.

Alle sechs Anlagen zwischen Landau an der Isar und Osterhofen an der Donau liegen in einer Perspektivflucht, die genau von Ost nach West verlief, die Torbauten lagen exakt auf einer Linie mit dem Azimut 127°. Das entspricht zum Zeitpunkt der Entstehung der Kreisanlagen der Peilung des Sonnenaufgangs der Wintersonnenwende mit 127,6°. Die steinzeitliche Messung lag in einer selbst nach heutigen Möglichkeiten der Fixierung verschwindend kleinen Abweichung von 0,6°. Bei den Rettungsgrabungen von 1985 wurden erstmals mit Hilfe der Magnetprospektion Reihen von Holzpfosten sichtbar, die auf einige Jahre genau datiert werden konnten. Das Alter betrug rund siebentausenddreihundert Jahre.

Damit waren die niederbayerischen Ringanlagen ins Rampenlicht der Weltöffentlichkeit gerückt, waren es doch die größten und mit Abstand ältesten monumentalen Sonnenkalender der Welt. Das war Sensation genug.

Mich interessierte aber der niederbayerische Fund aus zwei Gründen, wegen des Alters der Anlage und wegen ihrer Aufreihung zu einer Art neolithischer »Sonnenstraße« in Ostwestrichtung. Aus purer Neugier maß ich den Breitengrad dieser mittelneolithischen »Sonnenstraße« nach: Er lag zwischen 48° 40' und 48° 42'. War das nicht minutengenau der Ausgangspunkt der bretonisch-elsässischen Sternenstraße erster Ordnung (48° 41')? Chartres liegt auf 48° 26' und Saint-Odile im Elsaß auf 48° 28'.

Die leichte Vernordung der niederbayerischen Trasse liegt innerhalb der von Kaminski erarbeiteten Toleranzabweichung und ist topographisch erklärbar durch den wichtigen frühgeschichtlichen Donau-Übergang zwischen Osterhofen und Niederaltaich. Beide damals strategisch wichtigen Punkte sind heute noch christlich besetzt, der eine durch eine regional bedeutende Wallfahrtskirche, der andere durch eines der ältesten Klöster Bayerns.

Wie schon die genaue Reihung der sechs niederbayerischen Kreisanlagen (Sonnenkalender, astral ausgerichtete Lage) kein Zufall sein kann, dürfte auch das Zusammenfallen des Breitengrades mit der französischen Sternenstraße eine Laune des Zufalls sein. Charpentier und Kaminski scheinen recht zu behalten. Das gilt auch für das bislang nur angenommene Alter dieser Einrichtungen: siebentausendfünfhundert Jahre.

Einen letzten ernstzunehmenden Hinweis auf die Theorie vorzeitlicher Sternenstraßen lieferte ebenso unfreiwillig eine andere Entdeckung. In einer archäologischen Fachzeitung fand ich den Hinweis auf einen ebenfalls bislang als einzigartig geltenden Fund in Württemberg: die als solche bezeichnete »keltische« Gräberstraße von Frickenhausen. Gräberstraßen in der vorgefundenen Form sind aus keltischer Zeit bislang nicht bekannt. Der Plan dieser Gräberstraße ist ihrem Geist nach megalithisch. Dreizehn gegenständig in Reihe gesetzte Grabhügel bilden diese Gräberstraße. An ihrem östlichen und nordöstlichen Ende stehen drei weitere, etwas größere Grabhügel. Die »Straße« verläuft hangwärts in Ostwestrichtung. In meinem Kopf nistete sich eine Vermutung ein. Ich beschloß ein Spiel.

Da in dem kurzen Fundbericht nur vom schwäbischen Frickenhausen die Rede war, beschloß ich, den Ort auf der Karte des süddeutschen Raums zu suchen. Der »schwäbische« Raum reicht aber vom Lech bis fast zum Oberrhein. Um die Suche einzuengen, beschloß ich, nur mal so, im Bereich des 48. Breitengrades zu beginnen. Und auf diesem Breitengrad (genau 48° 35') gab es tatsächlich ein Frickenhausen. Es war genau das gesuchte Frickenhausen mit der »einzigartigen keltischen« Gräberstraße.

Diese war vermutlich eine vorkeltische Sakral- oder Initiationsstraße. Anlage und Ausrichtung sind typisch megalithisch konzipiert. Wenn es noch eines schlagenden Beweises archäologischer Art für die Existenz der großen bretonisch-elsässischen Sternenstraße bedurft hätte, die Sicherung ihrer Fortführung über Schwaben und Niederbayern bis zur Donau dürfte alle Skeptiker in Beweisnot bringen.

Im übrigen hat Loos, völlig unabhängig von der Theorie der Sternenstraßen, den Landweg Kolumbans d. J. auf dem Kontinent nachgezeichnet und kommt zu dem Schluß: »Die Reise des Kolumban auf dem Festland bildete eine eigentümliche Linie. Von der Bretagne in die Vogesen. Dieser von Kolumban und seinen Brüdern im fränkischen Gebiet durchschrittene Weg streift überall die wichtigsten Gebiete, wo einst die Druidenpriester ihre Sonnenheiligtümer auf den Hügeln errichtet haben.«

Wenn aber im Falle einer sogenannten Sternenstraße der Vorzeit der archäologische Nachweis ihrer Existenz als weitgehend gesichert gelten kann, dann spricht auch grundsätzlich nichts gegen die Annahme weiterer solcher Sternenstraßen, wie zum Beispiel jener nach Galicien, nach Santiago de Compostela.

BUCH V

COMPOSTELA ODER: DER WAHRE JAKOB

1. SANTIAGO UND SEINE DOPPELTE STERNENSTRASSE

DIE AACHENER VORLAGE

Die Bischofsstadt Köln und die benachbarte Kaiserstadt Aachen waren beide hochfrequentierte Pilgerorte. Seinen Rang als christliche Wallfahrtsmetropole konnte Köln im Jahre 1164 erheblich steigern. Im Sommer jenes Jahres hatte Rainald von Dassel, Erzbischof von Köln und Kanzler Kaiser Barbarossas, mit ausdrücklicher Genehmigung seines Dienstherrn die Gebeine der Heiligen Drei Könige aus dem zerstörten Mailand nach Köln überführt.

Danach war die Rangfolge der zwei konkurrierenden Städte ins Ungleichgewicht geraten (vgl. Rom und Konstantinopel). Barbarossa zog für seine Hauptstadt nach. Auf dem Reichstag Weihnachten 1165 ließ er die in der Aachener Pfalzkapelle ruhenden Gebeine Karls des Großen heben, neu im Chor plazieren und den Ahnherrn aller mittelalterlichen christlichen Kaiser der germanischen Linie heiligsprechen. Am 8. Januar 1166 folgte die offizielle schriftliche Sanktionierung des Staatsaktes. Der politische Hintergrund für die gegen Rom gerichtete Reichsideologie ist bekannt. In religiöser Hinsicht war das Gleichgewicht mit Köln wiederhergestellt: Den ersten weltlichen Königen, die Christus bei seiner Geburt gehuldigt haben sollen, wurde der erste christliche Kaiser germanischer Nation gegenübergestellt.

Im Jahre 1200 gaben die Domkanoniker von Aachen bei einem einheimischen Goldschmied ein riesiges, fast zwei Meter langes Reliquiar zur neuen, prunkvolleren Aufbewahrung der Gebeine des hl. Karl in Auftrag. Gerade rechtzeitig zur Kaiserkrönung des »Kint von Pülle«, Friedrichs II. von Hohenstaufen, im Jahre 1215 war der Reliquienschrein fertig geworden, so daß der neugeweihte Caesar noch während der Einweihungsfeier höchst bedeutsam die letzten drei Nägel eigenhändig einschlagen konnte. Die Inschrift, die eigentlich für den letzten der sechzehn symbolisch abgebildeten Nachfolger Kaiser Karls des Großen, nämlich für Otto IV., vorgesehen war, blieb somit noch für Friedrich II. frei. Schicksalhaft sollte tatsächlich dieser Staufer der letzte mittelalterliche Kaiser in Nachfolge des großen Karl bleiben.

Der Aachener Karlsschrein bildet im kleinen eine spitzgieblige, querhauslose Saalkirche nach. Ihre Frontseite dominiert Karl der Große, assistiert von Papst Leo III. und Erzbischof Turpin von Reims. In den beidseitig acht Außennischen des Langhauses thronen die sechzehn Nachfolger Karls des Großen.

Die Dachschräge setzt sich aus jeweils vier zirka 25 mal 35 Zentimeter messenden, vergoldeten Kupferplatten zusammen, auf denen in Reliefs acht Episoden aus dem Leben des hl. Karl erzählt werden. Auf einer der vier Bildplatten der linken Seite wird die durch das 4. Buch des *Codex Calixtinus* offiziell gewordene Geschichte von der Wallfahrt Karls nach Santiago zitiert, genauer sein Traum, in dem ihn Christus persönlich auffordert: »Karl, steh auf und komm zu mir nach Galicien.« In der rechten Reliefhälfte sieht man Karl aus einem Palastfenster auf eine Landschaft schauen, über der eine doppelte Reihe von Sternen den Weg anzeigt.

Diese berühmteste aller hochmittelalterlichen Darstellungen einer doppelten Sternenstraße, die den Weg zum Jakobs-Grab im fernen Galicien weist, hat Charpentier bei seiner Suche nach Zeugnissen dieser Sternenstraße als Ausgangspunkt bzw. Beleg für die Richtigkeit seiner »auf Erden« gefundenen doppelten Sternenstraße genommen. Sie allein würde ausreichen zu zeigen, daß noch zu Beginn des 13. Jahrhunderts die Idee von einer solchen Sternenstraße nach Compostela einer realen Vorstellung entsprach.

Doch gerade im *Codex Calixtinus (Liber Scti. Jacobi)* selbst haben wir am Ende des dritten Buches schon eine Abbildung, die von der Langlebigkeit der Sternenstraße beredt Zeugnis ablegt. Diese Illustration zeigt gleichfalls Karl den Großen in seinem Bett, Schriftrollen studierend und mit der ausgestreckten rechten Hand auf eine doppelte Sternenreihe hinweisend, die über dem Dach des Palastes am Himmel erscheint. Möglicherweise diente diese bislang älteste bekannte Abbildung der doppelten Sternenstraße im *Codex Calixtinus* sogar als direkte ikonographische Vorlage für den Aachener Karlsschrein. Es scheint aber fast ausgeschlossen, daß die beiden prominenten Beispiele die einzigen Darstellungen dieser Art im hohen Mittelalter gewesen sein sollen, da die Vorstellung von einer doppelten Sternenstraße nachweisbar noch bis Ende des 15. Jahrhunderts lebendig war, wie das nächste Beispiel zeigen wird.

DÜRER UND DIE STERNENSTRASSE

GERSON ALS PILGER: Ein anonymer Holzschnitt, gedruckt 1489 bei Georg Stucks in Nürnberg, zeigt Jean Charlier de Gerson als Pilger. Gerson (1363–1429) war seit 1395 Kanzler der Sorbonne und einer der angesehensten Theologen seiner Zeit. Sein Hauptaugenmerk galt der gefährdeten Einheit des abendländischen Christentums. Weil er auf dem Reformkonzil von Konstanz (1414–1418) den Vorrang einer dem Papst übergeordneten Kirchenversammlung vertrat, geriet er unweigerlich in theologischen Widerspruch zu Rom. Dieser *doctor christianissimus*, der die letzten zehn Jahre seines Lebens in der Verbannung im Zölestinerkloster über Grenoble verbrachte, galt den gebildeten Christen der Nachfolgezeit als eine Art Märtyrer seines Glaubens, seiner Standhaftigkeit und Lauterkeit, ein inoffizieller Heiliger der Intellektuellen.

Auf dem anonymen Holzschnitt von 1489 erscheint Gerson als Pilger in einer idealisierten Landschaft mit Hügeln, Bäumen, Wasser und einer Stadt im Hintergrund. Er selbst ist durch Stab, breitkrempigen Schlapphut, Wasserflasche und Pelerine eindeutig als Pilger kenntlich gemacht. Das Emblem auf der hochgesteckten vorderen Hutkrempe ist eine Blume, keine Muschel. Begleitet wird Gerson von einem Hund. Links von ihm wächst isoliert eine Lilie. Im Zentrum der Figur und des Bildes hält Gerson ein seltsames Wappen, das offensichtlich die Hauptbotschaft des Holzschnittes vermittelt. Zentrale Plazierung, Größe und Emblematik lassen in dem Wappen das Zeichen einer geheimen Bruderschaft vermuten.

Nur fünf Jahre später schafft Albrecht Dürer am Ende seiner Wanderschaft am Oberrhein für einen unbekannten Auftraggeber einen Holzschnitt mit gleichem Thema und Inhalt: Gerson als Pilger. Die Hintergrundlandschaft ist formal identisch mit dem anonymen Holzschnitt. Die Hauptgruppe aber aus Pilger, Hund und Liliengewächs erscheint bei Dürer seitenverkehrt. Wasserflasche und Emblem auf der Hutkrempe sind weggelassen. Dafür erscheint ein schemenhaft mit der Umgebung verschmelzender und vorangehender Schutzengel. Kernstück des Dürerschen Gerson ist aber auch hier das geheimnisvolle Wappen geblieben.

WARUM IST DÜRERS »GERSON« EIN JAKOBS-PILGER?: Obwohl auf dem anonymen Holzschnitt der Pilger ein Rosenemblem (?) zeigt und bei Dürer jegliche Pilgeremblematik fehlt, ist Gerson in beiden Fällen eindeutig als Jakobs-Pilger gezeichnet. Dies geht aus drei unverändert gebliebenen Details hervor: dem Wappen, dem Hund und der Stabform.

Das Wappen besteht kompositorisch aus zwei Elementen, einer horizontalen Rahmung und einer vertikalen Bedeutungsachse. Letztere besteht von oben nach unten gelesen aus einem Stern, der Sonne, einem geflügelten Herzen mit Tau-Zeichen und einem nach unten gekehrten Mond. Über die inhaltliche Aussage dieser gewiß für den Holzschnitt bedeutsamen Ikonographie will ich nicht spekulieren. Selbst Bashir-Hecht gelingt meines Erachtens keine überzeugende Erklärung dieses »Geheimzeichens«.

Mich interessiert die horizontale Rahmung, die aus einer doppelten Sternenreihe besteht. Oben schließen drei Sterne in Folge das Wappen ab. In die untere, der Erde nähere Sternenreihe wurde der Mond als wesentliches Gestirn des Nachthimmels eingereiht. In bezug auf die vertikale Aussage scheint der mit dem Gesicht nach unten gekehrte Mond eine besondere Rolle zu spielen. Das Wappen wird also eingerahmt von einer doppelten Gestirnsreihe. Der doppelte Sternenweg ist nach meiner bisherigen Erkenntnis allein dem galicischen zugeordnet.

Die doppelte Sternenstraße stand auch für Milchstraße. Am europäischen Sternenhimmel erscheint sie in südwestlicher Richtung verlaufend, das ist die Richtung nach Galicien. Dieses liegt am westlichen Ende der damals bekannten Welt *(finis terrae)*, wo auch die Milchstraße am Horizont verschwindet. Innerhalb der Milchstraße liegen auch die drei Sternbilder Orion sowie Großer und Kleiner Hund im Gefolge des himmlischen Jägers. Beide Sternbilder des Hundes gehören zum sommerlichen Nachthimmel.

Die Hauptfeierlichkeiten für Jakobus fallen auf den 25. Juli. Ursprünglich galt Ende Dezember als Festtag des hl. Jakobus. Da aber im Mittelalter Jakobus d. Ä., der Sohn des Zebedäus, und der Herrenbruder Jakobus oft verwechselt wurden und das Datum zu nahe am Geburtstag des Herrn gelegen war, soll der Hauptfeiertag des Jakobus d. Ä. auf Drängen Roms auf den 25. Juli verlegt worden sein. Aus touristischer Sicht, genauer unter dem Aspekt der überregiona-

Albrecht Dürer, *Gerson als Pilger*. Holzschnitt, 1494.

len Großen Wallfahrt des Mittelalters, wäre das auch die bessere Reisezeit. Doch beide Argumente treffen nicht zu für die Festlegung des Jakobus-Tages auf den 25. Juli.

Der Orion ist eines der lichtstärksten Sterngebilde an unserem Nachthimmel. In seinem Gefolge erscheinen im Sommer seine Hunde. Im Großen Hund strahlt der Sirius oder Hundsstern. Er ist der für das bloße Auge leuchtendste und damit auffälligste Stern am Nachthimmel. Mit seinem Aufgang am 23. Juli beginnt die heißeste Zeit des Jahres, die sogenannten Hundstage, genannt nach dem Hundsstern.

Das Jakobus-Jubiläum fällt aber fast auf den Tag genau zusammen mit dem ersten Auftauchen des Sirius am Sommerhimmel. Wer also der Milchstraße, besonders im Sommer dem Hundsstern, folgt, kommt sternengeleitet nach Galicien, zum Grab des Apostels. Der himmlische Begleiter des Jakobs-Pilgers ist demnach der Hundsstern. In Tierform dargestellt bedeutet also der Hund als Begleiter Gersons den Sirius. Gerson ist demnach ein Jakobs-Pilger.

Der Wanderstab Gersons ist mehr als eine Fortbewegungshilfe. Kaminski hat zig Abbildungen von Pilgerstäben gesammelt und vermessen und dabei festgestellt, daß das Verhältnis von Griff- zu Gesamtlänge fast durchgehend konstant ist. Etwa zur Entstehungszeit der beiden Holzschnitte (1490) hat der Benediktinermönch Basilius Valentius ein gebräuchliches Meßgerät bzw. eine bestimmte Form der Wünschelrute beschrieben, die er *caduceus*, Heroldsstab, Weissagungsrute oder Jakobs-Stab (!), bezeichnete.

Pennick berichtet, daß mittelalterliche Navigatoren und Landvermesser ein Instrument benutzten, das *baculum* oder Jakobs-Stab hieß und das aus der *Dioptra*, einer armbrustförmigen Mechanik mit Kimme und Korn, abgeleitet worden sein soll. Schließlich zeigt das Sternbild des Orion in seiner Mitte eine auffällige Konstellation von drei in dichter Reihe stehenden hellen Sternen, die als Gürtel des Orion oder Jakobs-Stab bezeichnet wird. Diese leicht am Sternenhimmel auszumachende, fixe Anordnung diente offensichtlich schon früh, zum Beispiel in Ägypten, den Astronomen als Maßstab.

Wie auch immer, der sogenannte Jakobs-Stab war wohl, lange bevor er für Abertausende »unwissende« Pilger zur bequemen Gehhilfe wurde, eine Art Meßlatte und Erkennungszeichen für Eingeweihte und Wissende. Der Pilger Gerson gehörte zu dieser Kategorie

Der hl. Gerson als Pilger. Holzschnitt aus dem Dürer-Umkreis.

der Wissenden. Sein Jakobs-Stab weist ihn ebenfalls als Santiago-Pilger aus.

Die auf beiden Holzschnitten offensichtlich unverzichtbare Lilie soll auch zur alten Symbolik der vorchristlichen Initiationsstraße gehören. Sie sei eine Christianisierung des Gansfußes in Blumenform und als solche zum heraldischen Emblem geworden. Doch diese Lesart ist wohl schwer beweisbar.

DAS »GANS-SPIEL«

Apropos Gans: Der Spanier Rafael Alarcon Herrera hat ein für den galicischen Sternenweg recht interessantes Würfelspiel entdeckt, das sogenannte »Initiationsspiel der Gans«. Es soll uralten Ursprungs sein und in der Zeit Philipps II. Eingang in breitere Volksschichten gefunden haben. Es besteht aus einem Spielfeld, auf dem in spiralförmiger Anordnung dreiundsechzig Häuschen verteilt sind. Das Ziel oder der Mittelpunkt der Spirale, das vierundsechzigste Feld, ist nicht mehr numeriert. Die Ziffern des Spielfeldes sechs und drei ergeben in der Quersumme die Zahl neun. Das Ziel, die Nummer vierundsechzig des Weges, ergibt die in der Zahlenmystik höchst bedeutsame Zahl zehn. Diese besteht aus den Ziffern eins und null, also Etwas und Nichts, oder in Yin und Yang ausgedrückt: männliches und weibliches Prinzip. Auf dem Weg zum Ziel sind dreizehn Häuschen mit einer Gans besetzt, das dreizehnte fällt mit dem vierundsechzigsten Feld in der Mitte der Spirale zusammen, das heißt, es gibt zwölf mit einer Gans besetzte Fixpunkte und einen dreizehnten, der mit dem eigentlichen Ziel zusammenfällt.

Im zweiten Kapitel des Compostelaner *Pilgerführers* heißt es: »Vom Paß Cise bis Santiago sind es dreizehn Etappen« *(A portibus vero Cisereis usque ad Sanctum Jacobum tredecim diete habentur)*. Die einzelnen Etappen sind genau benannt: Viscarret, Pamplona, Estella, Najera, Burgos, Fromista, Sahagun, León, Rabanal del Camino, Villafranca, Triacastela, Palas und Santiago. Allen Jakobs-Forschern ist sehr schnell aufgefallen, daß die vorgezeichneten Etappen nicht identisch sein können mit normalen Tagesmarscheinheiten. Einige wollten blauäugig die längeren Etappen damit begründen, daß diese mit Pferd vorgesehen waren. Eine solche Begründung der unterschiedlichen Etappenlängen kann nicht ernst genommen werden.

Wenn der galicische Sternenweg tatsächlich ein vorzeitlicher Initiationsweg war, dann können die verschiedenen Etappenentfernungen nur mit dem Etappenort selbst in Verbindung stehen. Dort waren wichtige Initiationsorte, an denen bestimmte Arten oder Grade der Einweihung stattfanden. Diese Orte waren nach geomantischen Gesichtspunkten, nicht nach zufälligen Weglängen, festgelegt. Die häufigen Lug- und Gansnamen entlang dieser Initiationsstraße geben da gewiß plausiblere Hinweise. Das im 16. Jahrhundert volkstümlich gewordene initiatorische Gans-Spiel vermittelt einen späten Nachhall davon. Womit wir bei einer anderen auffälligen Häufung längs des Camino wären.

2. DAS PROBLEM DER SOGENANNTEN EREMITEN

Bei meinen Klosterstudien entlang des Pilgerweges in Spanien mußte ich zwei merkwürdige Entdeckungen machen. Bei der Betrachtung detaillierter Nordspanienkarten zeigte sich eine auffällige Häufung von *ermitas* (Einsiedeleien, Eremitagen) längs der galicischen Sternenstraße. Eine solche signifikante Konzentration von Einsiedeleien entlang eines bestimmten Breitengrades ist nirgends sonst auf europäischen Karten zu finden. Nach kirchlicher Auskunft handelt es sich dabei großteils um nachmittelalterliche Gründungen, und *ermita* bedeute im Spanischen nicht Einsiedelei, sondern Kloster. Doch diese halboffizielle Auskunft ist objektiv falsch.

Denn mir war beim Studium der Geschichte der wichtigsten Klöster entlang des Camino aufgefallen, daß alle diese Klöster, angefangen mit San Juan de la Peña über Leyre, Santa Maria la Real in Najera, San Millan de Cogolla, San Torribio de Liebana, Santo Domingo de Silos, Samos, San Pedro de Rocas, Oseira oder Punxin, an der Stelle einer ehemaligen Einsiedelei gegründet worden waren. Erst bei den meisten Klostergründungen des 12. und 13. Jahrhunderts, die andere Zielvorgaben (Zisterzienser, Dominikaner etc.) hatten, verliert sich diese Tradition.

Wer waren diese Eremiten? Welcher Art war ihre Religion? Welche Aufgabe erfüllten sie? Wie alt war ihre Tradition?

Schon auf dem VIII. Kongreß für christliche Archäologie in Barcelona (1969) wurde die Frage nach diesen Eremiten aufgeworfen – ohne befriedigende Antwort bis heute. Nehmen wir deshalb zwei prominente frühmittelalterliche Beispiele aus Frankreich und England zu Hilfe.

Im westlichen Rhône-Delta, an einem schiffbaren Nebenarm des Hauptstromes (Petit Rhône), erheben sich noch heute die ehrfurchtgebietenden Reste der einst mächtigen Abtei Saint-Gilles (hl. Ägidius). Die Legende bringt den Gründer der Abtei namentlich mit dem westgotischen König Wamba (gest. 680) in Verbindung.

Der hl. Ägidius war ein Eremit, der sich in die Einsamkeit des

Rhône-Deltas zurückgezogen hatte. Eine von Gott gesandte Hindin ernährte ihn. Die Kunde seiner Heiligkeit und seiner Wunderwirksamkeit hatte sich bald herumgesprochen. Die vor den Jägern des Königs fliehende Hindin brachte diese zur Einsiedelei des heiligen Anachoreten. Der König selbst veranlaßte daraufhin die Gründung eines Klosters mit Ägidius als erstem Abt. Ägidius selbst sei ein gelehrter Mann gewesen, der aus Griechenland hierhergezogen sei. Die Legende ist geradezu ein klassischer Fall für frühmittelalterliche Hagiographie.

Ein weiser, zurückgezogen lebender heiliger Eremit, der im Einklang mit der Natur lebt (Wasser, Höhle, Hindin) und Wunder wirken kann (Kenntnis der Heilkunde), wird von einem christlichen König dafür gewonnen, ein Kloster zu gründen. Weil er Griechisch beherrscht (druidische Ausbildung), konstruiert die Legende eine griechische Herkunft. Die Angaben sprechen für sich. Ein weiser, hochgebildeter und heiliger Mann (Druide?) wird für das Christentum gewonnen.

Daß sich ausgerechnet in der stark romanisierten südlichen Gallia ein solcher Vorgang noch im 7. Jahrhundert abspielen konnte, wirft erneut ein verräterisches Licht auf die oberflächliche Christianisierung in weniger dicht besiedelten oder ländlichen Gebieten. Selbst im hohen Herrschaftsbereich, zum Beispiel am merowingischen Königshof, hatte sich das Christentum nur marginal eingewurzelt, wie der Bericht des Fredegar *(Chronicarum quae dicuntur Fredegarii Scholastici)* über König Dagobert I. (gest. 639) zeigt. Fredegar bezichtigt den König als »Sklaven der Unenthaltsamkeit«, der »drei Königinnen und ein Heer von Konkubinen« an seinem Hof hätte.

Das zweite geläufige Beispiel führt uns nach England, nach Glastonbury, wo im 8. Jahrhundert ein »christlicher« Eremit namens Collen das altehrwürdige Heiligtum auf dem Glastonbury Tor besetzt und in ein Michaels-Heiligtum verwandelt. Ohne großes Ansehen bei der Bevölkerung hätte wohl auch dieser »Eremit«, vermutlich aus dem Druidenstand, dieses Erzheiligtum nicht so widerspruchslos in ein christliches überführen können. Man denke auch an die ausdrückliche Anweisung Gregors des Großen »in der englischen Angelegenheit«. Außerdem wissen wir von dem Beispiel Irland, daß dort die frühe und rasche Christianisierung nur möglich war durch den relativ geschlossenen Übertritt der Druidenklasse.

Das Fortleben vorchristlicher Muster und Rituale reicht bis ins späte Mittelalter. 1973 fand in der Bibliothèque Nationale in Paris eine Ausstellung zum Thema Hexen *(Les sorcières)* statt. Im wissenschaftlichen Begleittext schreibt Dennery:

»Viele mittelalterliche Hexenrituale waren das Erbe einer weit zurückreichenden Vergangenheit. Ein riesiger Fundus von sehr alten Glaubensvorstellungen scheint auf dem Lande das Heidenzeitalter überdauert zu haben... Bis ins 13. Jahrhundert waren die Hexen kaum verfolgt worden. Im Gegenteil, auf den Dörfern waren sie ausdrücklich zugelassen als Heilkundige, und die Bauern frequentierten sie mit ihren Nöten.«

Die Geburtsstunde einer sogenannten häretischen Hexerei sei letztlich der jahrhundertelang praktizierten Koexistenz mit überlebenden, schwer durchschaubaren vorchristlichen Glaubenshaltungen beim einfachen Volk zu verdanken.

Die männlichen »Weisen« wurden als Klostergründer oder Priester in den Schoß der Kirche aufgenommen. Die weiblichen Druiden lebten als »Weise Frauen« ihre anerkannte soziale Funktion bis ins späte Mittelalter weiter. Als die »Weisen Frauen« mit ihrem Erfolg und Zulauf von den sich an den kirchlich beaufsichtigten neuen Universitäten konzentrierten männlichen Kollegen als störende Konkurrenz empfunden wurden, schlug die Stunde der sogenannten Hexenverfolgungen.

Zurück nach Nordspanien. In einem schwach bevölkerten und kaum christianisierten Landesteil wie dem äußersten Nordwesten der Iberischen Halbinsel war das Fortleben vorchristlicher Glaubensvorstellungen und Rituale mit Sicherheit gegeben. Wenn sich noch bis zum Ende des 15. Jahrhunderts nachweislich die Vorstellung einer galicischen Sternenstraße sogar in Intellektuellenkreisen erhalten hat, um wieviel mehr muß ihre reale Umsetzung in konkreten Frömmigkeitsäußerungen der nordspanischen Bevölkerung fortgelebt haben.

Die durch nichts wegzudiskutierende auffällige Häufung von Einsiedeleien längs des spanischen Pilgerwegs kann weder purer Zufall sein noch mit christlichen Traditionen erklärt werden. Die episkopale Kirche hatte ja mit erheblichem Erfolg gerade das anachoretische Mönchtum ausgetilgt, nicht zuletzt mit der Sekundanz des benediktinischen Mönchtums ab dem 11. Jahrhundert.

Die als sehr wahrscheinlich erwiesene Existenz einer solchen prähistorischen Sternenstraße als Initiationsstraße, die Häufung der Lug-Orte und Gans-Zeichen bzw. -Namen und die Dichte der Einsiedeleien – vor dem 12. Jahrhundert fast ausschließlich Kristallisationskerne christlicher Klostergründungen –, alles zusammen erlaubt beim gegenwärtigen Wissensstand nur eine vorläufige Schlußfolgerung: Die sogenannten »Eremiten« waren direkte Nachfahren vorchristlicher »weiser« Männer oder Eingeweihter, die entlang dieser Sternenstraße ihren Sitz hatten und deren anerkannte Funktion bis ins hohe Mittelalter gesucht und bewundert wurde.

Welcher Art ihre »Kunst« war, die ihr Fortleben zum Teil bis in die Neuzeit ermöglichte (in Einzelfällen sicher auch schon in christlichem Kleid), wissen wir nicht. Zu vermuten sind vor allem technische und praktische Künste: Steinbearbeitung, Brückenbau, Himmels- und Sternenkunde, Weissagung, Heilkunst u. v. m. An bestimmten Stellen dieses Initiationsweges fanden sich Zentren, die zusammenfallen mit den Stationen des Gans-Spieles und den Hauptetappenorten des Camino. Im Detail sind wir auf Vermutungen angewiesen. Vieles muß als hypothetisch betrachtet werden. Doch alle oben angeführten Fakten werden wohl nur schwer »katholisch« erklärt werden können.

In der hochmittelalterlichen Konzeption der Jakobs-Straßen waren diese gut erkennbar auch als Initiationswege angelegt und gegliedert. Die Etappenorte folgten christianisierten Heiligtümern. »Der Jakobs-Weg ist vor allem ein heiliger Weg, dessen Angelpunkte Reliquien und andere sterbliche Reste von Heiligen darstellten.« (Caucci) Der *Pilgerführer* schreibt dies mit seiner Forderung »visitandum est« ausdrücklich vor. Auch Oursel bestätigt, »daß die Heiligtümer und die sterblichen Reste von Heiligen längs des Pilgerweges integrale Bestandteile dieses heiligen Pfades« seien, »unerläßliche Elemente für die Pilgerfahrt an sich und für die spirituelle Weiterentwicklung«. Das trifft sich formideal mit dem Anliegen der Erfinder des Sternenweges. Dieser war später als Lug-Weg auch ein Sonnenweg, und »in das Wesen der Sonne (des Lichts) einzudringen war das Bestreben der alten Druidenweisheit« (Loos).

Auch das mittelalterliche Pilgerwesen war ritualisiert. Vor dem Aufbruch mußte der Pilger beichten – rein werden. Ebenso entsprach die Einkleidung *(investitio)* und Verabschiedung den Ritualen einer Initiation. Außerdem wurden die Pilger mit besonderen

Rechten ausgestattet und den Eremiten gleichgestellt. Nach Wilhelm von Hirsau (11. Jahrhundert) bildeten Pilger und Eremiten zusammen den fünften Orden der Kirche. Dem Eintritt ins Kloster ging als initiatorischer Schritt oft eine Pilgerfahrt voraus.

3. DER *LOCUS SANCTUS*

AM ZIEL

Hat der schon des langen Weges müde gewordene fromme Wanderer die letzte schwere Hürde, den 1109 Meter hohen Paß von Cerbeiro in der südlichen Cordillera Cantabrica überschritten, begleitet seine schweren Schritte ab Triacastela das selbst im heißesten Sommer angenehme und immergrüne Hügelland Galiciens. Nach dem letzten offiziellen Etappenort Palas del Rey kann er, wenn er dafür Augen hat, die ersten monumentalen Megalithbauten bei Melide bestaunen. Seinen letzten Halt macht der Pilger aber in Labacolla. Von hier bis zur Puerta del Camino sind es nur noch reichlich sechs Kilometer Wegstrecke. Der Ortsname fordert sozusagen zum Halswaschen auf. Mit anderen Worten, hier soll sich der verdreckte Pilger von den Spuren seiner langen Wanderschaft befreien, erholen und frisch machen.

Von Labacolla führt nach wenigen Schritten vom Ortsende sein Weg über die Anhöhe Monxoi oder Monte del Gozo (frz. *montjoie*). Zu deutsch heißt das Jubelberg, Berg der Freuden, weil man von hier zum erstenmal das Ziel greifbar vor Augen hat, die Jakobs-Kathedrale. Hier starb überraschend im Anblick Santiagos am Karfreitag des Jahres 1137 Herzog Wilhelm X. von Aquitanien auf seiner Bußpilgerfahrt.

Keine Stunde dauert es mehr, bis der fromme Wanderer über die Calle de los Concheiros und die Rua de S. Pedro an der Mauer der heiligen Stadt Compostela anlangt. Nur wenige Schritte über die C. de Casas Reales, die C. de las Animas, die Plaza Cervantes, die C. Azabacheria und die Via Sacra trennen ihn vom Chorhaupt der Apostelkirche.

DIE VORJAKOBITISCHE ORTSWAHL UND IHRE GEOMANTIE

Nicht nur die letzten Ausgrabungen unter der Kathedrale haben eine vormittelalterliche Nutzung des Geländes ergeben. Auf dem Stadtgebiet sind längst megalithische Gräber gefunden worden. Der

Volksmund nennt diese Grabhügel wegen ihrer eindeutig erotischen Formen *mamoas* (Brüste). Eines der Stadttore heißt dementsprechend noch immer Puerta de mamoas. Am Fuße des Fernsehsenders im Nordwesten der Stadt steht nach wie vor aufrecht ein prähistorischer Menhir. Seine »feinstoffliche« Seite wendet sich in Richtung der heutigen Kathedrale. Nach Merz kreuzen sich unter diesem Menhir vier unterirdische Wasserläufe, die ergänzt werden durch vier Reizstreifen des Hartmanngitters.

Ebenfalls Merz und ihre Mitarbeiter haben auf Schulterhöhe der großen Jakobus-Figur auf dem Hochaltar, der ja genau über der Krypta steht, eine Strahlenemission von sensationeller Größenordnung, nämlich 23 000 E, gemessen. Eine solche extraordinäre Strahlung wurde bislang nur im Mithräum unter San Clemente in Rom festgestellt. Das heißt, Krypta und Hochaltar von Santiago stehen allem Anschein nach über einer *blind spring* von einer Strahlkraft, wie sie nirgendwo anders bislang bekannt ist.

Das Jakobus-Heiligtum in Galicien ist demnach ein ganz herausragender Ort der Kraft. Hochstrahlender Menhir, Dolmengruppe und *blind spring* unter den Ostteilen der Kathedrale ergeben zusammen ein von den megalithischen Geomanten bereits vor Tausenden von Jahren gestaltetes Verdichtungszentrum.

Im Chorumgang sind vor den Chormauern vierzehn Bodenplatten in schwarzer Farbe besonders hervorgehoben. Bei den Sanierungsarbeiten im Boden der Ostteile haben die Bauingenieure ein System von an der Chorachse gespiegelten jeweils sieben Wasserkanälen entdeckt, die fast deckungsgleich angelegt waren wie jene in Chartres. Die Kanalausgänge an den Kirchenaußenseiten decken sich genau mit den schwarzen Markierungssteinen im Chorumgang. Da aber der Baubeginn der romanischen Kathedrale von Santiago etwa hundert Jahre vor dem der gotischen Kathedrale von Chartres liegt, müßte das kunstvolle, hochsensible und eminent wirksame Kanalsystem zunächst am galicischen Bau verwirklicht worden sein.

Noch 1063 hatte sich der anonyme Begleiter des Petrus Damiani bei dessen Inspektionsreise durch Burgund besonders über das überall in den Klöstern fließende Wasser, sprich die Kunst der Wasserverteilung, ausgelassen. Lange hatte man die Herkunft der abendländischen Bewässerungskunst den Arabern in Europa zugeschrieben. Doch die Fälle Santiago und Chartres zeigen, daß sich diese Kunst in abendländischen Eingeweihtenkreisen aus eigenen und viel älteren Traditionen speist.

DER NAME COMPOSTELA

Bis ins 11. Jahrhundert hieß Santiago de Compostela allgemein nur der *locus sanctus* (heiliger Ort). Gelegentlich findet sich der Zusatz *sancti Jacobi.* Private Etymologien haben den Ortsnamen billigerweise von *campus stellae* (Sternenfeld) abgeleitet. Die einen sahen darin eine Bestätigung der Auffindungslegende, die von nächtlichen Lichtern (vgl. Bethlehem) berichtet, die anderen die mündliche Fortführung der alten Sternenstraße. Latinisten wollten gar den Namen von *compostum* für Gräberfeld oder Friedhof herleiten und sahen sich darin durch die archäologische Freilegung der frühmittelalterlichen Nekropole bekräftigt. Doch als man um die Mitte des 11. Jahrhunderts den Ortsnamen Compostela in den offiziellen Schriften annahm, bestand wohl keine archäologische Kenntnis von den seit dem 9. Jahrhundert überbauten Gräbern.

Die jüngste und allgemein anerkannte Etymologie des Ortsnamens sieht mit einiger Begründung den Ursprung des Wortes in *compositum tellus.* Damit war man gleichzeitig die lästige Verbindung mit Sternenfeld und dessen innerer Verwandtschaft zur vorchristlichen Sternenstraße los – hatte man zumindest in kirchlichen Gelehrtenkreisen gehofft.

Doch *compositum tellus* heißt wörtlich »geordnetes Land, gestaltete Landschaft«. Gerade mit dieser wörtlichen Bedeutung haben wir unübersehbar das Grundprinzip der Geomantie vor uns, sozusagen das Urprinzip der geomantischen Architektur. Menhir, Dolmen und rituell genutzte *blind spring* und ihre unmittelbare megalithische Umgebung sind, sich gegenseitig positiv verstärkend, zu einer sakralen Ordnung gebracht, in einen Ort der Kraft umgewandelt.

Daß die Zuordnung dieser megalithischen Elemente willkürlich und reiner Zufall sein und daß dieser Ort der Kraft keine vorchristliche sakrale Nutzung erfahren haben soll, scheint völlig absurd. Compostela, »die geordnete Landschaft«, war gleichermaßen wie Chartres oder andere bekannte Beispiele ein vorchristliches Kultzentrum, dessen Natur bis zur islamischen Invasion bei den Ortsansässigen bekannt war.

4. DIE LEGENDE NEU BETRACHTET

DIE QUELLEN

Plötz hat in seiner schon mehrfach zitierten Arbeit nicht nur einen über die Maßen wertvollen Beitrag zur Jakobs-Forschung geleistet, er hat sich darüber hinaus nicht nur darauf beschränkt, die wichtigsten Schriftzeugnisse zur Legende von der mirakulösen Überführung der Gebeine des hl. Jakobus von Palästina nach Galicien und zur Erfindung des Grabes aufzuspüren, sondern er hat diese zugleich in vollem Wortlaut abgedruckt. Damit hat er allen nachfolgenden Jakobs-Forschern aufwendige Reisen und organisatorische Kalamitäten erspart. Der Dank aller Kollegen ist ihm dafür gewiß.

Die sechs wichtigsten Schriftzeugnisse (in der Folge zitiert mit Q plus Ziffer) sind nach Plötz:

Q 1: die späte Abschrift der Narratio aus der *Concordia de Antealtares* vom 17. August 1077 (mit Berufung auf einen sogenannten Brief eines Bischofs / Papstes Leo);

Q 2: die möglicherweise älteste erhaltene Abschrift der sogenannten *epistula Leonis* aus Saint-Martial in Limoges (Ende 11. Jahrhundert);

Q 3: eine zweite Redaktion der *epistula Leonis* aus dem 12. Jahrhundert, heute im Escorial;

Q 4: eine dritte Redaktion der *epistula Leonis*, jene im *Codex Calixtinus* (zwischen 1130 und 1150);

Q 5: eine vierte Redaktion der *epistula Leonis* vom 11.–13. Jahrhundert, heute in der Biblioteca Casanatensis;

Q 6: die sogenannte Translation von St. Peter von Gemblours, heute in der Nationalbibliothek von Brüssel. Nach Duchesne ist dies die älteste erhaltene Version. Nach anderen Forschern stammt sie aus dem 12. Jahrhundert. Mögen auch eventuelle textkritische Argumente für eine spätere Abfassung sprechen, so stimme ich Duchesne insofern zu, als sie vom wiedergegebenen Inhalt her die wahrscheinlich älteste Fassung darstellt. Dies schon aus dem Grund, weil sie die ausführlichste Version ist und Sachzusammenhänge kennt, Namen nennt und topographische Angaben macht, die in den anderen Redaktionen nur teilweise oder unvollständig erscheinen. Der Verfasser der *Translatio* von Gemblours ist der am umfassendsten Informierte und Informierende.

Plötz plädiert für eine all diesen Fassungen zugrundeliegende Urfassung, die schon um die Mitte des 9. Jahrhunderts vorgelegen haben soll. Dies ist grundsätzlich vorstellbar, hat aber Konsequenzen für den Inhalt der späteren Fassungen. Nehmen wir bevorzugt die Gemblourssche Version mit ihren konkreten, zum Teil sogar nachvollziehbaren Angaben als die dem Original am nächsten kommende, dann müßte gerade wegen der dortigen konkreten Angaben der Verfasser vor Ort zu suchen sein.

Das einzige Kloster in der Mitte des 9. Jahrhunderts in Galicien, das ein eigenes Interesse an der Verbreitung der Jakobs-Legende und zugleich schreibfähige Mönche gehabt und darüber hinaus die nötigen Ortskenntnisse für eine glaubwürdige Konstruktion der Translationsdetails besessen haben dürfte, ist wohl S. Pelayo de Antealtares gewesen. Allein dort sind meines Erachtens Verfasser und Aufbewahrungsort der Urschrift zu suchen.

Aus den besagten Namens- und Ortsangaben ist aber gleichfalls zu folgern, daß der Schreiber der Gemblourschen Version seinen Text mit Orts- und Zeitabstand, also fern von Santiago de Compostela zusammengestellt hat, weil doch viele Angaben im Kontext des Handlungsablaufes nicht mehr vor Ort nachvollziehbar sind, oder anders ausgedrückt, der Verfasser kannte nicht mehr vom Augenschein her die topographischen Gegebenheiten. Wegen dieses nicht unbeträchtlichen Mankos bleibt beim gegenwärtigen Quellenstand nur noch die Befragung der einzelnen Namen und Ortsangaben. Dennoch reicht dies aus, um in Verbindung mit den bislang bekannten Fakten zur Situation bis 850 die Legende neu zu betrachten.

LICHTER, STIERE UND EIN DRACHE

In der Narratio der *Concordia de Antealtares* ist von Lichtern *(sacri luminaribus)* die Rede, welche einige Gläubige der nahegelegenen Pfarre S. Feliz de Solobio über der Stelle des Grabes gesehen haben wollen. Das hat ganz und gar nichts »Wunderbares« an sich. Wenn die Messungen der Mitarbeiter vom Institut für geobiologische Forschung in Chardonne zuverlässig sind, und daran zu zweifeln besteht zunächst kein Anlaß, dann ist über der vermuteten *blind spring* von Compostela eine ganz enorme Spannung aufgebaut. Unter bestimmten atmosphärischen Bedingungen können sich solche Spannungen entladen, sprich geheimnisvolle Lichter erzeugen.

Weiter ist die Rede (Q 6) von Ochsen (buoes; vielleicht sind allgemein Rinder gemeint), die auf dem Berg Illicinus (Berg der Steineichen) weideten. Das Kreuzzeichen soll sie gebändigt haben, und gezähmt hätten sie dann freiwillig den Leichnam des Apostels dorthin gebracht, wohin sie wollten *(veluti ingarios cum mansuetudine ilos eduxerunt quocumque volerunt. Deinde reversi sunt ad mulierem Luporiam)*. Die gezähmten Horntiere führten den Leichnam vom *mons Illicinus* also von sich aus zurück zum Heiligtum der Lupa, d. i. nach Compostela.

Wir erinnern uns an die von Augustinus erzählte Geschichte von den Kühen und der Bundeslade. Aus der griechischen Mythologie kennen wir den Fall des Königs Kadmos, dem ebenfalls eine Kuh den Platz für die Gründung von Theben angezeigt hatte. Bei Abu Mina waren es ein oder zwei Kamele, die den Begräbnisort für den Heiligen bestimmten. Auf dem Gargano war es ein Stier, der die Verfolger zur heiligen Grotte führte. Die britischen Klostergründungslegenden sind reich an Beispielen, die belegen, daß zur Auffindung des »richtigen« Ortes Tiere eingesetzt wurden, zum Beispiel eine schwarzbraune Kuh im Falle des Leichnams des hl. Cuthbert (Durham) oder ein Gespann von acht Ochsen bei der Gründung der Abtei Waltham.

Der Grund für diese uralte Praxis ist einfacher Natur. Alle Orte der Kraft oder christlichen Gnadenorte sind Plätze mit positiver Erdstrahlung. Der Mensch braucht, um sie aufzuspüren, technische Hilfsmittel wie die Wünschelrute. Das Tier findet diese »wohltuenden« Stellen in der Landschaft von allein. Wo sich eine Kuh zur Ruhe niederläßt, ist »guter« Boden, auch für Heilige bzw. deren Leichnam. Zur Findung eines geeigneten Verehrungsortes für ihren Heiligen mochten die Agenten des Theodemir ebenfalls Kühe eingesetzt haben, und diese führten sie nach Compostela. Der Vorgang hat jedenfalls nichts Ungewöhnliches, schon gar nichts Wunderbares an sich, sondern bedient sich eines uralten und bewährten Verfahrens.

Weiter spuckt ein den Schülern des Apostels, also den Missionaren, feindseliger Drache seinen tödlichen Hauch durch die Gegend. Normalerweise stehen Drachen oder Schlangen für Wasser oder heilige Quellen. In der Legende des Jakobus hütet er aber den Berg Illicinus. Als Symbol für eine besonders gefährliche und christenfeindliche Haltung gegenüber den Bekehrungsversuchen muß er dort auf dem Berg ein anderes Heiligtum beschützt haben. In vier der genannten Versionen (Q 2, 3, 4 und 6) tritt dieser Drache auf. Mit Gottes Hilfe und Kreuzzeichen wird der Drache (Ungeist) vertrieben (*qui flatum dragonis extincserunt, flatum draconis dextruxerunt per meritum beati Jacobi* u. ä.) Die verschlüsselte Botschaft ist klar. Von besonderem Interesse ist hier, daß dieser Drache in allen Versionen immer mit dem *mons Illicinus* in Verbindung gebracht wird. Dort muß also ein wichtiges Heiligtum besonders beschützt worden sein.

WARUM HEISST DER PICO SACRO HEILIGER BERG?

In den genannten Quellen wird der Name damit begründet, daß die Jünger des Jakobus mit Hilfe Gottes und des Apostels auf diesem Berg, der vormals *mons Illicinus* geheißen habe, erst die wilden Stiere gezähmt und dann den feuerspeienden Drachen vertrieben hätten und der Berg deshalb künftig Heiliger Berg genannt wurde (*in montem qui ab initio uogatus erat hilicinus, et ex tuno uocatus est Montem Sacro*, Q 2, und: *in montem quae ab initio fuerat Illicinus, et ex tunc uocabimos eum montem sacrum*, Q 3). Der Berg wurde in christlicher Zeit, das heißt nach 830, kultisch nie genutzt und spielte in der kirchlichen Wallfahrtstradition Galiciens keine Rolle.

Etwa hundert Meter unterhalb des Gipfels entstand ein dem hl. Sebastian geweihtes Kloster. Für die gesamte Volksfrömmigkeit ist die Weiterführung eines solchen Namens wie Heiliger Berg über eintausendzweihundert Jahre, ohne daß mit dem Berg selbst eine irgendwie geartete religiöse Vorstellung verbunden wurde, höchst ungewöhnlich, noch dazu, wenn dieser Titel angeblich nur in einigen dem Volk nicht bekannten Titeln der Klosterliteratur vorkam. Doch gerade diese dem Volk wohl kaum bekannte Literatur gibt dazu genaue Auskunft.

Der nur fünfhundertvierunddreißig Meter hohe Hügel bietet, wenn man von Compostela kommt – Luftlinie zirka neun Kilometer –, den Anblick eines vollkommenen Kegels. Kurz unterhalb des Gipfels existiert eine geräumige Höhle, die meines Wissens nie Gegenstand ernsthafter archäologischer Untersuchungen war. Der Pico Sacro liegt fast auf die Minute genau auf der Ideallinie von 42° 46', die als die nördliche der beiden parallelen Sternenstraßen nach Galicien führt. Bevor man, von landeinwärts kommend, den Berg erreicht, liegt dort ein Paß, der heute noch Paso de Oca (Gans-Paß) heißt. Danach muß noch der Ulla-Fluß überquert werden, genau dort, wo heute der imposante Puente Ulla das Tal überbrückt. Dann ist dieser Berg am Ende der Sternenstraße erreicht. Dort befand sich offensichtlich das erstrebte vorchristliche Pilgerziel.

Da der Sternenweg mindestens seit »keltischer« Zeit ein Lug-Weg war, ist auf dem Pico Sacro also ein Lug-, sprich Sonnenheiligtum anzunehmen. Dort wird auch von Text Q 2 ausdrücklich ein Sonnenheiligtum *(centrum solis)* bestätigt. Wenn man füglicherweise den Beginn der verordneten Christianisierung der Region im frühen 9. Jahrhundert symbolisch gleichsetzt mit der Translation des Apostelleichnams, dann sind die folgenden in den Quellen gemachten Angaben unglaublich präzis.

Die vom jungen asturischen Königshaus im Rahmen der Reconquista gewünschte Christianisierung Nordgaliciens verfährt genau nach der von Gregor dem Großen 604 für England angeordneten Vorgehensweise: Erst müssen die vorhandenen heidnischen Tempel oder Verehrungszentren von den alten »Götzen« (Idolen) gereinigt oder befreit und anschließend durch christliche Reliquien besetzt werden.

Nach der legendären Ankunft des Apostelleichnams bei Iria Flavia *(marariae)*, dem alten Bischofssitz, wurde die wertvolle Reliquie *(corpus incorruptus)* von den Jüngern zum wichtigsten Heiligtum des Landes, dem Sonnentempel des Lug auf dem heiligen Berg, gebracht *(levatum est corpus eius centro solis in aera)*. Dieser Berg wurde von den Anhängern der alten autochthonen Religion besonders hartnäckig verteidigt (wilde Stiere, Drache). Einmal auf dem Berg, also dem Lug-Heiligtum, angekommen, haben die Vertreter des Christentums die dortigen Götzenbilder und Altäre mit Gottes Hilfe, das heißt mit Gewalt zerstört (*dum flatum draconis dixtruxe-*

runt per meritum beati Jacobi et eius instrumenta disruperunt in montem Illicinus, Q 3, vgl. auch Q 2). Außerdem ruhen noch in Compostela die drei Apostelschüler (Missionare), die den Drachen ausgelöscht und seine Altäre zerstört hätten (*tres discipuli eius ibi requiescunt, qui flatum draconis extinxerunt et argumenta eius disruperunt*, Q 6).

Trotz der Zerstörung des Sonnenheiligtums der Ureinwohner auf dem heiligen Berg *(in aera)* war den christlichen Missionaren im Auftrag des asturischen Königs der Platz nicht geheuer oder zu unsicher. Sie suchten für ihren Kult ein anderes Zentrum. Sie benutzten, wie in solchen Fällen üblich, Kühe zur Auffindung eines anderen geeigneten Ortes. Diese führten die Verbreiter der neuen offiziellen Religion nach Compostela.

SCHWIERIGKEITEN MIT DER WÖLFIN

Bei Jacobus de Voragine *(Legenda aurea)* lesen wir von einer bösen Frau namens Lupa (Wölfin). In der *Traditio* von Gemblours, dem ältesten erhaltenen Text, in dem diese sagenumwobene böse Frau *(quaedam mulier)* erscheint, heißt sie Luporia. Bezeichnenderweise barg die wegen ihrer bruchstückhaften Erhaltung bis heute nicht überzeugend übersetzte Inschrift auf dem Altarfragment von San Pelayo de Antealtares, die 1601 Erzbischof Sanclemente hatte entfernen lassen, einen Eigennamen, der sich wie folgt zusammensetzte: LUMPSA.VIRIA.

Steckt dahinter die in den frühen Legenden noch bekannte Luporia? Hatte Sanclemente, der die angeblichen Gebeine des Apostels und seiner Schüler in eine Urne umfüllen, in einer Wandnische der Krypta verstecken und für immer verschließen hatte lassen, in dem ihm bekannt gewordenen Marmorfragment einen verräterischen Kronzeugen für die tatsächliche Natur des vorausgegangenen heidnischen Kultes für immer verschwinden lassen?

Unglücklicherweise für ihn und den »wahren Jakob« hatte aber der spanische Humanist Ambrosio de Morales einige Jahrzehnte zuvor für seine *Cronica General de España* (Alcala 1574) noch eine Abschrift davon anfertigen lassen. Wie dem auch sei, in der *Trans-*

latio von Gemblours finden wir noch ausreichend konkrete Angaben, um das wirkliche Geschehen rekonstruieren zu können.

Nachdem die Kühe die »Jünger des Apostels« nach Compostela geführt hatten, fanden sie dort ein weiteres, offensichtlich ebenfalls hochrangiges Heiligtum, ein Quellheiligtum, also vermutlich das Verehrungszentrum einer weiblichen indigenen Gottheit, vor. In der »epistula Leonis« des *Liber Sancti Jacobi* in Compostela existiert noch eine sehr genaue Schilderung dessen, was die christlichen Vertreter dort antrafen:

»Nachdem die Jünger des Apostels mit dem Leichnam das Boot verlassen hatten, beerdigten sie den allerheiligsten Leichnam an jenem Ort, der Liberum Donum genannt wird und wo er noch heute verehrt wird. Dort fanden sie ein riesiges Götzenbild *(vastissimum idolum)*, das von den Heiden errichtet worden und in einer wahrhaften Grotte *(crypta)* untergebracht war. Außerdem waren da noch erzene Altäre *(ferrea instrumenta)*, mit denen die Bildhauer solche Bauwerke auszustatten pflegten. Mit großer Begeisterung zerstörten sie das Götzenbild und zermalmten es nach und nach zu Staub (*idolum diruerunt atque minutatim in pulverem redigerunt*, Q 4).«

Noch deutlicher wird unsere Quelle 6. Dort steht zu lesen, daß jene Frau mit Namen Luporia den Christengott nicht kannte und von Menschenhand gefertigte Götterbilder anbetete. Sie hatte sogar ihre Götzenbilder in dem Palast, in dem der Leib des Apostels Jakobus jetzt ruht *(quaedam mulier, nomine Luporia, Deum nesciebat et idola manu hominum facta colebat. Habebat autem idolis suis magnum habitaculum, in quo corpus beati Jacobi modo requiescit)*. Nachdem die Apostelschüler alle Götzenbilder zerstört hatten, wurde dieser Ort der Ehre Gottes übergeben und seinem Apostel geweiht *(postea autem confractibus omnibus idolis, emundatus est locus ille atque in honorem Domini et Apostoli eius consecratus)*.

Außerdem gibt es noch eine zusätzliche, ganz andere konkrete Darstellung. Der Gebietskönig der Region (vgl. Irland) habe die »Missionare«, nachdem diese ihn vergeblich um Predigterlaubnis gebeten hatten, verfolgt. Zudem heißt es in dieser Textpassage, daß die Apostelschüler den gleichen Weg zurückgegangen seien, den sie gekommen waren, nämlich zum Meer. Dort stand aber »der Bau eines uralten Quellheiligtums, dessen großartige Architektur eine weite Grotte bildete« *(Erat autem ibi fons antiquitus constructus et magnis lapidibus muricis crypta valde fortis)*.

Genau dorthin seien die Missionare (Apostelschüler) geflohen, und dort habe sie der »König« eingeholt. »Doch dem Christengott habe es gefallen, den ganzen protzigen Bau zum Einsturz zu bringen, und der König mitsamt seinem Gefolge sei darin umgekommen« (*nec remansit unus ex eis, et nusquam comparauerunt*, Q 6). Diese Begebenheit soll sich an einem Hafen namens Marariae (*mar ariae*: Iria) abgespielt haben. Hat es also diesem Bericht zufolge neben Compostela und dem Pico Sacro noch ein drittes religiöses Zentrum im nördlichen Galicien, am Bischofsort selbst, gegeben?

Kehren wir zum Problem mit der Wölfin zurück. Wer war diese besagte Frau Lupa *(quaedam mulier, nomine Luporia)*? Ihre Schlüsselstellung in der Translationsgeschichte ist vermutlich nicht zufällig, auf keinen Fall aber bloße Ausschmückung durch den ersten Verfasser. Den archäologischen Beweis dafür liefert zirka fünf Kilometer südwestlich vom Pico Sacro bei einem Ort namens Oza (Gans) eine »römische« Ruine, die in der *Tabula Imperii Romani* (Teilkarte 29) als *Lupario* bezeichnet wird.

Nachdem der König und seine Anhänger vernichtet oder nach anderen Versionen bekehrt worden waren, leistete nur noch eine Frau (Göttin?), die in einem Tempelpalast *(magnum habitaculum)* an einem Ort mit einem riesigen Götzenbild *(vastissimum ydolum)* in einer Grotte wohnte, ernsthaften Widerstand. Die megalithische Gesamtsituation *(compositum tellus)* in Compostela, der gemessene Strahlenwert über einer *blind spring* und der Frauenname Luporia weisen auf die eigentliche Natur des Santiago vorausgehenden heidnischen Heiligtums hin. Auch dieses war am Westende des großen megalithischen Initiationsweges gelegen.

Im Gegensatz zum Sonnenheiligtum auf dem *mons Illicinus* (Pico Sacro) war Compostela aber der Verehrungsort einer Quell- oder Wassergottheit, einer Art Großer Mutter der galicischen Urbevölkerung. Der ungeläufige Name LUMPSA.VIRIA (Lumpa Sancta Virgina?) müßte demnach der Name einer Göttin sein, deren Anhänger als letzte entschiedenen Widerstand gegen die Zwangschristianisierung Anfang des 9. Jahrhunderts leisteten. Deswegen wurde aus der Guten Göttin (Bona Dea) eine böse Fee, eine verschlagene Frau, Hexe oder so ähnlich.

Normalerweise funktionierte die Umwandlung eines heidnischen Heiligtums in ein christliches relativ reibungslos. Wo ein heidnischer männlicher Gott verehrt wurde, zog ein männlicher Heiliger oder der Erzengel Michael ein, siehe die schon genannten Beispiele Glastonbury, Monte Santangelo oder Mont-Saint-Michel. Wo eine weibliche Gottheit vordem verehrt wurde, meistens eine Fruchtbarkeitsgöttin, dort zog Maria ein.

Im Falle Compostela aber hatte man sich aus politisch-ideologischen Gründen schon vorher für den Apostel Jakobus entschieden, obwohl an dieser Stelle ein zentrales Heiligtum für eine weibliche Gottheit vorlag. War dies der Grund für die auffällige Zeitverschiebung zwischen Inbesitznahme des Heiligtums durch Bischof Theodemir und der offiziellen Patronatspolitik unter Bischof Sisnandus und König Alfons III.? Im Schrifttum, das heißt propagandistisch nach außen, konnte man bereits vor 850 den Apostel als Heiligen von Compostela weitergeben. Innenpolitisch mußte man die Bevölkerung erst an den männlichen Nachfolger der jungfräulichen Göttin Lu(m)pa gewöhnen, das heißt ein bis zwei Generationen abwarten, bis der neue Heilige akzeptiert war. Das ist nun keine These, vielmehr eine laut gedachte Frage, die sich an der von allen Forschern festgestellten Lücke zwischen der Quellensituation und der angeblichen Auffindung unter Theodemir festmacht.

NOCH EIN EREMIT

Die einzige detaillierte Darstellung der Auffindung bzw. Erfindung des Apostelgrabes ist der schon mehrfach erwähnten *Narratio* in der *Concordia de Antealtares* zu entnehmen. Ihr Inhalt ist um so glaubwürdiger, als sie nichts wiedergibt, was erfunden erscheint oder sich nicht realhistorisch plausibel erklären ließe. In der *Narratio* ist die Rede von einem Einsiedler *(anacorita)* namens Pelagius, der bei dem Ort wohnte, an dem der Leib des Apostels später »gefunden« wurde und jetzt verehrt wird. Dieser Einsiedler pflegte zu verbreiten, daß ihm Engel als erstem den *locus sanctus* geoffenbart hätten (*cuidam anacoritae nomine Pelagius, qui non longe a loco in quo apostolicum corpus tumulatum iacebat, degere consueverat, primitus revelatum esse angelicis oraculis dignoscitur,* Q 1).

Mehr als daß dieser Eremit bei der alten heiligen Stätte im Buschwerk der verfallenen Vorgängersiedlung wohnte und offenbar als einziger noch von der wahren Natur des Ortes wußte, erfahren wir nicht. Über das weitere Schicksal dieses *anacorita* werden wir nicht unterrichtet. Was wir aber wissen, ist, daß unmittelbar im östlichen Anschluß an die heilige Stätte ein Kloster gegründet wurde, das noch heute seinen Namen trägt. Es wurde offensichtlich an der Stelle errichtet, an der der Eremit Pelagius lebte. Dieses Kloster, genauer dessen Mönche, waren künftig bis ins späte 11. Jahrhundert allein mit dem Kult des Jakobus und der gottesdienstlichen Betreuung des »Grabes« betraut.

Wer war dieser Anachoret, welcher Art waren seine Herkunft und sein Glaube? Er wird weder als frommer Mann noch als Christ beschrieben. Auch das ist wahrscheinlich korrekt. Es war ein weiser, an einem heiligen Ort zurückgezogen lebender Eingeweihter, der als letzter vor der endgültigen christlichen Besetzung des alten Heiligtums dessen Geheimnis hütete, bevor er für den neuen Glauben gewonnen werden konnte. Sein Lohn dafür war ein Kloster, dessen Abt er wurde und das sich königlicher und bischöflicher Unterstützung erfreute. Das wäre ein ganz normaler Vorgang in dieser Zeit, ganz im Einklang mit der schon von Gregor dem Großen gewünschten Kultortkontinuität. Jede andere Version hätte dagegen in der Tat etwas »Wunderbares«, um nicht zu sagen Verwunderliches an sich.

Schon lange haben mit der Jakobs-Wallfahrt beschäftigte Forscher diese Kultortkontinuität vermutet, zuletzt Diaz y Diaz und Engels. Der Fehler in deren Rekonstruktionsprinzip bestand lediglich in der christlich verankerten Denkweise, die von einem tatsächlich älteren Apostelkult bzw. -grab ausging und die eigentliche Natur des vorausgehenden Kultortes nicht über die legendäre Translation des Apostelleichnams hinaus verfolgte sowie den urkundlich gesicherten Eremiten a priori als christlichen Einsiedler vereinnahmte.

Engels schrieb: »Wie man sich die Entstehung des Grabkultes konkret vorzustellen hat, muß offen bleiben. Da stets die Frage im Wege steht, warum das Grab nicht in der Residenzstadt Oviedo, sondern im völlig unbedeutenden Santiago verehrt wurde, bietet sich der Plausibilität wegen die Hypothese an, daß das Grab – unter welchen Vorzeichen und mit welchem Bekanntheitsgrad auch immer – an der endgültigen Stelle schon länger vorhanden gewesen sein muß. Dann wurde der Grabkult konkret durch die Verlegung des Bischofssitzes von Iria nach Compostela ausgelöst.«

Ändert man im Wortlaut Engels Vermutung nur geringfügig, dann wird seine Hypothese nach Lage der Fakten zwingend: Es »bietet sich der Plausibilität wegen die Hypothese an«, daß der heilige Ort an der Stelle des Apostelgrabes »schon länger vorhanden gewesen sein muß«. Durch die Ortswahl von Compostela zum neuen Bischofssitz unter Theodemir wurde der Grabkult zu Ehren des Apostels Jakobus ins Rollen gebracht.

5. DAS FERTIGE PUZZLE

»... ich glaube, daß das Wunderbare im Christentum nicht etwas Existentielles ist, und daß es sich nur herausgebildet hat, weil es die Präsenz und den Druck eines früheren Wunderbaren gab, demgegenüber das Christentum Stellung beziehen mußte.« (J. LeGoff)

Mit diesen wenigen Worten beschreibt LeGoff genau die nun offen vor uns liegende Situation von Santiago de Compostela. Zu lange hatte sich die Mittelalterforschung mit der offiziellen, d. h. mit der geschriebenen Welt der Eliteschicht befaßt. Erst als besonders nach dem Krieg einzelne Forscher und Forschergruppen (zum Beispiel die Mitarbeiter der historischen Zeitschrift *Annales*) sich des »gesunkenen Kulturgutes« (Naumann 1922) der Volksfrömmigkeit annahmen, begannen sich auch die Indizien zu verdichten »für die Existenz einer relativ eigengesetzlichen Laienwelt und um eine Mentalität, die nicht amtskirchlich im engeren Sinn war, sondern die neben der Welt der schriftlich fixierten kirchlichen Meinungen und Doktrinen existierte« (Prinz). Das heißt, die Kirche hatte sich immer mehr von den Glaubensvorstellungen der Masse des Kirchenvolkes entfernt. Ein beredtes Beispiel dafür liefert Montaillou in den Pyrenäen.

Noch einmal Prinz: »Dabei ist es wiederum erstaunlich, wie lange die Kirche mit diesem offenbar breiten, andersgläubigen, nämlich volkskulturellen Unterbau der Kultur zu leben wußte. Erst durch die Inquisition seit dem späten Hochmittelalter wurde die Volkskultur ›in die Ketzerei‹ hineingestoßen.«

Und der schon zitierte LeGoff postuliert: »Erkennbar ist vor allem die Sorge der Kirche, das, was sie für eines der gefährlichsten Elemente der von ihr grosso modo als heidnisch bezeichneten traditionellen Kultur darstellte, entweder von Grund auf zu verwandeln, indem sie ihm eine so neue Bedeutung gibt, daß wir es nicht mehr mit demselben Phänomen zu tun haben, oder es zu verbergen oder sogar zu vernichten.«

Auf der gleichen inhaltlichen Ebene wie diese zwei hier zitierten namhaften Vertreter der jüngeren Mittelalterforschung verstehen sich meine Bemühungen um den »wahren Jakob«, der in Galicien verehrt wird – erweitert um eine allgemeine kulturhistorische Dimension, die räumlich und zeitlich weiter ausgreift, letztendlich in ihrem Ergebnis aber mit dem der Mittelalterforschung nicht kollidiert, vielmehr sie ergänzend bestätigt.

Das allererste Christentum kannte weder eine Heiligen- noch Märtyrerverehrung, geschweige denn einen Reliquienkult. Mit dem sprunghaften Aufkommen der Heiligen- und Reliquienverehrung seit der Mitte des 3. Jahrhunderts vollzog sich nolens volens eine erste Phase der Repaganisierung des Christentums. Außerdem ist dieses frühe Christentum bis in konstantinische Zeit und darüber hinaus alles andere als eine homogene Glaubensgemeinschaft. Vor allem zwei Entwicklungsströme zeichnen sich seit dem 3. Jahrhundert ab: eine an der städtischen Zivilisation des Mittelmeerraums orientierte Organisationsform mit der Einführung des monarchischen Episkopats und eine außerstädtische, vom Landleben geprägte, extreme Form der Nachfolge Christi im Mönchtum.

Parallel dazu werden ab dem 4. Jahrhundert die für die amtskirchlichen Zielvorstellungen notwendigen propagandistischen Medien (Märtyrerakten, Hagiographie etc.) und Verfahren für die Umwandlung heidnischer Anbetungs- und Glaubensformen (Kultortkontinuität) aufgebaut – nicht ohne mit Erfolg auf griechisch-römische Vorbilder wie die *exempla* oder diverse Typen der Lebensbeschreibung berühmter Männer zu schielen. Um diese Entwicklung dem interessierten Laien verständlich vor Augen zu führen, war der Weg nach Ägypten und ins Heilige Land unumgänglich.

Für die Ausbreitung und Verankerung des Christentums in vorwiegend agrarisch strukturierten und schwächer romanisierten Gebieten erwies sich das Mönchtum insgesamt, egal ob in seiner anachoretischen oder zönobitischen Form, als die dem soziokulturellen Milieu besser angepaßte Form der Christianisierung. Das Mönchtum hat für die Christianisierung des Abendlandes mehr geleistet als die episkopale Kirche. Auch in der Besetzung älterer heidnischer Heiligtümer und in der Betreuung der neuen Anbetungs- und Pilgerzentren blieb es bis zum Ausgang des Mittelalters führend, nicht zuletzt wegen einer inneren, geistigen Verwandtschaft zum Pilgerwesen als »begangener« Form einer transitorischen Lebensauffassung. Diese

Seelenverwandtschaft einer bestimmten mönchischen Auffassung mit dem ursprünglichen Wesen des Pilgers aufzuzeigen war notwendig auch für das Verständnis der allgemeinen Geschehensabläufe in Nordspanien im 8. und 9. Jahrhundert.

Der gesamte extreme Norden der Iberischen Halbinsel war weder durchgehend keltisiert noch romanisiert. Die soziokulturelle Ausgangslage vor der endgültigen Christianisierung zu Beginn des 9. Jahrhunderts war geprägt von der Landschaft als Basis der Ökonomie, vom Clanwesen und von frühgeschichtlichen religiösen Traditionen, die mindestens bis in megalithische Zeiten zurückverfolgbar sind. Mangels konkreter oder sicherer historischer Belege mußte für das Verständnis der nordspanischen Entwicklung Irland als taugliches Vergleichsbeispiel erkannt und in Umrissen aufgezeigt werden.

Eine zweite besondere Situation für Nordspanien lag in der reichlich belegten Existenz einer sakralen Initiationsstraße, deren Anfänge ebenfalls mindestens bis ins Megalithikum zurückreichen. Am Ende dieser frühgeschichtlichen sakralen Ritualstraße lag eine Reihe von autochthonen Heiligtümern. Mindestens drei davon sind durch hochmittelalterliche Texte belegt: der Pico Sacro als Sonnen- oder Lug-Heiligtum, Compostela als wahrscheinliches Anbetungszentrum einer Muttergottheit und das Quellheiligtum in oder bei Iria *(marariae)*. Ein Jakobs-Kult ist in Spanien bis zum Beginn des 9. Jahrhunderts nicht ernsthaft belegbar.

Nach der Rückgewinnung Nordgaliciens um 825 durch Alfons II. erfolgte nicht nur eine gezielte Neubesiedlung des durch die jährlichen Inkursionen der Mauren erschöpften Landes. Parallel dazu, mit ausdrücklicher Unterstützung des asturischen Königs, fand eine ebenfalls gezielte Christianisierung der bis dahin größtenteils noch heidnischen Urbevölkerung statt. Die wichtigste und folgenreichste Inbesitznahme eines lokalen Kultortes ersten Ranges vollzog sich nach 825, vermutlich um 829, unter der Regie des Bischofs Theodemir.

In dessen Amtszeit zumindest fällt wahrscheinlich die Zerstörung der zwei Kultorte auf dem Pico Sacro und in Iria und die Umwandlung des Lupa-Heiligtums in Compostela. Theodemir verlegt den galicischen Bischofssitz dorthin und beginnt die Umwandlung des alten Heiligtums in ein christliches Zentrum unter dem Patrozinium des hl. Jakobus d. Ä., dessen Grab fortan an dieser Stelle verehrt wird. Unter Bischof Sisnandus und König Alfons III. erfolgt im letzten Drittel des 9. Jahrhunderts die propagandistische Ausbeutung des Apostelgrabes in großem Stil.

Jakobus d. Ä. war zu Beginn des 9. Jahrhunderts ein fast vergessener Apostel. Bis ins 8. Jahrhundert genießt er in der ganzen Ökumene keine besondere Verehrung. Keine andere Stadt, kein anderes Land beansprucht ernsthaft diesen wichtigen Jünger Christi für sich. Er war sozusagen verwendungsfrei. Deshalb konnte man auch per Legendenbildung, nicht ohne Zwischenschaltung eines Wunders, sein Grab in Compostela propagieren.

Bis ins 10. Jahrhundert genießt die Wallfahrt nach Santiago kein größeres Renommee als vergleichbare Pilgerorte wie zum Beispiel Monte Santangelo, Le Puy, Chartres, Montserrat, Mira oder Arles. In Konkurrenz zu Vézelay, Conques, Limoges, Dijon, Mont-Saint-Michel und anderen aufblühenden Pilgerzentren im frühen 11. Jahrhundert wird auch in Compostela an der Attraktivität der Jakobs-Pilgerschaft fieberhaft gearbeitet. Der fortschreitende Erfolg der Reconquista und damit auch der des spanischen Nationalheiligen einerseits und die seit 1054 verstärkt nach Norden und Westen orientierte päpstliche Politik andererseits tragen erheblich dazu bei, daß Santiago ab dem späten 12. Jahrhundert neben Rom und Jerusalem zu einem der drei wichtigsten Wallfahrtsorte der katholischen Christenheit avanciert.

Die konzertierte römisch-cluniazensisch-santiagistische Aktion oder Compostela-Politik hat sicher zu diesem Erfolg mit beigetragen. Andere Faktoren waren eher psychologischer Art.

Zum einen ist Santiago de Compostela unbestritten ein sogenannter Ort der Kraft. Seine damit zusammenhängende »Wunderwirksamkeit« war stets ein bestimmender Faktor für die Beliebtheit eines Wallfahrtsortes bei den Pilgern. Ein Ort, an dem keine Wunder, oder besser gesagt Heilungen, stattfinden, verliert trotz aller Propaganda sehr schnell seine Anziehungskraft.

Der zweite Grund für den durchschlagenden und lang anhaltenden Erfolg des Camino, des Weges nach Santiago, liegt mit großer Wahrscheinlichkeit in der beim Volk nie verloschenen Erinnerung an eine Sternenstraße, die ans westliche Ende der Welt führte, noch immer vorzeigbar geleitet von der Milchstraße und dem Großen Hundsstern. Diese uralte Sternenstraße führte geradewegs zum alten Heiligtum der Lupa, später zum Apostel Jakobus.

Was vielleicht auch dem Kenner der mittelalterlichen Welt wie eine spektakuläre oder verwegene Theorie erscheinen mag, ist lediglich die in langen Jahren erfolgte Sammlung der textlich greifbaren Forschungsergebnisse anderer viel verdienterer Sucher nach dem »wahren Jakob«.

Zu keinem Zeitpunkt der Niederschrift dieses Klärungsversuches verfolgte ich das Ziel, eine neue Theorie zur Entstehung des Jakobs-Kultes zu entwickeln. Meine Absicht entsprach nur dem Motto, das Friedrich II. seinem Falkenbuch vorangestellt hatte, nämlich die Dinge so zu zeigen, wie sie sind: *manifestare ea, quae sunt sicut sunt*.

LITERATURAUSWAHL

BUCH 1

Adorno, Anselm: *Itineraire d'Anselm Adorno en Terre Sainte (1470/71)*. Hg. v. J. Heers u. D. de Groer. Paris 1978.

Alföldi, Andreas: »Der hl. Cyprian und die Krise des Römischen Reichs.« In: *Historia*, Bd. 22, 1973.

Alfons der Weise. Übers. v. S. P. Scott. New York 1931.

Angenendt, Arnold: »Der Kult der Reliquien.« In: *Reliquien, Verehrung und Aufklärung*, Ausstellungskatalog, Köln 1989.

Angenendt, Arnold: *Heilige und Reliquien*. München 1994.

Arculf: »Eines Pilgers Reise nach dem Hl. Land.« In: P. Mickley, *Das Land der Bibel*, Bd. 2, 2–4, Leipzig 1917.

Ariès, Philippe: *Geschichte des Todes*. München 1982.

Atiya, Aziz (Hg.): »Abu Mina.« In: *The Coptic Encyclopedia*, 1, New York, Toronto 1991.

Bausinger, Hermann (Hg.): *Reisekultur. Von der Pilgerfahrt zum modernen Tourismus*. München 1981.

Bibel, Die. Altes und Neues Testament (Einheitsübersetzung). Stuttgart 1980.

Breydenbach, Bernhard v.: *Die Reise ins Heilige Land. Ein Reisebericht aus dem Jahr 1483*. Mit Holzschnitten v. Erhard Rewich. Wiesbaden 1961/ Würzburg 1977.

Brown, Peter: *Eine kleine Geschichte der Spätantike*. Frankfurt/Main 1986.

Brown, Peter: *Die Heiligenverehrung. Ihre Entstehung und Funktion in der lateinischen Christenheit*. Leipzig 1991.

Brox, N.: *Kirchengeschichte des Altertums*. Düsseldorf 1983.

Campenhausen, Hans Frhr. v.: *Die asketische Heimatlosigkeit im altkirchlichen und frühmittelalterlichen Mönchtum*. Tübingen 1930.

Chélini-Brantomme, J. (Hg.): *Histoire des pèlerinages non chrétiens. Entre magic et sacré, le chemin des dieux*. Paris 1987.

Christern, Jürgen: »Die Pilgerheiligtümer von Abu Mina und Qal'at Sem'an.« In: *Spätantike und frühes Christentum*, Katalog, Frankfurt/ Main 1984.

CUXA, Le cult des saints à l'époque préromane et romane. In: *Les cahiers de Cuxa*, Bd. 29, 1998.

Cyprian, CSEL 3,2 816, 19–27, hg. v. W. Hartel, Wien 1868–1871.

Dahlheim, Werner: *Die Antike*. Paderborn 1995.

Dansette, R. (Hg.): »Betr. den anonymen Pilger aus Rennes: Les pèlerinages occidentaux en Terre Sainte: une pratique de la ›Devotion moderne‹ à la fin du Moyen Age? Rélation inédite d'un pèlerinage effectué.« In: *Archivium Franciscanum Historicum*, 72, 1979.

Dante Alighieri: *Vita Nuova*. A cura di Guido Manacora. Florenz 1928.

Donner, H.: *Pilgerfahrt ins Hl. Land. Die ältesten Berichte christlicher Palästinapilger (4.–7. Jh.)*. Stuttgart 1979.

DuCange: *Glossarium mediae et infimae latinitatis*. Stichwort: *peregrinatio*. Hg. v. Le Favre. 1884.

Egeria (peregrinatio Egeriae). Hg. v. K. Vretska. Wien 1958.

Engemann, Josef: »Das Ende der Wallfahrt nach Abu Mina.« In: *Riggisberger Berichte*, 1993.

Eusebius Caesariensis: *Onomasticon* (mit lat. Übers. v. Hieronymus). Hg. v. E. Klostermann. Leipzig 1904.

Fabri, Felix: *Galeere und Karawane. Pilgerreise ins Heilige Land, zum*

Sinai und nach Ägypten (1483). Stuttgart, Wien, Bern 1996.
Frank, Karl Suso: *Lehrbuch der Geschichte der alten Kirche*. Paderborn 1997.

Geary, Patrick J.: *Living with the death in the Middle Ages*. London 1994.
Geary, Patrick J.: *Furta sacra. Thefts of relics in the Central Middle Ages*. Princeton, New York 1978.
Geschichte in Quellen. Bd. 2: Mittelalter. München 1970.
Ghistele, Joos van: *Voyage en Egypte*. Paris 1976.
Girard, René: *Das Heilige und die Gewalt*. Frankfurt / Main 1992.
Gorschenek, Günter: *Katholiken und ihre Kirche*. München, Wien 1977.
Graf, Bernhard: *Auf Jakobs Spuren in Bayern, Österreich und in der Schweiz*. Mit einem Geleitwort von Odilo Lechner OSB. Rosenheim 1993.
Großmann, Peter / Jacek Koscink: »Report on the excavation at Abu Mina in autumn 1989.« In: *Bull. de la Soc. de l'Archéologie Copte*, Bd. XXX, Kairo 1991.
Guth, Klaus: »Die Wallfahrt – Ausdruck religiöser Volkskultur.« In: ders., *Kultur als Lebensform*, Bd. 1, St. Ottilien 1995.

Heid, Stephan: »Eusebius von Cäsarea über die Jerusalemer Grabeskirche.« In: *Römische Quartalsschrift* (RQ), Bd. 87, Rom, Freiburg i. Brsg. 1992.
Herrmann-Mascard, N.: *Les reliques des saints*. Paris 1975.
Hippler, Christine: *Die Reise nach Jerusalem*. Frankfurt / Main, Bern 1987.

Jacobus de Voragine: *Legenda aurea*. Dt. v. Richard Benz. Jena 1925.
Josephus Flavius: *Antiquitates Judaicae*. Hg. v. B. Niese. 1885.
Josephus Flavius: *Der jüdische Krieg*. Dt. v. H. M. Endres. München o. J. (nach 1962).

Kaufmann, C. M.: *Die hl. Stadt in der Wüste*. Kempten 1921.
Klein, Richard: »Die Entwicklung der christlichen Palästinawallfahrt in konstantinischer Zeit.« In: RQ, Bd. 85, Rom, Freiburg i. Brsg. 1990.
Kluge, Friedrich: *Etymologisches Wörterbuch der deutschen Sprache*. Berlin, New York 1989.
Kötting, Bernhard: *Peregrinatio Religiosa. Wallfahrt in der Antike und das Pilgerwesen in der alten Kirche*. Regensburg, Münster 1950.
Kroos, Renate: »Vom Umgang mit Reliquien.« In: *Ornamenta Ecclesiae*, Bd. 3, Köln 1985.
Küng, Hans: *Die Kirche*. München, Zürich 1985.
Kühnel, Harry (Hg.): *Alltag im Spätmittelalter*. Wien, Köln 1996.

Lanczkowski, Günter: *Die heilige Reise*. Freiburg i. Brsg., Basel, Wien 1982.
Läpple, Alfred: *Reliquien*. Augsburg 1990.
Legler, Rolf: *Der Kreuzgang – Ein Bautypus des Mittelalters*. Frankfurt / Main, Bern, New York, Paris 1989.
Legler, Rolf: *Südwestfrankreich*. Köln 1994.
Legler, Rolf: *Apulien*. Köln 1996.
Legner, Anton (Hg.): *Reliquien*. Katalog. Köln 1989.
Legner, Anton: *Reliquien in Kunst und Kult zwischen Antike und Aufklärung*. Darmstadt 1995.
Lexikon der Christlichen Ikonographie (LCI). Rom, Freiburg i. Brsg., Basel, Wien 1968.
Lexikon für Theologie und Kirche (LThK). Freiburg i. Brsg. 1957–1965.
Lichte, Claudia: *Die Inszenierung einer Wallfahrt*. Worms 1990.
Luitprand von Cremona, Text zur Hl. Lanze. In: *Geschichte in Quellen*, op. cit.

Maraval, P.: *Lieux saints et pèlerinages d'Orient. Histoire et géographie. Des origines à la conquête arabe*. Paris 1985.

Niehoff, Franz: »Umbilicus mundi – Der Nabel der Welt.« In: *Ornamenta Ecclesiae*, op. cit.

Ornamenta Ecclesiae. Kunst und Künstler der Romanik. Ausstellungskatalog, Bd. 3. Köln 1985.

Philo von Alexandrien: »De vita contemplativa.« In: ders., *Die Werke in deutscher Übersetzung*, Bd. 1, Berlin 1962.

Richard, Jean: *Les recits de voyage et de pèlerinage au Médiéval.* Turnhout 1981.
Röhricht, R.: *Die Deutschen im Heiligen Land.* Innsbruck 1894.

Saxer, Victor: »Pilgerwesen in Italien und Rom im späten Altertum und frühen Mittelalter.« In: *Akten des XII. Internationalen Kongresses für christliche Archäologie*, Bonn 22.–28.9.1991, Münster, Vatikan 1995.
Scharfe, Martin (Hg.): *Wallfahrt – Tradition und Mode.* Tübingen 1985.
Schneider, A. M.: »Besprechung des Liber peregrinationis di Jacopo de Verona.« In: *Oriens*, Bd. 4, 1951.
Schwarte, Karl-Heinz: »Intention und Rechtsgrundlage der Christenverfolgung im Römischen Reich.« In: *Spätantike und frühes Christentum*, op. cit.
Spangenberg, Peter Michael: *Maria ist immer und überall.* Frankfurt/Main 1987.
Spätantike und frühes Christentum. Ausstellungskatalog. Frankfurt/Main 1984.
Stemberger, Günter: *Juden und Christen im Heiligen Land. Palästina unter Konstantin und Theodosius.* München 1987.
Stritzky, Maria-Barbara v.: »Erwägungen zum Decischen Opferbefehl und seine Folgen unter besonderer Berücksichtigung der Beurteilung durch Cyprian.« In: RQ, Bd. 81, Rom, Freiburg i. Brsg. 1986.

Tertullian: Test. apol. 32, 2–3, CCL 1, 143, 8–13.

Wallfahrt kennt keine Grenzen. Texte zur Ausstellung. München 1984.

Zrenner, Claudia: *Die Berichte der europäischen Jerusalempilger.* Frankfurt/Main, Bern 1981.

BUCH 2

Altheim, Franz: *Der unbesiegte Gott. Heidentum und Christentum.* Reinbek 1957.
Apophthegmata Patrum. PG 35.
Athanasius: *Vita Antonii.* Leipzig 1986.
Athanasius: *Vita Antonii.* Hg. v. Adolf Gottfried. Düsseldorf 1987.
Augustinus, Aurelius: *Bekenntnisse.* München 1997.
Augustinus, Aurelius: *Der Gottesstaat.* Übers. v. Carl Joh. Peil. 3 Bde. Salzburg 1951.

Bartelink, G. J. M.: »Die literarische Gattung der Vita Antonii.« In: *Vigiliae Christianae*, Bd. 36, 1982.
Basilius von Caesarea: *Die Mönchsregeln.* Hg. v. Karl Suso Frank. St. Ottilien 1981.
Brinken, Anna Dorothea v. d.: »Finis Terrae. Die Erde und der vierte Kontinent auf mittelalterlichen Weltkarten.« In: *Schriften der MGH*, 36, Hannover 1992.

Campenhausen, Hans Frhr. v.: *Die asketische Heimatlosigkeit im altkirchlichen und frühmittelalterlichen Mönchtum.* Tübingen 1930.
Campenhausen, Hans Frhr. v.: *Lateinische Kirchenväter.* Stuttgart 1995.
Cassian, Johannes: *Conlationes.* Hg. v. E. Pichery. Paris 1955.
Cassian, Johannes: *Institutiones.* Hg. v. J.-C. Gy. Paris 1965.
Celsus: *Gegen die Christen.* München 1991.
Constable, G.: »Monachisme et pèlerinage au Moyen Age.« In: *Revue Historique*, Bd. 258, 1977.
Conzelmann, Hans: *Geschichte des Urchristentums.* Göttingen 1983.
Coptic Art. 2 Bde. Kairo 1992 (?).

Dassmann, Ernst: *Kirchengeschichte. II/1: Konstantinische Wende.* Stuttgart 1997.
Deschner, Karlheinz: *Kriminalgeschichte des Christentums. Die Frühzeit.* Reinbek bei Hamburg 1986.

El-Meskeen, Abu Matta: *Koptisches Mönchtum und das Kloster des Heiligen Makarius*. Makariuskloster 1993.
Eusebius von Caesarea: *Kirchengeschichte*. Hg. v. H. Kraft. München 1967.
Exiguus, Dionys: *Vita Scti. Pachomii Abbatis*. Hg. v. van Cranenburgh. Brüssel 1969.

Frank, Karl Suso (Übers. u. Hg.): *Frühes Mönchtum im Abendland*. München, Zürich 1975.
Frank, Karl Suso (Hg.): *Die Magisterregel*. St. Ottilien 1989.
Frank, Karl Suso: »Johannes Cassian über Johannes Cassian.« In: RQ, Bd. 90, H. 3/4, Rom, Freiburg i. Brsg. 1995.

Görg, Manfred: *Mythos, Glaube und Geschichte – Die Bilder des christlichen Credos und ihre Wurzeln im alten Ägypten*. Düsseldorf 1993.
Gregor der Große: *Der hl. Benedikt, Buch II der Dialoge*. Hg. i. A. d. Salzburger Äbtekonferenz. St. Ottilien 1995.
Gribomont, J.: »Professione.« In: *Dizionario degli Istituti di Profezione*, VII, Rom 1983.
Guardini, Romano: *Das Christusbild der paulinischen und johanneischen Schriften*. Würzburg 1961.
Guth, Klaus: »Die Pilgerfahrt Willibalds (v. Eichstätt) ins Hl. Land (724–727/29).« In: ders., *Kultur als Lebensform*, Bd. 1, St. Ottilien 1995.

Hallinger, Kassius: »Papst Gregor der Große und der Hl. Benedikt.« In: *Studia Anselmiana*, Bd. 42, Rom 1957.
Harnack, Adolf v.: *Das Leben Cyprians von Pontus. Die erste christliche Biographie*. Leipzig 1913.
Harnack, Adolf v.: *Das Mönchtum, seine Ideale und seine Geschichte*. Gießen 1921.
Hieronymus, Sophronius: *Die Briefe des Hieronymus*. Hg. v. I. Hilberg, Wiener Corpus (CSEL 54–56, 1910–1917).
Holze, Heinrich: *Erfahrungen und Theologie im frühen Mönchtum*. Göttingen 1992.

Ignatius von Loyola: *Der Bericht des Pilgers*. Freiburg i. Brsg. 1956.

Johannes vom Kreuz: *Die Gotteslohe*. Auswahl aus seinem Werk. Einsiedeln 1958.
Jonas von Bobbio: »Das Leben Kolumbans.« In: K. S. Frank, *Frühes Mönchtum im Abendland*, op. cit.

Kamil, Jill: *Coptic Egypt*. Kairo 1993.
Karos, Karl: *Wurzeln des Glaubens. Zur Entwicklung der Gottesvorstellung von Juden, Christen und Muslimen*. Mainz 1995.
Kötting, Bernhard: »Koptische Wallfahrten.« In: ders., *Ecclesia perigrans*, 2 Bde, Münster 1988.
Kötting, Bernhard: »Gregor von Nyssas Wallfahrtskritik.« In: ders., *Ecclesia perigrans*, op. cit.
Krebs, Engelbert: *Der Logos als Heiland im 1. Jahrhundert*. Freiburg i. Brsg. 1910.
Kunst der Kopten. Slg. des Ikonenmuseums in Recklinghausen. Recklinghausen 1962.

Lahache, J.: »Stabilité monastique.« In: *Dictionnaire de droit canonique*, VII, Paris 1965.
Leclercq, Jean: »Mönchtum und Peregrinatio im Frühmittelalter.« In: RQ, Bd. 55, Rom, Freiburg i. Brsg. 1960.
Leclercq, Jean: »Monachisme et pérégrination du IXe au XIIe s.« In: *Studia Monastica*, Bd. 3, 1961.
Legler, Rolf: *Das Wunder von Mannheim. Festschrift zur Altarweihe der Jesuitenkirche Mannheim*. Lindenberg 1997.
Leipoldt, Joh. / Walter Grundmann (Hg.): *Umwelt des Urchristentums*. Berlin 1965.
Lohse, Bernhard: *Askese und Mönchtum in der Antike und in der alten Kirche*. München, Wien 1969.
Lutterbach, Hubertus: *Monachus factus est. Die Mönchswerdung im frühen Mittelalter*. Münster 1995.

Meinardus, Otto F. A.: *Monks and Monasteries of the Egyptian Deserts*. Kairo 1992 (bearb. Neuaufl.).
Mollat, Michel: *Die Armen im Mittelalter*. München 1984.

Nigg, Walter: *Der christliche Narr*. Zürich 1993.

Prinz, Friedrich: »Aspekte frühmittelalterlicher Hagiographie.« In: *Atti dei Convegni Lincei*, 48, Rom 1980.
Prinz, Friedrich: »Der Heilige und seine Lebenswelt. Überlegungen zum gesellschafts- und kulturgeschichtlichen Aussagewert von Viten und Wundererzählungen.« In: ders., *Mönchtum, Kultur und Gesellschaft*, München 1989.

Rebenich, Stefan: »Der Hl. Hieronymus und die Geschichte – Zur Funktion der Exempla in seinen Briefen.« In: RQ, 87, Rom 1992.
Roldanus, J.: »Die Vita Antonii als Spiegel der Theologie des Athanasius und ihr Weiterwirken bis ins 5. Jh.« In: *Theologie und Philosophie*, Bd. 58, 1983.
Rubenson, Samuel: *The letters of St Antony. Monasticism and the making of a Saint*. Minneapolis 1995.
Rufinus (Aquileiensis): *Historia monachorum sive de vita sanctorum patrum*. Berlin, New York 1990.

Sansegundo Valls, León E.: *Paladio. La Historia Lausiaca*. Sevilla 1991.
Schenke, Hans-Martin: *Das Thomas-Buch* (Nag Hammadi Codex II, 7). Berlin 1989.
Schierse, Franz Joseph: »Zellen- und Gruppenbildung im Urchristentum.« In: Armin Spitaler (Hg.), *Die Zelle in Kirche und Welt*, Graz, Köln, Wien 1960.
Schneider, Carl: *Geistesgeschichte der christlichen Antike*. München 1978.
Sevilla – Weltausstellung 1992. Thematischer Pavillon: *Das 15. Jh*. Sevilla.
Steidle, Basilius (Hg.): *Die Benediktus-Regel*. Beuron 1980.
Steidle, Basilius: *Die Armut in der frühen Kirche und im alten Mönchtum*. Sigmaringen 1986.
Sulpicius Severus: *Dialogi*. 2 Bücher. Hg. v. C. Helm. Wien 1866.
Sulpicius Severus: »Das Leben des Martin von Tours.« In: K. S. Frank, *Frühes Mönchtum im Abendland*, op. cit.
Sumtion, J.: *Monaci, santuari, pellegrini*. Rom 1981.

Tetz, Martin: »Athanasius und die Vita Antonii.« In: ZNW, 73, 1982.
Thomas von Kempen: *Die Nachfolge Christi*. Kevelaer 1958.
Tillmann, F.: *Johannesevangelium*. Bonn 1931.
Tritsch, Walther (Hg.): *Christliche Geisteswelt*. Bd. 1: Die Väter der Kirche. Hanau 1986.

Vliet, Jacques van der: »Spätantikes Heidentum in Ägypten im Spiegel der koptischen Literatur.« In: *Riggisberger Berichte*, Riggisberg 1993.
Vogüé, Adalbert de: »La pauvreté dans le monachisme occidental du IV au VIIIe s.« In: *Collectanea Cistercensia*, 46, 1987.

Weidinger, Erich (Hg.): *Die Apokryphen. Verborgene Bücher der Bibel*. Aschaffenburg 1985.
Weingarten, H.: *Der Ursprung des Mönchtums*. Gotha 1877.
Wessel, Klaus: *Koptische Kunst. Die Spätantike in Ägypten*. Recklinghausen 1963.
Willers, Dietrich: »Zur Begegnung von Heidentum und Christentum im spätantiken Ägypten.« In: *Riggisberger Berichte*, Riggisberg 1993.

BUCH 3

Actas del Congreso de Estudios Jacobeos. Santiago de Compostela 1995.
Alsina, Lopez F.: *La ciudad des Santiago de C. en la Alta Edad Media*. Santiago de Compostela 1988.

Barrau-Dihigo: »Études sur les actes des rois asturiens.« In: *Revue Hispanique*, 46, 1919.
Barret, Pierre / Jean-Noël Gurgand: *Priez pour nous à Compostelle*. Paris 1978.
Bottineau, Yves: *Der Weg der Jakobs-Pilger. Geschichte, Kunst und Kultur der Wallfahrt nach Santiago de Compostela*. Bergisch Gladbach 1987.
Bravo, Hipolito de Sa: *Monasterios de Galicia*. León 1988.
Bringmann, Klaus: »Die Konstantinische Wende.« In: *Historische Zeitschrift* (HZ), 260, 1995.
Burckhardt, Jacob: *Die Zeit Konstantins des Großen*. Leipzig 1924.

Cabanot, Abbé Jean: *Les débuts de la sculpture romane dans le Sud-Ouest de la France*. Paris 1987.
El camino de Santiago y la articulación del espacio hispanico, XX Semana de Estudios Medievales. Estella 26 a 30 de julio de 1993. Pamplona 1994.
Castro, Americo: *Spanien – Vision und Wirklichkeit*. Köln, Berlin 1957.
Castro, Americo: *España en su historia. Christianos, moros y judios*. Barcelona 1983. (Reprint 1996.)
»Catálogo de documentos reales, 714–1109.« In: *Compostellanum*, 8.
Celtiberos. I simposium sobre los Celtiberos, los 24.–26.4.1986 a Daroca. Saragossa 1987.
Chadwick, Henry: *Priscillian of Avila*. Clarendon Press 1976.
Chocheyras, Jacques: *St-Jacques à Compostelle*. 1985.
Clauss, Manfred: *Konstantin der Große*. München 1996.
Comisión Diocesana del Año Santo 1993. *El apostol Santiago*. Santiago de Compostela 1992.
Conde, Antonio Linagge: *Los origines del monacato benedictino en la peninsula iberica*. 3 Bde. León 1973.
»II. Congreso Internacional de Santiago de Compostela 1971.« In: *Estudios Jacobeos, Compostellanum*, 16.

Diaz y Diaz, Manuel C.: *El codice Calixtino de la Catedral de Santiago. Estudio codicologico y de contenido*. Santiago de Compostela 1988.
Diccionario de historia ecclesiastica de España. Bd. 3. Madrid 1973.
Dörries, Hermann: *Das Selbstzeugnis Kaiser Konstantins*. Göttingen 1954.
Duchesne, Louis: »St-Jacques en Gallice.« In: *Annales du Midi*, 12, 1900.
Dupront, A.: *Croisades et pèlerinages, images et langues*. Paris 1987.
Durliat, Marcel: *La sculpture romane de la route de St-Jacques*. Mont-de-Marsan 1990.

Echevarria Bravo, Pedro: *Canconiero de los peregrinos de Santiago*. Madrid 1971 (Reprint).
Engels, Odilo: »Die Anfänge des spanischen Jakobusgrabes in kirchenpolitischer Sicht.« In: RQ, 75, Rom, Freiburg i. Brsg. 1980.
Eusebius von Caesarea: Werke. Bd. 1, T. 1: *Über das Leben des Kaisers Konstantin*. Hg. v. Friedhelm Winkelmann. Berlin 1975.

Galicia castrexa e Romana. Ausstellungskatalog. Lugo 1997.
Garcia-Araez Ferrer, Hermangildo: *La miniatura en los codices de Beato de Liebana*. Madrid 1992.
Glaber, Rodulf: *Les cinq livres de ses Histoires*. Paris 1886.
Gonzales Garcia, Vicente José: »La hospitalidad asturiana durante la primera epoca del camino, s. IX-XI.« In: *Actas del congreso internacional »El camino de Santiago, La hospidalidad monastica y las peregrinaciones«*. León 1992.
Graf, Bernhard G.: *Auf Jakobs Spuren in Bayern, Österreich und in der Schweiz*. Mit einem Geleitwort v. Odilo Lechner OSB. Rosenheim 1993.
Griffe, Elie: *La Gaule chrétienne à l'époque Romaine*. Paris 1945 (Reprint 1964).
Guerra Campos, J.: *Exploraciones arqueológicas en torno al sepulcro del Apostol Santiago*. Santiago de Compostela 1982.
Guillaume de Tudèle et l'anonyme: *La chanson de la croisade Albigeoise*. Neu übers. v. Henri Gougaud. Paris 1984.

Harff, Arnold v.: *Die Pilgerfahrt des Ritters Arnold von Harff von Cöln ..., wie er sie in den Jahren 1496 bis 1499 vollendet, beschrieben und durch Zeichnungen erläutert hat.* Hg. v. Eberhard Groote. Köln 1860.

Hauschild, Theodor: »Archeology and the Tomb of Saint James.« In: John Williams / Alison Stones (Hg.), *The Codex Calixtinus and the Shrine of St James.* Jakobus Studien, Bd. 3, Tübingen 1992.

Heisenberg, A.: *Grabeskirche und Apostelkirche, zwei Basiliken Konstantins I.* Leipzig 1908.

Hell, Hellmut u. Vera: *Die große Wallfahrt des Mittelalters.* Einf. v. Hermann J. Küffer. Tübingen 1964.

Herbers, Klaus: *Der Jakobskult des 12. Jhs. und der Liber Scti. Jacobi.* Wiesbaden 1984.

Herbers, Klaus: *Der Jakobsweg.* Dt. Übersetzung des Pilgerführers von 1139. Tübingen 1986.

Herbers, Klaus / Robert Plötz (Hg.): *Nach Santiago zogen sie. Berichte von Pilgerfahrten ans »Ende der Welt«.* München 1996.

Herwaarden, Jan van: »Saint James in Spain up to the 12th century.« In: *Wallfahrt kennt keine Grenzen,* op. cit.

Historia Compostelana. Hg. v. Emma Falque Rey. Madrid 1994.

Isidor Hispalensis: *The letters of St Isidore of Seville.* Übers. v. Gordon B. Forst. Amsterdam 1970.

Jakobsweg, Der. Reiseführer für Pilger. Burgos 1990.

Kaniuth, Agathe: *Die Bestattung Konstantins des Großen.* 1941.

Kanz, Heinrich: *Die Jakobswege als erste europäische Kulturstraße.* Frankfurt / Main 1995.

Keay, S. J.: *Roman Spain.* London 1988.

Kempe, Richard: *Jakobsland.* München 1975.

Kendrick, Th. D.: *Saint James in Spain.* London 1960.

Kirschbaum, E.: »Die Grabungen unter der Kathedrale von Santiago de Compostela.« In: RQ, 55 / 56, Rom, Freiburg i. Brsg. 1960 / 61.

Kötting, Bernhard: »Wie kam es zum großen Schisma von 1054.« In: ders., *Ecclesia perigrans,* 2 Bde, Münster 1988.

Kraft, Heinz: *Kaiser Konstantins religiöse Entwicklung.* Tübingen 1955.

Kühnel, Harry (Hg.): *Alltag im Spätmittelalter.* Graz, Wien, Köln 1996.

Lange, Reinhold: *Imperium zwischen Morgen und Abend. Die Geschichte von Byzanz in Dokumenten.* Recklinghausen 1972.

Legler, Rolf: *Andalusien – Näherungen an ein altes, Fragmente über ein erwachendes Land.* Nürnberg 1992.

Liber Sancti Jacobi. Übers. v. S. Moralejo. Santiago de Compostela 1951.

Maalouf, Amin: *Der Heilige Krieg der Barbaren. Die Kreuzzüge aus Sicht der Araber.* München 1996.

Malaugré, Heinz: *Auf Pilgerfahrt nach Santiago. Vom falschen und vom wahren Jakob.* Aachen 1987.

Mazal, Otto: *Handbuch der Byzantinistik.* Wiesbaden 1997.

Moralejo, S. / F. Alsina (Hg.): *Santiago, camino de Europa.* Santiago de Compostela 1993.

Oursel, Raymond: *Les pèlerins du moyen âge.* Paris 1963.

Pernoud, Régine: *Die Kreuzzüge in Augenzeugenberichten.* Düsseldorf 1961.

Pfättisch, J. M. (Hg. u. Übers.): *Des Eusebius Pamphili vier Bücher über das Leben des Kaisers Konstantin und des Kaisers Konstantin Rede an die Versammlung der Heiligen.* Kempten, München 1913.

Plötz, Robert: »Der Apostel Jakobus in Spanien bis zum 9. Jh.« In: *Spanische Forschungen der Görres-Gesellschaft,* R. I., Bd. 30, 1982.

Plötz, Robert: »Die Entdeckung des Jakobus-Grabes in Galizien.« In: K.-D. Kniffki (Hg.), *Jakobus in Franken,* 1992.

Reinhard, Klaus / Horacio Santiago-Otero: »Juan Roa Dávila y las controversias sobre la venida y predicación de Santiago en España.« In: *El Camino de Santiago. La hospidalidad monastica*, op. cit.
Runciman, Steven: *Geschichte der Kreuzzüge*. München 1975.

Salentiny, Fernand: *Santiago. Die Zerstörung Altamerikas*. Frankfurt / Main 1980.
Sanchez Albornoz, Claudio: »La España cristiana de los siglos VII al XI. Bd. 1: El Reino Astur-Leonés (722–1037).« In: *Historia de España*, Bd. VII, hg. v. Calpe. Madrid 1980.
Sanchez Albornoz, Claudio: *Origenes de la Nación Española. El Reino de Asturias*. Madrid 1985.
Santiago – Al Andalus. Ausstellungskatalog. Santiago de Compostela 1997.
Santiago de Compostela – 1000 ans de pèlerinage européen. Gent 1985.
Saucken, Paolo Caucci v. (Hg.): *Santiago de Compostela. Pilgerwege*. Augsburg 1996.
Schmugge, Ludwig: »Pilgerfahrt macht frei. Eine These zur Bedeutung des mittelalterlichen Pilgerwesens.« In: RQ, 74, Rom, Freiburg i. Brsg. 1979.
Schneider, A. M.: *Byzanz*. 1936.
Spieser, Jean-Michel: »L'architecture de Constantin le Grand.« Und: »L'empereur et sa capitale.« In: Christian Heck (Hg.), *Histoire de l'Art, Moyen Age – Chrétienté et Islam*. Paris 1996.
Suarez Otero, José: »Compostela en el siglo IX. La resurrección de una ciudad?« In: *Santiago – Al Andalus*, op. cit.

Vielliars, Jeanne: *Le Guide de Pèlerin de St-Jacques de Compostelle*. Mâcon 1969.
Vogt, Josef: *Konstantin der Große und sein Jahrhundert*.
Vones, Ludwig: *Die »Historia Compostelana« und die Kirchenpolitik des nordwestspanischen Raumes. 1070 bis 1130*. Köln, Wien 1980.
Valina, Sampedro E.: *El camino de Santiago*. Madrid 1971.
Wollschläger, Hans: *Die bewaffnete Wallfahrt gen Jerusalem. Geschichte der Kreuzzüge*. Zürich 1973.
Zoreda, Luis Caballero: »Monasterios visigodos.« In: *Codex Aquilarensis*, I. Aguilar del Campoo 1988.

BUCH 4 UND 5

Ahrens, Dieter: *Angewandte Metrologie in Geschichte und Gegenwart*. Trier 1993.
Alvarez, Garcia M. R.: »El monasterio de S. Sebastian del Picosagro.« In: *Compostellanum*, 6, 1961.
Angenendt, Arnold: *Das Frühmittelalter. Die abendländische Christenheit von 400 bis 900*. Stuttgart 1990.
Antier, Jean-Jacques: *Lérins. L'Ile Sainte de la Côte d'Azur*. Paris 1973.
Atienza, Juan G.: *Segunda guia de la España magica*. Barcelona 1989.

Barralis: *Chronologica Sanctorum sacrae insulae Lirinensis*. Lyon 1613.
Barret, Piere / Jean-Noël Gurgand: *Le chemin d'étoiles*. Paris 1979.
Bashir-Hecht, Herma: *Der Mensch als Pilger. Albrecht Dürer und die Esoterik der Akademien seiner Zeit*. Stuttgart 1985.
Becker, Helmut: »Mittelneolithische Kreisgrabanlagen in Niederbayern und ihre Interpretation aufgrund von Luftbildern und Bodenmagnetik.« In: Karl Schmotz (Hg.), *Vorträge des 8. Niederbayerischen Archäologentages*, Deggendorf 1990.
Bibliothèque Nationale: *Les sorcières*. Katalog. Paris 1973.
Bieler, Ludwig: *Irland, Wegbereiter des Mittelalters*. Olten 1961.
Bongartz, N. / Jörg Biel: *Kunst, Archäologie und Museum im Kreis Esslingen*. Stuttgart 1983.

Caesar, Gaius Iulius: *Bellum Gallicum*. München 1973.
Celtiberos, Los. I simposium sobre los celtiberos, 24.–26.4.1986 a Daroca. Saragossa 1987.
Charles-Edwards, T. M.: »The social background to Irish peregrinatio.« In: *Celtica*, 11, 1976.

Charpentier, Louis: *Spanien – Das Geheimnis der Pilgerstraßen*. München 1991.
Chevalier, Raymond: *Les voies romaines*. Hg. v. Colin. 1976.
Constantius von Lyon: »Das Leben des Germanus von Auxerre.« In: K. S. Frank (Hg.), *Frühes Mönchtum im Abendland*, op. cit.
Corte, D. (Hg.): *Isidors Geschichte der Goten, Vandalen und Sueven*. Leipzig o.J. (um 1910)
Cunliffe, Barry: *Die Kelten und ihre Geschichte*. Bergisch Gladbach 1990.

Diaz, Pablo C.: »Monacato y sociedad en la Hispania visigoda.« In: *Codex Aquilarensis*, 2, Aguilar del Campoo 1989.
Diaz, Pablo C.: »La recepción del monacato en Hispania.« In: *Codex Aquilarensis*, 5, Aguilar del Campoo 1991.
Diaz y Diaz, M. C.: »Aspectos de la tradición de la ›Regula Isidori‹.« In: *Studia Monastica*, 5, 1963.
Dinzelbacher, Peter / Hans-Dieter Mück (Hg.): *Volkskultur des europäischen Spätmittelalters. Beiträge der Internationalen Tagung vom 24. – 26. 6. 1986 in Böblingen*. Stuttgart 1987.
Drößler, Rudolf: *Astronomie in Stein*. Leipzig 1990.
Duval, Paul-Marie: *Les dieux de la Gaule*. Paris 1976.

Eco, Umberto: *Das Foucaultsche Pendel*. München 1992.
Eitel, Ernst J.: *Feng-Shui*. Singapur 1985. (Reprint von 1914.)

Galan, Manuel Bendala: *La Antiguëdad. De la prehistoria a los visigodos*. Madrid 1990.
Galicia castreña y romana. Ausstellungskatalog. Lugo 1997.
Gerson, Paula / J. Krochalis: *The Pilgrims Guide to Santiago de Compostela*. London 1992 / 93.
Ginzberg, Carlo: *Hexensabbat – Entzifferung einer nächtlichen Geschichte*. Berlin 1990.
LeGoff, Jacques: *Für ein anderes Mittelalter*. Weingarten 1987.
LeGoff, Jacques: *Phantasie und Realität des Mittelalters*. Stuttgart 1990.
Greene, Miranda J.: *Die Druiden*. Düsseldorf 1998.
Gsänger, Hans: *Die irischen Hochkreuze*. Freiburg i. Brsg. 1982.
Guyonvarc'h, Chr.-J. / Françoise LeRoux: *Die Druiden*. Engerda 1996.

Hawkins, G. S.: *Stonehenge decoded*. London 1970.
Heinzle, Joachim (Hg.): *Modernes Mittelalter*. Frankfurt / Main 1994.
Henry, Françoise: *Irish High Crosses*. Dublin 1964.
Hersey, George: *The lost meaning of Classical Architecture*. Massachusetts 1988.
Hillgarth, J. N.: *Visigothic Spain and Early Christian Irland*. 1962.
Hispania Antica. Mit Beiträgen v. Trillich, Hauschild, Blech u. a. Mainz 1993.
Historia de España. Prehistoria. Hg. v. Gredos. Madrid 1989.
Huber, Florian: »Kosmometrie, Geodäsie und Architekturgeschichte.« In: *Ordo et Mensura. V. internationaler interdisziplinärer Kongreß für Historische Metrologie, 4. – 7. 9. 1997*. St. Katharinen 1998.
Hydatius (Lemicus): *Chronica*. Paris 1738.

Iberer, Die. Ausstellungskatalog. Bonn 1998.
»Irish Book and Learning in Medieval Europe.« In: *Collected Studies*, 313, London 1990.
Isidor von Sevilla: »Die Mönchsregel.« In: K. S. Frank (Hg.), *Frühes Mönchtum im Abendland*, op. cit.
Isla Frez, Amancio: »Los origines del monacato irlandes y su irradación en Gran Bretaña y en el continente.« In: *Codex Aquilarensis*, 5, Aguilar del Campoo 1991.

Jacq, M.: *Carnac. Les monuments mégalithiques*. Quimper o. J.
James, Simon: *Das Zeitalter der Kelten*. Augsburg 1998.
Jaskolski, Helmut: *Das Labyrinth*. Stuttgart 1994.
Jauch, Kurt: *Kosmisches Maß und Hei-*

ligtum. Kultgeometrie und ätherische Kräfte. Schaffhausen 1996.

Kaminski, Heinz: *Sternenstraßen der Vorzeit.* München 1995.
Karlsschrein im Aachener Dom, Der. Sonderheft der Zeitschrift *Die Waage*, Grünenthal GmbH, Aachen, Oktober 1988.
Kelten in Mitteleuropa, Die. Ausstellungskatalog Hallein. Salzburg 1980.
Keltische Jahrtausend, Das. Ausstellungskatalog. München 1993.
Kendrick, Thomas Dowing: *The Druids.* London 1966.
Konetzke, Richard: *Das spanische Weltreich. Grundlage und Entstehung.* München 1943.

Langyel, Lancelot: *Das Geheime Wissen der Kelten.* Freiburg i. Brsg. 1990.
Legler, Rolf: *Languedoc – Roussillon.* Köln 1981.
LeJeune, Rita / Jacques Stiennon: *Die Rolandsage in der mittelalterlichen Kunst.* Brüssel 1966.
Lérins. L'Île et l'abbaye de Lérins. Lérins 1930.
Leroi-Gourhan, André: *L'art des cavernes.* Paris 1984.
Leroi-Gourhan, André: *Hand und Wort. Die Evolution von Technik, Sprache und Kunst.* Frankfurt / Main 1988.
Le Roy Ladurie, Emmanuel: *Montaillou, village occitan de 1294–1324.* Paris 1975.
Loos, A. C. J.: *Keltentum. Untergang und Auferstehung. Die altirische Kirche.* Stuttgart 1977.
Lorrio, Alberto: *Los Celtiberos.* Alicante, Madrid 1997.
Lovelock, James: *The ages of Gaia. A biography of our Living Earth.* New York, London 1988.
Löwe, H. (Hg.): *Die Iren und Europa im frühen Mittelalter.* Stuttgart 1982.
Ludwig, Karl Heinz: »Geld hinter Glas. Hongkong Bank.« In: *FAZ-Magazin*, Nr. 433, 16. 6. 1988.
Lutterbach, Hubertus: »Der locus resurrectionis – Ziel der irischen Peregrini.« In: RQ, 89, 1994.

Magin, Ulrich: *Geheimwissenschaft Geomantie.* München 1996.
Mâle, Emile: *L'art réligieux du XIIe s. en France.* Paris 1905.
Mâle, Emile: *La fin du paganisme en Gaule.* Paris 1950.
Markale, Jean: *Die Druiden. Gesellschaft und Götter der Kelten.* München 1989.
Martinus Bracarensis: *Martini episcopi Bracarensis opera omnia.* New Haven, London 1950.
Merz, Blanche: *Orte der Kraft.* Chardonne 1984.
»Monacato.« In: *Diccionario de historia ecclesiastica de España*, Bd. 3. Madrid 1973.
Mönchtum, Kirche, Herrschaft (750 bis 1000). Festschrift für J. Semmler, hg. v. D. Bauer u. a. Sigmaringen 1998.
Montero Vallejo, Manuel: *Historia del urbanismo en España. Del neolitico al la baja edad media.* Madrid 1996.
Moralejo, Serafin / Luis Carendell / Lopez Alsina u. a. (Hg.): *Auf dem Sternenweg nach Santiago.* Tübingen, Berlin 1992.
Muhlack, Ulrich: *Geschichtswissenschaft im Humanismus und in der Aufklärung.* München 1991.
Müller, R.: *Der Himmel über dem Menschen der Steinzeit. Astronomie und Mathematik in den Bauten der Megalithkulturen.* Berlin, Heidelberg, New York 1970.

Navascuès Palacio, Pedro: *Monasterios de España*, Bd. 1. Madrid 1991.

O'Brian, Jacqueline / Peter Harbison: *Das Alte Irland.* Augsburg 1996.
Ocampo, Florian de (Hg. u. Autor): *Ambrosio Morales, Cronica general de España.* 1574.
O'Kelly, J. M.: *Newgrange. Archeology, art and legend.* London 1982.
Orlandis, José: *Estudios sobre instituciones monasticas medievales.* Pamplona 1971.
Orlandis, José: *La iglesia en la España visigoda y medieval.* Pamplona 1976.
Orosius, Paulus: *Historia adversus paganos.* PL, Bd. 21, SSEL, V, 1822.

Pennick, Nigel: *Die alte Wissenschaft der Geomantie.* München 1982.

Pennick, Nigel: *Celtic Sacred Landscapes*. London 1996.
Pennick, Nigel: *Einst war uns die Erde heilig*. München o.J.
Pilhatsch, Franz: *Kultstätten – Symbol der Religionen*. Königstein 1973.
Prinz, Friedrich: *Frühes Mönchtum im Frankenreich*. München, Wien 1965.
Prinz, Friedrich: *Askese und Kultur. Vor- und frühbenediktinisches Mönchtum an der Wiege Europas*. München 1980.
Prosper von Aquitanien: »epitoma chronica.« In: MGH, AA.9
Purce, Jill: *The mystic spiral. Journey of the soul*. London 1974.
Purner, Jörg: *Radiästhesie. Ein Weg zum Licht*. Wettswil 1993.

Radke, Gerhard: *Viae publicae Romanae*. Bologna 1981.
Rincon Garcia, Wifredo: *Monasterios de España*, Bd. 2 u. 3. Madrid 1991/92.
Roberts, Timothy R.: *Mythologie der Kelten*. Essen 1997.
Ruspoli, Mario: *Die Höhlenmalerei von Lascaux*. Augsburg 1998.
Ryan, J.: *Irish Monasticism. Origins and Early Development*. Shannon 1972.

Schäferdiek, K.: *Die Kirche in den Reichen der Westgoten und Suewen bis zur Errichtung der westgotischen katholischen Staatskirche*. Berlin 1967.
Schröder, Benita: *Das Mysterium von Chartres*. Stuttgart 1992.
Semmler, Josef: »Navigatio Brendani.« In: P. Wunderli (Hg.), *Reisen in reale und mythische Ferne*, op. cit.
Sichtermann, Hellmut: *Funde in Spanien*. Göttingen 1977.
»Silos. El Romanico en Silos. IX Centenario de la consegracion de la iglesia y su claustro, 1088–1988.« In: *Studia Silensia*, Series Maior, Bd. 1, Silos 1990.
Sollbach, Gerhard E. (Hg.): *Sankt Brandans wundersame Seefahrt*. Frankfurt/Main 1987.
Stierlin, Henri: *Astrologie und Herrschaft*. Frankfurt/Main 1988.

Tabula Imperii Romani, K 29 (Porto). Hg. v. Instituto Geografico Nacional. Madrid 1991.
Thom, A.: *The Lunar Observations of Megalithic Man*. Oxford, NY, 1969.
Tilley, Christopher: *A phenomenology of landscape*. Oxford 1994.
Turner, Victor: *Dramas, Field and Metaphores*. London 1974.

Underwood, Guy: *The Pattern of the Past*. London 1969.
Urbel, Justo Perez de: *El monasterio en la vida española de la Edad Media*. Barcelona 1942.
Urbel, Justo Perez de: *El claustro de Silos*. Burgos 1975.

Valina, Sampedro E.: *El camino de Santiago*. Madrid 1971.
Vierzig, Siegfried: *Von der Höhle zur Kirche. Archaisches im Christentum*. Frankfurt/Main, Berlin, Bern, New York 1998.

Wagner, Margit: »Tradition und Askese bei Wallfahrten in Irland.« In: *Wallfahrt kennt keine Grenzen*, op. cit.
Walker, G. S. M.: *Die Werke Kolumbans*. Dublin 1957.
Wasserkunst. De Gallica Petri Damiani profectione et eius ultramontana itinere. In: MGH, SS 30, ii, S. 1043.
»Wasserversorgung im Mittelalter, Die.« In: *Geschichte der Wasserversorgung*, Bd. 4, mit Beiträgen v. Benoît, Bond, Grewe, Kosch, Mainz 1991.
Watkins, Alfred: *Early British Trackways, Moats, Mounds, Camps and Sites*. Hereford 1922.
Wölfel, Dominik Josef: *Die Religionen des vorindogermanischen Europa*. Hallein 1980.
Wunderli, Peter (Hg.): *Reisen in reale und mythische Ferne*. Düsseldorf 1993.

Yates, Frances A.: *Die okkulte Philosophie im elisabethanischen Zeitalter*. Amsterdam 1991.

Zaczek, Jain: *The Book of Kells*. London 1997.
Zoreda, Luis Caballero: »Monasterios visigodos. Evidencias arqueologicos.« In: *Codex Aquilarensis*, Bd. 1, Aguilar del Campoo 1988.

REGISTER

sublevator oppressoꝝ suffragiū viatorū
q̄ inter apl̄os prim⁹ martyr laureat⁹ ob
tines primatū O singulare p̄sidiū tuo
rū benign⁹ exaudi vota servoꝝ: ut inter
cedas pro nr̄a omniūq; salute. ℣ Ora
p̄ nobis bt̄e iacobe. Ut digni. Oremus

Esto dn̄e ple-
bis tue scifi
cator et custos. ut
apostoli tui iacobi
munita p̄sidiis: et
conversatiōe tibi pla
ceat: et secura deser
viat. Per dn̄m nr̄m

De oib⁹ aplis an

Dū steteritis an
te reges et p̄sides. nolite cogitare q̄liter re-
spōdeatis. Dabitur enī vobis in illa ho-
ra quid loquimini. ℣ In om̄em terrā exivit
son⁹ eoꝝ. Et ī fines orbis terre v̄ba eoꝝ
Concede q̄s om̄ps de⁹: ut Oremus.